国家出版基金项目
NATIONAL PUBLICATION FOUNDATION

总 主 编 ◎ 田 玄

本卷主编 ◎ 陈 宇

湘江战役史料文丛 第二卷

广西师范大学出版社
GUANGXI NORMAL UNIVERSITY PRESS

·桂林·

本卷编辑说明

一、关于辑录史料的范围。湘江战役作为中国工农红军第一方面军长征中的重要组成部分，为厘清事件缘由及其深远影响，本卷所辑史料做适当的上溯（1934 年 7 月）及下延（1945 年 6 月），包含了从红六军团西征到遵义会议召开再到之后各重大会议的电文、演讲、报告等，还对部分革命歌谣、檄文、标语等进行了整理。为方便读者了解历史全貌，附录收录了 1934 年 1 月到 1935 年 4 月中共中央与共产国际的通讯往来。

二、关于史料的处理。本卷书辑录的资料尽量保持资料原貌，在内容上不做改动。个别与主要事件明显无关部分，酌予删节，在标题上注明"（节录）"，在文内用"……"或者"（略）""（前略）""（后略）"标出。对于史实错误，如时间、人名、地名或史料之间相互矛盾等问题，一般采取页下加注释的方式予以说明；各篇资料的标题原则上不改动，但个别资料为突出事件主题由编者另拟标题的，均在篇末注明；历史上有讹误的人名，标题、落款中均沿用电文原文的写法。

三、关于具体编辑规范。本卷使用国家统一颁布的简化字排印。由于资料来源多样，原有编辑规范不统一，现全部按照一般通行标准重新修订，具体如下：

1. 关于数字用法。记数词：一律用汉字。时间数字：遵照原材料用法，包括年、月、日、时，均用汉字；表示民国纪年的，除用汉字表述外，以"（ ）"标注公元纪年。部队番号：统一用汉字。"廿""卅"等字不做改动。

2. 关于混用字词。字如"底（的、地、得）""他（她、它）""那（哪）""象（像）""分（份）""待（呆）"等，词如计画（计划）""争斗（斗争）""发见（现）""连络（联络）""枪枝（枪支）""澈底（彻底）""箝制（钳制）"等，均按照当时用字，不做修改。

3. 关于标点符号。各卷标点符号一律按照现行标准规范使用。对于原资料无标点的，由编者加上。

4.关于文字错衍漏等，审慎校勘。错别字改正用〔 〕标出；漏字填补用［ ］标出；辨认不清的字用□号代替；衍文或多余符号用〈 〉标出。

❀ 本卷目录

中共中央、中革军委、工农红军文献

--- 红六军团长征 ---

——— 红军长征，突破国民党军第一道封锁线 ———

西进赣粤湘边境，突破敌人第二道封锁线

突破国民党军第三道封锁线，西渡潇水

从西延至黎平，黎平会议等确立了
新的战略和行动方针

遵义会议，历史性重大转折

附：共产国际与中国苏维埃运动文献

红六军团长征

中共中央、中央政府、中革军委关于派红七军团
以抗日先遣队名义向闽浙挺进的作战训令①

（一九三四年七月②）

一、蒋介石自占领广昌、建宁后，企图以其主力一部由赣江方向来包围我军之左翼，以罗、汤、樊三纵队③集中向石城进攻，包围我主力军之右翼，并企图构筑北线的更进一步的横线封锁，以便最后可由北面向宁都、瑞金前进。同时李延年纵队则由连城向宁化前进，继则续向石城前进，以便最终的切断福建与中央苏区的联系。

在赣东北敌人的守备部队，正紧缩着我赣东北的苏区；而在敌人的深远后方，其兵力则非常单薄，且无堡垒，在闽北、浙江、安徽一直到长江均未驻扎敌人大的兵力。

在这种情况下，日本帝国主义正加强着对福建、浙江沿海一带的侵略。

二、我军主力在北线有阻止及局部的消灭北线之敌的任务。我红十军有保卫赣东北苏区，钳制赣东北周围之敌，及在浙皖边境发展游击战争的任务。我五十八团现在邵河④两岸活动，有东向吸引延平、建欧⑤之敌的任务。我福建的地方独立部队，在延平、永安、漳平地带，发展游击战争。我九军团于七月内亦将暂时深入到闽中，发展游击战争，并协助我七军团的行动。

三、中央及中革军委决定派七军团长期的到福建、浙江去行动，并实行以

---

① 此训令，按中国人民解放军军事科学院图书资料馆所存档案原稿刊印，原标题：《给七军团的作战训令》。

② 此训令，档案原稿上未署发文日期，编者据内容判断，约在7月2日至5日之间。

③ 指国民党赣粤闽湘鄂"剿匪"军北路军第三路军所属罗卓英第五纵队、汤恩伯第十纵队、樊嵩甫第三纵队。

④ 指流经福建省今邵武市境的富屯溪。

⑤ 延平，即福建省今南平市；建欧，应为建瓯，福建省属县。

下任务：

甲、最高度的在福建、浙江发展游击战争，创造游击区域，一直到在福建、浙江、江西、安徽诸地界建立新的苏维埃的根据地。

乙、最高度的开展福建、浙江的反日运动。

丙、消灭敌人后方的单个部队，特别是在福建及浙赣边境上的单个部队。

丁、深入到敌人远后方去，经过闽江流域，一直到杭江铁路①及安徽的南部，以吸引蒋敌将其兵力从中央苏区调回一部到其后方去。

四、作战动作的预定计画〔划〕：

甲、第一步是由瑞金出动，经连城之北，永安东南，到达福州、延平间之闽江地域。七军团于七日晚由瑞金出动，约十二号到达连城之北，在该地域相机协同廿四师突击连城续向北进之敌。在向永安东南前进中，应相机消灭敌八十师及第三师一个团在运动中的部队，并应与独九团取得连络，然后经尤溪之东约于廿五号到达闽清以西的地域并即侦察北渡。

乙、第二步是渡过闽江后，经由古田、庆元、遂昌向浙西前进，当经过古田、屏南、寿宁时，应与福宁②各属及政和游击队取得连络，并应巩固这一地区，尽可能与我闽北的部队而特别是建欧河③西之五十八团设法取得连络。在到达浙境后，应与我红十军保持经常的连络。八月中七军团应抵杭江铁路之兰溪地域；同时应派出别动队在广大的地段上破坏敌人的铁路，并在有利的条件下，七军团得协同红十军消灭浙赣边境上的敌人。

丙、第三步是要在八月下旬，在浙江及皖南地域，创立广大的游击地区及苏维埃的根据地。你们的行动得依情况的变化由军委的电令决定之，如联络中断时，则应独立机断的行动。

五、在第一步中，为协同七军团的行动，九军团于八号可渡过永安河，到沙县以南的地域，并在闽中最高度的发展〔游击〕战争。九军团应与永太④地域的游击队取得联络，并加强其工作，然后转移到延平、沙县、尤溪的地域掩护七军团北渡，在七军团北渡后，则仍回到基本苏区。七军团自出动到连城之

---

① 指浙赣铁路杭州至江山段。

② 旧州、府名，治所在今福建省霞浦，辖区约今福建洞宫山以东，屏南、宁德以北地区。

③ 应为建瓯河，指流经福建省建瓯市的建溪。

④ 应为永泰，福建省属县。

北以后，应与九军团保持不断无线电的联络，在北渡前，应将所得到的胜利品物质资材及伤病员统交九军团后运。

六、为保证完成政治上的任务：

甲、党中央派中央代表洪易①同志及工作团随军行动，如联络长期中断时，则由中央代表与军团长、政委三人组织七军团的军委，中央代表领导党的工作、反日运动和游击战争，并与地方秘密党的组织取得联系。当创［立］了苏维埃根据地时则成立省委。

乙、七军团随带党及苏维埃中央和军委的传单一百六十万份。

丙、从第二步起，七军团即以中国工农红军抗日先遣队的名义活动。为加强抗日的行动，应严格对付日本的间谍侦探，如遇日军小的部队时，则应消灭之，可是不应与日本较大的陆战队及军舰作战。

七、关于七军团改编的问题面述之。

八、并附如下的文件：

（1）政治的训令。

（2）福建、赣东北敌我配备的略图。

九、这一训令及附件是绝对秘密的，军团首长对此应负保守军事秘密及保存的绝对责任。

中央政治局书记处

中央政府人民委员会

中革军委会

———————————

① 即曾洪易，原任中共赣东北省委中央代表、闽浙赣军区政治委员。

中共中央关于开辟浙皖闽赣边新苏区给红七军团的政治训令 ①

（一九三四年七月五日）

（一）党中央与军委决定派遣七军团到敌人的深远后方，进行广大的游击活动，与在敌人最受威胁的地区，建立新的苏维埃根据地。七军团应在中国工农红军抗日先遣队的旗帜之下，经过福建而到浙皖赣边行动。中央与军委的这个决定，是从下列的政治的理由出发的：

A.四月十七日日本内阁独占中国的宣言②及紧接着的许多新的侵略步骤（藏本事件③，日本舰队的调遣与不断的在各个中国城市的军事演习，日本帝国主义在福建的积极活动，华北的通车通邮等），明白的标明了日本的帝国主义对中国的侵略，就是中国的深刻的民族危机到了一个新的阶段。在日本帝国主义的狂妄的侵略之前，国民党继续着而且更公开与无耻的进行投降与出卖的政策（中满通车，承认地方交涉实际的出卖整个黄河以北及福建给日本），这种情况引起群众的极大的反帝反日情绪的高涨，党必须利用这种情况来开展反日运动与更进一步的来实现武装民众的民族革命战争的口号。这方面除了已经采取的许多步骤之外（参阅中央四月二十日秘密指示信④），中央与军委决定从主力红

---

① 此训令，按中国人民解放军军事科学院图书资料馆所存档案原稿刊印，原标题：《给七军团的政治训令》。

② 指1934年4月17日，日本政府外务省情报部部长天羽英二发表的声明，内称：日本具有单独"维持东亚和平及秩序""之地位使命"，对中国有特殊权利，反对他国干涉日本对中国的侵略，反对他国对中国借款、出售军火等，公开地将中国置于日本的属国地位，该宣言又称"四一七声明"或"天羽声明"。

③ 藏本，时为日本派驻国民党政府的南京领事馆副领事，1934年6月8日，日方预谋制造藏本"失踪"，借口酝酿事变，南京政府遂举行户口总检查，12日，隐藏于明孝陵的藏本被寻获。

④ 指1934年4月20日《中共中央关于开展反日反帝运动和组织民族革命战争的策略问题致各省委、县委、市委的一封秘密指示信》。

军中派遣一部分为抗日先遣队，以便在全中国的民众前面证明共产党与中国苏维埃与红军是唯一的真正的民族解放斗争与民族革命战争的提倡者与组织者，借此更进［一步］的揭露一切国民党的武断宣传，提高苏维埃与红军在全中国群众间的威信与推进群众的反日反帝运动到新的阶段。

B.福建正是日本帝国主义在华南的首先的目的物，最近日本帝国主义在福建的活动是很大的加紧了，日本帝国主义这个步骤不仅是侵入华南的第一着，而且是以后直接武力干涉中国苏维埃的准备。另一方面，在福建的革命斗争首先是表现在农民斗争与游击战争方面在最近亦更加活跃了起来，除了闽北旧有的一部分苏区及游击区之外，在闽中之安溪、德化一带，闽东之福宁五县①及松溪、政和一带的赤色游击队在最近是有了新的活跃，部分的地方已经实行了分配土地与建立农村中的革命政权，蒋介石在福建腹地的兵力是极端的薄弱，并且在这里曾经有过几次小的士兵的背叛与骚动，浙江及浙皖赣边是敌人兵力分布的薄弱部并且是他在战略上最受威胁的部分之一。红军主力部队之一部在福建与浙江的长期的行动，将推动这些区域中的民族革命斗争及土地革命更趋尖锐与更迅速更广大的发展，而在浙皖赣闽边创立大块的巩固的苏区，则对于中国苏维埃运动今后的发展有着极重大的战略上的意义。

C.派遣七军团长期的到福建、浙江去行动，无疑的，暂时的会减弱我们直接捍卫苏区的力量，但是七军团在那里的积极的行动，闽浙的反日民族解放运动及土地革命的发展，敌人在该地区单个部队之消灭，以及浙皖闽赣边新苏区之建立，将给敌人的后方以最大的威胁，不能不促［使］敌人进行战略与作战上部署的变更，这种变更将有利于我们捍卫中央苏区的斗争，并给整个苏维埃运动将来的发展定下良好的基础。

D.七军团最近在福建的战斗中已经表明了他自己在政治上及军事上的进步，在给七军团以新的补充及加强其政治的领导之后，七军团无疑的是能够担任这个光荣与负责的任务的。

（二）在七军团肩上放着郑重与光荣的军事政治的任务（关于军事方面的任务见作战训令），而且政治的任务是更加重大的。这些任务就是：

A.在党的澈〔彻〕底的武装民众的民族革命战争反对日本及一切帝国主义的口号之下，宣传、发动、组织最广大的群众进行各种形式的反日反帝的民族

---

① 似指霞浦、福安、宁德、屏南、寿宁五县。

解放斗争（罢工、抵制及没收日货、组织民众的反日义勇军等等），扩大与提高福建、浙江及一切自己行动及其周围的区域中的群众的反日斗争到武装民众的民族战争的高点。

B.根据党的澈〔彻〕底的土地革命政纲之上，宣传、发动与组织农民群众的一切斗争，从抗租抗税分粮直至没收地主阶级的土地将其平均分配给农民与建立革命政权，用一切力量将农民的斗争提高到苏维埃的土地革命的高点，武装工农，发展游击战争，并尽量给现有游击队以政治及组织上的帮助和领导，使之发展成为正式的红军及转变游击区为巩固的苏区。

C.广大的建立民众的苏维埃政权，猛烈扩大红军，广泛的繁殖新的游击队，创立在浙皖闽赣边广大的苏维埃根据地。

（三）高举着中国工农红军抗日先遣队的旗帜而行动的七军团，应在自己的行动中最显明的表现出自己是有组织的，英勇的，守纪律的先进的民族革命战争的先锋队，应该以自己的英勇的行动，坚忍不拔的意志及加强的政治工作去告诉和指示最广大的工农劳苦群众，怎样能够进行胜利的民族革命战争。在这方面必须：

A.最广泛通俗的与不倦怠的解释党的三个基本的口号，即：

1.以武装民众的民族革命战争反对日本及一切帝国主义，保卫中国独立自由与领土完整。

2.推翻国民党的卖国统治是民族革命战争胜利的先决条件。

3.只有苏维埃和红军是民族革命战争的领导者，这就要最广泛宣传苏维埃政府与红军所提出的订立抗日作战协定的三个条件及中共中央最近所提出的反日作战的五大纲领[①]，并且应该根据每一个具体的事实去揭破国民党一切"抗日

---

① 即1934年6月19日《中华苏维埃共和国中央政府为国民党出卖华北宣言》中指出的纲领：（一）坚决反对国民党整个的投降出卖政策，反对国民党南京政府出卖东北华北与全中国的"塘沽协定"和"中日直接交涉"，抛弃对国联与美国的任何幻想。只有工人农民和一切劳动者的团结与统一才是中国民族对帝国主义的抵抗力量与胜利的保证。（二）全中国民众必须起来为保卫中国领土与独立而作神圣的民族革命战争。（三）号召民众直接参加反日战争与游击战争。用所有军器库及入口武装来武装民众，组织民众的反日义勇军，积极援助与参加东北的抗日义勇军，以及广大群众抵制日货的行动。（四）没收日本帝国主义者及汉奸卖国贼的财产，停止支付一切债款本息，设施累进税，来作为抗日的费用。（五）中国必须立即完全对日绝交，动员整个海陆空军对日作战，立即停止进攻苏区及军阀战争。

必须先剿共""中国无力抗日"的种种武断的无耻的胡说。

B. 在自己行动的区域中，必须最广大的组织群众的反日反帝的组织，抗日会、反敌〔帝〕同盟、民族自卫会等名义的组织均可利用，最主要的是要保证这些团体有通俗明了澈〔彻〕底的反日纲领，并在这些团体内部的无产阶级的骨干和领导，同时要能吸引群众积极的参加反日的行动（抵制与没收日货、捕捉日本的浪人、侦探、汉奸等等）。这些革命的反帝的群众组织应在自己发展过程中成为反日的民众政权，对于存在着的群众的反日团体不应该采取简单的解散的办法，而应该依靠这些团体内部的左倾的真正愿意抗日的分子，驱逐那里把持领导的国民党走狗。

C. 最重要的任务就是武装民众工农劳苦群众，组织他们的抗日义勇军或抗日自卫队与游击队，在起初应该用一切手头的武装（梭标、大刀、棍子、鸟枪等等）武装起来，并在一切实践的行动中（没收日货，保护示威，捕捉侦探、汉奸等等）锻炼他们，夺取国民党军警、民团、地主武装等等的武器武装自己，并且应该不断的号召他们加入抗日先遣队。

D. 最坚决与无情的对付一切日本帝国主义的侵略的先锋与走狗，日本浪人、侦探、汉奸，没收一切日本铺子、专卖日货的商店，及大商店中的日货，并把它分配给当地的贫苦居民。这个行动应该吸收最广大的群众参加，组织抵货、查货的运动，并使他能够在先遣队离开以后继续工作。应该注意到在发展这个运动时，不要使我们与小商人的关系恶化起来，斗争的锐锋应该对着日本的企业，专贩日货的奸商及大商人。

E. 在行动中如遇到日本的小部队则应坚决的消灭之，但不应该与较大的陆战队及军舰作战。

F. 应该利用抗日的口号用一切方法（传单、火线上的喊话、对俘虏兵的宣传鼓动及动员当地的居民等）去瓦解国民党的军队，号召他们拒绝与红军作战，并加入与联合红军抗日先遣队共同去反对日本帝国主义，进行神圣的民族革命战争。

（四）如果把反对帝国主义的抗日的民族革命斗争与土地革命分割与对立起来，将是极大的错误。七军团在自己的行动中同时应该表明自己是农村中土地革命的倡导者与组织者。在这一方面应该：

A. 积极的发展与提高农民的革命斗争与革命组织，组织农民的各种斗争委员会或武装的组织。这些组织应该是广大的群众的组织而同时在反对地主及争取土地的斗争的发展的过程中，成为革命政权及赤色游击队的基础。在这一方面，我们的方针应该依靠在雇农与贫农身上，联合中农，与坚决的反对富农，特别应该加强在雇农中工作并组织他们单个的阶级的组织。

B. 最坚决的进行摧毁农村中的封建势力，没收与分配地主的粮食衣物，焚毁田契，没收与分配地主阶级的土地，最坚决的摧毁农村中的地主的政权及武装，建立农民的革命政权，农民委员会或革命委员会，并经过这些临时的政权建立苏维埃。

C. 必须最坚决的消灭地主的一切武装组织，并用这些武器来武装工农，同时对于农村中原始的宗教迷信的以及一切群众性的武装组织（如民团、土匪、大刀会之类），应该有最灵活的策略。对于这些组织，只要他们多少带有反对国民党及军阀统治的性质的，便应该注意到争取他们下面的群众，提高他们的阶级觉悟，孤立与驱逐他们的反革命的地主富农的领导分子，吸收他们积极的参加土地革命的斗争。

D. 对于在闽中、闽北的赤色的游击队，只要有最小的可能，应该与他们取得联系，给他们政治上组织上一切必要的帮助，以开展广泛的游击战争，壮大这些游击队及使他们建立苏维埃的根据地。对于在闽浙的秘密党的组织亦必须和他们取得联系，而在那些经过而不长期留住的地区，当地的党的组织不应公开起来，而应保持秘密的状态，在自己行动的区域中间，应吸收革命工农群众中的最先进的分子加入党，建立秘密党的组织。

E. 当到达浙江的地区，应该用最大的力量去进行在杭江铁路工人中间的工作，组织各种的反日及群众的工人组织，并发动他们反对运输军器军队进攻红军的运动，号召他们组织工人义勇军及拥护先遣队的组织，吸收他们加入红军。在闽江的船夫及各个汽车路上的汽车工人中应进行同样的工作。

只有坚决与澈〔彻〕底的实行党的革命的政策与纲领，才能保证七军团肩上伟大的政治、军事任务之完成，而创立在敌人最受威胁的地区的巩固的苏维埃区域。

（五）为了保证七军团肩上的伟大的政治与军事任务的完成，必须最高度的加强部队中的政治工作，提高军事与政治的教育，提高战士的阶级觉悟与政治水平，提高与巩固部队的纪律，必须与任何破坏纪律的现象作严格的斗争，应该不倦息的进行吸收积极的革命分子参加自己的队伍，扩大自己的队伍。当建立苏维埃根据地及胜利的作战之中，扩大自己的部队至两个充实的师。

（六）为保证上述的政治任务之完成，中央决定：（甲）派遣洪易同志为中央代表随军行动，在连络中断时，由中央代表、军团长及政委组织军团革命军委处理一切政治与军事问题，在创立根据地时应成立省委。（乙）派遣工作团由洪易同志指导随军行动，进行地方居民间的工作，而在作战及行军时应利用他们来加强部队工作。（丙）责成军委及总政治部加强七军团的军事、政治及供给的干部。（丁）交七军团以中央苏维埃政府及军委的各种宣言、传单一百六十万份。（戊）责成中央代表与军政首长尽一切可能保持与中央与军委的联络，在万不得已联络中断时，亦必须设法经闽北、闽浙赣或上海中央局与中央取得关系，保证按期的政治与军事的报告送达中央与军委。

中共中央书记处

一九三四年七月五日

中共中央、中革军委关于红六军团向湖南中部转移给红六军团及湘赣军区的训令[①]

（一九三四年七月二十三日）

（一）中央书记处及军委决定，六军团离开现在的湘赣苏区转移到湖南中部去发展广大游击战争，及创立新的苏区，同时，除了六军团外，湘赣军区所属诸独立部队及游击队，应无例外的留在现有苏区及其周围进行广大的游击战争，捍卫苏区。这个决定是从如下的政治与军事的考虑出发的。

（甲）目前苏维埃运动发展的一般的状况是在江西及四川存在着巩固的苏维埃区域，而湖南将成为两者将来发展联系的枢纽。虽然在湖南有着我们发展的良好的客观条件，但是由于我们在湖南力量的薄弱，及二军团[②]在湘西北行动的不积极，湖南的游击运动还没有广大的开展起来，这使湘敌[③]可集全力向湘赣苏区进攻。

（乙）在粉碎敌人五次"围剿"中，湘赣苏区是我们的辅助方向之一。在箝〔钳〕制与吸引敌人方面，湘赣苏区是相当的完成了自己的任务，但是湘赣苏区本身是紧缩了；敌人正在加紧对于湘赣苏区的封锁与包围，特别加强其西边封锁，企图阻止我们力量的向西发展。

（丙）在这种状况下，六军团继续留在现地区，将有被敌人层层封锁和紧缩包围之危险，而且粮食及物质的供给将成为尖锐的困难，红军及苏区之扩大受

---

① 此训令，按中国人民解放军档案馆所存档案原稿刊印，原标题：《给六军团及湘赣军区的训令》。

② 即中国工农红军第三军。1931年3月，红二军团改编为红三军；1932年10月撤离湘鄂西苏区，转战于湘鄂川黔边区，于1934年7月创建了包括有贵州省沿河、德江、印江等县和四川省酉阳县（今属重庆市）部分地区在内的黔东新苏区。

③ 湘敌，指国民党湖南省政府主席、第四路总指挥兼赣粤闽湘鄂"剿匪"军西路军总司令何键所属部队，此时编成有三个纵队、十三个师另四个旅，及保安部队、配属部队等。

着很大的限制，这就使保全红军有生力量及捍卫苏区的基本任务都发生困难。

（丁）改变这种状况的可能有两个：或者是取得足以促使敌人变更战略计划的胜利，迫使敌人不得不放弃现有的计划，这在敌人堡垒主义及优势力量的条件之下，依靠湘赣苏区自己的力量是难于达到的。或者是主力离开现有地区转移至更加广大与有自由机动可能的地区作战，并创造新的苏区，而以独立的与游击的部队在现在区域及其周围发展积极的游击活动，捍卫苏区。由于湖南中部敌人力量之极端薄弱及一般良好条件（湘南红军及游击队之活动证明了这点），这种决定是更适当的。

（二）中央与军委这个决定，是有如下的目的：

（甲）六军团以自己在湘中的积极的行动，消灭敌人的单个部队，最广大的发展当地的游击战争与土地革命，直至创立新的苏区，给湘敌以致命的威胁，迫使他不得不进行作战上及战略上的重新部署，这将破坏湘敌逐渐紧缩湘赣苏区的计划及辅助中央苏区之作战。

（乙）最大限度的保存六军团的有生力量并在积极的游击活动中加倍的扩大他。

（丙）尽量的组织与发展湖南的群众的革命斗争，反帝国主义的与土地革命的斗争。六军团应以自己英勇的斗争革命化湖南的环境，并鼓动与组织湖南的群众斗争，发展为革命的游击战争，澈〔彻〕底的土地革命，直至由建立苏维埃政权与新的大片苏区，确立与二军团的可靠的联系，以造成江西、四川两苏区联结的前提。

（丁）为着保卫湘赣苏区及阻止湘敌组成沿赣江东向中央苏区进攻的可能，一切军区的独立部队、游击队及地方武装，应留在现有苏区及其周围发展囿积极的游击战争。

（三）中央与军委坚决的指出，绝不允许将这个决定曲解成为放弃湘赣苏区与无计划的退却逃跑。中央与军委责成省委及军政首长进行坚决的斗争，反对我们队伍中的任何悲观失望的情绪，并依据这个训令，采取一切的必要方法进行各种具体的准备工作，加强游击活动及部队中的政治工作。

（四）六军团由现在苏区转移的时机，要看敌人的堡垒程度及我们行动顺利与否，而后由军委个别命令决定之。但现在省委、军区及六军团首长应立即采取各种具体的准备，以便必要时，六军团能有组织而不受阻碍的退出现在的苏区。主要的准备办法如下：

1.重新分配党的干部，使一部分留在原地工作，现在就应派往加强各特委及中心县委的领导，使他们能独立自主的［在］敌人封锁线内，发动广大群众，开展游击战争，并准备能转变为秘密工作的基础。在永南的新苏区及万、泰、遂①地方，应有得力干部主持，以便向南发展苏区。另一部则应派到六军团各级政治部去，加强其政治工作，并准备担任新区的地方工作。

2.最高度的加紧动员工作，于八月十号前应充实十七、十八两师到九干〔千〕人，步枪到三千五百枝。军区部队中五个独立团，应于八月半每团都充实到两个营的组织，庞大的分区直属队，应编入独立团；独立营及基干游击队亦应充实起来，并进行广大的政治运动，广泛的发展群众的武装自卫及游击队组织与活动。

3.红校五百学生应组成干部队，以便随六军团行动。如已届毕业，应即分配给六军团，以少数的分配给地方独立部队，并应立即成立新的干部队随军行动。

4.应准备储存两周粮食。

5.加紧弹药厂的生产，保证在八月十号前六军团能补充必要的弹药。修械、弹药两厂应各分成两部，一部留下，一部随军行动。

6.将军区医院分成两部，一部留下，一部组成可收容全军团百分之十的人数的野战医院约四个所随军行动。

7.无线电应留下一架小的，随军区行动。

8.军区组织及其直属队应力求缩小，便于行动与指挥游击战争，并须预先将决定留下的各工厂医院等机关分置便于掩护的地域。

9.在永新以南直至万、遂、五斗江、上下七地域，现在就应以独五团及现时随独五团行动之吉安独立营、遂川独立营为基干，加紧肃清当地地主武装，并向南推广游击战争，争取赤化，以利于六军团的转移，及其转移后的发展。

10.向第一步预计的向西发展的路线，进行详细的敌隋〔情〕、道路及地形的侦察。

（五）准备离开现在苏区的部队，应包括六军团之十七、十八两师全部及红

---

① 永南的新苏区，指江西省永新县东南部的牛田、津洞一带地区。1934年6月至7月初，红六军团在永新县东北部的金华山、松山阵地防御战役失利后，撤到上述地区，准备在该地区恢复苏区，坚持斗争。万、泰、遂，指江西省万安、泰和、遂川三县。

校学生，无线电两架，野战医院和制弹、修械厂。弼时①同志及部分的党政干部应准备随军行动。弼时即为中央代表，并与肖克②、王震③三人组织六军团的军政委员会，弼时为主席。

留在现苏区的应为省委、省苏、军区及各分区地方党政组织，地方的独立团（营）和游击部队，重伤病员，体弱的干部及苏区的基本群众，担任继续发展游击战争及党的工作。洪时④同志留为省委书记，云逸⑤到后，王震即任六军团兼十七师政委。

（六）预计的向湖南发展的路线、地域和行动：

1. 六军团由黄坳、上下七地域的敌人工事守备的薄弱部或其以南，转移到现独四团行动的桂东地域。在转移中要迅速脱离敌人，以便到桂东的游击区域，高度的迅速的发展游击战争和推广游击区域。

2. 六军团在桂东不应久停，第二步应转移在新田、祁阳、零陵地域，去发展游击战争和创立苏区的根据地。

3. 以后则向新化、溆浦两县间的山地发展，并由该地域向北与红二军团取联络。

（七）这一训令只限于给省委常委、六军团及军区首长，不得丝毫下达。

一切准备及第一步的行动，应伪装进攻湖南军队的行动行之。

（八）关于六军团在湖南中部地区行动时之政治任务及政治工作，及省委、军区在现在苏区发展游击战争及党的工作，另发个别的训令。

（九）一切准备工作统限八月中进行完毕。

党中央书记处、中革军委

七月廿三日

---

① 即任弼时，时任中共湘赣省委书记。
② 即萧克，时任中国工农红军第六军团军团长兼第十七师师长。
③ 时任中国工农红军湘赣军区代司令员，红六军团转移时，改任该军团政治委员兼第十七师政治委员。
④ 指陈洪时，原任中共湘赣省委代理书记，红六军团转移后，任中共湘赣省委书记，不久叛变投敌。
⑤ 指张云逸，时任中国工农红军总司令部副总参谋长兼一局局长，后参加中央红军的长征。

任弼时、王震关于执行二十三日训令部署情况致中革军委电[①]

（一九三四年七月二十八日、三十日、三十一日）

任、王二十八日报中革军委

甲、部队的补充：

一、经过几次战役后，十七、十八师现共有六八三〇人，内夫子四八〇人；长枪、短枪及机枪三二〇二枝，内步枪二九三四枝。

二、在八月十五日以前，努力补充二五〇〇人，红校六百、地方工作人员二五〇、夫子六百、兵工厂一二〇人在内；五五〇枝步枪，红校二五〇枝在内，照此数计算共为九三三〇人，枪三七五二枝。但八月半前的疾病与战争伤亡，出发时人数不免相当缩减。

乙、干部问题：

一、决以子意[②]任六军团兼十七师政治部主任，龙云[③]伤虽愈，但病甚重，恐不能随军行动，十八师师长拟以旷朱权代理，调前五二团团长、现北路分区司令员彭辉盟任付〔副〕师长，以甘泗淇为该师政委兼政治部主任。各团所缺之团长及政委，须待云逸到后以红校学生补充，军区政治部主任以贺友仁继任。

二、刘士杰[④]随军预备做新区省委书记。吴德峰[⑤]调任六军团保卫局局长，

① 此电，选自红二方面军战史编委会办公室1963年2月编印的《中国工农红军第二方面军第二次国内革命战争时期战史资料选编》(三)，原标题：《执行廿三日训令的布置情况》；目前尚未查到原件校对。

② 指张子意，原任湘赣军区政治部主任。

③ 原红六军团第十八师师长，后参加长征，仍任原职，在贵州省石阡地区作战中负伤、被俘，后被敌人杀害。

④ 原中共湘赣省委副书记。

⑤ 原湘赣军区保卫局局长。

省保卫局长以执行部长刘发云担任。省级共调二五〇人随军，准备做新区地方工作。

丙、军区直属队及其后方机关：

一、直属三个医院，第一医院在永新七都山地，有伤病员二〇〇，工作人员一六〇，以四五十名为单位已分散了；第二医院有伤病员六〇〇，工作员二〇〇，八月十五日人员可治疗好四〇〇名，现驻三峰关；第三医院伤病员六三〇名，工作员三三五名，内现有不能行动重伤员三五〇，拟即分散荫蔽永新东南山地。

二、弹药厂一五〇人，分〔出〕六十人；修械厂一二〇人，分出十三人；被服厂目前一二〇人，现有六十，才三〇人，三个工厂分出一五〇人到六军团[1]。弹、械两厂各留四〇人，其驻地分配，各分修械、制弹。军区属被服、修械、制弹三厂，共一一〇员，重材分散埋藏。

三、井〔警〕卫营二三〇人，一五〇枪，现在牛田、关背以西北任守备。另井〔警〕备连人七〇、枪六〇枝。

四、现军区及直属机关各部门共有九八四员，步马枪二二一枝。现抽出运输队三二六名，工作人员三〇〇名，枪一二〇枝，补充六军团以后，仅三一八人[2]。

丁、政治工作的准备：

一、任[3]召集了十七、十八师政治工作人员会议，在争取新的决战胜利，消灭湖南敌人，创造新的苏区与新的根据地等口号下进行战争动员，深入十三次全会提纲[4]的讨论，完成基本的政治教育。

二、加强政治机关，特别是充实各团政治处，建立十八师，健全党的机关，完全依照政治工作条例建立其工作。

三、加紧行军、井〔警〕戒时政治工作的准备，完成审查干部与检举运动，

---

[1] 此句中，数字疑有误，三个工厂分出的人数与调往红六军团的总人数不符，因未查到原件校对，故保留现稿原貌。

[2] 此数疑有误，据电文中数字推算，应为"三五八人"，因未查到原件校对，故保留现稿原貌。

[3] 即任弼时。

[4] 指1933年12月共产国际执委会第十三次全会，库西宁所作《关于法西斯主义战争危险与各国共产党任务的报告提纲》。

加紧供给与各师机关的政治工作，消灭个别叛变的现象，向着五十与五十四团突击。

四、开办短期训练班，训练新从地方征调来的干部及新干部，征调五〇人的工作团随六军团出发。

五、在最近主力退出到苏区外，个别不坚决分子如五十团欧阳珍所表现的悲观失望、新的机会主义动摇，从政治上、战略上解释我们的胜利与转移方向，突击与消灭敌人的意义，团结政治上的一致。待续。

任、王

三十日

（续前）

戊、党组织上的改变：

在敌封锁完成、苏区缩小并分割的情形［下］，已将莲花、安福、萍乡三县委合组前莲安萍县，新峡、清宜①两县合并前新清峡县，茶陵、宁冈合并前茶宁县，遂万泰新、老苏区东面成两个县（天［河］以南至桥头、津洞前吉泰县，津桥南前遂万泰县）。其余永新、吉安、吉水（北路新区），攸县仍旧以永新管。莲安萍及茶宁，新清峡管。吉安为中心县委。全省现存苏区内人口约十三万，党员一万一千四百余，红军在外，省委移东南时，即分配较得力干部主持各县工作。并决定各县须有得力的工作干部，努力恢复与建立敌占区域及白区工作，同时建立秘密组织基础。这次征调的二百五十干部，多是工作团及省级机关人员，各县委无调动。现省委常委决以洪时、旷光明（原宣传部部长）、谭余保（省苏）、姚原德（工会）、旷逸爱（原妇委）、王用济、张云一组成，准备八月半召开省扩大会，讨论国际十三次扩大会决议及目前工作，并补选省委委员。

王、任

三十一日

---

① 新峡、清宜，均湘赣省苏维埃政府设置的县区名称。

六军团之兵力分布

（一九三四年八月三日）①

任、王：

甲、三日十二时半电悉：

（一）秘密准备工作五日可完成。

（二）六军团近日部署两团在衙五间准备侧击与阻止前进建碉之敌。

（三）另两团前日开桥头东向高陂马家洲之线活动并准备有利条件下侧击马家洲前进之敌。

（四）五十、五十四两团位置关背坳头集中并掩护收集粮食维持兵站线。

（五）独五团伪装五十二团在津（洞？）桥头（？）向指（阳渡？）早（禾市？）游击。

（六）西北山脉以军区警备营守备。

（七）六军团全部一天内均可集中一地。

乙、询问李宗保情形决定由横不藠林左安往桂东计三日行程约二百五十里道路很平炮楼很少宜可派翼侧纵队行进。

丙、留彭辉明代军区司令员，洪时同志兼政治委员，调周杰为一分区司令员［兼］任军区参谋长，谭家述任十八师参谋长，龙云病愈仍决随军休养。

三日廿四时

（湘赣来）

---

① 此时间为编者判定。

任弼时、肖克、王震关于六军团行动计划致朱德电

（一九三四年八月十二日）

朱：

十二日电悉，执行情形于下：

一、我们因病员太多，轻重约一八三人。部队颇疲劳，本日在寨前休息。昨晚派五十三团占领沙田，收集资材，此后在主力前一日行程处进行扫除沿途障碍，其次侦察敌情。

二、我们今日晚向郴县前进，予〔预〕计十三日到田庄八十里，十四日到滁口、黄草坪八十里，十五日到郴县附近九十里，相机占领郴城。如郴城占领，则以一师于十六日进至桂阳，如不能占领，十六日则全部进至桂阳。

三、独四团本日已向四都圩，明日在该地活动，十四日东转至青要圩附近，十五日则至资兴，东江方向，阻止由资兴、东江至郴州之敌，目前他们的活动地区，以在彭、王、陶各敌之后方行动。

四、湘南游击区域以瑶岭一带为好，我们要到郴县之永阳、沔义才可以安置。

五、寨前至沙田有敌碉二十（？）座今日已全部占领大部破毁。

任、肖、王

十二日廿时

任弼时、肖克、王震致朱德电

（一九三四年八月十五日）

朱：

　　六军团十四日由田庄出发，原定这天到滁口，因经五十里难行的碍路，是日抵黄草坪宿营六十里，十五日行军九十里到离东江七里宿营，十六日抵龟星，五三及四九团迫近郴城，明十七日继向桂阳前进，十八日上午可抵桂阳城，依敌情休息一天或二天。

　　　　　　　　　　　　　　　　　　　　　任、肖、王
　　　　　　　　　　　　　　　　　　　　　十五日八时

任弼时、肖克、王震致朱德电

（一九三四年八月十七日）

朱：

（一）本日早十二时我军全部抵郴州以南十里升平铺，因郴宜马路碉台白日不得通过，于今晚才好通过马路，明日十二时前可抵桂阳附近。

（二）今日留湘南游击区域病员九十。

（三）十九师逃兵三人供称十九师到团人午到郴州①。

任、肖、王

十七日二十时

---

① 原文如此。

中央苏区面临的军事形势①

（一九三四年八月十八日）

周恩来

我们曾预先指出，今年的"八一"前后是敌人伸入苏区后的大的血战的开始，同时也是迎接"八一"在各方面开展新的胜利的重要关头。在六、七两月，敌人经过了重新布署兵力和修补马路、碉堡，七月的下半月便进行了他的大举进攻的新的步骤。

在广建②方面，敌人放弃了建宁战线，集中了三个纵队的兵力，从赤水向着驿前方向进攻，企图侵占我赤色的石城，这是敌人进攻的主要战线。

配合着敌人的主要进攻战线，连城方向的敌人李纵队③企图向汀州进攻；西北线的敌人，调动了北路进攻的部队，集中了五师以上的兵力，从泰和、沙村向着老营盘进攻，企图侵占我赤色的兴国；薛路军④在西北便变成了辅助的进攻方向。

在南线，蒋介石正逼迫着粤敌以主力进攻会昌，并配合着赣江的周纵队⑤封锁赣江的上游。

环绕着中央苏区的周围，蒋介石在七月下半月同样在加紧的围攻赣东北和河西的苏区⑥，企图紧缩那里的苏区，束缚那里的红军，以求得最后的总的

---

① 本文节选自周恩来为《红星》报撰写的署名社论《新的形势与新的胜利》，刊载于中国工农红军总政治部编辑出版的《红星》报1934年8月20日第60期；现标题为编者所拟。

② 指江西省广昌县和福建省建宁县。

③ 指国民党赣粤闽湘鄂"剿匪"军东路军第二路第四纵队，指挥官李延年。

④ 指国民党赣粤闽湘鄂"剿匪"军北路军第六路，总指挥薛岳。

⑤ 指国民党赣粤闽湘鄂"剿匪"军北路军第三路第八纵队，指挥官周浑元。

⑥ 指闽浙赣边苏区和位于赣江以西的湘赣苏区。

决战。

同时，也正因为战争的加紧，敌人的飞机成群结队的来轰炸中央苏区的后方；组织反革命刀团铲匪①来捣乱苏区的腹地；并且在全国更残酷的镇压革命运动，更无耻更露骨的出卖中国给帝国主义。蒋介石已放弃全国三分之二的领土，为的是好集中更多的兵力来进攻中央苏区和红军——现在中央苏区周围的白军已由六十六个师、八个独立旅共三百二十个团（三月份后统计）加至八十个师、十二个独立旅共三百八十七个团，人数过七十万。这就是说敌人已经集中了全国正规军队百分之七十以上的兵力来围攻中央及其周围的苏区；如果再加上进攻鄂豫皖的奉军，进攻红四方面军的川军，进攻红二军团的川鄂黔军，则在全国除山西阎锡山、山东韩复渠〔榘〕和云南军阀的部队以外，没有一个军队不在与红军作战了。

这一切形势，说明眼前敌人的进攻，已经是蒋介石企图总攻瑞京②计划中的重要步骤。大战就在眼前，九、十月间将是决定胜负的血战的重要关键。

---

① 指地主豪绅组织或操纵的反动地方武装，如大刀会、民团、"铲共团"等。
② 指中华苏维埃共和国中央政府所在地瑞金。

任弼时、肖克、王震致朱德电

（一九三四年八月二十一日）

朱：

（一）据土豪代表昨早由桂阳城来此称，桂阳城十九日并未到敌。

（二）我们如与追敌脱离及减少将来渡河的困难，以十八师明日由鲤溪向零陵前进，十七师明日出发，如敌情不紧张以一团为前、后卫与本队取一日距离。

（三）据我们到此调查新田距零城一百八十里有很多山需二日半至三日才能到。

（四）前在郴州留下伤病员百名，担架员二百一十名，现在病员只有三四十名，部队相当疲营〔羸〕，给养不十分困难。

（五）昨日攻下新城，在县公署缴获存枪百六十支。

任、肖、王

二十一日十二时

任弼时、肖克、王震致朱德电

（一九三四年八月二十二日）

朱：

1.我十八师今晚可进至廖家湾，明日午后四时可抵零陵城，十七师及红校今晚十二时抵六麻江离零城一百里，明晚八九时可到城，我们要争取明晚全部渡湘江。

2.战备对古楼市之哨离新城廿四里，今早八时尚未发现敌人，我们要他们午后四时才撤回，今晚随后跟进，在祁陵通沿湘江敌情盼速告。

任、肖、王

二十二日二十四时

总司令部关于敌情和我军行动情况的通报

（一九三四年八月二十三日）

A. 敌情：

1.敌李纵队①主力正构筑连、永②间封锁，五十六师筑沙、永③间封锁，十师任建瓯、延、沙④间守备并筑路，五十二师改任永、连守备，以一部守尤溪，三十六师、八十师守备未变。

2.八十七师、四十九师、七十八师及新十师均集中福州、水口及闽东地域，监视我抗日先遣队。

3.陈路军之汤、樊、罗三纵队⑤七个师，在半桥以南东西山地，从十四日战斗后未前进。头陂方面仍为九十四师部队守备，四十三、九十七两师修补南、建⑥间公路，八师以一部接替十师之里心、建宁线守备。

4.薛路军四个师攻占我在火烧山、田罗坑阵地后，现筑雄口、银龙下间公路。

5.周⑦敌八月来步步筑垒，前进到老营盘西之大庄南北山地。

6.粤敌除以一营占龙布外，余未进。独二旅及二师、四师各一部被我六军团行动吸引，西开上犹、崇义、南康。

B. 我军行动：

1.抗日先遣队攻占源罗后，现向寿宁前进。

---

① 指李延年纵队。

② 指福建省连城、永安两县城。

③ 指福建省沙县、永安两县城。

④ 延、沙，指福建省延平县（即南平县，今南平市）和沙县。

⑤ 指国民党赣粤闽湘鄂"剿匪"军北路军陈诚指挥的第三路所属汤恩伯第十纵队、樊嵩甫第三纵队、罗卓英第五纵队。

⑥ 指江西省南丰县和福建省建宁县。

⑦ 指周浑元。

2. 六军团二十一号攻占新田，现续向北迈前。敌十五、十六两师分向新田尾追，十九师两团及各县保安团统固守城镇。桂敌以周师^①开零陵^②，企图截我，另以一师控制于龙虎关。

3. 我一、九军团已放弃连、永间战役。

4. 三、五军团主力，继续扼阻和突击陈路军向驿前、石城前进。

5. 五军团一部监视头陂之敌。

6. 二十三师箝〔钳〕制薛路军。

7. 三军团一部及二十一师两个团抗击周敌。

8. 二十二师、二十师位置及任务未变。

总司令部

二十三日

---

① 指国民党军第四集团军第七军第十九师，师长周祖晃，属桂系。
② 时为湖南省属县，1984年已撤县并入今永州市。

任弼时、萧克、王震关于红六军团拟以阳明山为根据地致朱德电①

（一九三四年八月二十四日）

朱：

（一）二十三日我全军团急行军，走一百四十里，于晚二十四时左右抵湘河②南岸之蔡家田。因无徒涉场，又二十二日左岸沿河到保安团择要扼守，并永州③至冷水滩所有船只调去，水面又宽，有赣江两倍，故未西渡。

（二）六军团行军十六日约一千余里，在中途仅休息一天半，故颇疲劳。今日白天在文山、罗文桥休息，晚达桐子坳、庙门口，靠大山。

（三）根据现在敌情，若由零、祁④间西渡已无可能。

（四）潇水满河，渡湘水亦困难。我们意见，六军团在祁、新、常⑤地域之杨明山⑥及其附近地域为游击区域，以杨明山为根据地。据说此山横直朦迂十里以上⑦，地形复杂，山势险要，过去之土匪隐藏。其部署如下：

A.以一团明日开杨明山择要构筑据点，将医院及修械所等后方、红校安置山中，另一营阻止和迟延王敌⑧前进，刻拟以二日休息整理，并择要建立向零

---

① 此电，按中国人民解放军军事科学院图书资料馆所存档案原稿刊印。

② 即湘江。

③ 即湖南省零陵县，今改设永州市。

④ 指零陵、祁阳。

⑤ 祁、新、常，指湖南省祁阳、新田、常宁三县。

⑥ 杨明山，应为阳明山，位于湖南省零陵地区，湘江右侧。

⑦ 此句，档案原稿如此；红二方面军战史编委会办公室在整理此资料时，曾将此处改定为"横直八九十里"。

⑧ 指国民党赣粤闽湘鄂"剿匪"军西路军第一纵队第十五师，师长王东原，该师由赣西尾随红六军团"追剿"至湘南地区。

城①方向据点，准备伏击前进之王敌。

B.这带群众生活极苦，以大力秋收斗争，开展到分配土地和建立群众与党的组织，争取巩固这一地区。

（丙）〔C〕以两连分组几个游击队，去领导群众斗争，并收集资材、捉土豪，解决给养问题。

（丁）〔D〕加紧在二三日内整理部队及政治工作，并进行分田、扩红工作，沿途只扩大五六十名。

（五）详情待了解这边情形再告。

（六）是否同意，以电告。

任、萧、王

二十四日十时

---

① 指零陵。

任弼时、肖克、王震致朱德电

（一九三四年八月二十四日）

朱：

六军团昨晚西渡未成，现集结山地隐蔽休息，详情另告。

任、肖、王

二十四日二十二时

中革军委关于成立第二十一师的命令

（一九三四年八月二十五日于总司令部）

绝密

一、第二十一师定于九月一号开始成立。

二、该师由现已成立之六十一团、六十二团及六十三团（原江西军区赣江团）组成。在六十三团内，编入七军团归队兵的一个营（四个连）。第二教导团全部（军政干部六十四名，战士一千三百零七名，工作员一百八十七名，步马枪二百八十六枝，重机枪二挺，及其他军用品）统补入二十一师。

三、任命周昆为该师师长，黄甦为政委，罗荣桓为政治部主任，唐浚为参谋长，国局①并任命杜理卿为特派员。以上被任命的人员，统限于九月一号以前到达军委，受领任务。

四、为保证师部的指挥健全，该师应组织下列各部：

甲、责成政治部主任负责成立师政治部。

乙、周师长、黄政委就职后，即成立师司令部，并由红大参谋班抽学员五名，由彭杨步校②测绘班抽学员六名分配给该师司令部。

丙、军委总司令部之独立防空排，即拨归该师。

丁、由特校训练之工兵连、迫击炮排，于十月中编入该师。

戊、由总兵站抽出一个中站随该师行动，并归其指挥。

己、总供给部派出供给主任及供给人员三名，会同第二教导团供给人员组织师供给部。

庚、总卫生部抽出三个医务所拨给该师，以便组织野战医院，并派出卫生人员组织师卫生部。

---

① 指中华苏维埃共和国国家保卫局。

② 为纪念彭湃、杨殷二烈士，1933年10月17日中革军委决定，将第一步兵学校命名为中国工农红军彭杨步兵学校。

辛、现随江西军区陈^①司令员在西线使用之十四分队电台，即拨给二十一师使用，另由总司令部抽电话队一班带话机五架、皮线十里给该师成立电话班。

壬、师直属队除上项所述外，应由第二教导团直属连及现有人员中组成。为加强保卫队（一排）及侦察连起见，并决定抽调下列部队补给该连队：

A. 由一、三军团各抽一驳壳班，于九月一号到达瑞金；

B. 由国局选一有战斗经验的步兵排，拨为该师保卫队；

C. 由七军团归队营中拨老战士一排。

五、六十一、六十二、六十三三团，现时任务从九月四号起即交给其他兵团担任（军委另有命令），交替后，即进行成立二十一师。

六、至九月十号止，二十一师应组织完毕，然后转移到我二十三师方向，与该师协同行动。

七、十月内，二十一、二十三两师合编为八军团，二十一师首长即兼军团首长，不另组军团直属队。

主　席　〇　〇^②
〇〇〇　〇〇〇
〇〇〇

---

① 指陈毅。

② 档案原件中此处未署名；圆空处，指主席朱德，副主席周恩来，王稼蔷。

朱德关于红六军团向新宁、巫山地域转移
致任弼时、萧克、王震电[①]

（一九三四年八月二十六日）

任、萧、王：

一、敌人拟于零陵地区与我决战，因此敌十五师在新田与零陵间行动，而十六师则经常宁向零陵前进；桂敌有一个师，沿潇水上游向零陵前进，其另一个师亦由黄沙、东安地区向零陵前进；胡、段两旅[②]在祁、零[③]间前进，各种保安部队则布防于零陵以西及西北地区。

二、六军团之任务，在敌各部未联合一起取得协同动作之前，击溃敌人单个部队，而在潇水上游找到西渡可能。为完成上述任务，军委令六军团于二十六日晨前集结于阳明山及以南地区，并详密侦察新田、分水坳、铲子坪之间敌十五师之配置。

三、二十六日袭击该敌，将之击溃而取道南行。

四、二十七日在上埠港之东山地宿营，组织严密的周围警戒，并派有力之诸侦察队，查明敌情及上埠港与其以南至道州[④]间地区渡河之可能。

五、六军团渡河后，即经道县、全县地区至城步，或不经全县而经湘、桂边境转至新宁、巫山地域，同时应减少行军里程至每日四五十里，以免部队过于疲劳。

六、万一一两日内不能渡河，督宁远地区敌已令围之，在没有充分的物质

---

① 此电，选自红二方面军《第二次国内革命战争史资料选编》，尚未查到原件校订。
② 指国民党赣粤闽湘鄂"剿匪"军西路军第一纵队司令刘建绪临时指挥的胡达、段珩两旅。胡达当时任独立第三十二旅旅长，段珩任第十九师第五十五旅旅长兼湖南保安第五区司令。
③ 指祁阳、零陵。
④ 即湖南省道县。

资源，灼政先条件之下坑白区依靠支撑点是□的①。

七、严令在任何情况必须每日简单明了的电告作战情况。

朱　德

二十五日二十四时半②

---

① 此项后三句，原文如此。因未查到档案原稿校订，保留原貌。

② 此时间，应为二十六日零时三十分。

中革军委、总政治部关于成立教导师的命令 [1]

（一九三四年八月二十六日）

（1）着第二教导团全部一千二百二十三人 [2]（干部、战士、工作人员及武器），于九月一日以后编入二十一师，并由该师师长周昆、政委黄甦前往接收。

（2）着第四教导团将现有之一千一百七十一名战士分三个营，每营编成三百六十名，于九月一日分别补入二十二师、二十三师及二十四师，余多出战士九十一名即补充总司令部直属队。该团军政干部、工作人员及武器等，统责成第五局分别补入第一、第三、第五三个教导团，其工作人员中如炊事员则应随同新战士分配到前方。

（3）第一、第三、第五三个教导团应依各兵团需要，将现有战士限于九月一号至十五号间分别送出补充各兵团，同时按以后每教导团要一百零八个班长、三十六个副排长、六个预备干部给师指挥机关，给师警卫连十五名，共初级干部应留下四百六十五名优秀的战士（班长在内）。依此，剩下派往部队的战士整数为三千零二十五名。

（4）九月十五日应成立新的教导师，由三个团、一个机枪连、一个警卫连编成之，以张经武同志为师长。司令部分训练、队列、管理三科，政委、政治部主任及特派员由总政及□［国］局于九月一号任命好，卫生供给机关亦于九月一日准备好。师警备连由警备排、通信排及工兵排组成之，其编制与一般同，警备、通信每排三班，每班连班长九人，工兵每班连班长十三人。团司令部的组成与师部同，但只须警备、通信各一班人，其编制每班九人班长在内。每团三个营，每营四个连，每连三个排，每排三个班，每班战士十二名（班长在

---

① 此命令，选自中国人民解放军军事科学院战史研究部编纂的《中国人民解放军第二次国内革命战争史料选编》，尚未查到原件校订。

② 此数与《中革军委关于成立第二十一师的命令》中所说第二教导团的人数比较，少335人；因未查到原件校对，未作改动。

外），合计全团共战士一千三百一十二名（团直通信、警卫各一班在内），班长一百一十名（内通信、警卫两班长在内），排长、副排长各三十六名，连长、政指各十二名，营长三名。为此，加上师、团的直属部队，在教导队内应有四千零九十二名新战士，师一级以下干部则应有初级干部四百六十五名，排、连长一百五十二名^①，政指三十八名，营长九名，团长、政治委员、参谋长各三名，以及其他工作人员，如：科长、科员、卫生供给人员、管理班长、炊事员等。规定副排长以上的不得用无战斗经验的地方干部。

（5）责成第五局于九月一日前应查清全教导师所缺的干部，到九月十五日则由公略步校^②第二批毕业生中全部补齐（军事干部应该是够的，而政治的则差十五至二十个），营长及以上的干部不另补充，而应适当调补之。

（6）每三个战士约可配备一枝枪，计算现有武器大致可够一、三、四、五教导团共一千二百一十八枝枪，照三个团分配，每团应有三百九十六枝，师直属队配备三十枝，此外须保证到九［月］一［日］（除有枪的战士及工作人员外）全体配有梭标。为进行教育起见，每团每月发给手榴弹一百个，子弹一千五百发（每个战士打一发）。

（7）团的改组，师的成立，应于九月下半月完成，以便能即时开始有系统的训练新战士。诸教［导］团的位置，应在瑞金以南及东南，责成该师长确定之。此令。

主　席　朱　德

副主席　周恩来　王稼蔷

总政治部主任　王稼蔷

---

① 此数字与前述编制数累计不符合，因未查到原件校对，未作改动。
② 为纪念黄公略烈士，1933年10月17日中革军委决定，将原第二步兵学校命名为中国工农红军公略步兵学校。

任弼时、肖克、王震致朱德电

（一九三四年八月二十七日）

朱：

（一）六军团廿六日十八时由白果寺于廿七晨五时到达石家洞（约六十里）。

（二）王东元部尚未到永安平团但很有可能。

（三）我军准备今日下午经新田向宁远方向前进，并准备侧击进永安圩或向我追击之王敌。

任、肖、王

二十七日十时

任弼时、肖克、王震致朱德电

（一九三四年八月二十八日）

朱：

1. 昨日廿七午后五时我军由石家洞向嘉禾之广发于〔圩〕前进，以一团前卫由鲤溪南行，八时许鲤溪到敌，该团由小道向西回旋归还本队，敌毫无发觉。

2. 我军于本日午抵广发圩共八十里，明拟向西南继进，准备由道县江华间西渡。

3. 昨日廿七午四时我哨发现彭敌由白果南进，当晚敌进至石家洞附近，我后卫团对之反突击，将其先头一部击溃，缴步枪卅余，马枪一，我后卫安然撤退。

任、肖、王

二十八日十四时

任弼时、肖克、王震致朱德电

（一九三四年八月三十日）

朱：

（一）六军团由上桥新村一带出发，午后、时宿营于四（眠）桥清水团一带，计本日行军约一百里。

（二）江道间强可徒涉，拟明卅一日上午渡江道河。

（三）敌彭王昨日午后以后先头部队抵嘉禾，该敌今日行动不明，江道城及西岸敌情亦未查确，盼告。

任、肖、王

三十日二十二时

任弼时、肖克、王震致朱德电

（一九三四年八月三十一日）

朱：

（一）六军团今晚薛家厂徒涉此时十七师全部，十八师部已渡潇水，预定今晚八时可渡毕，在杨林塘宿营。

（二）彭敌先头昨午后三时在离下灌八里与我后卫接触，六时我从容撤退，敌昨日先头大概可到下灌。

（三）闻永明之白水到桂敌二团，敌及桂敌行动如何，桂师每师几团，盼告。

任、肖、王

三十一日十八时

任弼时、肖克、王震致朱德电

（一九三四年八月三十一日）

朱：

　　敌本日到达何地，盼飞告，如王敌未到道县，我们明日拟经道县附近向全州前进。

任、肖、王

三十一日二十二时

红军总司令部关于湘赣地区敌接防部署的情况
致红六军团电

（一九三四年九月一日）

湘赣六军团:（火急密译）

兹探得敌接防部署如下:

1. 王某部火速接替下倒坪不含西北属于茶境碉防三师接收外田不含以北属于永莲全部碉线五三师接七溪岭至黄圯息锣之碉线。

2. 陈子贤旅完成碉堡后接下倒坪至宁岗不含调防并抽出陶师何湘策应。

3. 陶师交防后集合袭动待命。

4. 敌判断我肖部开至蓝山后即回原地。

5. 桂敌周部集结道县协向胡旅截我西窜或南移粤独三师集结宜章或临武附近截我东移或南开等语。

总司令部

一日十时半

任弼时、肖克、王震致朱德电

（一九三四年九月一日）

朱：

（一）六军团昨日十八时安全渡过潇水，人员武器资材毫无损失。

（二）前卅日五十一团一哑人九号带花逃跑，永新人。四十九团两营长，陈X路上解悉移尾追敌击毙，六军团今早一日由杨林塘出发至晚廿一时，全军团宿营于高明桥军海一带。

（四）①桂敌廿九日一团抵道县另一团今日正午由受福开（道）县其情况不明。

（五）明早三时继向桂境开进，无桂省军用图敌情及我军行动盼详细电示。

任、肖、王

一日十九时

---

① 原复制件无（三）。

红军总司令部关于敌军阻我肖部折入湘境的计划致肖克、王震电

（一九三四年九月一日）

肖、王：

谍息：

刘敌以我肖部在界排洲背附近渡过满（沅？）水有经灌阳、全州或兴安入湘境之势，现该敌为协同桂敌截剿，并阻赴我军折入都境之部署：

一、已令胡达旅即开东安转赴新宁堵剿，又东安至祁阳沿河江防，以段珩部五团扼守。

二、王师应跟我痛剿，期与桂敌堵击。

三、章师应于本日赶到道州，寿佛圩之线，觅我攻剿。

四、某师（或仍系王师）应经永安关又〔文〕村赶赴全州协同桂敌截剿。

总司令部

一日二十时半

（致六军团）

中央组织局、总动员武装部等关于九月间
动员三万新战士上前线的通知

（一九三四年九月一日）

各级党的组织，各级动员机关：

中央组织局已通知各省委努力准备在九月之间动员三万新战士上前线。数目的分配，江西一万一千，直属四县七千，赣南七千，福建二千三百，会昌一千七百，宁化一千。各省已开始进行各种准备工作。

现在为着适合战争的需要，中央决定即日开始动员，争取在九月内全部完成计划。除已另行通知省委及各省动员机关积极布置外，特向各级党的组织及动员机关作如下的通知：

（一）各省委、各军区动员武装部分配给各县的数目，各县应争取全部在九月二十七日以前完成，并已送到补充师、团，不能延过二十七日。

各省、县除经常指导下级动员工作外，须派出强有力的突击队去帮助突击，中央派出的突击队，另与各省商定之。

（二）除未指定扩红的县，应照已定计划加紧地方部队的扩大外，凡指定扩红的县，应当注意到保障扩红计划能够首先完成，边区动员模范赤少队①参战，必须是根据战争的需要并经过军区的决定，以免因无计划的动员影响扩红的突击。

（三）为着争取扩红计划的迅速完成，应根据红五月的经验，动员一切宣传机关，进行广泛的政治动员，要把军委的命令在赤少队中进行讨论，必须注意到在广大群众特别是赤少队的群众中，鼓动他武装上前线的热潮。

---

① 赤卫军和少年先锋队的总称，均是革命根据地（苏区）内不脱离生产的群众性武装组织，只有劳动者方可参加。赤卫军限定为18至40岁的青壮年；少先队为18至23岁的青年，它同时具有青年团附属组织的作用。从赤卫军和少先队中选拔精干者，每区（县）组织一个模范营（师），有武器，有训练，能调出远出者，统称模范赤少队。

（四）我们要争取模范赤少队首先动员，但我们不应把动员限制在模范赤少队中，应当使动员开展到广大的赤少队中去争取整营整连的武装上前线。

（五）要保障没有阶级异己分子与反革命分子混入新战士中，要保障有坚定的干部加入红军。对于干部加入红军，要有计划的分配，现在即准备好干部，代替加入红军的干部的工作，以纠正五、六月动员后部分地方组织无人负责的现象。

（六）要在动员中，保障每个新战士有一支梭标带赴前方，用群众捐助的办法，极力争取每个新战士有一床被毯，草鞋等用具亦须准备充分。

（七）赤少队的突击没有完成计划的县、区，应从扩红动员中继续完成，不能与扩红隔离或对立起来，派出参加赤少队突击的干部，适宜于动员工作的应参加扩红突击队。

（八）借谷运动未完成的县、区，应在扩红动员中同时动员，预防先完成粮食再行扩红及因扩红放弃粮食动员的错误。

但各级粮食部应绝对负责粮食集中的工作，以免分散扩红突击队的力量。

（九）各省、县必须随时将动员情形报告中央，各县必须每三日将动员情形报告省与中央。

中央组织局
总动员武装部
中央总队部
总政治部动员部
全总战争动员部①
一九三四年九月一日

---

① 发文部门全称中国共产党中央组织局，中央革命军事委员会总动员武装部，少年先锋队中央总队部，中国工农红军总政治部动员部，中华全国总工会战争动员部。

红军总司令部关于敌十五师六十二师等部调动情况
致红六军团电

（一九三四年九月二日）

六军团：（急密译谍息）。

（一）敌十五师一日戌时到达谢家厂。

（二）粤敌独立第三师已派兵五营开进乐昌转赶石塘村。

（三）敌六十二师决交防后集结砻市待命须准备移交中。

总司令部

二日十二时

红军总司令部关于敌十六师到宁远等地并称我军在茶园渡河等情况致红六军团电

（一九三四年九月二日）

六军团:（火急密译谍息）。

敌十六师徐何旅及该团今未刻到宁远刘旅已抵天堂圩该称我军二号由四眼桥经新铺在下茶园渡河桂敌两团正由道州向江华前进中等语。

总司令部

二日廿二时

任弼时、肖克、王震致朱德电

（一九三四年九月二日）

朱：

六军团今日由马［高］明桥铁湾出发原拟经蒋家岭永安关前进当前卫前进蒋家岭时［遇］桂敌一团及保安大队扼守，同时后卫发生敌情，由以一部将蒋家岭附近山上之敌击溃并有保安一中队由队长（系前七军落伍战斗员）率领枪卅余根因敌［构］［工］事阻［止］我军前进并将高明山脉左翼路扼断，我军全部取［右］翼清水关入桂之［桂］岩［露营］明日继向全州方向前进拟于全兴间选定徒涉点于四日北渡。

任、肖、王

二日二十四时

红军总司令部关于敌追击向高明桥北进我军的部署
致红六军团电

（一九三四年九月三日）

六军团：（火急密译谍息）。

刘敌称：

（一）我军昨二日晨突过高明桥北进有黄沙河附近渡河西进势其王章两师仍在继续追截，其部署：

1. 胡达部限江午前到达黄沙河协同桂军乘我渡河时机动截剿。

2. 袁建谋团限江午到达东安归胡达指挥，朱邦记团限本午刻移至石期站至老埠头之线严密布防。

3. 晏司令迅以何谭两团深绿埠头含至石期站含沿河左岸之线严密堵剿并分兵守备东安城。

4. 现龙团以一营进驻零城两营集结石期站策应限明日晨到达。

（二）刘敌又令章兼程尾追或超我截击以其与胡达部及袁建谋团在黄沙河之线合歼我军之企图。

总司令部

三日四时半

红军总司令部关于敌在黄沙河堵击红军的部署
致红六军团电

（一九三四年九月三日）

六军团：

（一）刘敌判断我军在黄沙河上流渡河势为多下流为少不出东安之白沙大庙口趋新宁便出梅落口趋城，现该敌已令胡旅于黄沙河附近乘机击破并请桂敌在黄沙河至全州某大道及湘江沿河堵剿。

（二）敌十五师昨晨由萍家厂出发行抵祥霖铺据报我一部一日晚经山口铺到朦腹主力在小坪昨晨撤去。

（三）该师为与桂敌夹击当令其张旅系上江圩出铜口堵剿我西南逃窜其主力集结新车渡向高明桥方向进剿于戌刻到小坪洪家宅之线张旅亦到达小圩附近并称我已向蒋岭开去。

（四）该师拟今晨刻继续我追剿。

总司令部

三日四时半

红军总司令部关于敌在黄沙河等地布防情况
致红六军团电

（一九三四年九月三日）

六军团:（急密译谍息）

敌胡达称:

（一）该旅已星夜将庙头至黄沙河之线布防袁建谋团到后由××愿至黄沙河之线可以巩固并向刘敌提议在我乘渡江以前何谭两团万不可撤〔撤〕退。

（二）又晏敌要求自大江以东至老埠头另派他部接防使其正面缩短正请批准。

（三）胡敌请刘飞唐桂敌巩固江防若我不能渡过俟主力部队赶上可围歼灭等语。

总司令部

三日七时廿分

朱德关于红六军团应在全县、兴安间渡河进至西延地域致任弼时、肖克、王震电

（一九三四年九月三日）

火急

任、肖、王：

1. 湘、桂两军企图集结兵力于黄沙地域消灭我军。

2. 在黄沙附近或在全县地域渡河是不利的，因敌人优势，地形不良，且临大河。

3. 六军团应力求于全县、灌阳及全县、兴安间渡河前进，应在全州以南之陈家卫、石塘、咸水口、山枣司进至西延山地取得休息。

4. 为在全县、灌阳及全县、兴安间渡河，六军团应留下一团为后卫，扼阻追击之敌，并于渡河时向两侧派出侦察队。

5. 在全县、兴安渡河时，要迅速切断其公路的交通，并迅速确实占领西延山地。

6. 你们再迟应于六日晨到达西延地，到达西延后，可停止休息，严密警戒，并继续侦察向横路岭、城步的路线。

朱

三日十五时

红军总司令部关于敌在黄沙河一带集结和布防情况致红六军团电

（一九三四年九月三日）

急密译据谍息：

刘敌二日戌时令：

1. 晏段两司令所部何谭朱王四个保安团转移于黄沙河至陵城湘江左岸严密布防并控一部于东安城附近机动策应何团长率补充三四两团由某处开赴武岗。

2. 王五旅及黄新团二日到常宁续向零陵东安急进中，钟旅仍在郴县清剿。

3. 敌本晨闻我军已窜×文村全州灌阳间由庙头至黄沙河已令胡敌万不可沿河布防集结该境袁建谋团某处附近如我向沙庙北窜令其向我迎头痛剿周王章三师均跟我追剿中。

总司令部

三日十五时半

（致六军团）

红军总司令部关于敌军将在湘、桂边境继续追击我军
致红六军团电

（一九三四年九月四日）

急密译谍息：

刘敌本辰称我军在文村被桂敌及章师击溃不能西进在湘桂边之蒋家岭清水关永安关等处及灌湘两水河套内为最好歼灭之良机现正令王师火速继续追剿中。

总司令部

四日十一时半

（致六军团）

红军总司令部关于敌令十六师"进剿"我在兴、全间渡河的部队致红六军团电

（一九三四年九月四日）

六军团：（火急密译谍悉〔息〕）

　　敌称我肖部已在兴全间之界首附近渡河，现正向西北逃窜，令十六师由周敬生指挥跟剿，并令胡达速率该旅及袁建谋团由黄沙河赶出新宁梅溪口等语。

总司令部

四日十九时

中革军委关于红六军团应隐蔽集结西延山地
准备伏击尾追之敌致任弼时、肖克、王震电

（一九三四年九月五日）

火急

任、肖、王：

1.六军团为确实脱离敌人尾追部队，取得休息，今日仍应向西北移至西延山地，隐蔽集结，以便能在该地域实行伏击尾追之敌。

2.你们应立即派出下列两个得力侦察队：一向全州方向，一向凤黄嘴，严密侦察该两方敌情并电告军委朱。

军委朱

五日九时半

红军总司令部关于敌胡达部动向致红六军团电

（一九三四年九月五日）

六军团：（火急密译谍息）。

敌胡达部已到风木山袁团抵峡口明日赴十里大山向桥溪口抄进又云援〔据〕尖〔兴〕安陈指挥电话称我军尚在楼田鲁塘洛河一带八日向桥溪口急进模样该敌估计与我遭遇。

总司令部

五日廿三时

红军总司令部关于敌十五师留陈旅"清剿"湘桂边境的情报致红六军团

（一九三四年九月五日）

六军团：（急密译）

敌十五师已奉令留陈旅于道县"清剿"湘桂边境之我军，其余于廿五日经道县宁远桂阳开至郴州待命，惟十六师现仍协同桂军继续"追剿"。

总司令部

五日廿时

红军总司令部关于敌何键部"进剿"我军的部署情况
致红六军团电

(一九三四年九月六日)

六军团湘赣军区:(密译长沙谍息)

何敌以我肖部完全渡过湘江经桂湘边界向湘黔边界逃窜赣西及鄂南一带我军仍在各该地活动现该路军以一部"追剿"肖部,主力防堵赣南我军西进并肃清赣西及鄂南我军,补助各处碉堡之目的部署如下:

(一)着李觉率十九师刘旅,补充总队何成两部共三团及某旅(欠一营)迅截我肖部进入湘西并督率新卅三师陈渠珍部及湘南保安二三四六区保安旅协同友军,将我肖部迅速歼灭。

(二)着刘建绪督率所部以大部固守赣江协同南路军主力阻止赣南我军西进一举肃清袁水以南以一部并督率湘南保安第五区所部迅速完成湘南及湘赣边区各碉堡线飞机场。

(三)着刘膺古督率所部并湘南保安第一区迅速将袁水含以北修水含以南及湘南保一区地区内之我军肃清并完成碉堡另以十九师之一旅维护长岳铁路及某处安全。

(四)着陈继承迅将锋水不含以北地区之我军肃清并即完成碉堡。

总司令部

朱德关于红六军团应利用西延山地争取休整
致任弼时、肖克、王震电

（一九三四年九月七日）

火急

任、肖、王：

1. 我六军团为取得休息，在有利条件下，仍应利用西延山地伏击尾追之敌，以免湘桂敌人逼近紧追，增我疲劳，如万不得已时，则可照来电向城步前进。

2. 刘（我）被敌切断之后卫营，应立即派出游击队寻找。在六军团继续向城步移动时，应令其绕道向六军团主力跟进。

朱

七日四时半

红军总司令部关于敌胡达部及城步敌军调集情况
致红六军团电

（一九三四年九月七日）

六军团：（火急密译据谍息）。

故称：

（一）胡达旅于六日到桥溪口拟即前进，刘敌令该旅候到湘西后当即调省。

（二）胡达恳求刘敌飞调晏部赶赴城步防剿以收夹击之效。

（三）某部两团四日到东安转向城步新宁，胡旅附谋团朱到黄沙可转向桥溪口，成铁侠率段旅及黄新团到祁阳转向新宁，何唐两团仍在武岗等语。

总司令部

七日十时

朱德关于红六军团向城步转移中应准备
侧击敌独三十二旅致肖克、王震电

（一九三四年九月七日）

急

肖、王：

　　1. 敌情已电告，湘敌胡旅正由梅溪口向西前进，企图截击我军北上。桂敌仍向我六军团尾追。

　　2. 我六军团在向城步前进中，除派一部为后卫，掩护自己外，应向我右翼严密侦察警戒，并准备依靠西延西北山地，从西南向东北侧击湘敌胡旅，消灭其一部。

朱

七日

任弼时、肖克、王震致朱德电

（一九三四年九月七日）

朱：

（一）六军团本日一时由油榨出发十七时先头纵队抵岩口后纵队十八师在菜口界山岭露营计程六十里，昨由楼田出发前卫在民团缴枪廿一支但后梯（团）被敌侧击，后卫营被敌载〔截〕断冲散昨晚归还两连今日全部回来并缴敌枪五根。

（三）^①敌以飞机追击我军，无损伤但西延行程疲劳部队此地区系大山地夜间行军及极度困难。

（四）部队病员增加体力疲劳由车田至城步有山路一百五十里拟以一团兵两日半行程占领城步主力则用三天行程。

任、肖、王

七日十八时

----

① 原复制件中无（二）。

朱德关于红六军团应以主力侧击追堵之敌
致任弼时、肖克、王震电

（一九三四年九月八日）

火急：

任、肖、王：

1.湘、桂两敌正分向城步堵截与追击我军。

2.六军团目前不应去城步墙应暂留西延西北山地之车田，横水地域，首先以后卫一团箝〔钳〕制桂敌，以主力侧击由梅溪口向城步前进之胡旅。执行这一任务后，应即背靠城步西南山地，以小部箝〔钳〕制城步附近之湘敌，以主力折转过来，由西向东侧击尾追我军之桂敌先头部队。

朱

八日一时半

任弼时、肖克、王震致朱德电

（一九三四年九月八日）

朱：

本日十七六时 [①] 由车田出发十九时（抵）逢洞计程七十里系高山小道，十八师坟水卅里露营（二）明晨继向城步县前进此地离该县城九十里。

任、肖、王

八日十九时

---

① 原文如此。

中革军委关于红六军团今后行动的补充训令

（一九三四年九月八日）

任、萧、王[1]：（密译）

在中央局、军委七月二十三日训令中规定的六军团第一步的动作，基本上是结束了。对六军团以后的行动，现有如下的补充训令：

（1）目前敌人企图当我六军团在城步地域及由城步北进时消灭我军，因此，敌人正分三个纵队行动：其第一纵队由东北经祁阳向我前进；第二纵队是由东面经零陵、新宁及新宁以南向我侧进；第三纵队之桂军及十六师则由东南向城步进。而向（在）湘西北之三十三师[2]向辰溪前进，为敌进攻之辅助方向。如六军团继续北进，则在敌人这种部署下，可迫使我军于资、沅两江[3]河套之间与[其]决战，而消灭我军。

（2）估计到上述条件，七月训令中关于在新化、溆浦之间山地建立根据地的指示，在目前是不利的。依地理条件及敌人部署，目前六军团行动最可靠的地域，即是在城步、绥宁、武冈山地。六军团应努力在这一地区内，最少要于九月二十号前保持在这一地区内行动，力求消灭敌人一旅以下的单个部队，并发展苏维埃和游击运动。以后则转移到湘西北地域，并与红二军团在川贵湘边境行动的部队取得联络。为避免渡大河的障碍与不利的战斗，应规定沿湘、贵边的前进路线如下：即绥宁、通道[4]到贵州之锦屏、天柱、玉屏、铜仁，转向湘西之凤凰地区前进。这是九月二十日后的任务。在第三阶段中，六军团即应协同二军团于湘西及湘西北地域发展苏维埃及游击运动，并于凤凰、松桃、乾

---

[1] 指任弼时、萧克、王震。

[2] 据国民党军档案资料，应是新编第三十四师，师长陈渠珍。

[3] 指湖南省中部的资水和西部的沅江。

[4] 通道，湖南省属县，1954年改称通道侗族自治县。其当时县治设于县溪镇，今该县人民政府驻双江镇。

城、永绥①地域建立巩固的根据地，其后方则背靠贵州，以吸引更多湘敌于湘西北方面。

（3）为达到上述任务，六军团务须转变其行动方式如下：（一）每日行程应缩短到三四十里。（二）要在有利的地形下，如隘路、山地、渡河场伏击或袭击敌军单个的部队。（三）当大敌来攻时，亦应利用优越地形消灭敌人的先头部队。（四）当敌人成并行路追击时，则应折转到侧面阵地侧击前进之敌。（五）为扰敌及发展游击战争，应暂由主力中抽出一团以上的兵力出去活动，并应派地方工作同志[同]行，以便在群众中进行政治工作。

（4）为要执行这两周内的任务，六军团可暂停留于西延②西北山地行动，首先箝〔钳〕制桂敌，而侧击向城步前进之胡③旅。在执行这任务后，即箝〔钳〕制由东西进之湘敌主力，折转过来消灭桂敌之先头部队，最后则向城步、武冈佯动游击，诱敌北进，我则背靠城步西南山地，以保守我真正的企图。

（5）这一训令是绝对秘密的，只有中央代表及军团首长应知道，并严禁下达。这是一般行动原则，详细行动得依情况变动，由军委个别命令决定之。

中央军委

八号

---

① 均湖南省属县。乾城，1953年改名吉首县，今为吉首市；永绥，1953年改名花垣县。
② 镇名，时属广西省全州县，今属广西壮族自治区资源县，位于桂湘边境越城岭地区。
③ 指胡达。

红军总司令部关于敌胡达等部阻我入黔计划
致红六军团电

（一九三四年九月九日）

六军团:（火急密译）

（一）敌胡达以肖部确向车田窜去拟明晨由合铺坪开瓜里向城步转移桂敌周师昨抵大埠头明晨向车田追剿。

（二）胡敌判断我肖部到车田后窜走路线有二①经城步绥宁通道边境入黔②过龙胜入尖兴经桂边八黔如湘边有防则必经桂边入黔。

（三）该敌主张迅调一部只驻绥宁通道之要隘防堵，其尾追之责由桂敌担任，山路崎岖只须少数部队扼险相阻，大部无法通过，尤恐中伏，又判断我现有枪又过三千人抗（？）之。

（四）桂敌称山东瑶氏一部跟我行动已令兴全等县防范。

总司令部

九日廿四时

红军总司令部关于敌胡达等部在城步附近追击
我军及桂军陈炳南部行踪致红六军团电

（一九三四年九月九日）

六军团：（火急密译）

（一）敌胡达部及袁团于八日由梅溪口分两路向大埠头合铺前进酉刻到达合铺坪又称我军二千余于六日宿大埠头，七日酉刻经车田向城步逃窜章敌亦称我肖部昨晚九时至车田有经蓬洞向城步前进势。

（二）敌胡达部队附袁团于九日晨向车田城步跟追并请何敌派队赴城步边境截堵。

（三）桂军陈指挥炳南八日晚抵大埠头。

总司令部

九日十九时

红军总司令部关于敌十六师及桂敌周师的动向
致红六军团电

（一九三四年九月十日）

六军团：（急密译谍息）

（一）敌十六师何旅及桂敌陈炳南章西大队暂驻大埠头担任西焦东南地区搜剿。

（二）桂敌周师及汪旅将由车田开茶坪紫金山前进样。

总司令部

十日四时

任弼时、肖克、王震致朱德电

（一九三四年九月十日）

朱：

（一）城步由八日到湖南保安团一团其前哨一营在横水界被我五十一团击溃缴毯子？床步枪二支。

（二）现湘西南各地反动政府正在动员反革命力量堵截我们挖路掘口子布置布哨侦察等。

（三）我军于本日到关口明日休息但粮食十分困难，现正设法收如能收集三四天粮食即侧击由逢洞至城步之敌。否则进至绥宁长埠子附近依军委九日八时训令完成第二步任务。

任、肖、王

十日二十时

朱德关于红六军团应于丹口以西山地准备伏击追敌
或在绥宁暂求立足致任弼时、肖克、王震电

（一九三四年九月十日）

火急

任、肖、王：

　　1.现敌十九师三个团已逼近城步之江头、梅溪一带，与城步之敌已通电话。城步现驻某团，其北之清溪驻欧团，均为民团。胡旅及袁团，今日尚在车田。估计敌有先集中城步，以一部占领绥宁、通道、然后向我追击，堵截的可能。

　　2.我六军团今晚抵丹口后，如因山大，给养困难，不便久停，应即于明（十一日）在丹口以西山地准备伏击追敌。如敌不进，六军团应即于明晚派得力一团，先半天行程，袭占绥宁，而主力则于十二日向绥宁前进，以便在绥宁地域，背向通道，暂求立足，并便追击与消灭敌之单个部队。

　　3.为保证主力的移动，根据我们最后训令，在这一行动区，应发展游击运动来掩护主力行动。

朱　德

十日廿四时

红军总司令部关于敌李觉等部到达江头梅溪一带
致红六军团电

（一九三四年九月十日）

火急密译：

1. 敌李觉率成铁侠部之黄团及其五十五旅本日酉刻到达江头梅溪一带。

2. 何平率欧阳团本日已刻到达三青溪。

3. 胡达旅由瓜里正向城步急进已抵车田。

4. 原城步先到晏区司令之一团。

5. 十五师陈旅准取道宁远桂阳开郴县十六师何旅即开东安由远建制。

总司令部

十日廿四时

（致六军团）

红军总司令部关于敌李觉部"围剿"城步我军的部署致红六军团电

（一九三四年九月十一日）

六军团：

敌李觉本未称。

（一）判断城步方面之我军有经城步西丹口西进或北进模样。

（二）刻由何平率补充三、四两团并指挥城步之谭团进剿。

（三）李敌率五十五旅及成铁侠部黄团到达梅溪海口抑塘之线，如我北进即督部痛剿西进继续急进绥宁截击。

（四）桂敌之一团及胡达旅并袁团本日可到蓬洞。

（五）李敌又称连日各部以山路崎岖行动联络均迟缓多以行军过火病兵达五百以上，已令各县长收容送往武冈。

（六）昨日驻城步之谭团报告十日窜贺家寨之我军仍未动，另一部向城步西南约卅里之上下边溪移动。

总司令部

十一日十九时半

朱德关于红六军团应于绥宁东南地城〔域〕部署侧击湘敌致任弼时、肖克、王震电

（一九三四年九月十一日）

火急

任、肖、王：

依本日十九时半情报，我六军团应即至绥宁城东南之桐油坪、安岳山、赤坡地域山地，以一团袭击绥宁，主力突击由梅口、指塘向绥宁增援之李敌三团部队。对由城步进剿之保安三个团，可以一营兵力阻其前进。

朱

十一日廿三时

红军总司令部关于敌李觉部拟在丹口等地截击我军
致红六军团电

（一九三四年九月十二日）

火急密译谍息：

1. 敌称我肖部主力尚在丹口、衢集粮食企图突窜另一部正在观音阁与其欧阳烈团对峙中。

2. 李敌觉为截击丹口之我军本日率领刘唐黄三团向绥宁急进刻抵某城寨陂之线其先头刘团报称本日某团丁营在绥城附近与我接触我即向西南窜去敌已令该团派一营尾追中。

3. 李故决心如城步方面之我军未移动时则令胡达率部痛剿如我北窜即率各部跟追如我西窜则令何平率补充三四两团尾追并令胡达部务于明日开绥宁李敌则即率部向清〔靖〕县截击。

总司令部

十二日廿四时

（致六军团）

朱德关于红六军团应集结主力侧击尾追之敌
致任弼时、肖克、王震电

（一九三四年九月十三日）

火急

任、肖、王：

1. 军委前令六军团袭击绥宁与侧击李敌，你们均未照军委命令执行。

2. 现六军团的行动，应以小部箝〔钳〕制绥宁李敌，集结主力突击尾连胡敌。如胡敌改由城步河绕道开绥宁时，则六军团应转移至绥宁以西山地，以一部取得通道为我托足地，主力则相机突击李敌向靖县前进部队。

3. 执行情形望告。

朱

十三日十时

红军总司令部关于敌黔桂湘"会剿"部队统归廖磊指挥及李觉等敌军部队活动情况致红六军团电

（一九三四年九月十三日）

六军团：

（一）黔桂湘三省会剿部队统归桂敌廖指挥。

（二）十三日李觉所部行动胡达旅十二日现已到横水赶开绥宁刘代旅长率所部谭团十三日辰出发向临口下乡一带侦剿何旅（恐系何平）同日由大川岩向西尾追李本人率兵三团暂在绥宁。

（三）据粤方传出我肖部主力经孙公坳十三日先头队于绥宁与敌黄团接触旋向通道退出。

总部

十三日十五时

红军总司令部关于敌刘建文旅将到靖县
致红六军团电

（一九三四年九月十三日）

急密译：

李觉黄新团长率兵两营附绥宁团队一连归其刘代旅长建文指挥限十四日拂晓前赶到似指靖县。

总司令部

十三日廿四时

（致六军团）

任弼时、肖克、王震致朱德电

（一九三四年九月十五日）

朱：

　　十八师今晚一时已抵青芜州明早五时可全部集中。

任、肖、王

十五日一时半

朱德关于红六军团应于城步、通道、绥宁、靖县地域发展游击战争致任弼时、肖克、王震

（一九三四年九月十五日）

任、肖、王：

1. 六军团最近几日来的行动，是与军委八日的训令不合的。同时现在你们周围都是些敌人脆弱的部队。

2. 你们不应进行强行军，不应过早进入贵州地境，更不应保持不打仗的战术原则。

3. 目前，你们应求消灭绥宁、靖县及通道三角地带的敌人，并于城步、通道、绥宁、靖县地域广泛的发展游击战争。

4. 你们的决心即电告军委。

朱

十五日九时半

任弼时、肖克、王震关于小水战斗情况及
以后行动计划致朱德电

（一九三四年九月十五日）

任、肖、王报朱：

1.十三日，我军由丹口开至黄桑坪。敌保安团约二团，先逼近我军阵地，我后卫撤退时，该敌向我后卫压迫，五一团一排被敌截断失去连络。

2.十四日，我军由黄桑坪向杉木桥前进，本拟十五日由杉木桥侧击由绥宁开靖县之李敌，我前卫十八师已大部过小水，而李敌突由绥宁来向我截击。因山地行军，且落伍的很多，本队未到，即被敌截断。该敌并占驾马，阻我西进。傍晚我军向驾马之敌出击，将敌正面冲破，但敌仍占小水阵地。且因地形限制，不能与十八师会合，十七师于昨晚进至大塘口、中园之线，本日又进至狗头山、菁芜州，明日拟渡河南岸，等十八师来集中。

十五日廿四时

红军总司令部关于敌军东安、何塘等地
筑碉部队情况致红六军团电

（一九三四年九月十六日）

六军团：（急密译）

（一）刘敌将东安建筑碉任务暂划归章师及段区司令负责。

（二）敌十六师之何旅现遵令以钟团开祁阳白水担任某处至何埠塘线以魏团开归阳河洲担任何埠塘至江口塘线均限本十六日到达十七日全线开工该旅部昨酉抵祁城。

（三）刘敌令晏区司令如我肖部窜出绥宁境外即派兵一团担任东安境内守碉任务。

总部

十六日三时

任弼时、肖克、王震致朱德电

（一九三四年九月十六日）

朱：

（一）本日我主力位置于多星西流准备侧击增援通道城之李敌另派一团夺取通（道）城。

（二）我们拟以通（道）为中心发展广泛游击战争详细部署后告。

任、肖、王

十六日十二时

红军总司令部关于湘桂敌军在通道
与我军接触情况致红六军团电

（一九三四年九月十八日）

火急密译谍息：

湘敌成铁侠昨十七日率黄新团并指挥刘建文旅进攻通道之我军，午后六时达该城附近与桂敌误会各伤亡二十余并传十六日桂敌在瓜坪曾与我接触十七晨进至通道我肖部已向西开去。

总部

十八日廿三时

（致六军团）

任弼时、肖克、王震致朱德电

（一九三四年九月十八日）

朱：

（一）我们本午前抵通（道），午后敌军三团由清州进至倒水界，李敌三（个）团进至衣坪方，两敌相距只卅里，我们为避免河流之限制及强敌之妥于昨撤至新厂宿营。

（二）本日我们迎击（追）敌，午后时，何敌之一二四团进（攻）我们，血战至五时将敌三团击溃，缴获步枪约四百余支，驳壳四五十支，机关枪七八架，俘虏三百余，敌死二三百，我们伤亡约一百四五十名。

（三）按俘虏供通（道）城昨到桂敌一团，（独立团）及李觉三团，胡达部及全同保团今日由清州向锦屏，（贵）州敌情不明。

（四）我们伤病员现约六百，明日靖县之敌有夹击我们的可能，十九日拟向烟坪前进，（相机）消灭敌人的单个（部队），向目的地转移。

（五）我们提议李达为军团参谋长，苏杰为十七师参谋长盼复。

任、肖、王

十八日二十四时

朱德关于同意红六军团行动
致任弼时、肖克、王震电

（一九三四年九月十九日）

任、肖、王：

　　同意你们十八日廿四时来电的行动，但在今后的行动中，应特别注意保持兵力。因此必须：

　　1. 缩短行程。

　　2. 不应让敌人将我们压迫到所规定前进路线以西的地域。沿途应进行居民中的政治工作，如情况许可时，在途中可稍停留，十月中以前到达新指定的地域就够了。

朱

十九日十时半

红军总司令部关于桂敌经临江向我追击并对我军士气和
行动的估计致红六军团电

（一九三四年九月十九日）

急密译：

甲、巧〔前〕日谍息桂敌廖磊部十七日晨由木某日经临口跟我追剿，令李觉注意堵截，并云我军疲敝已极，弹药缺少，经三五次打击当即逐渐溃散，如李敌能迟滞我于某地区，使该部赶上协同围剿，更可予我大打击。

乙、据川方谍息川南某敌称到会同我军五六千人，其大部于十六日攻陷黔边之锦屏，判断如湘军确有六团已开到洪江堵截，我必犯川黔联络贺龙策应徐部等语。

总司令部

十九日十一时

（致六军团）

朱德关于红六军团应设法与红二军团取得联络
致任弼时、萧克、王震电

（一九三四年九月二十日）

任、萧、王：

甲、据尚未证实的情报，我二军团的部队已占领思南、印江、德江，并向石阡前进。

乙、为取得协同动作，依据我们八日的训令不变。而你们的前进路线，特确定：由现地域经清江、青溪、思县①到达省溪②、铜仁、江口地域，然后设法与二军团首长取得联络。在前进中，将要渡过两道河：

A.渡清水江③时，如在锦屏附近便于渡河时，则可直经邛水④到青溪；否则，经过黎平之北，于清江附近渡河。

B.渡㵲水⑤，应于青溪渡河，否则可于镇远对岸渡河。如再向西时，对于我们的行动是不利的。

丙、当在贵州东部前进时，应注意贵州敌人调动进攻我二军团的部队，贵敌数量少，战斗力弱，没有与我作战的经验。当与贵州敌人遭遇时，应迅速坚决消灭之，以开辟自己前进的道路。

朱

二十日十三时

---

① 青溪，时为贵州省属县，已撤销，今属岑巩县；思县，贵州省属旧县名，1930年已改名岑巩县。

② 贵州省属县，已撤销，并入今万山特区。

③ 贵州省境内有二条清水江，一条位于该省中部，属乌江支流；此处所指系该省东部之清水江，属湖南省沅江之上流河段。

④ 贵州省属旧县名，1926年已改名三穗县。

⑤ 位于贵州省东部，属沅江支流，由西向东流入湖南省境内，汇入沅江。

朱德关于红二十一、二十三师合编为红八军团及其
任务致周昆等电

（一九三四年九月二十一日）

周、黄、孙、李①：

甲、二十一及二十三师合编为八军团，并以周昆任军团长，黄甦任军团政委。目前不设军团直属队，军团首长经二十一师首长及司令部实现其一切决定。

乙、八军团的任务是：以运动防御阻止敌人向古龙岗前进，并行局部的反突击来削弱敌人。在执行这一任务时，应最高度的保持有生兵力。

丙、二十一师于二十三日早以前接替六十九团的任务，而六十九团则归还建制。

丁、周军团长于今、明两日应侦察地形，及向二十三师取得必须的情报材料，并将所下决心限于二十二日晚以前电告军委。

朱

二十一日

---

① 指周昆、黄甦、孙超群（时任中国工农红军第二十三师师长）、李干辉（时任第二十三师政治委员）。

任弼时、肖克、王震致朱德电

（一九三四年九月二十一日）

朱：

（一）昨日我军由平查所侦探队黎平城北之×合口坊十里，后卫团将通过黎平，敌一团赶来，我警戒部队将其击破，我军从容通过但伤亡廿余人。

（二）本日我军向柳霁剑河前进，拟在柳霁剑河渡过清水河，今晚在（敖）市宿营行程四十余里。

（三）各方敌情不明盼告。

任、肖、王

二十一日十六时

任弼时、肖克、王震致朱德电

（一九三四年九月二十三日）

朱：

（一）我军昨日进至巧东苗里本日经柳霁城附近过清水（江）达霁城北六十余里大小（广），沿途崇山峻岭（依）情况可休息一日或半日。

任、肖、王

二十三日八时半

朱德关于目前战斗问题致各军团电

（一九三四年九月二十五日）

林、聂、彭、杨、董、李、周、黄、罗、蔡①：

1.二十六日晨，蒋敌向我行总的攻击，李②纵队向汀州进，陈③路军向石城进，其以后目的是在占领我们的中心瑞京。而薛④路军和周⑤纵队近日亦逐步前进，其目的是在占领我们的兴国，从西面切断我的主力。

2.各兵团于明二十六日晨以前，应有充分的战斗准备。在战斗以前，应进行最高度的政治工作，并解释此次战斗重大的意义。

3.在明二十六号及以后的战斗动作中，诸兵团应再度估计情况，并检查自己的决心。一方面你们应给敌人相当的损失和抵抗；另一方面应很爱惜的使用自己的兵力，并且应坚决避免重大的损失，特别是干部。

4.在飞机轰炸、炮兵集中所威胁不利的条件下，及我们工事不十分巩固时，指挥员应适时放弃先头阵地，以便于我们阵地的纵深内实行突击。

5.应特别注意在战时中不间断的对于部队指挥，在失利时，应有有组织的退出战斗的计划。

6.明二十六日战斗至二十四时止，应速将战斗经过及结果电告军委，以保证我们能适时的下达命令。

朱　德　25、16/9⑥

---

① 指林彪（红一军团军团长）、聂荣臻（红一军团政治委员）、彭德怀（红三军团军团长）、杨尚昆（红三军团政治委员）、董振堂（红五军团军团长）、李卓然（红五军团政治委员）、周昆、黄甦、罗炳辉（红九军团军团长）、蔡树藩（红九军团政治委员）。

② 指李延年。

③ 指陈诚。

④ 指薛岳。

⑤ 指周浑元。

⑥ 即9月25日16时。

朱德关于十月中以前保住兴国
致林彪、聂荣臻电

（一九三四年九月二十六日）

林、聂：

甲、十月中以前，兴国应该保持在我们的手中。

乙、在各地区组织防御时，应照军委昨二十五日给各兵团的训令行之。

丙、一军团应最高度的加强五军团军事、政治的工作。

朱

二十六日二十一时

朱德关于红六军团应迅速向青溪河前进
致任弼时、肖克、王震电

（一九三四年九月二十六日）

任、肖、王：

1.……。

2.你们应迅速向清溪河前进，要在十九师未到镇远、黔敌未到施秉时，即渡过。以后则照规定路线前进，不要急进。

3.如十九师赶你们前面应选择适当阵地，坚决侧击该敌。

4.你们的位置和行动，每日应简明电告军委。

朱

廿六日廿二时

朱德关于红六军团应由青溪以西毕马附近
渡潕阳河致任弼时、肖克、王震电

（一九三四年九月二十九日）

任、肖、王：

1.李敌十九师，桂敌及黔敌今廿九日可于瓦寨、三穗及其以南龙岩地域堵截我军，我们在两大河之间是绝对不利的。

2.六军团今晚应沿清水河而上，以便于青溪以西之毕马附近渡河。然后再作休息。但在渡河前进中，应充分作战斗准备，以便与截堵我军之敌遭遇时，击破其一面，最好是击破西来之黔敌。

朱

廿九日九时半

任弼时、肖克、王震关于大广战斗及战后行动情况致朱德电

（一九三四年九月三十日）

朱：

一、我军二十五日由凯寨撤入桂河、米溪。当时湘、桂敌集结南洞司至汉寨，即通天柱、邛（？）水大道之线，且镇远以东不能徒涉，而沿河敌已有准备，故决二十六日由大小广西移或南渡清水河脱离敌人。

二、二十六日晨，十八师之前卫团到大广即遇敌。当时五十二、五十四团进入战斗。因敌二十五日到达，已占居高临下之阵地，当时我们是二团，且南洞司之敌有由八桂河合击之，故决以十八师靠大广偏西大山掩护军团通过，到乌坪寨一带宿营。是役因敌伏击指定之部署，我五十二团、五十四团遭敌猛烈火力射击，伤亡一百四五十，阵亡团长一，营长×（？），伤团政委二，营长二，且五十四团有一人（？）失联络，并失机枪筒一。

三、二十七日，我军到良上宿营。二十八日，整日行军，于二十九日早，到胜秉。下午至以西之石洞口宿营。（卅日）拟向黄平，施秉前时，准备一日在施、黄间渡河。

四、我们所过地区，均系大山峻岭，道路很少。我们无黔省军用和较详的地图，居民多苗、伺人，少有知二三十里外道路，行军颇困难。以后布置之小地名望指明所靠近之大地名。

任、肖、王

卅日

朱德关于抗日反蒋问题给陈济棠的信①

（一九三四年九月）

伯南②先生大鉴：

  贵使李君来，借聆尊旨。年来日本帝国主义大侵略，愈趋愈烈，蒋、汪③等国贼之卖国，亦日益露骨与无耻。华北大好山河，已沦亡于日本，东南半壁亦岌岌可危。中国人民凡有血气者，莫不以抗日救国为当务之急。抗日救国舍民族革命战争外，实无他途，而铲除汉奸卖国贼尤为民族革命战争胜利之前提。年来，德与数十万红军战士苦战频年者，莫非为求得中国民族之彻底解放、领土完整及工农群众之解放耳。德等深知为达此目的，应与国内诸武装部队作作战之联合。二年前苏维埃政府即宣告④，任何部队，如能停止进攻苏区，给民众以民主权利及武装民众者，红军均愿与之订立反日作战协定。惜两载以还，除去冬蒋、蔡⑤诸君曾一度与红军订立初步协定⑥外，红军乃成为抗日反蒋而孤军奋战之唯一力量。且伺隙而图我侧后者，亦颇不乏人。比者，先生与贵

---

① 此信按《朱德选集》第17—19页刊印，人民出版社1983年8月第1版。原书题解如下："在中央革命根据地第五次反'围剿'中，为了同陈济棠建立抗日反蒋统一战线，朱德和周恩来主持同陈济棠进行停战谈判。在谈判中间，朱德发出了这封信。这次谈判，为中央红军长征初期突破蒋军第一道封锁线创造了有利条件。"

② 即陈济棠（字伯南），当时任国民党广州绥靖公署主任、第一集团军总司令，兼赣粤闽湘鄂"剿匪"军南路军总司令。

③ 指蒋介石、汪精卫。

④ 指1933年1月17日发表的《中华苏维埃临时中央政府、中国工农红军革命军事委员会为反对日本帝国主义侵入华北愿在三条件下与全国各军队共同抗日宣言》。

⑤ 指蒋光鼐、蔡廷锴，系1933年11月"福建事变"的主要发动者，蒋光鼐时任国民党福建省政府主席，蔡廷锴时任国民党福建绥靖公署主任兼第十九路军总指挥。

⑥ 指1933年10月26日，中华苏维埃共和国临时中央政府及中国工农红军全权代表潘健行，同国民党福建省政府及第十九路军全权代表徐名鸿，在江西省瑞金草签的《反日反蒋的初步协定》。

部已申合作反蒋抗日之意，德等当无不欢迎。惟情势日急，日寇已跃跃欲试于华南，蒋贼则屈膝日本之前，广播法西斯组织，借款购机，增兵赣闽，若不急起图之，则非特两广苟安之局难保，抑且亡国之日可待。故红军粉碎五期进攻之决战，已决于十月间行之。届时我抗日先遣队已迫杭垣①，四川我部将越川边东下，威胁武汉，贺龙同志所部及在湘各部均将向湘敌协同动作，而我主力则乘其慌乱之际，找其嫡系主力决战而歼灭之。若贵部能于此时由杭、永②出击，捣漳州、龙岩，击蒋鼎文③之腹背，而直下福州；另以一部由湘南而直捣衡阳、长沙，则蒋贼将难免于覆亡也。事不容缓，迟则莫及，福建之役可为殷鉴。为求事之速成，德本两年前政府宣言之宗旨，敢向足下为如下之提议：

一、双方停止作战行动，而以赣州沿江至信丰而龙南、安远、寻乌、武平为分界线。上列诸城市及其附郭十里之处统归贵方管辖，线外贵军，尚祈令其移师反蒋。

二、立即恢复双方贸易之自由。

三、贵军目前及将来所辖境内，实现出版、言论、集会、结社之自由；释放反日及一切革命政治犯，切实实行武装民众。

四、即刻开始反蒋贼卖国及法西斯阴谋之政治运动，并切实作反日反蒋之各项军事准备。

五、请代购军火，并经门岭④迅速运输。

如蒙同意，尚希一面着手实行，一面派负责代表来瑞⑤共同协商作战计划。日内德当派员至门岭黄师长⑥处就近商谈。为顺畅通讯联络起见，务望约定专门密码、无线电呼号波长，且可接通会昌、门岭之电话。匆促陈辞，不尽一一。尚祈裁夺，伫候回示。顺颂

戎安

朱　德　手启

---

① 指浙江省省会杭州市。

② 指福建省上杭县和永定县。

③ 时为"围剿"中央革命根据地之国民党赣粤闽湘鄂"剿匪"军东路军总司令兼第二路总指挥。

④ 即江西省会昌县属之筠门岭。

⑤ 指瑞金。

⑥ 指当时驻防于筠门岭地区的陈济棠所部第三军第七师师长黄延桢。

朱德关于红六军团应速向江口前进
致任弼时、肖克、王震电

（一九三四年十月三日）

任、肖、王：

　　桂敌现向南开动。据谍报称：二军团部队已占印江。六军团应照军委一日十三时半电令，迅向江口前进。无论如何你们不得再向西移。

朱

三日十四时

朱德关于红六军团绝对不可再向西北转移
致任弼时、肖克、王震电

（一九三四年十月四日）

任、肖、王：

1. 军委绝未令你们渡乌江向西行动。军委一日一时半电令：六军团系由黄平经施秉以北之青沙、金蓬场、马鞍山、狗牙向江口县前进。并与昨日谍报所传贺龙已至印江县的红军相呼应。

2. 如江口县在乌江西岸，应即改为向乌江以东铜仁以西，印江以南的目的前进。如江口位置未错，应即向江口前进。绝对不可再向西北转移。

3. 执行情形，电告军委。

朱

四日三时

朱德关于红六军团应速向乌江以东之江口前进
致任弼时、肖克、王震电

（一九三四年十月四日）

任、肖、王：

据今日二时半谍报：黔敌柏辉章师现分驻松桃、铜仁附近。另一部正向我贺部追击。其兵正形分散。我六军团应乘此时机，迅速依军委电令，向铜仁以西，乌江以东之灌口前进，并相继攻击柏敌部队。

朱

四日十二时半

任弼时、萧克、王震关于红六军团甘溪战斗后情况及行动计划致朱德电^①

（一九三四年十月十日^②）

朱：

甲、我军七日在甘溪遇桂敌，十七师战不利。李达^③率四九团、五一团各一部（约六七百人）（据探报昨日已经大地方向江口方面去了）与主力失联络。我主力因后卫亦发现追敌，由右侧高山临时开路，经一昼夜行军，到达宝溪。而桂敌由大路大抄击，本日十八师与敌对峙半日，我军仍向东北进，在路又遇桂敌，我尖兵缴获卜〔驳〕壳六枝〔支〕，今晚仍在高山对峙。

乙、我军前后减员约千六七百人，伤病员、枪枝〔支〕极多，行军笨重，平地四时，山地要六时至十时，遇敌须掩护四五时才能通过，因而人员、弹药、精力消耗甚大（弹药也很缺了）。

丙、贵州山地，悬崖绝壁，人烟稀少，给养困难，大兵团行动十分困难，每次行动萧、王、李^④都是分开到前、后卫及本队指挥。在目前情况下，我军与敌人大规模的战斗，十分不利。应速转至苏区附近，避免零碎的无益消耗。但集中行动大〔太〕笨重，易被敌追及截击。因此提议分成两个纵队，王震率十八师，任、肖^⑤随十七师，焚烧行李，减少辎重，以灵活的游击动作，转到苏区。

丁、我们准备十二号分开。

戊、我军本晚进至距施秉二十余里宿营，当撤退时，敌追我二十余里即停。

任、萧、王

---

① 此电，按中国人民解放军军事科学院提供的档案原稿刊印。

② 档案原稿上未写发电时间，是编者判定的。

③ 时任中国工农红军第六军团参谋长。

④ 指萧克、王震、李达。

⑤ 指任弼时、萧克。

朱德关于红六军团应集中使用兵力并向江口前进
致任弼时、肖克、王震电

（一九三四年十月十三日）

任、肖、王：

（甲）六军团兵力不应分散，与分成二个梯队。而兵力应集结使用，以便与敌进行战斗。

（乙）六军团不应渡乌江北进，或由现地域一直北进，仍应向铜仁以西乌江以东之江口前进，继续执行军委原规定的任务。

朱

十三日四时半

任弼时、肖克、王震关于五十二团被敌截断及主力穿过镇远石阡大道情况致朱德电

（一九三四年十月十八日）

任、肖、王报朱：

1. 我军于十五日向板桥前进，拟渡过石阡河。而李敌一团先到板桥，堵我渡河。我向甘溪方向转移，被龙塘之敌截击，五〈十〉二团被截断，向白沙方向退去。

2. 我军于十七日早全部抵甘溪，旋走小道，拟通过镇远、石阡之敌之封锁线。午后六时前，以一营先到镇、石大道，而成铁侠部，由大地方，某部由石阡同时向我截击，我军顽强抵抗，于昨夜全部通过。今日全军进至冷家榜（离石阡七十里姜家厂八十里）。明日继续向姜家厂前进。

3. 今日追敌离我十五六里宿营。

4. 五十团于五日前通过石、镇大道，已向印江前进去了。

十八日廿时

任、肖、王关于六军团主力穿过镇、石大道情况
致中央军委的电报

（一九三四年十月十八日）

军委：

1.我军十五至板桥，前进拟渡过石阡河。而李敌一团先到板桥堵我过河。我向甘溪方向转移，被龙潭之敌截击。五十二团被截断，向白沙方向退去。

2.我军于十七日晨全部抵甘溪。旋走小道，拟通过镇远、石阡之敌之封锁线。午后二时前，以一营先到石镇大道，而成铁侠部由大地方〈向〉，某部由石阡同时向我截击。我军顽强抵抗，于昨晚全部通过。今日全军进至冷家榜（离石阡七十余里，闵家场八十余里），明日续向闵家场前进。

3.今日追敌离我十五、六里宿营。

4.五十团于五日前通过石镇大道，已向印江前进去了。

朱德关于红六军团在松桃、乾城、凤凰地域建立苏区
致任弼时、萧克、王震电

（一九三四年十月二十二日）

任、萧、王：

（甲）六军团应向印、松①间前进，会合我十七师之一部。在该地应与二军团确取联络，并在松桃、乾城、凤凰地域建立苏区，发展游击战争。

（乙）六军团应有组织的在本军团［与二军团］取得联络后立告军委，以便受领指示，并要二军团报告其部队情况及行动。

朱 德

十月二十二日三时

---

① 指印江、松桃，均贵州省属县，即今印江土家族苗族自治县、松桃苗族自治县。

中央军委致六军团电报

（一九三四年十月二十二日）

应向印、松间前进，会合我十七师之一部，在该地应与二军团确联络，并在松桃、乾城、凤凰地域建立苏区，发展游击战争。

红二、六军团关于会师后敌我情况及行动方针
致朱德、周恩来、王稼祥电 [①]

（一九三四年十月二十五日）

（二、六军团来）朱、周、王：

甲、二、六军团昨在印江之石良，明日进至酉、秀、印 [②] 间南腰界，离苏区四十余里，拟在该地休息一短期。

乙、贵州苏区在印江、沿河间，在正东岸，北岸无苏区；以风香溪、憔铺、云厂坝 [③] 为中心，南北一百里，东西六七十里，人口口万。西靠乌江，东、南、北均系徒涉场，很少的小河，粮食很缺乏。地方武装有独立师约千人，两独立团口余人，五游击队三百余人。数日前，黔敌 [④] 三团进至不及中心，现未退。

丙、六军团现只五十二团八百余人差余人未到 [⑤]。其余已集中编成三团，总数约三干〔千〕（无以后统计）。二军团为七、九两师，总数约三千二三百，精良充足，但子弹缺乏。

丁、腾与夏、贺会议 [⑥]，二军团以下，七、九两师编成三团，独立师编一团，

---

① 关于红六军团与红三军会师的时间、地点，未查到历史文献记载。据研究资料记述，系 1934 年 10 月 24 日于贵州省印江县东北部的木黄地区会师。

② 指四川省今酉阳土家族苗族自治县、秀山土家族苗族自治县与贵州省今印江土家族苗族自治县。

③ 风香溪，应为枫香溪，属贵州省德江县；憔铺、云厂坝，似指憔家铺（亦名憔家）和铅厂坝，均属贵州省沿河县。

④ 指国民党军第二十五军，包括有王家烈、侯之担、犹国才、蒋在珍等各派系部队，系贵州地方军阀部队。

⑤ 此句原文如此。据查，第五十二团在贵州省石阡县境内被敌军截断后，英勇苦战，终于全部损失。

⑥ 此句中，"腾"系错字，据内容判断，应为任，即任弼时；夏，即夏曦，时任中共湘鄂西中央分局书记、中革军委湘鄂西分委会主席；贺，即贺龙，时任红三军军长。

如（共）四团；六军团暂编三团①。两军的行动，由二军团统一。六军团政治部及保卫局编入二军团。任、萧②随二军团，想王、李③随十七师。

戊、围绕苏区附近之某处十一〔二〕三团，内陈渠珍三团，□李各敌④不明其附〔何〕日行动。

己、湘西之敌陈渠珍本身□□□团⑤，此外〔杨〕其昌、廖怀中、事〔车〕鸣异〔翼〕、雷怎九共计四团，保安团三四团，分驻凤凰、乾城、桑植、龙山、麻阳、永顺、保靖、永溪⑥、辰溪等县。

庚、以目前敌情及二、六军团力量，两个军团应集中行动。我们决定加强苏区党和武装的领导，开展游击战争，巩固发展原有苏区；主力由松桃、秀山间伸出松、乾、凤⑦地区活动，建立新的根据地。望即复。

二十五日

---

① 本句中关于红二、六军团的整编情况，据查：两军会师后，经中共中央批准，红三军恢复红二军团番号，军团长贺龙，政治委员任弼时，副政治委员关向应，参谋长李达，政治部主任张子意；原红三军第七师改为第四师辖第十、第十二团，原第九师改为第六师辖第十六、第十八团；全军团四千四百人。红六军团，军团长萧克，政治委员王震，参谋长谭家述，政治部主任甘泗淇；军团直辖第四十九、第五十一、第五十三团，共三千三百人。红二军团军团部即总指挥部，统一指挥红二、六军团。

② 指任弼时，萧克。

③ 指王震、李达。

④ 据国民党军资料，此时由贵州省石阡地区拟向印江等县防堵和"追剿"红二、红六军团的敌军为黔军王家烈部，由第二十五军参军长刘民杰任前敌总指挥，辖李成章旅及柏辉章师（杨昭焯旅、蒋德铭旅）等，共三路，约十个团。

⑤ 据国民党军档案资料，新编第三十四师陈渠珍部，此时辖三个旅九个团。

⑥ 永溪，疑误，似指永绥（今花垣县）。

⑦ 指松桃苗族自治县、乾城（今吉首市）和凤凰县。

中革军委关于二、六军团不应合并及其
活动地域的指示

（一九三四年十月二十六日）

任、肖、王：

A.二六军团合成一个单位及一起行动是绝对错误的，二六军团应仍单独的依中央及军委指示的活动地域发展各直受中央及军委直接指挥。

B.六军团应速依军委累次电令向规定地城〔域〕行动，勿再延迟。

C.六军团所携带的两个电台，如能修好并配好材料望留一个及译电人员给二军团电本可抄"暴、吉、冲"三密本给他们。

军委

廿六日

肖、王、贺、关关于二军团不直接向凤凰乾城发展的报告

（一九三四年十月二十七日）

朱、周：

1. 我二军团明日（廿八日）向龙谭前进到酉阳、龙山、永顺、保靖永绥间用×秀山附近民众根据地且向凤凰、乾城发展。

2. 我们不直向乾城、凤凰有于原因：

A. 凤凰、乾城、松桃大半系苗吃子孙粮、武装多且极强经常可动员万人来受陈渠珍节制。

B. 廖、李，卅一廿七日即进至乌罗司分开×我们如×向凤凰、乾城有被侧击之虞。

肖、王、贺、关

廿七日廿二时

肖、任、王致电中央书记处、中革军委建议撤销夏曦职务，提议贺龙任分革军委主席，肖、任副之

（一九三四年十月二十七日）[①]

中央书记处、中革军委：

夏曦同志领导中央分局，以离开湘鄂西苏区时是执行了退却逃跑的机会主义路线，曾使党〈遭〉到先后□取消党团、取消红军中政治组织和苏维埃及群众组织的取消主义。在军委、三军只有二百多党员，个别连无支部，连指导员及军政治部最近〈才〉调整齐和建立，肃反中十分之九的连以上军事、政治干部当反革命拘捕了。因他的错误领导，使湘鄂西苏区受到损失。在逃出湘鄂西苏区后（当时夏曦领导部队逃出，对后方武装和地方工作毫无布置），每日忙于逃命，完全没有创造新的苏维埃根据地的决心。在湘鄂边抓紧的敌情和群众条件，均有利脱离粉碎敌人五次围剿的任务，直到现在还是继续实行退却逃跑路线。敌人据一方面进攻黔东苏区，不去领导红军第三军及地方武装，动员群众各方面去打击敌人。在三军力量不够的机会主义错误之下，决定红军退出苏区，引退敌人，立即放弃打击和消灭敌人的机会，引起群众不满。最近三军到白区配合和迎接六军团时，敌进入苏区。夏曦领导独立师脱离苏区逃命，以致这块新苏区缩小。现南只有六、七十里，东西只有三十里，人口三万余。二十个区缩小到十二个区。地方武装扩大的三千多新战士，缩小了一半。地方党的工作由于夏曦取消主义的□□，所派干部有一部分自首及消极分子，以致经过了几个月的工作，苏区党员还只有五十、团员二十。苏维埃和□□工作，没有真正建立。□□□发动群众的□□决是由上而下的分配。分局关向应、贺龙动作是相当了解过去工作路线错误且推了许多错误实质他只商量对夏的领导早已

---

① 原文无时间，此时间系编者判定。

不满①。但国内战争经过会议始终没有承认他政治路线的错误。因此，我们认为他不能继续领导，建议中央撤销他中央分局书记及分革军委会主席。分请另略〈列〉名单，并提议贺龙为分革军委会的主席，肖、任副之。

肖、任、王

---

① 原文如此。

红二、六军团领导人关于部队情况并
建议暂时集中行动致军委电

（一九三四年十月二十八日）

军委：

1. 根据总司令部及我们所得谍报，敌五、一两支队在松桃、秀山间，三十四师傅〔龚〕仁杰旅在茶洞防〔布〕防。松桃之木岩河船只少，不能徒涉，且敌必有守备。

2. 六军团除五十二□〔团〕外，计三千三百余；□〔除〕留伤病员三百余外，只存三千。二军团合独立师三千九百余，卫戍及伤病员二百余，枪三千七百余。二军团每枝枪子弹不过十发。

3. 在敌我及地方情形条件下，我们建议：二、六军团暂集中行动，以便消灭敌一二个支队，开展新的更有利于两军团将来分开行动的局面。目前分开，敌必取各个击破之策。以□一个军团的力量对敌一个支队无必胜把握；集中是可打敌任何一个支队的。且两军在军事、政治上十分迫切要求互相帮助。

4. 今天两军进至向酉阳、龙山道上的马黄井①，才接到军委二十六日指令②，因敌情、地形关系，明日仍续进到山东南四十里之板溪洼③、分水岭一带。盼电复。

夏、贺、关、任、萧、王④

二十八日二十三时

---

① 即今蚂蝗镇，属四川省酉阳县，位于该县西南部。
② 指1934年10月26日《中革军委关于二、六军团不应合并一起行动致任弼时、萧克、王震电》。
③ 即今板溪镇，属四川省酉阳县，位于该县中部。
④ 指夏曦、贺龙、关向应、任弼时、萧克、王震。

任、王、关、张关于在二、六军团中恢复党的工作
致周恩来的请示电

（一九三四年十一月一日）[①]

任、王、关、张致周：

甲、二军团在长期艰苦斗争中表现了战士的英勇与为苏维埃政权而奋斗的决心，但因长期与中央断绝关系，在夏曦同志的右倾取消主义领导之下，使政治工作受到大的损失，解散了整个党的组织，取消了政治机关和一切政治组织，直到最近才开始恢复。部队中的党团员还不到十分之一，在连队还没有党的支部，有的两个连队成立一个支部，多数支部只有几个党团员，也没有划分小组，只有一个支部书记。师团政委都是新提拔的，工作能力很弱，指导员缺少。一大部分政治工作系统还未建立，部队中肃反的□□仍然存在。中央指示信与五中全会决议到达后，并未在部队中开展［广］泛的讨论与思想斗争。师团参谋长还有是最近俘虏来的，成份在军事干部［中］多不是党团员。

乙、我们决定以原六军团政治部为二军团政治部，六军团另成立政治部。已调原五十二团政委方理明任四师政委，袁任远任六师政委，原五十三团政委缪聚群。五一团分开，政委□、冼恒汉各任团政委。另从六军团调一批同志和四个总支书，设法建立两师政治部，迅速的普遍建立支部。并准备在最近几天期间召集大的会议，传达五中全会与全国苏维埃代表大会决议□思想斗争。

丙、关于目前政治工作请求电示。

---

① 原文无时间，此时间系编者判定。

关于二、六军团发展黔东苏区的工作情况报告

（一九三四年十一月五日）

（续前）

　　在苏区发展的过程中消灭了进攻苏区的傅恒、黎刚、杨卓文、杨大□易时以及宋毕轩之十七八的一部分，苏区早获五六百枝枪。继续王家烈以五团兵力分两路向苏区进攻时，决定牵动敌人出动区和避免与敌□□□□，故敌人两次进攻苏区，二军团两次出外游击，企图把敌人□□区以外，因六军团之一营先到苏区，决定二军团出去响应，六军团通过石阡、铜仁之封锁，后方有九师之一营建制部队，六军团之一营及独立师，独立团游击队，并附有特科，这时以两团向进苏区中心之乔家坪后方，因为大部分☑集中未有消灭敌人即退出苏区，在退出后派两独立团及地方工作人员回苏区内部，但派出的两独立团又逃跑出来一个。后二六军团与夏曦同志率领之独立师九师之一营及六军团之一营在距苏区百余里之石良地方会合，苏区在敌人进攻中缩小三分之☑因为我们取消主义的退却逃跑的路线之重复的表现，以致我们在顺利的条件之下，没有把新的苏区发展到应有的巩固，与一军团的应有壮大与中央苏区选定陕苏区在整个的争取苏维埃新中国而斗争中，在军委单一战略意志之下配合我们与六军团会合后，现达龙山之招头寨，黔东苏区，尚有两个独立团及六军团之一个补充营成立，一军多少区与党的特委负责人都是六军团派的，我们离开中央的领导三年了，我们造成了许多不可允许的恶果，二军团主力☑上极端需要□时在弱时在六军团☑经过长江军团的无线电遗失，中央和军委方面领导之下，在政治上在☑工作上给二军团以彻底的转变。

夏曦、关向应

五日

任、肖、王致电中央书记处关于健强二军团和黔东苏区的领导及组织二、六军团军政委员会的建议

（一九三四年十一月八日）

中央书记处：

（一）二军团及湘鄂赣（？）中央分局领导情形已于几电内说明。

（二）关于健强二军团各政治机关已由（六？）边团抽调一批干部（详见给政部电）由六军团卫生局调一批干部任军师团特派员及工作人员开始建立保卫局系（原保卫局组织）。

（三）为加强军团在黔东苏区领导我们决×张子意到二军团工作并任总动员部主任调刘士杰任黔东特委书记（黔东前已派出司令员及特委书记其他工作人员十余人）。

（四）夏曦同志不宜继续负总领导责，我们提议二军团六军团成立军政委员会，以贺关张子意组织之并领导黔东及其他地方工作，主席由中央从贺关中指定人，如定仍须丁分局组织亦可以上面三人组织可以关任书记望速复。

任、肖、王

八日廿时

二、六军团关于成立新省委与组织中成员及其 分工之请示电

（一九三四年十一月十一日）

中央书记处：

关于新省委的组织与分工我们有下决定：

A. 除已指定的省委名单外，再增加张子意、刘士杰与少共省委书记。

B. 子意任省委副书记并组织部长（因子意身体弱在〔再〕则工作困难），夏曦任宣传部长，向应为二军团副政委并政治部主任。因任在后方时多×且体弱，在后方时向应即任政委。

C. 省委军区准备设在永乾松地区黔东设特委，以刘士杰为书记，以上是否同意请电复。

十一日

朱德关于二、六军团应乘湘敌抗击我西方军的时机到湖南扩大地域的指示电

（一九三四年十一月十三日）

贺、夏、关任、肖、王：

急

（甲）现我西方军已进至宜郴之线，湘敌全部被调来抗击我西方军。二六军团应乘此时机深入湖南西北去扩大行动地域［。］

（乙）你们应令地方独立部队并可使用二军团之一部保持与发展二军团现有苏区［。］

十三号廿四时

中央书记处关于二、六军团建立根据地、肃反及
干部配备的指示电

（一九三四年十一月十六日）

任、肖、王、贺、关、夏：

（一）依据你们的来电及我们所有的材料看来，中央认为在二军团的政治领导在离开湘鄂西后，曾有着如下之主要严重错误：

（1）没有创立新的苏区根据地的坚持的决心。

（2）肃反方面的，在反革命活动面前之非乱走到乱捉乱杀的严重状态。

（3）对于党与群众组织缺乏信心，并走到了取消党与群众组织的道路。中央指出这些严重错误，绝不抹杀二军团领导在三年来没有得到中央经常指导状况下的艰苦斗争，保存了红三军的有身〔生〕力量，并在湘川黔边建立了新的游击根据地及部分的苏区。因此，在万对过去的错误的斗争中，二六军团的领导者必须在中央的路线周围团结一致，努力为创立湘川黔边新的苏区的任务而斗争。

（二）为集中与加强对于湘川黔苏区的领导，中央决定，创立湘川黔边省委，以弼时为书记，贺、夏、关、肖、王等为委员，在军委方面，二六军团均改编为现行编制的一个师，仍保存二、六军团的名义，二军团长由贺龙同志任之，政委由弼时兼，六军团长为肖王，两军团均直受军委领导，但在两军团共同行动时，则由贺任统一指挥之。为加强现有苏区之地方武装及游击战争之领导，组织黔川湘边军区，司令员及政委由贺任。兼任当贺任随二军团行动时应指定军事及政治的代理，以保证对于地方党苏维埃与地方之领导。

（三）对于目前二六军团之行动另电。

中央书记处

十六日十四时

肖、任、王、贺、夏、关关于二、六军团击溃
杨其昌、庞仁杰、周锡钦等敌的情况报告

（一九三四年十一月十九日）

军委：

一、我二六军团于十六日晚将敌杨其昌、庞仁杰、周锡钦等十团（实力只八团）击溃，经十八日夜及昨今之猛追敌全部击溃之，昨晚复占永顺城，我军缴枪俘虏各千以上轻重机关枪十余挺，残余千余分向保靖王村溃退。永顺保靖群众好补充我们，留四十九团三连于永顺保发展游击战争创造附近的游击区域。

二、我主力拟乘此次胜利决迅速南渡北河，给陈渠珍更大打击，[在]永绥乾城松桃凤凰建立新的根据地。

肖、任、王、贺、夏、关

十九日十时宁

夏、贺关于二、六军团之组织整编工作情况报告

（一九三四年十一月）

中央军委：

甲、二军团以前编七九两师，每师三营与六军团合编后致军委新编制并将黔东独立师编入二军团现编七九两师，每师两团，每团三营，只廿六团仅两营，现有人员三千七百人，长短枪特科（驳壳）共二千四百余枝。新参加的及黔东独立师编入的无子弹平均每人不上两排，老战士枪被动四十五施鹤七属被我占××弱黔东×联络长沙于×州师（？）全部人员×有二百人是加入改组派自首和有改组派嫌疑的。

乙、军团自解散党后一九三三年九月间开始恢复，一九三四年二月完全恢复党团员占百分之二十强，政治机关政治委员如连指导员在最近以前才完全建立。与六军团会师后六军团政治随二军团帮助政治工作的建立，二军团以前的政治干部抽调大部在政治部训练，并由六军团中抽调一部分政治干部补充和×二军团政治干部，二军团六月十八到黔东印江之枫相〔香〕溪在德江印江沿河松桃西阳各县交界处发生有包括十万群众的苏区土地，一般的解决分配了成立有五个独立团共一千余五百人五个游击队共二百余×人，又将来二军团直接建立的一纵队之百余人与苏区的两个独立团合编一个黔东独立师，赤卫军可以动员的千余人少先队没有建×苏区党的组织是特区工作委员会全苏区独立团、独立师、游击队的党员五十九人团员九人×苏区工人只致电产工支部黔东苏区第一代表大会是七月二十日开幕（？）到会的代表有一百二十人，特区革命委员经过组织动员参加红军的只三十九人，以后差不多跑完了，虚绩。

夏、贺

中革军委致二、六军团电

（一九三四年十一月二十五日）

"我西方军已过潇水，正在向全州上游急进中。你们应该利用最近几次胜利及湘西北敌情的空虚，坚决深入湖南中部及西部行动，并积极协助我西方军。首先你们应前出到湘敌交通经济命脉之沅水地域，主力应力求占领沅凌，向常德、桃源方向派出得力的游击队积极活动"。"为巩固新的苏区，留下二军团一部分及随六军团行动的党的干部来完成这一任务。二军团主力及六军团全部应集结在一起，以便突击遭遇的正规部队。两军团为取得协同动作，暂归贺、任统一指挥。"

中革军委致二、六军团电

（一九三四年十二月十四日）

"我西方军现已西入黔境，在继续西进中，寻求战机，以便于北上。湘敌现分五路，其主力正向芷江、黔阳、洪江、靖县集中，企图先从湘边阻我北上，然后追我入黔。桂敌在我左侧后跟进，尚未脱离。""我二、六两军团以发展湘西北苏区并配合西方军之目的，主力仍应向沅江上游行动，以便相当调动或钳制黔阳、芷江、洪江的敌人，如辰州附近不便渡河，可改于保靖附近南渡至泸溪、乾城、凤凰地域活动，对桃源方向只须派一支队去活动，以箝〔钳〕制与迷惑湘中之敌。"

朱德关于二、六军团应暂留常德、桃园等地
发展苏区和游击战的指示电

（一九三四年十二月二十日）

贺、任、关、肖、王：

A. 因我二六军团积极行动何敌正调动约四个师的兵力向你们前进。但十六师六十二师一时尚赶不到。

B. 我西方军现正由黔边前进，拟先消灭黔敌，箝〔钳〕制湘敌，然后北进配合你们行动并发展苏区。

C. 二六军团目前应留在常德桃源及其西北地域积极活动，并派出两个别动队，分向益阳、底（辰）州南方向活动，以迟滞湘敌向我前进。如郭敌先经常德或桃源向我出击，则我二六军团应消灭其单个部队，当湘敌十九师主力及十六,六十二两师已到达常德、桃源附近时，我二六军团应重向永顺西进，以后则向黔境行动，以便箝〔钳〕制在芷江、铜仁之薛敌部队及在印江思南之黔军。

D. 二六军团在现地域应广大发展游击战争以推广大庸桑植的游击区域。

E. 你们部署如何望告。

朱　德

二十日十七时

中共湘鄂川黔省委关于新区党的组织问题决定

（一九三四年十二月二十二日）[①]

（一）湘鄂川黔边新的革命形势与苏区组织上的中心任务

自省委提出在湘鄂川黔边创造新的苏区与新的根据地的任务以后，我英勇的红二、六军团团结在中央路线与军委统一战略意志之下，争取了几次战争的伟大胜利，掀起了湘鄂川黔边广大工农群众革命浪潮。城市工人斗争、游击战争与农村暴动是到处互相呼应着，临时革命政权是到处树立起来了。这一新的形势的转变，决定了湘鄂川黔党的严重的组织任务。

最近检查各行党的组织的扩大，以及党在斗争中的领 [导] 作用是远落于客观革命发展形势后面的。各县、区委与红军政治机关，对于发展群众革命斗争、建立临时革命政权与地方武装，虽得到了不可否认的成绩，然而对于党的当前许多组织任务的非常重要，还没有明确的了解。有许多乡村中、游击队中、生产中还没有建立党的支部，甚至没有发展一个党员。如桑植县有五个区，有五百以上的地方部队，包括十万以上群众的地区，而全县党员仅有五、六十名。这证明桑植的党还只是在机关内而没有打进生产中、农村中、武装中去。这是一刻也不能容许的现象。

城市与农村的革命斗争，游击战争与临时革命政权胜利的保障，将依靠本党的路线的正确；依靠于党在每一街道、工厂、作坊，每一乡村、市镇，每一武装部队群众中领导力量的加强；依靠于党在生产中的堡垒（支部）去领导群众，去实现党的政纲、主张、决定和党所提出来的任务。因此，要求党以布尔〈什〉维克的速度去大胆吸引工人、雇农、贫农中的先进分子入党，建立每一乡村、市镇与每一武装队伍中党的支部。动员组织与领导他们参加保卫新区的国内战争与粉碎敌人五次"围剿"的斗争。

---

① 此文时间系编者判定。

（二）广泛进行征收党员运动，强固党的无产阶级基础

在新区"党应大开其门，让志愿者来加入队伍"。要反对任何不相哗变，反对进攻新区和红军。发动士兵的日常斗争，号召他们行动起来，同工农携手，一同去打土豪分田地。

边区战地的党必须集中一切力量，来武装群众，来保卫新的苏区。同时为了"万一本地被敌人占领，能够迅速改变自己的各种组织，一分钟不间断的继续领导斗争"。应该预先准备秘密工作的干部，给以特殊训练，并准备交通网。对于暂时被占领区城中之党与团、革命委员会、工会各种组织，在县、区两级应组织集中领导的一个委员会。但并不取消党、团、工会等下层组织与工作。秘密工作干部，必须隐藏在群众中，在广大群众掩护之下进行各种活动，领导群众反对白色恐怖，反对苛捐杂税，反对修马路、筑炮台等日常斗争，迅速的进入武装的游击战争。但这一准备工作，绝对不能曲解为对革命战争悲观失望，对创造新区没有胜利信心或作为首先的工作，而放松今天动员群众保卫新区的当前任务。

最后，在战争动员中，必须坚决反对不相信群众（如认为群众反水，群众斗争低落等）的右倾机会主义，反对退却逃跑，反对对反革命分子的容忍姑息，同时要反对"左"的忽视敌人进攻与强迫命令的方式。省委号召你们立即动员起来，为保卫新区，争取新的决战胜利而奋斗到底！并向你们致以热烈的革命敬礼！

中共湘鄂川黔省委

贺、夏、关、肖、任、王关于在永顺、保靖等地建立根据地钳制敌人给中央的报告

（一九三四年十二月二十四日）

朱转中央书记处：

一、龙家寨战争中，主力本拟乘胜渡河到乾城、凤凰活动，配合西方军行动，并建立根据地。五时因敌有布置，我军到王村不得过河，遂决心在永顺、保靖、龙山、桑植、大庸间建立新的根据地。以四九及五十两团分散在以上地区工作，主力则积极行动，箝〔钳〕制和分散进攻西方军之敌，并在运动中突破敌人。

二、近卅日工作：

甲、永顺、大庸、桑植三城市现均为我军占领。永顺已有十个区，大庸五个区建立区委和区分革命委员会。统计苏区人口卅七万。另有八区约已开始工作，八区约十万人口。苏区由西至东从洞车至大庸城东计有二百七八十×，由桑植城北卅里至永顺城南廿里地约有二百二十，均为现工作地区。×以永桑间地域□为郭亮县，工作地域现正在分田，省苏区一级机关留在车臣。

乙、二六军团从计永顺城至现在共扩大主力四千四百余人。九、十两月份×扩大一千六百，前方一千一百，到本月（？）底可完成。十二月扩大二千五百余人。省委计划三个月中共扩大主力一万二千，从十二月起充足增加（？）军团两个师共十二团，现争取年底二军团补充到六个团，六军团五个团，每团以一千一百人，现正加紧编赤少队和模范营组织并集中模范营训练准备正批动员。

丙、在此时期内，区分游击队生长很快，现在工作地区有游击队三十余个，共计二千八百余人，有枪六百四十枝，一部尚未建立党的组织，正从游击队中建立永保（已有三百人）的独立团、大庸独立团及桑植、龙山独立营组织。

丁、龙家寨及常桃战争以及此时期收缴地主武装共计实获步马枪二千二百

枝，兵工厂及后方医院均已建立，明年一月第一期红军学校开学，主力和地方部队共办两营。

戊、在现区内已成立郭亮、永保、大庸、桑植四个临时县委，山内（？）成立党的发展则迟缓。现地方共约六百多党员，干部甚缺乏，湘赣调来之干部二百只到六十余人，余××则省委省革委均已开办一期训练班。（待续）

贺、夏、关、任、肖、王

廿四日

贺、任、关、肖、王关于黔东苏区的情况报告

（一九三四年十二月二十五日）

（续前）

黔东苏区在我们离开时派一批的干部并加发了三百步马枪，二、六军团留有伤病员三百余人，编为一独师，八百余人，四百多枪，另有五个游击队。最近由黔东逃回之独立师×，称敌曾以两团兵进攻苏区，独立师离开后到×程×山，半月后在桃山间被苗兵击散，师长王光泽被俘，政治委员段荣〔苏〕权负伤。详情尚不明，现派交通去取联络。

4.根据上述情况，在此期工作可争取现工作地区和游击地域为此较巩固的苏区根据地。目前在大庸、桑植、永顺间，拟准备一月初集结二军团主力在这地区于运动中首先给将来大举进攻之敌以打击，求得新区的巩固与发展。

5.根据最近军委电示决定，目前主力位置常桃间，有×于×地区，以一团在×城，完成收集资材等任务，分一营渡河向益阳游击，在敌李觉等集中常城的〔时〕主力迅速占领慈利城，以一部向常德城游击，另一五三团一营向辰州游击，在此期间应声东击西，由常城出击之。军团（？）部队但须避免与优势敌人正规作战。

贺、任、关、肖、王

廿五日廿时

朱德给二、六军团指示电

（一九三四年十二月二十七日）

贺、任、王、肖：

　　A.湘敌俟其十六、六十二两师及徐源泉部到达指定地域之后，即实行向我反攻。

　　B.关于二六军团行动，根据你们廿五廿六两日电告军委有以下指示：

　　（一）二六军团不应在慈利久停，应乘敌人分进合击之先，转向永顺行动，在慈利只应留下游击部队以吸引敌人。

　　（二）对辰州方面仍应派出游击部队以迟滞敌进，并便二六军团主力在永顺、大庸、沅陵地域寻求翼侧机动。

　　（三）在有利条件下二六军团应袭取保靖，以取得该地兵工厂并依据现苏区西向黔境发展。

朱　德

廿七日四时

任弼时在中共湘鄂川黔省委第二次活动分子会议上的报告
——关于粉碎敌人大举进攻最后的彻底的粉碎敌人
五次"围剿"前面党的紧急任务

（一九三五年一月六日）①

同志们！今天到会的有郭亮、永保、龙山，党的积极分子和已经毕业就要分到各县、区、乡工作的党校学生，并有省级活动分子参加。所以我要把目前战争形势和党的紧急任务，向同志们做一个简要的报告。

一、湘西北革命运动的新形势和敌人新的进攻

自从我红二、六军团汇合在中央和军委指挥之下，进到湘西北一带地区之后，党即决定在这一地区创造新的苏区根据地。不到两个月时间，的确我们在湘西北创立了一个新的形势，这在中国苏维埃运动发展上是有极大意义的。

首先是我们英勇善战的二、六军团，由于坚决的执行了党的进攻路线，在短短的两个月当中，给了陈渠珍以致命的打击。打败了朱疤子和刚由江西调来进攻我们的罗启疆部，总共击溃了敌人十五个团，消灭了四、五个团的有生力量。接连占领了永顺、大庸、桑植、桃源、慈利等城市。特别是我们进攻辰州，包围常德，给了湖南敌人和进攻我中央野战军的敌人总后方以很大的威胁，有力的配合了野战军的行动。

在红军胜利影响和党的正确领导之下，永保、龙、桑、大庸、慈利的工农群众都踊跃起来革命，到处撑起了红旗，组织游击队，普遍建立了工农的临时政权。现在从洗车河到溪口有四百多里，从桑植以北到永顺石田溪以南有二百四、五十里路的地区，已经成为我们苏维埃共和国的版图了。

在这一区域，包括有四、五十万群众。群众的斗争，从打土豪、分粮、分衣服财产的斗争，已经进到了分配土地，彻底来消灭封建残余势力的更高阶

---

① 此文时间系编者判定。

段。广大工农劳苦群众，从国民党军阀长期压迫之下解放出来，得到了切身的基本的利益，参加革命战争的积极性大大的提高。首先表现在群众热烈的参加红军，使我们的主力红军扩大了一倍以上。其次是创立了大批的独立团、营、游击队，正在同地主武装进行残酷的开装斗争。各地群众都在积极的分配土地，组织工会、贫农团，建立赤少队的组织，为保卫革命政权和已得利益而坚决斗争。

同志们！正因为我们的伟大胜利与成功，我们在这一广大地区内推翻了地主资产阶级的统治；驱逐了帝国主义的势力；动摇了蒋介石"追剿"西方军的计划；掀起了苏维埃革命运动的巨〔剧〕烈潮流，这就给了帝国主义、国民党军阀以很大的威胁。因此，垂死的最后挣扎的国民党军阀，正在征调力量，组织对我们二、六军团和新区的大举的绝望的进攻。据我们由各方面得到的消息，湖南军阀何键从进攻我西方军的战线上，抽调了两三个师，湖北敌人也调到了三、四个师的力量，总共调了几十团兵力，布置对我们进行大规模的"围剿"。

二、最后彻底粉碎敌人五次"围剿"和我们这一战线上的任务

这里我们应当清楚认识和估计的就是：在整个国内战争中今天的任务是什么，我们在这一战线上是否有这样的力量来粉碎敌人这一进攻。同时我们在这一战线上的胜利或失败，对于彻底粉碎敌人五次"围剿"，对中国苏维埃革命运动发展的前途上有些什么关系，这是需要我们详细来说明的。

这里我们首先要指出的，就是在整个国内革命战争战线上，我们已经进到最后的彻底的粉碎敌人五次"围剿"的阶段上。

蒋介石在五次"围剿"中，调动了全国十分之七的兵力来进攻中国的苏区和红军。我们在过去的艰苦奋斗中，全国各个战线上都给了敌人多次的打击，消灭了敌人巨量的有生力量，已经取得了粉碎五次"围剿"第一步的胜利。

以前敌人在我们苏区周围是依靠费了很久时间很多兵力建筑起来的炮楼，和许多坚固的工事来进攻我们。他不敢离开炮楼、工事和我们主力决战，所以我们很难找到在野外在运动当中来打击敌人，大量消灭敌人的机会。现在呢？进攻中央、湘赣和整个江西苏区的敌人，被我中央野战军和二、六军团把他最大部分调动出来了，这正是我们在野战、在运动中来消灭他们的好机会。

不仅我们有了消灭敌人主力的好机会，而且我们现在有了许多新的阵地。这就是说帝国主义、国民党拼死命来进攻中国苏区红军，苏区和红军不但没有

被他消灭，而且生长出了几大块新的苏区。以前我们苏区在江西一大块（包括湘赣、湘鄂赣、赣东北等苏区）、川陕边一大块、鄂豫皖一块。现在我们在湘鄂川黔创造了一大块，中央野战军在贵州最近占领了镇远、黄平、施秉、遵义等县城市，那里也是一大块新苏区。这是我们消灭敌人更加有利的条件。

同志们！我们占领许多新阵地，敌人又被我们调动出来了。在中国存在着的革命形势剧烈发展的基础上，正是我们最后的彻底粉碎敌人五次"围剿"来争取革命一省、几省首先胜利的时期，我们是具有彻底粉碎敌人五次"围剿"极有利的胜利的条件。

我们现在的战线是很宽很广的。各个战线在军委单一意志之下，来互相配合呼应的进行战斗。每一战线的胜利或失败都可以影响整个战局的。我们这块苏区在整个战线上是处在一个很重要的位置，是靠近反动中心的武汉和长沙，是整个战线上一个前进阵地，同时又是在进攻中央野战军和四方面军主要敌人的侧后方。我们的任务就是要巩固这个新阵地，迅速粉碎敌人对我们的大举进攻，打坍和消灭我们阵地前面的敌人，大踏步的开展这块苏区，牵制分散敌人，袭击敌人的后方，来动摇敌人的整个阵势，直接帮助野战军和四方面军迅速取得决战的胜利。若是我们在这个战线上不能粉碎敌人的进攻，或者是失败了，那便要影响整个战线，使其他战线方面增加一些困难，这是我们应清楚看到的。

三、我们能够战胜敌人的胜利条件是什么？

同志们！我们同敌人的决战已经迫近了，我们这个战线又负担着这样重大的历史任务，我们是否有这样的力量来粉碎敌人的大举进攻，来打坍我们这一阵地前面的敌人，稳住我们这一阵地，大踏步向前发展呢？

我们的答复是：我们有这样的力量。我们能够战胜敌人的主要条件是：

1. 首先是我们红二、六军团在最近几次胜利中，是更加巩固和强大起来了。军事、政治上的进步，在数量上的扩大，缴获了敌人很多的武装，武装了我们的新战士，创造了很多地方武装——独立团、营，游击队。我们的武装战斗力量是几倍的加强了。同时我们不是孤立的战斗，到处有红军配合我们作战的。

2. 红军是工农的武装，是为贫苦工农谋利益的军队，他能得到广大群众的拥护和参加。周矮子、朱疤子和其他白军一来，群众就逃跑上山，或者与之武装对抗；红军来了，群众都来拥护。这就是说现在苏区有几十万群众，除了地主富农之外都是拥护红军，反对白军的。我们组织和领导得好，这几十万群众能当十万、二十万军队的力量。同时在白区还有广大反帝、反国民党斗争来与我们配合。这就是说，白区的广大工农群众也是反对白军，拥护红军的。这种伟大的力量，只有我们才有，国民党军阀是不会有的。

3. 国民党军阀的统治是在动摇崩溃着□□，在政治上欺骗群众的范围更加缩小了，财政上的困难更加增加了。他们在一致进攻红军当中，内部的矛盾还是存在着，特别是他所依靠来进攻红军累遭惨败的白军士兵表现得更加动摇。譬如陈渠珍被我们打败后，地盘缩小，财政困难，士兵生活更加痛苦，甚至有每月只发九毛伙食钱，兵士开小差的很多。何键的队伍都是过去被我六军团打败过的，这次长逾远征走得很疲劳，士兵非常动摇。过去白军十六师士兵时常说："我们只想同红军打仗，打仗就好缴枪，领三块大洋回家。"这表示工农出身的白军士兵是不愿坚决打红军的动摇状态。虽然目前敌人在数量上是超过我们几倍，但白军是存在着没落死亡命运的弱点。

我们具备着战胜敌人的条件，我们相信是能打坍敌人的，但是同时要看清我们自己的弱点。在今天我们还有下列的主要弱点存在：

①我们这个区域是新创造的新苏区。我们在动员和组织群众方面还存在着许多弱点。

②我们瓦解白军的政治工作还是一般的薄弱。

但是这些弱点我们是有办法来消灭的。我们只要能以布尔什维克的工作速度，努力去动员组织武装群众，加紧派人到白军中去工作，加紧对白军的宣传鼓动工作。这些弱点和困难是可以克服的。

四、过去二个月工作的检查

同志们！根据目前这样紧张的战争形势，来检查我们过去两个月的工作，上面已经讲过，我们在短短的时期内是获得了伟大的胜利与成功。这些胜利与成功是在党的正确领导、红军英勇奋斗和广大群众斗争积极性发扬基础上得来的。谁看不见这些成绩就是机会主义者。但同时又要指出我们这一时期工作中的弱点和错误，在这两个月中我们最大的弱点是：

1. 这个区域的革命斗争是很快的发展起来了，但我们党的领导力量的强大还赶不上斗争发展的需要。如在这个地区有四、五十万群众，但地方上党员还不超过一千人。这可以看出党在群众中领导力量是薄弱的，有许多斗争是自发的。我们还没有在每一个乡、每一个游击队、每一个企业、作坊、工厂和街道上建立党的支部，因此，在有些地方发生了严重现象。如最近刘家寨有几个乡的游击队，因为没有党的坚强领导，甚至没有党的组织和政治委员，在敌人包围时没有坚决同敌人斗争，被混入的反革命分子领导去投降敌人去了。有些群众自动组织的游击队，因为没有党的领导，发生乱打土豪的严重现象，如桑植有几个区。但我们只有很少的党员，加上领导机关没有坚决执行党的路线，各种工作都推不动。地主、富农、反革命分子，也就容易混进了我们的政权机关和部队中来进行反革命活动。我们要了解没有党的坚强领导，我们的工作是不能收到成功的。

2. 这个广大地区的工农群众虽然得到一部分利益，但我们还没有能够最大限度满足群众的要求，没有很迅速的解决土地问题，使农民和农村工人都得到土地。城市与农村工人虽然有些部分增加了工钱，但这不是普遍的，没有广泛发动工人的斗争，来争取更多的实际利益。永顺城的店员工会直到现在还没有很好的组织起来。省委第一次活动分子会要求十二月分〔份〕在基本苏区——塔卧、刘家寨、龙家寨、颗沙等，彻底解决土地问题。今天检查起来，没有一个区已经全部分好了土地的。不能深入群众的阶级斗争，给群众以更多的实际利益，是不能把群众参加革命战争的积极性发扬到最高限度的。

3. 我们没有迅速坚决的消灭地主武装，求得新区应有巩固。在有些地方，如以前桑植县委认为，地主武装大多数是会革命的，因此放弃了进攻地主武装的革命斗争，结果是给了地主武装聚集力量的时机，反而到处屠杀革命群众。我们在这一时期对于积极活动的地主、富农、反革命分子，没有能够采取赤色恐怖手段来严厉的镇压，甚至有捉到的反革命分子还放走他，或不敢去捉他。以妥协、姑息、放任反革命的活动代替党所指出以群众暴力来镇压反革命的正确策略，这便要阻碍群众阶级斗争的深入。

4. 在这个时期中，特别最后一个时期，对于粉碎敌人"围剿"的群众政治动员工作，和实际武装组织群众来参加战争的动员工作是做得异常不够的。在扩大主力红军方面，虽然是完成并超过了十二月份的规定计划，但地方党扩大主力红军工作是万分不够的，没有从分粮、分田、增加工钱等等斗争中很好联系到扩大红军的任务。在编制赤少队和模范赤少队、收集粮食、筹款等工作，没有一个县完成了省委的计划，而且都是相距计划很远的。

同志们！我们要指出这些弱点和错误是很严重的。若是不能迅速消灭与克服下去，这对于彻底粉碎敌人"围剿"，争取决战胜利，是要受到很大影响的，是不能保障这一广大苏区的巩固与发展的。同时这些弱点和错误的存在不是偶然的，最主要的原因是：

①在我们党内还存在一些机会主义的观点。如过去桑植的负责同志充分表示不相信桑植工农群众的力量，在敌人进攻前面表示无办法的机会主义动摇。其他地方有个别同志存在有不相信群众的机会主义观点。如说群众怕当红军，不愿编赤少队等说法。这都是对目前革命发展形势估计不足，对苏维埃革命缺乏胜利信心的表示。

②由于我们不善于领导群众，不能适合斗争新环境，创造领导群众新方法，相反的脱离群众的官僚主义的工作作风，还是普遍严重的现象。我们不能深入群众，了解群众中的实际情形，解决群众中一切迫切问题，那自然不能够很好去开展深入群众斗争，组织群众，发扬群众的积极性。要转变我们的工作，首先就要开展党内斗争，消灭这些阻碍我们工作转变的原因。

五、目前党的紧急战斗任务

湘西北的革命斗争形势已进到更残酷艰苦斗争的阶段。我们要粉碎外面来进攻我们的敌人，同时要消灭苏区内部的封建残余势力和一切反革命活动，来保卫巩固和发展我们这个新的苏区，来彻底粉碎敌人的五次"围剿"，开展中国苏维埃革命运动新的胜利的局面。摆在我们党前面最基本的战斗任务，就是以争取决战胜利为一切工作的中心，去动员组织武装广大工农群众，在满足群众要求基础上发扬群众积极性，造成群众一切为着战争的热潮。关于战争动员工作，省委已有一个给各级党的详细指示信。这里只简单说明几项工作的中心内容。

1.目前战争动员的第一问题，就要在广大群众当中进行艰苦的政治动员。首先要使全体党团员个个都了解现在战争的紧张形势和目前战争动员工作的重要。到会的同志到各县、区、乡去，应当有计划的来召集县或区的活动分子会议，布置战争动员的工作，随即召集支部小组会，在党员中来报告和讨论执行的具体办法，并实际分工，做到每个党团员都做一件战争动员的具体工作，成为战争的组织者和领导者。在党的各种会议当中，要反对一切不正确的倾向。首先是反对在敌人大举进攻前面表示张惶失措，悲观动摇，退却逃跑的右倾机会主义，同时对忽视敌人进攻，放松艰苦战争动员的"左"的倾向，也要给以严厉打击。我们的动员不仅仅在党团内，最主要的是要去告诉广大群众，使群众清楚了解目前战争形势，相信我们能够胜利，来巩固他们对战争的胜利信心。因此，党应经过革命委员会和各群众团体、赤少队、游击队去召开各种会议，报告和讨论战争动员工作。县、区一般应组织战争动员的宣传队，到各乡各村各屋场中去，经过会议或谈话，根据省委关于战争动员的宣言标语，做广泛的宣传鼓动工作。

2. 在战争动员中，摆在党前面最基本任务，就是如何去加强对武装的领导和组织，加强游击战争的领导。我们在组织武装、领导武装方面：

第一，要保障完成省委扩大一万二千新战士的计划。一月份（一月十号至二月十号）应扩大四千新战士。我们如何去扩大：甲、依靠党、政府及各群众团体，经过自已组织去动员在分粮、分田、增加工资的斗争中，密切联系到扩大红军工作。这里要反对认为群众不愿当红军，当红军的早已去了的观点。乙、整批动员赤少队加入红军。我们编好了赤少队，就要抓紧其中心的工作。特别是模范营，准备整批动员起来加入红军。此外，应将游击队一部分加入主力红军，一部分加入独立团、营去。我们提出永保、郭亮、大庸每个县在一月份至少要做到一个模范营加入到主力红军。丙、切实实行优待红军家属的十八条。过去这一工作是未引起各级党和政府的注意的，立即动员群众去优待红军家属，实行共产党的礼拜大。在群众中造成当红军最光荣的社会舆论。

第二，我们应广泛发展游击战争。要认识这是配合主力红军，争取抗战胜利的一个主要条件。游击队要真能深入到敌人侧后方，积极行动，吸引分散敌人，破坏敌人后方交通，瓦解白军，并领导群众斗争，消灭地主武装和敌人单个部队，繁殖游击队。这里必须保障游击队能绝对执行明确的阶级路线。现在有许多区、乡都有游击队，领导不强，力量又分散。我们应该将分散的游击队，以区为单位集中起来，编成区或县的游击队。加强游击队、独立团营中党的领导，是异常迫切的问题，这首先在每一个连队中应建立党的支部，坚决洗刷其中地主、富农、反革命分子。

第三，是迅速把赤少队编制起来。我们若能将几十万群众武装组织起来，这的确是可以当得几万、几十万军队力量的，因为他能迷惑、钳制、疲困敌人。譬如敌人进到永顺城，我们以赤少队配合少数部队四方八面将敌人围困起来，断绝他们的粮食，可以做到敌人不敢随便出城行动。这是便利我们主力来各个击破敌人，消灭敌人的。

赤少队编制好了，应加紧训练。一个月至少应下两次操，由区委或支部派人去上政治课。应经常准备好一切，以便能随时动员去参战。最近全省应做到动员三个模范营，四营赤少队去前方配合作战。

巩固部队，保障战争胜利，不可分离的就是收集粮食的工作。这一方面是要从深入阶级斗争中，把查出地主的谷子，在说服群众得到群众赞助下，留出大部分供给红军，并且将他搬到安全地方集中储藏起来。另一方面就是组织群众随游击队到白区去搬土豪的谷子。这里要防止脱离群众的现象，就是说要分一部分给当地群众，并向群众宣传解释充裕红军给养的重要，把谷子搬进来，分发一部分给搬运的群众，留出大部分保存起来。各区乡要组织粮食委员会和保管委员会，来负收集和保管责任。

3. 很快消灭在新区内的地主武装，用赤色□□来镇压反革命的活动，造成巩固一片的赤色后方，是目前一个很重要的工作。最近的事实证明，地主武装在敌人大举进攻和新区内阶级斗争深入的时候，必然要更加积极活动起来。我们若不能迅速消灭他，将给我们以很大的阻碍。消灭这些地主武装的办法：一是靠我们武装去打。但必须去领导游击队、独立团营配合赤少队去袭击包围消灭他，利用土枪、土炮、土炸弹去对付他，不应依赖主力红军去打。除了打的办法，还应该用政治工作去瓦解地主武装和土匪队伍。分田时他们中间工农出身的士兵应同样分得土地，利用他们的家属或派人进去进行瓦解的工作。

其次是被我们推翻了的豪绅地主及富农必然要更积极活动起来。他们活动方法主要是：①□起零星的枪支，隐藏在山上，袭击暗杀我们的工作人员。②混进我们的武装和政权中来破坏革命，阻碍分田斗争。③用欺骗威胁的办法来和缓群众的斗争，欺骗落后的分子。我们对付这些反革命是要以革命群众的暴力用赤色□□手段来镇压他。第一，我们对付藏在山上的豪绅地主反革命分子，应该发动赤少队搜山捕捉。对积极反革命活动的地主、富农，应立即由群众公审枪决。平时应发动群众严密监视地主、富农的行动。第二，要揭破豪绅、地主、反革命的欺骗阴谋，使群众从自己的经验和利益上不相信他的欺骗。④立刻检举混入政府、群众团体和武装部队中的豪绅、地主、反革命分子。积极活动的必须捉起来公审杀头。

过去在肃反中表现最危险的倾向就是对反革命容忍姑息、妥协让步的右倾。我们应开展反对这种倾向的斗争。少数地方发生过捉到土匪，不审查成分，不分别首领就杀，这也是不对的，因为这要妨碍我们瓦解他们的工作。今后必须建立坚强的肃反委员会。在新区，肃反委员会不管他是乡是区一级，他的权限应当是很大的。从乡肃反委员会起都有杀人的权限。但这里最主要是保障执行阶级路线，不要使反革命分子混入了肃反机关来杀我们贫苦工农。省、县肃反委员会，应建立坚强而有战斗力的政治保卫队，省要有二连到一营，县要有二排到一连，用他来肃清地主武装和镇压反革命的活动。

4.彻底分配土地是完成战争动员不可分离的任务。这个工作我们已有一些经验。最主要的问题，就是靠我们发动农村中的基本群众，热烈来参加这一斗争。群众起来了，地主、富农是容易清查出来的，土地、人口也很快可以登记，并且瞒田也无办法，很快便可把田分好。这里贫农团和工会的作用是很重要的，必须加强扩大其组织并发挥他的作用。我们要反对迟缓分田的现象，因地主、富农就是希望迟延分田的。我们要反对原耕不动的分田原则，因为这要□分进田的贫农、雇农、工人得不到好田，而且富农可以从中作怪。过去有些地方分配土地斗争中不去经常严格检查，甚至地主，富农混进了土地委员会都不知道，这必须严格纠正过来。各级土地没收分配委员会必须坚强，首先就是检查这里面的成份，经常指示他们进行工作的方法。龙家寨、杉木村分田时不要土地委员会，由群众去互相盘田，这并不是好的办法，而且是错误的。因为分田中有许多事情必须要有一定的机关来领导指挥，没有这种机关是做不好的，并且富农、地主可以利用机会，偷取土地革命果实。分田的时候要特别注意中农的态度，不使他们发生动摇、恐慌。要向他们解释土地革命是不会侵犯他们的利益，而且是于他们有利益的。使他们没有丝毫的怀疑，站在贫农、雇农方面一同来反对地主、富农。这里首先就要靠我们从打土豪分东西起，直到分田都不致侵犯他们利益。特别要防止把富裕中农判作富农，弄错了的要立刻纠正，并赔偿他的损失。把富农当地主打，消灭富农的个别错误，也必须纠正和防止，因为这样的事情也是可以引起中农动摇的。

在分好了田的地方，应即进行分山，分鱼塘、房屋的斗争，并〔并〕应进行查田的运动。如分田分得很坏的地方，地主、富农窃取了土地革命利益的地方，则应重新分配过。各地方党应不放松的抓紧这个基本的斗争，求得迅速彻底解决新区的土地问题。实际经验告诉我们，土地问题正确解决了的地方，群众积极性要高些，各项工作都有成绩。

5.加强和巩固党与政权机关的领导力量，改善领导方式，成为目前一个很重要的任务。首先是要反对依然存在着的关门主义，求得迅速在各部分都有我们党的组织。在每个乡村、工厂、企业、街道、学校等和武装中的每一个伙食单位，都要有党的支部，这才能够保障党的领导的加强。在今天发展党的组织，要把力量向那些没有党组织的地方去突击。特别要向工人、雇农、苦力大开其门，大胆的吸收无产阶级、半无产阶级的先进分子。这里要反对那些"和平发展"的说法。要晓得我们今天是一个斗争的环境，有什么和平可说。问题只是在于大胆发展当中，要注意防止异已〔己〕分子混入我们党里来。

6.仅仅有了很多党员还是不够的，必须健全支部的生活和领导。支部要有很好的分工，每一个党员都要负担一件经常的工作。要健全支部委员会的工作，使他真正能领导本乡的政府、赤少队和其他群众组织的工作，真正成为执行党每一决定的机关，群众中间的核心，这才是健强和巩固了党的领导力量。加紧党员的教育是很重要的。这主要是分配党员的实际工作去训练。其次办法是要经常开办流动训练班。县委应开办干部训练班，培养大批新干部。首先是加强区委的领导，因为区委组织和领导加强，才能推进支部的工作。

7.改善党和政府的工作方式，学习领导群众的艺术。我们在工作中碰了钉子，工作推不动，就要研究其原因，在其中去学习领导群众的方法。譬如塔卧乡开始分田的时候，群众会议总召集不成功，后来发现土地委员会中有个反革命分子，他在周矮子时代，帮周矮子压迫群众。红军来了，他就借红军名义打"贫家人"□土豪，并且威吓群众说，现在分田将来革命军来了就要杀头。后来把他捉起〈来〉经群众公审枪决了，群众热烈起来分田，什么工作都好做。所以领导群众的艺术就是在于去了解群众中一些实际问题，而给以适当的及时的处置，满足群众的要求。党和政府要经常检查下面的工作，指示工作方法。如果只管发决议，下命令，不去检查，这种官僚主义的领导方式，对于我们是最有害的。各革命委员会的工作应当把他健强起来。党不能去代替包办政权的日常工作，而是应该加强对政权工作的领导，培养政权独立工作的能力。决定了大的问题，大胆交给政府工作人员去做，建立政权在群众中的威信和权力，使群众认识政权是自己的权力机关。革命委员会里面的消极怠工分子，阶级异己分子，应加以清洗。多吸收群众中的积极分子来改选并健全本身的组织机能，使他成为目前战争中坚强的组织者、领导者。在分好了田的地方，应马上进行苏维埃的选举运动，把革命委员会转变成为正式的苏维埃政府。各级军事机关也必须以大力去健强其组织与工作。我们要认识党、政府、军事机关在领导革命战争当中，是三个最主要的机关。我们要反对党不管军事机关工作的错误倾向。同时也要特别注意防止军事机关超过党，不把重要问题提到党的会议上讨论，只是通知一下党，脱离党领导的危险倾向。当然军事机关是有他的直接指挥系统的，但在军区指示方针下各级军事机关，必须协同当地同级党讨论决定具体执行的办法。

在边区、战区的党，我们应有秘密工作的准备。特别是边区的党更要注意，因为敌人容易伸进来破坏我们党的组织。在敌人暂时占领区域的党，应在当地继续活动，领导群众反抗白色恐怖，反对拉夫、修马路、筑炮台的斗争，不应取消一切活动的退却逃跑。全党应注意瓦解白军的工作，除进行对白军士兵一般的宣传鼓动外，应利用各种关系打入白军中活动。特别是边区乡、战区和被敌人暂时占领地区的党，要努力进行瓦解白军的工作。

同志们！这就是目前党最紧急的战斗任务。我们同敌人决战快要到来了，我们担负着伟大的历史任务。各个战线上正在那里与敌人肉搏冲锋，前方战士正那里磨拳擦掌，准备同敌人拼个你死我话，战争形势是很紧张严重的。我们及时把上面任务完成，才更能增加前力的战斗力量，保障迅速粉碎敌人的大举进攻，彻底最后粉碎敌人的五次"围剿"。

中共湘鄂川黔省委

二、六军团关于反对敌人"围剿"的作战部署
给朱德的请示电

（一九三五年一月十一日）

贺、任、肖、王致朱七日电悉：

此间敌情及我们战役都〔部〕署电告如下：

（甲）现在新区周围向我进攻之敌共有八师三独立旅约计在五十团左右。总合最近情况湘西六军路以刘云范部（共约二团）守常桃慈利，李觉部六团拟经桃源进至龙眼××。第一路×陶广部随×××部共约十团（六二师一八五旅似在王坪路未来）一部已到四都坪将由王村向永顺推进，陈渠珍××二拟进至永顺龙家寨之线。鄂敌徐源泉部拟由四一、四八两师（约十团），编成第一进剿支队，由石门进至江口。另以二十六师及独立三十四旅为第二支队（约八团）将由慈利向溪推进以在龙山来凤之潘旅及鄂西蒋张薄部（约五团至六团）编成第三支队，堵剿并以一部推进桑植城。另新编×师任务不明各路分进到预定后，以大庸为总攻目标进行合击。

（乙）我军力量（1）二军团已编成六团约六千五百人二千七百枪。六军团已编五团约五千二百人，一千八百枪。（2）地方部队约三千人，七百枪。（3）军区医院六百人，兵工厂二百五十人，军区直属队三百人，红校两营，二十日可开学。（4）一月份拟补充主力四千人，成立五二团，并充实各团培养十、十二、五〇、十、八、四九、五十〈团〉为基干兵团。

（丙）我们认为要击溃敌两路消灭敌主力六团至八团有生力量条件下，才能击破敌人现有力量之围困，利用现在广阔新区寻在运动中突击封锁，应首先侧击由沅渡前进之湘敌主力陶章部队求得迅速转移地区，各个击破敌人之目的。现集中二大军团主力于庸永之间待机。以五二团位置溪口向慈利游击，箝〔钳〕制李部，以四九团（五分之二新兵）在龙永保地区箝〔钳〕制陈渠珍及龙山之敌，以十六团一营位置桑植。

（丁）地方部队部署（1）慈庸一分区之独立团三百余人及三×游击队，每队约百人，坚持在庸慈石桑发展游击战争，一部向沅陵活动。（2）永保龙二分区之永保独立团，龙山独立营，三百余人。永沅独立营二百人。向龙南川黔边保靖王村沅陵方向发展游击战争。（3）以桑植独立营三百余人，郭亮独立营二百余人，向龙××边游击，其余各区乡游击队拟分别集中准备配合各独立团独立的行动。一部编入主力。上述地域枪枝均少领导的战斗力不强，以二分区独立团拟迅速充实两营兵力以便主力更能够集中。（4）另正在动员三个模范赤少营，一千夫子配合主力行动。

（戊）我们若能在永、庸、沅地区迅速顺利击灭敌人陶章部队，则转移地区争取侧击西进敌是最有利的局势。否则庸桑永城市均有被敌占领可能，我主力军被迫转移至永桑龙较小地区进行战斗。二六军团后方广大地域以龙来西秀为适当。但敌追剿第一路李王两师将进驻于酉、秀建封锁线，为割断二六军团与野战军联络，将来封锁线有延伸至彭水或龙来之可能，其次是龙、来、恩、宣地区，惟靠近长江究在何地区为适宜，请决定电示。

一九三五年一月十一日

红六军团政治部关于党团员在战中的任务

（一九三五年一月十六日）

A. 战斗前

1. 每一党团员要知道，战斗是战争之主要的与决定胜负的重要关键。因此，政治工作的主要任务是加强与提高部队的战斗力。这种任务党团员应负担，因为党团员手内握有启发□□红色战士勇气的钥匙，理有"帮助"胜利的广大可能。所以，每个党团员应努力发扬共产党的坚毅性，而且给共产主义者开展了巨大的工作场所，以表现并发展共产主义的质量。"在战斗中谁的目的明显，谁详细□□敌我的情况，谁的动作坚决勇敢奇妙，谁为达其目的而表示顽强，谁即可得到胜利"（苏联野战条令第四十七条）。

2. 每个党团员应深刻了解战争的重要政治意义，并向非党团群众作解释。

3. 党团员应明了敌我力量的对比和我们胜利条件，向群众宣传，坚持战斗胜利信心，提高战斗勇气。

4. 在预备战斗时，进行参加党的支部会、小组会，并以英勇战斗，执行上级命令，起到核心作用。

5. 适合每一战斗情况，不间断地同非党团群众谈话，以坚定其为苏维埃，为工农利益而奋斗到底。

6. 加紧军事宣传，领导全体战士加紧战斗准备（把自己手中所握着的武器，枪支、弹药、刺刀、手榴弹等，准备领导战士投入冲锋）。

B. 战斗时

1. 在战斗中，党团员首先就要保障上级和自己首长命令的执行，勇敢冲锋或顽强抵抗。

2. 党团员在战斗中应为战士的模范，以身作则地表现出怎样与敌人搏斗，帮助指挥员来建立射击纪律和防毒、防空、对空纪律等。

3. 党团员在战斗中，应互相认识，互相激励，监视自己及党内同志，互相保持亲密的团结，准备于每分钟内彼此互相援助。

4. 在战斗中党团员须领导瓦解敌军工作，领导全体战士对白军士兵作宣传鼓动工作。

5. 共产党不仅是工人阶级最革命的而且是最觉悟的一部分，这种觉悟在战斗中尤其需要。因此，每个党团员在战斗中要有充分的阶级觉悟，能为阶级利益而领导群众奋斗到底。

6. 在战斗中，要求每个党团员具备有牺牲、英勇、果敢、坚决、无畏、顽强的决心来以身作则，作为非党团群众的模范先锋作用。

7. 攻击前，党团员提出简单的鼓动口号与提出具体战斗目标（这里党团员须注意保障军事秘密），这常是很有作用的。

8. 在攻击中，每个共产党员要为保证战斗任务的完成而牺牲一切的英勇坚决作模范，与一切动摇与慌乱现象作斗争，如发现拖枪投敌的叛逆分子就地射击。

9. 支部的党团员在战斗中，须以自己的勇敢与毅力做模范。在战斗危急之际，党团员须站在最前线，不顾一切，坚决沉者〔着〕地消灭敌人，争取最后的全部胜利。

10. 在追击中，党团员应以身作则，防止一切洋财观念或藉口收容战利品、照料伤员，而掉在后方。并与这些现象作斗争。

11. 在追击中，党团员应提出"不让敌人走脱一枪一弹"、"猛烈追击"、"加紧搜索"、"收集胜利品"，以争取战争的圆满胜利。

C. 战斗后

国内战争的环境，使我们在战斗胜利后，休息整理时间常很短促，还要进行连续战斗。因此，战后党团员的工作应要求极速度的紧张：

1. 采取各种方式，进行巩固部队的战斗情绪；

2. 检查党团员在战斗中的工作；

3. 整理党的组织，补充及提拔党的干部；

4. 重新配备党团员，发展党团组织，加强党的□□；

5. 与地方党团建立联系制度，进行扩大红军工作。在战斗胜利后，占领新的区域应努力扩大红军工作；

6.党应派出自己的同志去安慰伤员；

7.加紧胜利宣传，巩固和发扬部队中的战斗情绪，进行连续战斗，争取新的伟大胜利。

附：这一材料是供给每次战斗中党团员的参考，并在每次战斗的政治准备工作中，提到支部、小组会去讨论，使每个党团员都能了解这些问题，并在实际的战斗中负起这些责任。

红六军团政治部

于大庸毛坪

任弼时在红二军团党的积极分子会议上的报告 [①]

（一九三五年一月二十七日）

关于夏曦同志过去取消主义的错误，和过去两个月来二军团工作转变的成绩和弱点。

（一）在革命与反革命斗争尖锐的历史时候，党内反机会主义思想斗争的重要

同志们，当阶级斗争极端尖锐的时候，党内的动摇分子往往脱离党的路线，而走到另外一条道路上去，在中国党内近年来的斗争历史上，就可以看到这样的事实。

今天正是中国苏维埃革命发展更进到最激烈最高的阶段上。已经走到这样紧张的历史时期，或者是中国苏维埃和红军胜利，推翻国民党在全国的统治，驱逐帝国主义，确立中国的独立自由——苏维埃道路胜利。或者是帝国主义、国民党把我们战败下去，使中国成为帝国主义的奴隶——殖民地道路胜利。在这尖锐的斗争关头，党内机会主义分子，只看到国民党军阀调动全国百分之七十以上兵力进攻苏区和红军，使用残酷的法西斯蒂白色恐怖，屠杀工农和我们的党员，镇压革命运动；而看不到国民革命运动的发展，和苏联社会主义建设伟大的成功，极有利中国革命的发展，看不到中国是存在着日益发展的革命形势和我们自己的力量。总之，这些机会主义者，只看见敌人进攻的严重，看不到革命胜利的一切条件，便对革命失却胜利信心，而动摇失望。

在这一种情况下，河北省委有个别负责同志，以为在北方提出创造苏维埃，是不可能的事实，攻击党中央的决议是不合实际的官僚主义，公开提出在北方不能建立苏区和红军的取消主义政纲。在中央苏区也产生了一种机会主义的罗明路线。福建省罗明同志，对于闽西群众完全不相信，以为闽西群众看到敌人

---

① 此文按打印件编印。

进攻便上山，将红军帽子取下，已经是敌人的群众了。他认为如果要动员群众参战，就是列宁同志复活，斯大林同志跑到闽西来，讲三天三夜，也是没有希望的。夏曦同志领导湘鄂西中央分局最后一个时期，在敌人严重进攻面前，也走上了公开取消主义道路。

因此目前党内一个重要任务，便是开展党内的思想斗争，特别是对右倾机会主义的斗争。只有这样来团结党的布尔什维克的一致，成为保障我们战斗任务圆满完成的先决条件。

（二）二军团过去英勇斗争成绩与夏曦同志机会主义取消主义错误

红二军团过去有他最光荣的战绩，他在湘鄂西的时候，曾经粉碎了敌人无数次的进攻，取得了很多次的伟大胜利。这些英勇的战绩，不仅为中国工农群众所爱戴，就在全世界的工农和被压迫群众的心坎中，都有很深的影响。我二军团在离开湘鄂西以后，过了几年的游击生活，尚能保持我们基本的有生力量，这可见我们指战员能够艰苦奋斗，为阶级利益流最后一滴血的决心。如果有着党的正确领导，我们相信经过这几年奋斗，肯定是创造了很大的苏区，和几倍几十倍于现在这样大的红军。

二军团离开湘鄂西苏区后的长期中，是在夏曦同志错误领导下过着流浪生活。现在我要比较有系统地来揭发夏曦同志过去机会主义、取消主义领导错误的实质、恶果和其根源，因为这是对我们工作转变和进步绝对有利益的。我不去算一件一件的老账，因为这是算不尽的，而且是无益的。现在只把过去夏曦同志的错误，归纳在几个问题上来讲。

1.最明显而基本的错误，是看不见无产阶级和共产党，在中国革命运动中的力量和作用。

在夏曦同志起草的许多文件中，都表露出这一错误。我们都知道，目前中国是工农民主革命，是在无产阶级和党的领导下而发展的。在去年四月初，夏曦同志所起草《关于发展湘鄂川边区苏维埃运动任务的决议》中，全盘精神看成在鄂黔边的任务完全是一种农民运动。如决议中所谓党的正确路线"就在发动广大群众的抗税、分粮、抗租、抗债的斗争，来扩大游击战争，以至于组织农民暴动"。在总的任务方面，也只讲到"提出极明确的政治斗争纲领，提高农民群众的这一斗争彻底的消灭地主阶级和建立民主专政苏维埃政权的农民暴动"。没有一句话讲到工人的阶级斗争，工人怎样领导革命，领导农民暴动。这表示夏曦同志没有认识和否认无产阶级在革命中的领导作用，把苏维埃运动看成是单纯的农民斗争。

这样忽视工人作用，还表现在他自己起草或是在他领导下起草的其他文件中。如湘鄂西革命禁令中，"禁止没收中农、贫农的财产物件"，忘记了工人和雇农。似乎工人、雇农的东西，是可以任人没收的。在没收条例中，只说"没收地主阶级土地，归给贫农、中农"，这里又忘记了工人、雇农。我想这种遗忘绝不是偶然的，而是证明夏曦同志眼光下看不见工人、雇农。

在这种否认无产阶级领导的下面，夏曦同志便把共产党看成是大家的党，而不是无产阶级的政党。所以在湘鄂西中央分局公开征收党员的宣言中（一九三四年九月），便笼统地号召"在阶级决战中觉悟的先进的英勇的分子加入共产党"，"共产党……是群众的党，任何一个革命者，只要愿意加入共产党，服从共产党章程，……谁都可以加入党"。这是他模糊了党的无产阶级性，表现他有一种孟什维克的观点。关于他不相信无产阶级和共产党的领导作用，认为共产党是可要可不要的东西，竟走到公开地解散党和团的组织，取消党所领导的各级苏维埃政府，号召群众"重新组织……真正苏维埃政权"，取消红军中政治组织和工作，公开走上了取消主义的道路。

2. 夸大反革命力量，形成错误的肃反路线，造成党和部队中的严重现象。

在阶级斗争尖锐时，反革命无疑的要努力混入革命队伍中，来破坏革命。要肃清一切反革命，当然是绝对正确的。但夏曦同志当时夸大反革命力量，在反革命活动面前，惊慌失措，认为部队中连长以上的干部，有百分之九十以上都是改组派，逮捕的在二千人以上，这里当然有一部分是真正的反革命分子。但一定是有部分，是因政治觉悟不够，而被反革命欺骗麻醉的。还有一部分，是忠实的共产党员，完全是反革命分子的诬告，或被严刑所逼而乱供的。当时没有详细审查而逮捕枪决，或开除军籍。那时部队还有苏联学习回来，经中央派到湘鄂西的四十多个学生，有不少的产业工人，也都被认为是改组派，拘捕枪决了。这里面固然是有加入反革命的，难道几十个都加入了改组派？没有一个是忠实于党和苏维埃的吗？如果这样设想，这是对苏维埃、共产党和军事学校教育加以污蔑。夏曦同志同样认为，湘鄂西地方党、苏维埃区、县、省级的干部，也有百分之八、九十是改组派。只是由于退出苏维埃太张惶仓促，没有来得及把他们都拘捕和枪决，只好以命令来宣布解散这些组织。总之，照夏曦同志的估计，当时反革命改组派是完全统治了湘鄂西的党、政府和红军。如果事实真正是这样，那湘鄂西苏区不要国民党调动许多兵力来进攻，老早就已变成了白区，红军也早已成为白军，至少也会有部分的公开叛变，绝不会有今天这个力量存在。

我们应当如何估计当时反革命力量，才是正确的估计呢？这里党中央告诉了我们说："事实上改组派只是最少数。不过因为我们没有充分的政治工作和党的警惕性，这少数反革命分子能在紧急和困难的时候，影响我们队伍动摇和恐惧分子，取得他们的声援而支配广大的部分"。夏曦同志不能正确估计反革命，夸大反革命组织力量，而采取扩大化的、简单化的、错误的肃反路线，这正是帮助反革命达到破坏党、政府和红军的阴谋，上了反革命的当。

在当时肃反中心论底下，把工作中同志们所有的错误缺点都看成是反革命捣鬼，因而取消了思想斗争，造成党和部队中严重的肃反恐怖现象。把战士和党团员的自发性、创造性、积极性完全抑制下去，同志们有意见不敢说，甚至互相猜疑。夏曦同志在那时恐怕只能相信自己一个人是唯一坚决革命的，其他的似乎都不可靠了。在这种恐怖与不信任，以肃反为一切工作中心的下面，没人敢说话，或自动去工作，人人觉得有被人认为是改组派而遭拘捕杀头的危险。这种情况的严重，的确可以走到自己解体的危险前途。

3. 由于不信任群众，不相信红军力量，在敌人进攻面前悲观失望，退却逃跑，没有决心创造苏维埃根据地，使红军长期过着流荡游击生活。

自从红军离开洪湖苏区的几年流浪生活过程当中，夏曦同志虽曾企图建立新苏区根据地，但只是决议，而没有真正下决心去执行。如王店会议，决定恢复湘鄂边苏区，没有什么结果。后又决定在龙山、咸丰、利川创造苏区，也没有实现。大村会议决定占领酉、秀、黔、彭，作为新根据地，但不去布置地方工作，结果敌人来了，我们又逃到另一个地方去。当时的情况是，黔江退去后，对巩固红三军和发展的企图没有明确的方向了。去年四月，十字路会议又决定决心创造鄂川边新的苏维埃根据地，实际上也没有去作。枫香溪会议又确定发展黔东苏区的任务，在黔东算是建立了一个小的游击区域，但没有真正去巩固它。

从上面的事实，我们可以看出当时那种在敌人进攻面前悲观失望，没有决心建立根据地的情况。那时对红军力量估计不足，总之不敢同敌人作战，采取退却逃跑的作战路线，以致失掉了许多消灭敌人的机会，而且给了群众和战士以极不好的影响。

夏曦同志"认为自金果坪会议至十字路会议这一时期党的工作渐渐走到不

正确的道路"（"分局接受中央指示决议"，而认为十字路会议是"才开始党的路线的初步转变"）。这种估计到底有多少真理呢？

我认为这不合事实，为自己的错误辩护，掩饰自己错误的说法。关于发展鄂川边区苏维埃运动任务的决议，就是在十字路会议通过的。这个决议里面表现有什么转变，我认为是没有的，同样是不相信群众，没有决心创造苏区，而且整个决议案精神，就如上面指出，把苏维埃运动看成是农民斗争。在这一决议案中，还在那里继续诬蔑群众是"企图依赖外来红军力量得到解放"。认为鄂川边区农民中是包括着严重的"中小地主富农改良主义的影响"，"这种影响……可使革命斗争走向妥协和失败的道路"。

我们说，要决心创造苏维埃根据地，既有红军在那里活动，就必须采取立刻推翻地主资本家的统治，建立临时革命政权，领导群众分粮分田斗争，创造群众的武装组织，建立党的坚强领导，……的明确的策略路线，真正迅速建立新根据地的基础，但是决议案上并非如此。而且认为，"主要任务是发动广大群众的抗税分粮、抗租、抗债斗争……以致组织农民暴动"。

这表示有什么创造新根据地的决心呢？没有的。这种发动群众抗税、抗债斗争，以至于组织武装暴动，我们平常对白区党，也可以是这样一般的指示。

在这种浓厚的失败情绪，没有创造苏区决心底下，黔东苏区的工作也就没有好多成绩。中央去年五月指示信，虽然有了一些警觉，但是工作没有真正转变工作路线，所以黔东苏区不仅没有得到应有巩固，而是缩小的。

因为没有创造新的苏区，所以我们红三军，没有后方依托，只好东奔西走。打了仗，伤兵只好沿途寄居群众家里。人员减少，得不到适时补充，弄成枪多于人的怪现象。部队疲劳的时候，也得不到一个安全地方休息，整理训练。这样就使红军受到不应有的削弱。

以上一切，都是夏曦同志过去所犯错误的实质。这不是什么个别问题上的错误，而是一条有系统的、与党中央路线完全相反的机会主义、取消主义的路线。

夏曦同志机会主义、取消主义路线领导之下所造成的严重恶果是什么呢？

①使着我们的苏区（湘鄂西、黔东苏区）受了不应有的损失。

②削弱了红二军团的有生力量，使红二军团在粉碎敌人五次"围剿"的全国战线上，未能起到应有的作用。

③损害和削弱了党和苏维埃在广大工农劳苦群众中的威信。

夏曦同志这些错误产生的根本原因，与其它机会主义、取消主义者产生的原因，没有什么不同。总括起来就是由于：

①不相信群众的革命力量与作用。在他看起来，到处是群众不好，而不是自己领导的错误。

②否认中国革命的形势的存在，丧失了中国苏维埃革命的胜利信心。因此感觉到处都不宜建立苏区根据地。

③夸大敌人的力量，在敌人进攻面前悲观失望，退却逃跑，无出路。因此走上公开露骨的取消主义道路。

但是这里我们要提出一个产生错误的原因，就是因为与中央交通困难，二年多曾得不到中央的指示。这确实是一件很痛苦困难的事。不过我们今天是在于彻底揭发错误，来教育全体党员，绝不能因为有这个原因来减轻或是放松对错误揭发。

（三）二、六军团会合得到了中央的指示后，在反机会主义斗争中得到的成绩和存在的弱点

我们的成绩：

1. 党的基础初步地建立，党的生活开始走向健全化的道路。去年十一月以前，党团员只有二百一十三名。现在除十一、十七两团外，有党员七百零三名，团员四百一十三名。三个月中增加了两三倍党团员。现在各个伙食单位都有了党的支部组织。

2. 开始恢复系统的政治工作。在二、六军团会合时，师团无政治机关，连队中的政治组织也没有建立起来，现在已系统地建立起来了，虽然还不完备。其他如司令部、供给部、卫生部等，也在开始建立系统的工作。

3. 指战员的积极性正在发扬，肃反恐怖的现象逐渐消灭，战斗员的胜利信心大大的提高了，所以取得了龙家寨、大庸、陈家河几次伟大的胜利，创造了广大的新苏区根据地的基础。

4. 部队扩大了一倍以上。战斗力增强，部队一天天的强健化。虽然在今天我们还说不上是铁的红军，但是正在向着铁军的道路前进。

如果看不到这些成绩，那就是机会主义。然而仅仅讲成绩，而不看到自己的弱点，这对工作转变是无益的。据最近的考查，现在部队中还存在着以下严重的弱点：

1. 对于红军的政治委员制度和政治工作的重要，缺乏深刻的认识。在部队中还不了解政治工作是红军的生命线，甚至轻视政治工作和政治机关，以为"政治工作不能打仗"，是可要可不要的东西，形成一种不尊重政治委员制度，反抗政治工作路线的危险倾向。这种错误与过去取消与克扣政治机关，是有连带关系的。

2. 对新战士力量的估计不足。有某团长说："新兵带好带，只是打仗就没有用"。有一排长说："老战士提走了，要我带新兵我就请假不干。"这与过去不相信群众的错误是有关系的。要晓得这些新战士是贫苦农民出身，他们是具备有消灭阶级敌人的决心的，只要我们从积极方面加紧对新战士的军事、政治训练，有老战士作里面的干部，同样是有战斗力的。

3. 提拔干部非阶级路线的残余，还没有肃清。不按干部的成份和政治觉悟程度与工作能力，只凭自己相信得过，甚至是以地方观念，来提拔干部，这是极错误的。同时又有一种对新干部不信任的倾向，这也是有害的。干部军阀习气残余还没有肃清。

4. 游击主义的传统和保守主义。这在执行军委一切命令、训令，在提高军事技术和战术问题上面表现出来。不了解我们已经是正规的红军，不是过去的游击队了。我们不但要在中革军委的战略意志下行动，而且要在军委的战术意志下去进行战斗。我们检查部队中对于提高军事技术的工作，则可看到手榴弹还有许多战士不会打，刺枪有许多战士还不会刺。在慈利，某营人担任游击，打了一千四百多排子弹，而没有打死好几个敌人，这可以看出我们技术上的弱点。但在我们提出要努力提高技术的时候，保守主义若〔者〕还说什么："六军团没有来，我们就不打仗了吗？""以前几架飞机都不怕，现在还怕飞机吗？""我们已经不错了。"狭隘的经验论调还在那里阻碍我们工作的转变呢！

5. 在敌人新的大举进攻面前产生了新的机会主义动摇。如有个别同志以为："打朱疤子，周矮子是有把握！但与湖南、河北敌人打仗就没有多大把握了！"这种不相信自己力量，缺乏战争胜利信心，是一种很危险的倾向。

6. 我们的政治机关最近一时期是作了一些工作，但对于展开思想斗争，克服我们部队中的一切倾向和新的机会主义动摇，是没有能够尽到应有的责任的，这是一个最大的弱点。

（四）目前战斗形势，二军团当前建设上的紧急任务

由于我们的胜利，敌人不得不向我们举行新的大举进攻。我们不但要粉碎敌人的大举进攻，而且要最后彻底地粉碎敌人五次"围剿"。在这一全国决战战线上，我们是处在进攻西方军和四方面军的敌侧方和后方。在这配合各方战线决战当中，我二、六军团占着很重要的地位。我们的任务就在于迅速粉碎敌人对我们的大举进攻，争取粉碎五次"圈〔围〕剿"的全部胜利。

同志们！大家都知道我们是具备着许多胜利条件的。然而我要特别提出同志们注意的，就是我们在今天来讲，掷手榴弹、刺枪的军事技术还赶不上我们的敌人。这一点是值得每个同志最大警觉，来消灭这一弱点。根据这一紧急战争形势，我们二军团当前的建设任务应当是：

1. 以最高强度来提高军事技术，要作到短期内每个战士都很纯熟地使用手榴弹，会刺枪，会射击。班、排长还要学会使用机关枪，干部要特别努力学习新的技术。这里必须反对保守主义，狭隘经验论，还要反对政治工作人员不学习军事和军事指挥员不学习政治的错误倾向。

2. 建立强固的无产阶级骨干和加强党的领导。在扩大红军时，要注意多吸引工人、雇农；提拔干部要特别注意工人、雇农的培养；发展党的组织，要作到有百分之六十以上的党团员。确立和巩固政治委员制度，健全政治工作机关，加强连队中支部工作的领导，来建立经常的健强的系统的政治工作。

3. 加紧战士的阶级教育，保证每个战士具备红军读本中的基本常识，并且了解目前形势和党的主张，坚决为苏维埃事业流血到底。这必须经过党的组织、政治机关、报纸、列宁室等进行系统的有计划的工作，提高指战员政治素养。

4. 健全军事行政机关，是一个很重要的工作。各部如供给部、卫生部、司令部等军事行政机关，必须健全自己的组织，人员不齐的马上调剂。工作应表现有计划性、系统性。要严格纠正过去供给部工作的混乱状况，以及从这中间发生严重的贪污现象。各部门和机关应培养和发挥其工作能力，使首长不致忙于事务主义，而专力于部队整个工作思索与实施。

5. 扩大我们的部队，创造新的师、新的团，努力在短期间内扩大一倍。同时应加紧干部的培养，加强新战士的教育训练，最高限度巩固新扩大的力量。

这五个问题是目前红军建设的基本任务。这里就要我们展开无情的思想斗争，消灭上述部队中存在着的一些不正确的倾向，肃清新的机会主义的动摇，彻底消灭实际工作中的机会主义、官僚主义和形式主义，改善我们工作方式和方法，使已建立的列宁室、十人团等组织成为有工作内容的工作机关。特别要用最大的力量去健全连队中和支部中的工作，要发扬连队中每个战士的积极性，在他们的自觉的热情上去进行工作。

我希望我们的同志看到当前任务的严重和工作中的缺点，以最大的决心来彻底转变我们的工作。我相信我们的干部和党团员，一定能够团结在党中央的路线下，克服一切不正确思想和倾向，彻底肃清机会主义、取消主义的残余影响，为完成上述任务而努力奋斗的。

湘鄂川黔军区政治部翻印于塔卧

湘军的战术及其对策

（一九三五年一月二十七日）

第一部　湖南的军队

（一）湖南军队一般的政治情绪

　　在反革命刽子手何健[1]领导下的湖南军队，一千九百三十年秋，红军进攻长沙时，曾受到巨大的损失。长沙战争后，何健见到了他的军队的脆弱，不能有力的和红军对抗，因此，积极从事于军队及地主武装的整理，——严密军队的组织，大量的创造干部，加强部队的教育，补充新式武器，将散漫的地主武装用正式军队的组织方式严密整理等——；但在一千九百三十三年及三十四年进攻湘赣红军的战争中，陈光中之六十三师、王东元之十五师，钟光仁之×××旅、钟涤生之补充第五团，又受到巨大的损失；他知六十二师之王育英旅、彭位仁之十六师、向平之补充纵队十九师之一部（百〇〇团）也曾受到不小的打击，湖南军阀虽积极补充整理，数量上未见减少，可是士气降低了，有些部队（如六十三师）甚至避在乌龟壳中，数月不敢伸出头来，即十六师、六十二师等经过一二次打击以后，在大多数的时机，即较错我们有绝对优势的兵力，也不能显示其应有的攻击精神，这是证明××红军在绝对的胜利的向前发展中，白军士兵在我们底〔的〕影响下，革命情绪日益增高，国民党驱使他们来进攻我们革命，当然是不愿意的，即白军高级军官也不能不在过去屡次的惨败中，谨慎而害怕起来，这样，可以见到敌人一般的政治情绪是怎样的了。

（二）湘军的编制

　　何健的基本部队，目前有五个师一警备旅，一独立旅，两个补充纵队，共计约四十团，此外，陈渠珍之一师有三个正式旅，每旅三团，其他教导旅独立旅人数不甚充实，贵州不能立足之廖怀中、车鸣翼、杨其昌、皮德沛等寄食陈

---

[1]本篇中"何健"均指"何键"。

敌，合计约四团。

地主武装全省共编成二十四个团及两个营，但武器不如其正式军队。

（三）湘军的训练

1.湘军的教育机关，以长沙之四路军教导总队规模最大，教导总队学员系由各师选送下级军官及军士前往训练，毕业者已有四期，学员毕业后，仍分往各部队工作，现湘军之下级军官及军士之大部，多系出身教导总队。

2.政治训练，除照例以三民主义为主要教育外，何健特别着重以其"德演义"为唯一的宣传课本，这种大的反动文化开倒车的运动在经过大革命运动及苏维埃运动的湖南，何健虽则呕尽心血，除了博德三家村的老学究及法西斯蒂分子的拥护外，恐怕得不到其他底任何影响了。

3.军事训练是统一的，军官在战术上的素养，与蒋介石的基本部队比较起来要差一些。在技术方面，以现在中国军队来说，步兵是走上了中等程度，炮兵、工兵、空军，一般是落后的。

（四）湘军的战术

1.机动

湘军过去与红军的战斗中，兵团的机动，曾经在事先被我们发觉而遭到了抵抗。如一千九百三十年秋，红军二次进攻长沙时，陈光中旅由易家湾附近东渡湘江，企图迂回至仙姑岭我第一军团之侧后，与城中出击部队配合，夹击我一军团，但因部队运动的不秘密，被我们适时的发觉了，遂遭到我军之坚决抵抗，卒至牺牲甚大。又如敌六十三师在莲花之九度中，十五师之在沙市，他的进攻的机动都因被我适时的发觉，[遇]到我军之坚决抵抗而遭到惨败。

一般说来，敌人最近在其堡垒主义的系统下，大胆底实行施其进攻的机动是很少的；而且，因为倚赖堡垒主义的关系一切机动都想同堡垒相配合，甚至倚赖堡垒来掩护部队的机动，这样，当然限制了机动的自由。譬如彭位仁、汪之斌之进攻梅花山利用三斗星、升斗岭一线支撑点为其进攻出发地，这便才能不从正面强攻我们的工事，这样少弹忍性的机动，完全是倚赖堡垒的结果。

这是指敌人在堡垒主义下的机动，但如在白区有优势兵力，或在不巩固的苏区没有坚强的红军的地区，敌人仍然是大胆的进行其机动的。（如去和在湘鄂赣之进攻十六、七师等）

另一方面当着我们向其堡垒地区进攻时，敌人总是利用堡垒消极的抵抗，因为敌人看到我们底战术原则是不攻坚的，而我们竟大胆的去攻坚，敌人当然可以判定我们的目的，不是在攻坚的本身，而在诱其出击，诱其增援，突击其出击及增援部队。所以我们去进攻敌垒，除了看见他消极的抵抗外，再没有看到任何的机动了。

敌人在战斗处于不利时，曾经是勇敢的撤退的，一千九百三十年秋戴斗垣在文家市复没后，何健看到了在平浏长间与我一方面军野战，是绝对不利的，当红军向长沙急进时，湘军沿途不敢恋战，一直退至长沙要塞，才进行新的抵抗。又如沙市之战，王东元之第一梯队于午前被我全部消灭，我军随即转移至南坎之北之野战坚固阵地，王敌随即调动其二三梯队及在澧田筑垒之十六师之杜旅于午后向南坎之我军攻击，敌之先头部队已进至我阵地前七八百米达处，发觉了我们的工事，看见了我军之沉着应战，敌人的决心动摇了，始而犹豫（约四十五分钟），随即有了新的警觉，看出了进攻之不利，立即向澧田方向撤退，因我军之乘机以行反机动，反退三千米达（在秤勾湾），被我压迫，不能不坚决的抵抗。这两次的勇敢的撤退，都合乎机动的原则。但王敌之撤退，有一很大的弱点，就是他没有预计到我军之反机动，他在这一次遭我们的反突击，受到了不小的损失，使整个战役全归失败。（指午后的战斗）

另一方面说来，由于红军行动之迅速秘密，进攻之猛勇，敌人每不能适时发觉我军之压溃他底动作，在这一点，当然谈不上什么艺术的机动了。

上面所说的，是指兵团的机动，此地还要简单的谈到步兵分队的机动。

敌人火力与运动每不能有计划的配合，他们只利用物质条件的优越，现成的及临时的筑垒压倒我们，抵抗我们，部队的运动每不能与火力密切的配合。至于在苏区内作战，大胆的迁〔迂〕回包围，有是次数的。进行正面的猛烈突击，除在梅花山见到彭位仁底动作外，这种例子也不多的。（十六师这一战斗遭到了悲惨的失败）

2. 攻击精神

湘军与红军作战，攻击精神是不旺盛的，前面已经说过了，如陈光中、王东元在沙市、九里冲战败后，数月不敢出堡垒，高级军官，谁都会感想到张辉钻、胡祖玉、李明、陈世骥、戴斗垣、侯鹏飞等之被击毙之被俘虏的可怕，士兵在苏维埃红军的影响下，打战没有信心，不愿做国民党军阀的牺牲品，同时在堡垒主义的乌龟战术下所必然产生的心理的反映，以为离开堡垒便不能作战，这样，怎能发扬旺盛的攻击精神呢！

3. 堡垒主义

敌人进攻苏区及红军的堡垒主义战术，实施最早的要算是湘军了，他曾在五次围攻之前，便在湘鄂赣苏区建筑了许多碉堡，在五次"围剿"中，在敌人整个的堡垒主义的系统下，更有组织的大规模进行其堡垒主义。前一时期主要是求达到战术的目的（当时敌人整个的战役计划，是分追合击），后一时期是在敌人整个堡垒主义的战略意志之下寻求每一战役的胜利而达到战略的目的。

敌人堡垒主义的战术，是根据他在屡次进攻红军，屡遭到惨败的血底教训中产生的；是基于他的优越的物质基础上面的。因为敌人很清楚的看到红军是不能用几个突击就可以消灭的，又看到他底优越的物质条件是可以与红军进行持久战的，因此，采取"竭泽而渔"的原则有系统的进行其堡垒主义进行持久战，逐渐削弱我军的力量，紧缩苏区，剥夺红军与他进行运动战的可能性。

敌人这种大规模的建筑工事，驱使着千百万士兵到达一处，便做堡垒，加大工作强度及速度，这种强制工作，敌人是锻炼了他的军队，对于做工事的耐苦性，并提高了工作技术，一般的说，一步兵营建筑一个碉楼，在采办材料不足十分困难的条件外，三天可完成（鹿柴及碉楼四周的散兵壕在内）；野战散兵壕，一二小时便可完成。

敌人建筑工事的速度虽大，但兵力的消耗却也很大，因为敌人目前的筑城工具，还是限于园锹十字勾锄头簸箕等类，以这样的工具，并且用极端的强制民义加强工作强度（不分烈日风雨，千百成群的露立着，区分地区限时完成工作），病疾死亡逃亡的数目，是我们看了白军减员的数字便可见到堡垒主义对敌人本身的消耗。同样是很大的，敌人依靠着要塞堡垒，在进攻时，作兵力集中及进攻出发地掩护；在战斗不利时，作退却的掩护及收容地，以扼制我军的追击，在防御的战斗中，敌人一般是不敢伸出头来与我军野战的，因为敌人特别害怕我军诱其出堡垒外而行反突击。因此，只好在堡垒中利用其坚固的防御工事及强大的火力抵抗我们，有时，即出堡垒向我行反突击，但突击队一般是不与堡垒中的守备队失去其火力的联系的。并且要很快的缩回堡垒中去。

有时我军攻击这一堡垒，他垒中之敌，除非确知我军未在其附近时，是不来增援的。因为敌人很清楚的看到，我们底战术常用佯攻一处以引起他处之增援而突击其增援□□，同时敌人相信他坚固的堡垒且有较充分的物质基础，而我们底火力却是相对的薄弱——尤其是攻坚的兵器——，对于我们的围攻，在没有绝对把握的条件下，是不一定增援的。

4. 侦察

湘军利用技术的侦查，一般是微弱的；在白区中，敌人利用其反动政权及政治团体，消息尚称灵通尤其在湘赣及湘鄂赣间电话网的普遍电报及无线电的有计划的应用，红军及游击队的行动，都能迅速的适时的发觉。

在苏区内，敌人利用暗藏着的反革命分子，与白区建立通信联络。有时派人诈降我军，或利用被我俘虏之官兵，进行间谍侦察。至于利用当地民团（派出之游击队及侦探），那是更普遍的且为较有较〔效〕的手段。

航空军的侦察，除天候的关系受到限制外，无论任何地区，都能活动，在战争紧张时，敌人曾将空军有组织的区分地区时间行动，进行有系统的侦察；但在数量有限，经常的大规模的行动是少有的。

5. 警戒

这里要从行军及驻军两方面来说，第一行军方面，在苏区中，因为惧怕我军的埋伏、侧击，警戒是特别严密的。警戒部队搜索正面甚宽，警戒部队之前，每有便装的手枪队先行进行侦察。侧卫的派出，一般是少的；但侧方通敌要道停止的警戒，并不忽略的。

其次，要讲到驻军方面的警戒，确是很严密的，因为敌人老早便有了警觉，害怕我军及游击队的袭击骚扰，非有强大的严密的警戒，是不能保证宿营地的安全的，敌人在苏区中到达某地的一二天，每选择阵地露营，警戒位置主要是以地形为标准；以房子作标准是极少的。警戒线上都构筑工事，营房的墙壁上，常凿枪眼，防我军袭击其宿营地。

6. 进攻及冲锋

敌人向着我们固定的防御地域进攻时，先用炮火轰击，同时用飞机一面轰炸，破坏我军阵地，一面不断的巡回于战场，妨害我军的机动。在飞机大炮发扬其威力时，步兵即行接近，以炽盛的机关枪火力，向我射击，同时以密集纵队进行冲锋。

在一般运动战中，没有飞机大炮的援助，以重机关枪进行火力战斗，以密集纵队进行突击。

在防御的战斗中，其主力未到达前，每每采取消极的防御；在我军猛烈动作时，即有相当的兵力，也很少见到他们采取积极的动作；但是这也不是普遍是这样的。敌十五师曾经常采用严阵待我去进攻，待我到达冲锋出发地或将近刺刀战斗时，以密集纵队从正面向我〔进〕行猛烈的反突击，企图压溃我军的进攻。

7. 火力配系

敌人在进攻战斗中（指进攻我固定的防御地城〔域〕时），飞机的轰炸，主要是破坏我们的工事及在战场上杀伤我们运动中的部队，其次是后方勤务人员的炮兵火力，可说是完全集中于我们底工事。重机关枪火力大部是集中于我们工事，一部是射击我阵地纵深的部队，步枪火力是凭士兵自动选择明显的目标射击。

在遭迁〔遇〕的进攻战斗中，一般是得不到机炮部队的援助的，敌人轻重机关枪的火力，主要是集中于我们最前线的部队，掩护其进攻及冲锋；如我军退却时，大部是集中于我们底掩护部队，小部是向着退却的运动部队，（敌人的轻重机关枪，每在千余米达外便向我开火）步枪火力是较零乱散布于战场。

在防御的战斗中，是利用现成的工事，根据防御的预先想定，其火力一般是有良好配系的进攻部队进至其防御地域前千余米内，是完全在其火网封锁之中，由运动战中转为防御时，重机关枪及迫击炮在较远的距离开火，射杀接近之敌；进攻者逐步接近，其火力亦逐渐转移于较近的距离，直至进攻者进至刺刀战斗时，手机关枪的火力主要是射杀冲锋前进之敌，步枪底火力每集中于进攻者的突击队之先头。

敌在被我压溃而仓惶撤退时，轻重机关枪底火力每不能占领适当阵地进行抵抗。所以在敌人溃退时，只看到步枪及少数的机关枪火力抵抗。

8. 游击战争

湘敌每利用地主武装向苏区骚扰，其骚扰的目标，一般是以政权机关的所在地、红色医院、兵工厂（多半是边区）及小的脆弱的游击队。对红军进行袭击，在白区是常有的；在赤区却很少见到。正式白军派出游击队活动时，每每是地主武装在先头，并且在没有十分危险的近距离行动。迂回在我军的近后方是很少的；迂回在我军的远后方，可说没有见到这种例子（因为敌人的游击队每每遭到红色武装群众有计划的多次的打击，所以是十分谨慎而胆小）。

在白区白军一般利用地主武装，有时由正式部队派出小的游击队出没于我军的周围；但是缺乏有系统的进行。

第二部 在敌人一般的战斗特性下我们的战术

（一）红军的政治机关及地方党部，应注意进行瓦解白军的工作，对白军除进行一般的宣传鼓动外，应特加意俘虏的争取及有计划的派人到白军营垒中去工作，由鼓动白军士兵开小差拖枪当红军，直到组织兵变兵暴。

另一方面，红军在不断的胜利中，士气日益旺盛；白军在不断的惨败中，士兵日益低落，这两个阶级军队的政治情绪是成反比例的。所以兵团政治机关，应不断进行政治作业，利用我军屡次的胜利，发扬高度的攻击精神养成坚强的自信力及为阶级利益而奋斗的不屈不挠的顽强性。

（二）怎样抗击敌人的机动

1. 敌人向着我们进攻的一切部署，无论是战略上及战术上的机动，都应采取一切的手段，适时的发觉，以积极动作对抗敌人的机动，直至压溃或消灭敌人，这也是我们底艺术的机动所应当如此的。

2. 敌人如利用堡垒以行机动，应乘其脱离堡垒时，灵敏的察明并回答敌人的机动，乘敌在运动中（未停止及未进行初步的作业前）及其后续梯队未增援前，大胆的突击，接近敌人的有生力量，进行刺刀战斗，在瞬时间解决战斗。

3. 敌人在整个的战役上处于不利时，或局部的战斗处于不利时，应严密的侦察及观察，以便适时发觉敌人的退却，适时组织追出敌人的机动。

4. 因为敌人在进攻以后，火力与运动的配合太差，所以我们应特别注意去寻找敌人在战场上调动部队时突击敌人（敌人在调动时迂着我们的突击而起新的抵抗时，火力配系每每是不良好的）。

5. 另一方面，我们的机动应是十分秘密、迅速的，使敌人不能发觉我军之压溃他的动作。

（三）因为敌人攻击精神的不旺盛，因此应抓住敌人这一弱点，对于运动中的敌人，在一般有利条件下，大胆的猛烈的突击（突击在运动中的敌人，一般是有利的），使敌人在我们猛勇动作的震憾下，神经受着大的打击而失去自省力，直到溃败。因此，应反对一种倾向，就是不估计地形敌情及战术动作与空时的关系，而另将敌军×我军数量机械的对比，来定下打与不打的决心的军事××主义。

（四）敌人的堡垒地域，在目前我们没有高度的技术兵器的条件下，是不应去强攻的，对于敌人堡垒战术是：

1. 在敌人堡垒地域的周围及其后方，发展广泛的游击战争，使敌人堡垒陷于孤立，使敌人的后方在我们游击战争的威胁下，为巩固其后方而建筑堡垒——前进的堡垒变为后退的堡垒。

在发展游击战争中，注意以精强的小部队，迅速秘密的进至敌人堡垒地域，袭击其没有充分准备的堡垒。

2.敌人野战部队溃退时，乘势侵入敌人的堡垒。

3.敌人向前筑垒时，打击其向前运动的部队，以破坏之（这不仅是破坏敌人筑垒底作用，我们如灵敏的运用战术常常可以把战术上的胜利转变为战役上的胜利）。

（五）对付敌人的侦察于下

1.有计划的破坏敌人的交通网——电报、电话、递步哨等。

2.严密侦察并捉杀苏区内外的——尤其是暗藏在我们队伍中的反革命分子。

3.严厉打击敌人的游击队、侦察队。

4.部队的运动，应利用夜间拂晓浓雾及森林山泽小道，避免敌人空中及地上的侦察。

（六）在敌人严密瞥〔警〕戒下的袭击动作

1.袭击敌人的行军部队，如敌人派出强大的侧卫，则首先突击敌人的侧卫，然后乘势袭击敌人的本队。如敌人只派出小的侧卫或没有派出侧卫时，那更便于我们底动作。

2.袭击敌人宿营地以前，应严密的侦察敌人的警戒部署，尽可能的避开敌人的警戒；如不能避开，那么袭击的时机最好在敌人开始到达时，或黑夜浓雾时。

（七）对抗敌人的进攻及冲锋

（1）我们如有固定的防御地域，对于支撑点的构筑应是十分强固，要成为敌人现有技术所不能征服的障碍。在预先发觉敌人向我进攻时，我……①轻炸弹及迫击炮弹。

乙、部队运动应根据预先想定，找荫蔽地运动，如无荫蔽地应构筑交通壕。

丙、战场上一切有生力量及工事等，均要有良好伪装，后方勤务人员、马匹也应注意。

（2）在遭迁〔遇〕战斗中，以先头部队占领良好阵地，控制敌人之前进，后续部队则突击敌人的翼侧。

---

① 此处有大段文字遗漏。

（3）我军撤退时，掩护部队之机关枪及步枪火力射击追迫之敌人突击队，迫击炮主要是破坏敌人机关枪及杀伤敌后绩之密集纵队。

（4）敌人如利用现成工事占领了良好的防御阵地，我军在没有相当技术兵器及其他好的条件时（如敌垒中有兵暴及居民的暴动时），是不应去进攻的。

（5）敌人有计划的退却时，一定有良好的掩护，应注意由翼侧去突击退却之敌，如系被压溃而仓惶撤退时，一面跟踪猛追，一面×行道路去追击。

（九）对抗敌人的游击战争

1. 从积极的一面说：地方党及军事机关，应领导地方部队配合群众，坚决向地主武装进攻，对敌之游击队，应很艺术的给以打击及消灭之。从消极的方面说：边区的后方（医院兵工厂等），应建立在相当巩固及秘密地区，防止白色游击队的袭击。

2. 在白区除发动当地游击战争外，红军应派出小的部队，与地方武装配合，消灭环绕我军四周之白色游击队。因此，红军军事机关应周详的进行有系统的游击战争的领导，因为只有广泛发展我们的游击战争，才能消灭敌人的游击队。

第三部前面已将湘军一般的战术及其特性以及我们底战术说过了，我们一方面分析了敌人的战术，一方面灵活运用我们底原则而以新的经验新的方式补充我们的战术，这是保证我们胜利的基本条件之一。在这里还有两个问题应特别提出的。

（一）反倾向的斗争。有些同志认为湘敌之王东元、陈光中、陈渠珍、朱华生等，曾被我军屡次战败，战斗力已失，存着一种轻敌的观念。这种倾向是不正确的，他可以使我们走到骄傲放松本身的一切战争的准备，客观上是放松了敌人。要知道敌人过去虽屡被我们击败，但为挽救垂死的命运，正在积极从事补充整理，向着我们作绝望的进攻。

其次，对于过去没有战胜过的敌人，如李抱冰、李觉、廖磊等（其实李抱冰、李觉等，他的单个部队也曾被我们消灭过），便以为他们的战斗力好似特别强大的，一般这种看大敌人力量的机会主义的分析是十分危险的，应给以严厉的打击，要知道我们过去没有消灭他的原因，确实是过于疲劳及群众条件太差（指在贵州时期）。此外，战术上也还有个别的错误，并不是他们的战斗力强些。现在，我们胜利的条件更多了，我们建立了战略基地，有巩固的后方，有不断的补充。在战术方面，比以前进步多了，并且在最近许多战争中，增加了许多新的经验，得到了一些新的成就，这些都是争取新的胜利的基本条件。

（二）我们已分析了湘敌的战术，并且根据了敌人的战斗特性定出了对策，这里要特别引起同志们注意的，就是不要将放我双方的战术当作一成不变的模型；机械的运用我们的原则及不察明敌人对于他底战术运用的变迁，都会在现代战争的进程中落伍的，要知道在目前这种最复杂的国内战争中无论敌我的战术都在不断的战争的新的经验中开展着成熟着，我们要用尖锐的眼光看到敌人的战术及其变迁，要从新的经验中用新方式补充成就，我们底战术，并且按照地形敌情灵活的运用到实际中间去。

（三）最紧要的对增强同志们对于军事技术及战术的提高问题，这是在目前红军建设任务上所不可丝毫忽略的。只有提高军事技术及战术素养，才能保证战略意志的顺利实现；在技术方面，首先应着重于我们现有武器的应用的纯熟，步枪、机关枪、手枪、步兵炮等，要射击准确，手榴弹要能及远能抛中目标。其次，对敌现有武器而我们没有的，应讲求防御方法，积极消极的防空防毒防坦克装甲汽车装甲列车及兵舰等。第三，使用各种武器的专门人才，都应大批的培养，主要是我们现有新式武器得到大批的专门人才，其次在夺取敌人其他新式武器后，马上能应用。

在战术方面，各级干部对步兵战斗条令，应有深刻的研究及了解，其他参考书籍，如步兵连怎样冲锋，步兵是主要的兵种，革命与战争等，都应加意研究；兵团指挥员尤应注意于野外条令的研究，沙盘作业，要普遍实际，战斗教练，不时演习，使熟习各种战斗队形及在各种情况下的动作。

二军团司令部
一九三五年一月二十七于丁家溶

中共湘鄂川黔省委关于土地问题的决定

（一九三五年一月二十八日）

彻底解决土地问题，是肃清农村封建与半封建势力，巩固与扩大新的苏维埃区域，动员广大群众参加革命战争的主要前提之一，也是中国革命的基本任务之一。只有使土地革命的果实完全落在雇农、贫农、中农的身上，才能大大的提高广大群众的政治积极性，更进一步的改善工农群众的物质的文化的生活，吸引他们整个的力量与热忱，卷入于工农民主专政，新的国家建设工作之中，卷入于神圣的保卫苏维埃领土的民族革命战争之中。

最近二、三个月来党在艰苦的领导斗争中，运用了老苏区，特别是江西苏区过去分田与查田的宝贵经验，领导了塔卧、龙家寨等区，以及其他各地个别乡村的广大群众的分配土地的运动。在这些区域内许多乡村已经依照党的正确的路线与策略分好了田，群众的积极性与保护土地革命利益、保卫苏维埃的决心是大大提高了。然而多数地方党部与革命委员会不了解分配土地斗争的重要意义，缺乏充分动员群众的工作方法，甚至重复了过去分田中的许多错误。如抽多补少，抽肥补瘦，原耕不动，分田不分青苗，以及登门造册，挨户调查等非阶级非群众路线。特别是有些地方地主、富农，以及地主、富农派遣忠实走狗混进革命委员会与土地委员会造谣、威吓、期骗、阻止群众的分田斗争。而我们党政工作人员，尤其是肃反机关的工作人员，没有高度的阶级警觉性，尖锐的揭破与动员群众严厉的镇压一切地主、富农、反革命的活动。所有这些错误和缺点，必然要阻碍分田运动，造成地主、富农窃取土地革命果实，或者"分假田"的恶果。省委为着迅速的彻底的解决全省土地问题，防止与纠正土地斗争中的一些错误，特有如下的决定：

（一）各级党部必须立即领导青年团、革命委员会、肃反委员会、工会与贫农团等，一致动员起来，进行分配土地的突击运动。立即以县为单位召集政府负责人员、土地委员与贫农团主任的联席会议，同时在县、区两级及先进区乡征调积极干部，给以几天的训练，组织分田突击队。首先集中力量，抓住几个重要的区乡突击。定出十天或半个月的工作计划与工作日程，并以县为单位，征调各乡干部，开办分田训练班（十天一期，每月两期）。

（二）估计到新区环境的复杂，才暴动起来的农村无产阶级和农民的阶级觉悟程度的不够。同时，刚被推翻之封建与半封建阶级，利用他们现在还保存着的经济的政治的势力，过去统治的经验与一切封建关系，疯狂的企图复辟，首先就是反抗土地斗争。因此，必须充分的说服群众，揭破地主、富农的阴谋活动与欺骗宣传，尤其是镇压他们破坏分田的企图。各级党部必须根据省肃委会第一号训令，提高阶级警觉性，大量发挥各级肃反机关的权能，执行革命群众暴力的赤色恐怖，严厉镇压地主、富农的阴谋破坏、公开的秘密的活动与反抗分田斗争。

（三）在土地斗争中必须执行明确的阶级路线，以农村无产阶级为基础，依靠贫农，巩固与中农的联盟，以消灭地主和削弱富农。这里首先必须正确的分析阶级，判定其一个地主或富农必须经过工会支部与贫农团会议的讨论，再由群众大会表决通过。对于那些介在中农与富农之间的疑似成分，以及没有把握判定的成分，必须报告上级批准。其次在分配土地方面，必须反对"抽多补少，抽肥补瘦"以及"原耕不动"等错误办法。贫农自已少数的土地，原则上应拿来同没收来的地主、富农土地一起混合均匀的分配。中农的土地不得本人同意不能平分。再次是避免一切氏族与地方斗争。在过去或现在发生姓界斗争的地方，在分田时应首先召集两姓的代表会，缔结"团结公约"。充分说服群众，解释过去这种受豪绅地主欺骗的错误，发动本村本姓的贫苦工农，反对本村本姓的地主、富农，以阶级斗争代替姓界斗争。

（四）只有发动了广大群众，自已动手来没收与分配土地，才能彻底解决土地问题。因此，必须进行充分的群众动员，派出大批的流动宣传队与分田突击队，到村子屋场群众中去"讲阶级"、"讲土地法令"及分田方法。宣传老苏区群众得到土地革命利益，生活大大改善的事实。发动党团支部、工会、贫农团中热烈的讨论与"查阶级"的运动。首先将地主、富农彻底查出，然后进行户口登记。关于登记土地的数量和质量，必须动员整个的工会支部，贫农团会员，吸引中农在党支部的领导与乡革委、土地委员会或突击队的指示之下，分几路到田野中去正确估量与按丘登记。在分配时关于距离、春肥、分青苗（青苗应归分得田地的人耕作与收割，不过要偿还原耕之贫苦农民以人工、种子、肥料费或估计成本与劳动力，由分得田的人收获后，分几分之几给原耕之贫苦农民）等问题，应倾听与遵照群众的意见，由土地委员会协同工会、贫农团委员会将田分好，发展群众的讨论与认识自己的田。

（五）分配土地与武装斗争是不可分离的任务。因此，动员广大群众，消灭民团及一切反动武装，用一切旧式武器武装广大群众，建立赤少队与游击队，必须与分田斗争同时并进。过去有些地方脱离武装斗争去分田，以致工作人员、土地委员被民团、土匪杀害，或者因动员群众消灭反动武装而停止分田，这都是错误的。

（六）在土地斗争中，应抓住群众高涨着的政治情绪，与立即执行红军优待条例，帮助红属春耕，解决红属的一切困难问题。发动群众耕种红军公田，来造成热烈的扩大红军运动，动员广大工农加入红军。在分田的各种群众会议上，进行充分的鼓动与征求新战士工作。同时从彻底消灭地主经济，没收与查出地主财物、粮食，向地主罚款等工作中（在已经确定了阶级的乡，应开始向富农捐款），筹足大批战费与收集粮食（与征发富农多余粮食的一部分），充实红军给养，争取前线上的胜利。

（七）在分配土地之先，县区政府必须重新划分乡的行政区域，破坏旧的行政疆界。划定后，哪乡的土地，即归哪乡的群众去分配，防止乡与乡发生争田的现象。分好了田之后，应立即进行分山（大森林不分），分土，分池塘、房屋等，并没收地主及富农多余的耕牛、农具，组织犁牛合作社，解决贫苦农民的种子与粮食问题。同时由政府发给土地所有证，使农民深信，已经分得的土地，即是自己的土地，使土地在农民手中巩固起来，并热烈参加生产。发动广大的春耕运动，进行土地建设，使农民由土地上得到更多的利益。

（八）各级党部接到这一决定后，应立即召集会议，检查土地斗争，开展反对富农路线。反对对革命斗争估计不足，和不相信群众力量的右倾机会主义。反对"左"的侵犯中农利益，与消灭富农的倾向。反对脱离群众的官僚主义。并定出工作计划，进行分田突击运动。在已经分配了土地的地方，立即检查土地，继续深入"查阶级"的斗争。在分配了土地而没有查出什么地主、富农的地方，立即进行查田运动。只有在土地果实落在地主、富农身上的地方，才应重新分配土地。在分田斗争中应实行严格的工作检查，执行"三日检查"制，随时纠正下面的错误与给以分别的指示，防止"分一次错了又分一次"的现象。

中共湘鄂川黔省委于塔卧

中共湘鄂川黔省委为筹足革命战争经费，收集粮食，统一财政，反对贪污浪费给各级党部的指示

（一九三五年一月二十九日）①

各级党部亲爱的同志们！

目前在我们战线上与敌人新的决战，对于湘鄂川黔苏区的巩固和发展，以及配合全国红军最后的粉碎五次"围剿"是有严重的意义。我们党的中心任务，应当以一切努力来争取这决战的全部胜利。筹足革命战争经费，收集粮食，保证革命战争的物质供给，是争取这一决战全部胜利的条件之一，同时统一财政，反对贪污浪费，是筹足革命战费不可分离的工作。因此，省委特有下列的指示：

（一）关于收集粮食

粮食恐慌已经威胁在我们的前面了，而收集粮食工作恰是我们工作中最薄弱的部门。各级党部与政府必须立即动员，在分配土地斗争中收集大批粮食。一方面在分田查阶级当中，全部没收地主粮食，另方面发动群众在解决种子与粮食斗争中，来彻底调查地主以前隐藏的或寄存的粮食（但今年没有缴给地主的租的，我们不能向贫苦工农取这种租谷）。在广大群众的发动之下，我们一定能查出很多粮食，但没收来的粮食，一定要分一部分给当地最贫苦的群众，以解决他们的粮食问题。否则定要脱离群众，而收集粮食运动，亦无法完成。

其次要从发展游击战争中，去白区运一部分粮食回来。白区地主粮食，应大部分给当地群众；同时发动新区群众同武装队伍去挑一部分；宣传他拿出一半或三分之一来供给红军。并建立各级政府粮食部的组织和工作。

（二）关于筹足革命战争经费

新的苏维埃区域革命战争经费的负担应当完全加在剥削者——地主、富农、资本家身上，这是苏维埃财政政策的原则。在阶级斗争与土地斗争深入的

---

① 此文年代系编者判定。

地方，我们已经获得了一些成绩，但是地主的经济势力并未完全消灭。而在阶级斗争与土地斗争不深入的地方，更有隐藏的豪绅地主及其财物没有查出来。为着完全消灭地主封建的经济势力，筹足革命战争经费，必须于深入阶级斗争和土地斗争的当中，团结工会、农业工会、贫农团等群众团体。发动广大的工农群众"查阶级"，调查地主隐藏的财产，给以完全的没收，同时要严厉向地主罚款，反对对地主丝毫的怜悯姑息。特别是现在才查出的地主，要立即没收与捉他罚款，要很好的进行没收征发的工作。凡是金、银、花边、铜元都应缴交财政机关。衣服、被窝、用器等东西，尽量的散发给当地贫苦工农。应用技术审讯地生〔主〕与搜挖地主的"地窖"，而且要积极设法去捕捉潜伏、或已逃跑之地主罚款（但已缴清款之地主，必须经过肃反委员会严格审查后，才能释放）。

我们不仅要在新的苏区内部消灭封建的经济势力，来筹足革命战费，而且要在白色区域发动群众斗争与游击战争，来筹足革命战费。这就是要游击队在深入白区当中捉土豪筹款。各独立团营、游击队应把收集资〈财〉，看成是自己〔己〕的主要任务之一，但是要保障阶级路线的执行，防止脱离群众的现象。

富农捐款是削弱富农的经济势力，是筹足革命战费的来源之一，但是只有在已经经过群众确定了阶级的地方才能进行。现在有个别地方没有确定阶级，便无限制的随便的举行向富农捐无限制的款，以供给他们零星的应用，这一定要走到消灭富农，动摇中农的倾向。为着执行我们的正确的政策，巩固工人、贫农与中农的联盟，坚决反对富农，必须立即纠正这一错误（富农捐款不能超过他的流动现金百分之四十）。在已分了田的地方，应征发富农多余的粮食的一部分。在城镇中必须向资本家、商人征收商业累进税，以扩大财政的收入，充裕革命战费。

（三）关于统一财政

首先建立与健全各级财政机关。各级革命委员会应该把财政机关的工作看作是自己一个重要部门。同时各级党部应当加强对于财政机关的领导，以保证财政的统一与环绕党的政治任务，适合革命战争的需要。党应派忠实的同志到财政机关工作，提拔大批财政工作干部，充实与健强财政机关。实行预决算制度。各级机关的用费和地方武装（独立团、营、游击队）必须有预有预算和决算。在财政机关整个计划和规定之下，突行审查批准开支。以后一切没有预算和决算的用费，财政机关都不能负责认账和不发款。乡、区筹得现金不应保留，县亦不应多留现金；而应集中送到省革命委员会财政部。各级机关的行政费须有预算、决算，报告省财政部，批准发给和转账。一切自由动用公共的款子和各自保守公共的款子，都是破坏财政的统一，必须给以严厉的打击。

（四）关于反对贪污浪费

在我们财政工作还未统一，反对贪污浪费斗争没有开展，阶级斗争还未普遍深入的情形底下，混入在我们革命队伍中间的，特别是混入财政机关的害虫，毫无疑义的是有不少的贪污浪费。如龙家寨最近发现的贪污浪费案，已可引起我们的警觉。这种贪污浪费是破坏苏维埃的财政，直接危害革命战争的行为。这是说明了我们加紧反对贪污浪费斗争的重要。我们除了统一财政，在根本上杜绝贪污浪费的源泉以外，还应当消灭已经产生出来的贪污浪费现象，及破获隐藏着的贪污案件。首先要开展反对贪污浪费的群众斗争，把中央政府关于反贪污浪费的命令在群众中广泛的宣传和解释，抓住某一个贪污浪费的分子及其具体的事实，给以严格打击，来教育群众，把混入在我们队伍中的贪污分子洗刷出去。同时各级财政机关应立即组织经济审查委员会，审查过去各机关及地方武装中的一切账目，在群众中间公布出来。审查的标准应根据地主罚款，富农捐款，没收祠堂、庙宇各种会的款子，没收豪绅、地主的粮食，各项用费等去审查。并且须深入群众中去考察以破获一切贪污案件，不让一个钱落在贪污分子的肮脏手里，使我们筹得的一切经济都能集中用到革命战争上面，争取战争的胜利。

怎样开办支部流动训练班

（一九三五年一月三十一日）

（一）开办支部流动训练班的意义

支部流动训练班是支部教育党员、培养干部最主要的方法。在我们湘鄂川黔新的苏区猛烈发展的形势当中，无数的群众领袖和积极、先进、觉悟的分子似潮水一样的涌进到党内来，这就加重了我们教育新党员的任务。新党员教育的加强，就是增加了党的战斗力量，直接帮助着战争动员工作的开展，和彻底的最后的粉碎五次"围剿"。在这里，支部流动训练班的开办更有严重意义。

（二）支部流动训练班的组织

以小组为单位，人数五个至十五个组成一班。如人数少的小组，可以两组合并组成一班，内推班长一人，负管理的责任。如人数多的班，可在班之下划分学习小组，人数三人至五人，设组长一人，做辅助班长管理的工作，同时在全班上课后，领导全组同志去研究和复习上课的材料。

小组多的支部，可以同时组织几个班。上课的时间，则按照班的数目轮流去上。如某个支部组成了三个班，则每班每隔三天轮流上课一次。其次〈以此〉类推。

支部流动训练班是不脱离生产的组织，因此上课的时间，应在晚上，每次顶多只要上二点钟。训练班的地点，要设立在训练班内同志集中的中心地方。每上课十五次至二十次为一期。

（三）教员、教材与教授的方法

1.教员：区委宣传科要组织流动训练班教育委员会，吸收支部的党员教育干事和支部中文化程度较高的同志参加委员，并训练他们为支部流动训练班的教员，要使他们深切了解教材的内容和教授的方法。一切不耐心的去训练当地的教员，而请求上级派教员来，在当前这种情况底下，是不可能的，事实上是对开办流动训练班机会主义的消极。

2. 教材：采取省委翻印的《新党员训练大纲》、苏维埃各种法令以及党每一时期发出的各种决议、决定和工作指示。在每个问题底下，提出详细的讨论提纲。材料的供给由区委宣传科计划。

3. 教授方法：要使教授的材料深入学生的脑海。不只是对于每个问题包括的内容，分条的详细的解释和浅近比喻的说明，而且要把教授的材料与支部的环境、生活及其工作紧密的联系起来。这样，一方面能够把讲的材料反映学生脑海里，另方面又可在实际工作中去□□□。同时要用先报告与解释，后讨论和结论的会议方式。最后，要用问答的方式去考察学生的程度和警起学生的注意。区委宣传科应该要很好训练教员。教员在上课之先有很好准备，才能达到这样的教授方法。

（四）区委宣传科对于支部流动训练班的领导

区委宣传科要把领导支部流动训练班的工作看作是自己的主要工作之一，对于支部流动训练班的忽视是不能容许的错误。区委宣传科不但要经过流动训练班教育委员会去训练教员，计划开办，而且要加强对支部党员教育干事的领导，使他成为支部流动训练班的主要负责者，同时要派人去帮助和检查支部流动训练的工作，创造支部流动训练班的模范。

中共湘鄂川黔省委宣传部印

中央及军委致湘鄂川黔省委及二、六军团
关于战略问题的指示电

（一九三五年二月十一日）

省委及二、六军团负责同志：

（甲）关于目前湘鄂敌人向你们进行的围剿，是用了何键的全部兵力及徐源泉、郭汝栋等部，情形是严重的，但在你们正确与灵活的领导下是能够打破的。目前南京政府的统治正进一步崩溃，全国革命斗争是增长不是低落。一些苏区及红军虽遭到暂时的部分的损失，但主力红军存在，游击战争是发展着。四方面军正在向川敌进攻，我野战军正在云、贵、川广大地区活动，与你们相呼应，新的胜利正摆在你们与全国红军的面前。

（乙）你们应利用湘鄂敌人指挥上的不统一与何键部队的疲惫，于敌人离开堡垒前进时，集结红军主力，选择敌人弱点，不失时机在运动战中各个击破之。总的方针是决战防御而不是单纯防御，是运动战而不是阵地战。辅助的力量是游击队与群众武装的活动。对敌人须采取疲惫、迷惑、引诱、欺骗等方法，造成有利于作战的条件。

（丙）当目前敌人尚未急进时，你们可以向陈渠珍进攻，但须集结五至六个团行动，对陈部作战亦不可轻敌。

（丁）你们主要活动地区是湘西及鄂西，次是川黔一部。当必要时，主力红军可以突破敌人的围攻线，向川黔广大地区活动，甚至渡过乌江。但须在斗争确实不利时，方才采取此种步骤。

（戊）为建立军事上的具体领导，应组织革命军事委员会的分会，以贺、任、关、夏、肖、王为委员，贺为主席，讨论战略战术的原则问题及红军行动的方针。

中共湘鄂川黔省委关于扩大红军突击运动
给各级党部和突击队的指示信

（一九三五年二月二十八日）

各级党部和突击队亲爱的同志们：

（一）红二、六军团的连续胜利，湘鄂川黔新的苏区的出现与发展，他不仅要配合各个苏区的工农红军完全推翻湖南、湖北、四川、贵州的地主资产阶级国民党统治，而且他还要推翻帝国主义、国民党在中国的统治，实现苏维埃中国的伟大的光荣的历史任务。所以帝国主义的走狗蒋介石指挥何键、徐源泉调动五十团以上的白军，从常、桃、石、慈、辰、保、龙分几路大举进攻我们，首先以夺取红色大庸为目标，继续进攻永顺，以法西斯蒂的屠杀、血洗手段来镇压湘鄂川黔苏区工农群众的革命斗争，把湘鄂川黔苏区沦为血海，使已经得到解放的永、保、龙、桑、庸、□等县八十万工农群众重复在地主资产阶级国民党的铁蹄底下，这是我们胜利或死亡的紧急关头。我们要以自己的热血和头颅，为着争取前线上的胜利，粉碎敌人的大举进攻，为着"保卫大庸"，保卫永顺"、"保卫湘鄂川黔苏区"、"保卫工农已经得到的利益和解放"而奋斗！这首先就是要猛烈扩大与加强我们的工农红军。有了坚强的铁的红军，我们无论如何要胜利，把地主资产阶级国民党军阀葬送到坟墓中去。在这样胜利或死亡的战争紧急关头，全省工农已成千成万的自动的涌进了红军，使红二、六军团扩大了一倍以上。然而最近一时期扩大红军的工作，没有引起各级党部和革命委员会的注意，而落后于革命战争发展与需要的后面，使一、二月份扩大红军的计划未能完成。为了争取战争的胜利，克服扩大红军工作的落后，省委决定从三月十号至四月十号为扩大红军突击运动月。以突击的精神、非常的速度完成动员五千新战士上前方。

（二）扩大红军突击运动是一个广大的群众运动，只有运动深入了群众，才能保证护大红军突击计划的胜利和成功。这就要在有组织的与无组织的群众中进行广泛的动员，动员千百万的工农群众，成年的、青年的、妇女的、儿童的都来担任扩大红军的突击运动的任务。各级党部、革命委员会、军事部、肃反委员会、工会等，必须一致动员起来，召集比较大的积极分子会议，传达和布置扩大红军突击运动。同时要把目前战争形势，扩红突击的意义，敌人的大举进攻与每个工农群众的切身利害关系，在乡村群众大会、赤少队会议、工会、贫农团会议上深入广泛的宣传鼓动。还要进行个别的谈话，抓住和宣传群众中的积极分子带头领导群众当红军，散播群众当红军的光荣例子和社会舆论。并利用发传单、写标语、演新剧、唱歌曲，来扩大红军突击运动的宣传。造成群众为着"粉碎敌人大举进攻"，"反对国民党法西斯蒂血洗屠杀"，"保卫湘鄂川黔苏区"，"保卫土地革命利益"，"保卫春耕运动"，热烈加入红军的巨大潮流。

（三）扩大红军突击运动，同时是残酷的阶级斗争。地主、富农、反革命看到千百万工农群众似潮水一般的加入红军，完成扩大红军突击运动，就是证实敌人的死亡，和我们要取得战争的全部胜利。所以地主、富农、反革命一定要用造谣、欺骗、威吓和掩蔽其本来的面目，混入党、政府、红军中来，阻止工农群众加入红军，破坏红军突击运动。我们在扩红突击中，就要加强肃反委员会在这一方面的工作，揭破反革命的造谣、欺骗与威吓，提高阶级警觉性，洗刷混入在党、政府和红军中的地主、富农、反革命分子，以赤色恐怖政策，无情对付破坏扩红突击的反革命分子。我们的突击队，要站在负责的地位，而不要反对肃反委员会的肃反斗争，要执行明确的阶级路线。但同时要反对机械的成分论，而放松对于工农成分出身之坚决反革命分子和反动首领的镇压。

（四）满足群众的切身利益，更进一步的改善群众的生活，这是动员广大工农群众加入红军，完成扩红突击计划的主要条件之一。三个月来，我们给了群众不少的利益，但是还很不够。为了扩红突击计划的完成，必须深入分田的斗争，使土地革命的利益完全落在雇农、贫农、中农的手里；同时准备群众的春耕运动，没收豪绅、地主及富农多余的耕牛、农具，组织犁牛合作社，供给贫苦工农使用；彻底清查与没收地主的粮食，征发富农多余的粮食，以解决群众与红军的粮食问题。在工人方面必须普遍的增加工钱，实行八小时工作制，组织各种合作社，救济失业工人，保护工人利益，使工人踊跃加入红军，加强红军中的无产阶级领导。在妇女方面，必须领导妇女的斗争，反对封建旧礼教的束缚，实行婚姻条例，争取妇女的特殊利益，使劳动妇女得到政治上经济上与男子一律平等！为热烈加入扩红突击，鼓动男子当红军，帮助优待红军家属及慰劳红军工作。在青年工农群众方面，必须增加青工工资，实行工作六小时，反对老板、师傅打骂青工学徒，废除三年学徒制；青年农民应与成年农民分得同样的田地，以及开办学校，提高青年文化水平等，使他们成为加入红军的先锋队。

（五）优待红属工作是扩大红军不可分离的部分，优待红军家属工作的彻底执行是扩大红军工作胜利的保障。因此要普遍的执行优待红军家属工作。实现中央政府优待红军条例十八条。各县、区、乡都要组织优待红军家属委员会，讨论与计划优红的工作，在春耕时要动员群众，首先帮助红军家属耕田，强迫地主，组织劳役。劳役要经常替红军家属耕田。同时富农要每月规定他替红军家属耕田的时间。要执行中央政府礼拜六条例，从省一级机关起一直到乡一级机关，必须在每个星期动员工作人员帮助红军家属做一天工□。要解决红军家属的一切困难问题，如果红军家属没有饭吃，首先革命委员会，必须在没收土豪的粮食中间分一部分给他们，从地主罚款、富农捐款中拿百分之五来救济红军家属；没有柴烧，没有水吃，要动员群众帮助他们砍柴、挑水；要组织妇女、儿童经常慰问红军家属，送光荣匾；打了土豪要请红军家属吃饭，以及开红军家属的会议，提高红军家属的神圣地位。

（六）赤少队和模范营是红军的后备军，是扩大红军的主要来源之一。因此加强赤少队和模范营的工作，胜利完成扩红突击有着重要意义；因此要继续□扩大赤少队，建立模范队，加紧军事的、政治的教育，洗刷地主、富农、反革命分子，严密他们的组织，派最好的干部去工作，加强党在其中的领导。首先动员赤少队和模范营先进的分子加入红军，同时争取有工作基础的赤少队或模范营，整排整连的加入红军。但必须完全依靠党和干部积极分子做领导和充分的政治鼓动说服群众的工作，绝对不能采取丝毫的强迫命令。虽然我们不能放松每一个整批动员的机会与准备工作，但在各地赤少队组织尚不普遍，赤少队工作尚很薄弱的时候，在广泛的群众中进行个别的动员是我们主要的方式。

（七）为了完成扩红突击的任务，各级党部必须领导与协同各级机关，组织突击队，把最好的干部去领导突击工作，杜绝消极怠工贪污腐化，机会主义等的分子混入突击队，保证突击队组织的健全。各级党部、革命委员会、军事部、肃反委员会……等，应把扩红突击看作是自己的主要任务。如认为扩红突击是突击队的工作，而站在突击工作以外，这是最大的错误。同时突击队亦不应当去代替包办当地党部和各机关的扩红突击工作，脱离当地党和政府，而应当去与当地党部、团部、政府及各种群众组织取得密切联系，帮助和指导他们完成突击任务。在突击运动中，必须实行严格的工作检查与报告制度。乡二天检查一次，报告区。区三天检查一次，报告县。县五天检查一次，报告省。及时检查与纠正扩红突击中的错误与缺点，及发挥扩红突击中的光荣例子和经验，迅速完成与超过扩红突击计划。每月必须抓住几个中心区，集中力量□突击，以先进区推进落后区，同时发扬革命竞赛的办法，来代替一切摊派强迫命令方式。要开展反扩红突击中机会主义的斗争，首先是反对夏曦同志认为"桑植扩大红军困难"、"群众当红军的早已去了"的机会主义。因为不反对机会主义，定要阻碍扩红突击运动完成的。

为得要使扩大来的新战士，都能够集中的坚决的到前方去，必须加紧巩固新战士的工作：①防止地主、富农、反革命分子混入红军。要在新战士中发动检举的斗争，清洗已混入红军的地主、富农、反革命。杜绝他们破坏红军阴谋。②解决新战士的困难问题。如新战士没有毯子、磁碗、手巾等，主要的要依靠政府在进攻地主、富农的中间来解决。另方面可发动群众在自动的条件底下送东西给新战士。同时新战士家属发生困难，要按照上述优待红军家属的办法，求得很好的解决。③发动群众、赤少队、儿童团、妇女，打锣、打鼓、放鞭炮欢送新战士。同时各级党部和革命委员会等必须派负责同志作政治护送，沿途招待新战士和鼓励他们到前方去勇敢杀敌的勇气。④消灭开小差的现象，严厉处置开小差的分子。对领导组织开小差的分子，必须拘捕、公审以至枪决。但因政治觉悟不够，个人开小差的，必须采取政治教育与宣传鼓动，指出他开小差的错误，用督促他□□□□，而不能够动辄拘捕，致妨碍扩红工作。⑤进行广泛的慰劳红军工作。强迫地主、富农打草鞋、做鞋子。同时鼓动群众；特别是妇女群众做鞋子、打草鞋送给红军，首先送给新战士，满足他们□□□鞋子的需要。完成扩红突击月，送三万双草鞋，一万双鞋子给红军的计划。

二、六军团向中央军委报告敌军情况及我军部署

（一九三五年三月二十二日）

军委并转中央：

（1）敌占大庸后即以永顺、桑植为其第二步进攻目标，当时部署是以李觉部×经后坪石田溪向永顺推进，郭罗两部（约七团）由大庸、温塘向塔卧推进，陈张两敌（五一八师及新骑四旅，约六团）由珠城向桑植推进，陶广因章科坳高梁坪受创，决以一部分守沅陵及附及碉堡，余三至四团开王村会合张师六团，两敌进至石田溪附近时，迭于桐华溪平岸城与李敌配合，夹击我军于石田溪尔后向永境推进，陈渠珍师则以一部进至姚靖东北，大部位置于隆头贾家寨之线防堵。

（2）当时我军战役计划是集结主力八个团，首先在后坪地域在运动中击灭李敌，估计在敌复灭后陶章不敢急进，以一部扼水以阻郭敌，主力隐蔽转移于桑植，击灭陈张部队，进击或逼进×敌，然后转移石田溪永顺之线，迎击陶陈两敌，这样各个击破敌人，粉碎围剿整个战役计划中，以击灭李敌为重要关键。

（3）后坪之役，在地形兵力上我们均处优势，且完全是隐蔽的，但结果不能取得胜利，伤亡颇大，战术的错误待查后再告。现郭罗与陈张立向塔卧桑植前进，陶广部昨日进至机能香塘高梁坊〔坪〕之线，似将逐步筑垒推进，李敌因伤亡消耗过大似将现暂在后坪固守补充，我军须有一二天整理，桑塔有被敌占可能。

（4）湘西北地主武装和土匪部队特别多，地主富农领导之土匪，逐渐变为纯碎〔粹〕地主武装，在阶级斗争深入和敌人大举进攻中，这些武装逐渐集中，积极活动，过去在地方活动之部队和地方武装着重使用于向外扩大新区，没有给地主武装有力打击，因此地方工作最近受其摧残不小，力量薄弱的地方武装，亦有些损失，主力在连续战斗中，伤亡颇大，后坪战斗伤亡七百余，干部甚多。

溪口与高梁坪战争伤亡共有五百以上，而最近曾作扩红动员，成绩甚好，目前两个军团共约九千余人，新兵已有千七百余人，现正进行扩红突击。

（5）根据目前情况我们以最大决心争取这一地区的巩固，以与西方军配合，正集中全力在保持有生力量条件下，首先求得侧击郭敌，必须取得两次伟大胜利，力能保持新区的巩固发展，否则二六军团将被迫退出新的地区。目前我们与西方军活动是否是相关的，西方军放弃桐梓遵义是否将转移于贵阳以西地带，万一二六军团被迫转移，就目前情况只有渡长江到彰、兴、远边为便利，因为乌江酉水沅江均无渡过条件，施（南）、鹤（峰）×旋逼近湘鄂敌主力不能立足，这种预定的方向，是否适宜，对此动作，请给以指示。

弼时

红军长征,突破国民党军第一道封锁线

中华苏维埃共和国中央政府、中国工农红军革命军事委员会
为中国工农红军北上抗日宣言

（一九三四年七月十五日）

全中国的工人，农民，兵士以及一切革命的民众们！

万恶的日本帝国主义并吞了我们的东三省，侵占了我们的热河，内蒙古，现在又夺取了我们的整个华北。在中国南方，日本帝国主义的军舰大炮与海陆空军，正在计划福建省的直接占领。日本帝国主义是想把全中国变成他的殖民地，把全中国的民众变为亡国奴，永远受日本盗匪们的屠杀，奸淫，剥削与蹂躏！

国民党军阀蒋介石张学良等对于日本帝国主义的侵掠，是一贯的投降与出卖。他们出卖了东三省，出卖了热河内蒙，现在又与"满洲国"直接通邮通车，承认"满洲国"，出卖了整个华北与福建省，他们帮助日本帝国主义镇压中国民众的反日运动，镇压抵制日货运动与反日义勇军的游击战争。他们在"无力抗日"的名义之下，集中了全国一百万以上的军队，耗费了十万万的银元，使用了一切他们所有的飞机大炮，向着全中国唯一反日反帝的工农的苏维埃政府与工农红军进行不断的"围剿"，一切这些，证明国民党军阀，是日本帝国主义最忠实的走狗。国民党军阀，是中国有史以来最大的汉奸卖国贼！

中华苏维埃政府与工农红军对于日本帝国主义的不断侵掠，曾经一再号召全中国民众武装起来，以民族革命战争，反对日本帝国主义的侵掠，公开对日宣战，并下了对日宣战的紧急动员令[①]，动员全苏区的民众准备直接同日本帝国主义作战。苏维埃政府与工农红军，更曾经向全中国民众一再宣言，在"（一）停止进攻苏区与红军；（二）给民众以初步的民主权利——言论，出版，集会，

[①] 指1932年4月15日《中华苏维埃共和国临时中央政府宣布对日战争宣言》和同日《中华苏维埃共和国临时中央政府关于动员对日宣战的训令》。

结社，罢工，示威的自由；（三）立即武装民众与创立群众的反日义勇军，以保卫中国"的三个条件之下，愿意同全中国任何武装队伍订立作战的战斗协定。苏维埃政府与工农红军曾经一再反对《塘沽协定》，反对中日直接交涉，反对承认日本傀儡政府的"满洲国"，反对国民党出卖华北，公开援助东北抗日义勇军，以及全中国一切反日反帝的革命运动，反对帝国主义国民党对于反日反帝运动的一切镇压与屠杀。

全中国广大的工人，农民，兵士以及一切革命的民众，都反对国民党出卖东三省，出卖热河，内蒙古，出卖华北，出卖福建与全中国，而拥护苏维埃政府与工农红军的反日主张与反日行动。这不能不使国民党更疯狂的封锁我们，向我们进攻，使我们苏维埃政府与工农红军，不能同全中国民众直接联合起来，不能同东北抗日义勇军一致行动，去同日本帝国主义进行民族的革命战争，把日本帝国主义的盗匪们，驱逐出中国。国民党军阀们对于苏维埃政府与工农红军一致联合起来，共同反日的提议，完全置之不理，而且更无耻的出卖中国，加紧他们对于苏维埃政府与工农红军的五次"围剿"，帮助日本帝国主义并吞中国。

因此苏维埃政府与工农红军，为了要动员全部力量，同日本帝国主义直接作战，不能不首先同进攻我们的百万以上的国民党匪军血战，保持已经脱离了帝国主义羁绊的自由的苏维埃领土，不再受到帝国主义走狗国民党匪徒们的蹂躏与出卖。从无数次同国民党匪军血战中创造起来的反对帝国主义的中国革命根据地，我们是决不放弃的，但是苏维埃政府与工农红军决不能坐视中华民族的沦亡于日本帝国主义，决不能让全中国为国民党汉奸卖国贼所拍卖干净，决不能容许全中国广大劳苦民众为日本帝国主义整批的屠杀与蹂躏以及东北义勇军的孤军奋斗，故即在同国民党匪军的优势兵力残酷决战的紧急关头，苏维埃政府与工农红军不辞一切艰难，以最大的决心派遣抗日先遣队，北上抗日。只要进攻苏区的武装队伍接收〔受〕我们提出的三个条件，那我们工农红军的主力，即可在先遣队之后，全部出动，同全中国一切武装队伍联合起来共同抗日。

全中国的民众们！我们中国工农红军北上抗日先遣队，愿意同全中国的民众与一切武装力量，联合起来共同抗日，开展民众的民族革命战争，打倒日本帝国主义。一切反日的民众都应该帮助我们工农红军北上抗日先谴〔遣〕队，团结在我们北上抗日先遣队的周围，加入我们的抗日先遣队，武装起来，直接同进攻中国的日本帝国主义的盗匪们作战，一切抗日的民众，都是我们的同胞，一切抗日的武装，都是我们的同伴，我们都要联合起来。一切禁止与压迫我们抗日的个人团体与武装队伍都是汉奸卖国贼，我们应一致起来消灭他们。

我们认为只有全中国民众的武装的民族革命战争，才能打倒日本与一切帝国主义，取得中国民族的独立解放与保持中国领土的完整。

为了争取民族革命战争的胜利，苏维埃政府与工农红军更具体主张：

（一）坚决反对国民党政府出卖东三省，热河，内蒙古，华北，福建以及全中国。反对国民党政府卖国辱国的中日直接交涉。反对承认满洲伪国。抛弃对帝国主义强盗集团国际联盟以及美帝国主义的帮助的幻想。

（二）立刻宣布对日绝交，宣布《塘沽协定》与一切中日秘密条约的无效。动员全中国海陆空军，对日作战。立刻停止进攻苏区与封锁苏区，使工农红军能够完全用来同日本帝国主义直接作战。

（三）号召全国民众将国民党军库中兵工厂中所有武装以及一切入口武器用来武装自己，组织民众的反日义勇军与游击队，直接参加反日战争与游击战争，积极援助东北义勇军与中国工农红军北上抗日先遣队。

（四）没收日本帝国主义者及卖国贼汉奸的一切企业与财产，停止支付一切中日债款本息，设施累进税，并将国民党全部军费，拿来作为反日战费。

（五）普遍组织民众的反日团体，如反日会，抵制日货委员会，募捐援助义勇军与红军委员会，以及各种反日的纠察队，破坏队，交通队，宣传队，运输队等。吸收广大的群众，不分男女老幼，宗教信仰，政治派别，到反日团体中来。利用罢工，罢课，罢市，罢商与示威来反对日本帝国主义的侵掠与国民党政府的卖国投降。

苏维埃政府与工农红军是不顾一切牺牲，要为这一纲领而奋斗。苏维埃政府与工农红军要求全国民众拥护这一纲领，同我们在一起为这一纲领的全部实现而奋斗到底！

让帝国主义的走狗国民党，让国民党的汉奸卖国贼去叫喊"中国无力抗日"

罢！全中国民众的反日总动员，全中国民众的反日武装，全中国民众的反日团结，有全部的力量打倒日本与一切帝国主义，打倒卖国贼汉奸的集团的国民党！

中华苏维埃共和国中央政府

主　席　毛泽东

副主席　项　英

张国焘

中国工农红军革命军事委员会

主　席　朱　德

副主席　周恩来

王稼蔷①

一九三四年七月十五日

根据一九三四年八月一日出版的《红星》报第五十六期刊印

---

① 即王稼祥。

中共中央委员会、中央人民委员会关于在今年秋收中借谷六十万担及征收土地税的决定

（一九三四年七月二十二日）

（一）由于广大工农群众热烈响应了党与苏维埃动员二十四万担谷子的号召①，使得我们猛烈扩大的英勇奋斗的红军，在今年夏天有了充足的给养。在这次动员中，更加证明了广大群众伟大无比的力量：不但为了粉碎敌人"围剿"，而潮水一般的涌上前线进行坚决的战斗，而且为了红军的给养，几乎每家每人都节省了借出了许多的粮食。但是彻底粉碎五次"围剿"是长期的持久的决战，敌人目前正在企图向着我们基本苏区进攻，向着我们的汀州，石城，博生，兴国，会昌，以及零都进攻，战争的形势要求我们更进一步动员全体群众，集中一切力量去帮助前线上的红军，拿无论如何要粉碎敌人的决心去争取伟大的最后的胜利。这里粮食的继续不断的供给，是极端重要的条件。为了保证红军今后粮食的供给，中央特批准各地苏维埃与工农群众的请求：举行秋收六十万担借谷运动，并决定立即征收今年的土地税，随着武装保护秋收的运动争取迅速切实的完成，以供给各个战线上红军部队的需要。

（二）六十万担借谷与土地税征收的迅速完成，完全依靠于各级党与苏维埃动员乡村的组织与得力的干部，向着每村每乡的广大群众进行普遍有力的宣传动员。向每个男女老幼群众指出：要保护自己的土地，自由，与苏维埃，要免去白匪的奸淫，抢劫，屠杀与压迫，只有尽自己一切力量拥护红军。具体的指出：白匪所到地方，是如何的强迫群众修马路做工事，强迫交老租交老债，妇女被奸淫，小孩被贩卖，谷子被抢去，耕牛被杀掉，以及如何的摧残红军家属，

---

① 见1934年6月2日《中共中央委员会、中央政府人民委员会为紧急动员二十四万担粮食供给红军致各级党部及苏维埃的信》，信中说："我们的粮食还是不够得很，我们还差二十四万担谷子！为着保证红军的供给，为着保证前线的战斗，我们无论如何必须动员二十四万担谷子来给与红军。"

屠杀工作人员与苏维埃公民。直捷地向群众指出：如果反革命的"围剿"不打破，万恶的白匪不消灭，群众的身家性命是保不住的。从这种具体广泛的宣传鼓动中，极大的提高群众的阶级愤恨心，引导群众铁一般的团结起来，积极拥护中央的号召，自愿地借出谷子交纳土地税为着红军。如果抛弃了宣传鼓动，而用摊派的方式借谷，用强迫的办法收土地税，那是完全不对的。对富农必须用群众的力量强迫其借一部分给苏维埃。对地主富农及其他反革命分子的造谣与破坏，必须给以严厉的镇压。

（三）借谷与征收土地税的总领导机关，是各级武装保护秋收委员会，因此各级秋收委员会在组织上工作上须立即建立与健全起来。秋收委员会的责任，不但要领导群众完成秋收，而且要完成一切国家粮食（借谷，土地税，红军公谷等）的收集，运输与保管。这一任务，一般的要在九月十五日前完成，只有早禾占少数晚禾占多数的乡村才可以略为推迟时间完成那里的数目。对于战区边区，落后区域，须派出突击的力量去争取其迅速的完成。

（四）依据最近二十四万担粮食动员的经验，集中运输与保管是整个粮食动员中十分繁重的工作，这些工作过去许多苏维埃粮食部没有尽得应有的作用，在此次六十万担借谷及征收土地税工作中，各级秋收委员会及苏维埃主席团，必须严格督促各级粮食部切实负责，将动员的每一粒谷子迅速集中，迅速搬运，在适当地点建立谷仓，并且很好的保管起来，不使一粒谷子受到损失。各级党与苏维埃必须切实检查粮食部主管的这些工作，经常给以指导与帮助。粮食部的组织，须迅即健全起来。为了在短促的时间完成重大任务，苏维埃的其他一些部门特别是财政部，必须给粮食部以人员上技术上的实际帮助，军事部对运输工作须负主要的责任。乡一级则组织粮食收集委员会，委员九人至十一人，以主席或支书为主任，担负在这一时期内全乡中动员，收集，运输，保管一切国家粮食之责。

（五）今年夏季二十四万担动员中的借谷部分，在今年土地税中归还。秋收六十万担借谷现定由一九三五年与三六年土地税归还。今年土地税税率照去年办法不变。

中共中央委员会

中央人民委员会

一九三四年七月二十二日

根据一九三四年七月二十六日出版的《红色中华》第二一九期刊印

中央秘密通知（不列号）

——关于红军北上抗日行动对动各级党部的工作指示

（一九三四年七月二十六日）

各级党部：

苏维埃中央政府与中央革命军事委员会，为了反对日本帝国主义在华北与福建的进攻，为了反对国民党出卖华北与开展革命的民族战争，为了揭破"红军捣乱后方"，"中国无力抗日"等国民党的武断宣传，决定派遣部分队伍组织中国工农红军北上抗日先遣队北上抗日，与日本帝国主义直接作战。各级党部必须把红军北上抗日的行动，在当地开展广大群众的反日反帝反国民党卖国，与拥护红军北上抗日的运动。中央除了关于开展反日反帝运动和组织民族革命战争的策略问题已有四月二十日的秘密指示信以外，对于红军北上抗日的行动，各级党部的工作尚有下列的指示：

一、各级党的组织应该经过各种文字与口头的宣传，在群众中最广大的解释红军北上抗日先遣〔遣〕队的行动的政治意义，证明中国工农红军与苏维埃是中国唯一的武装民众的民族革命战争的领导者，解释苏维埃与红军一贯的彻底抗日的政策，不管国民党以几十万大军的"围剿"来回答苏维埃红军号召一切武装部队联合抗日的提议——一九三三年一月的三个条件下订立反日作战协定的提议——不管红军为着保卫苏维埃领土不让帝国主义清道夫的侵入而正与几个优势兵力的敌人作战，但是苏维埃红军不让国民党能够自由拍卖中国，不能坐视中国沦亡于日本，所以派遣一部分自己的队伍为抗日先遣〔遣〕队北上抗日。同时必须利用这个事实，最无情的揭露国民党的无耻宣传"红军捣乱抗日后方"，"中国无力抗日"的胡说，只是掩盖它的无耻卖国，在群众中煽动极大的反日反国民党以及拥护和援助红军北上抗日的运动，煽动群众起来反对国民党"围剿"红军，阻止国民党无耻进攻红军北上抗日先遣队。

二、党应该根据上述宣传鼓动的方针与人民对日作战的基本纲领①的具体的宣传，组织拥护红军北上抗日的广大的群众运动，组织中国民族武装自卫委员会筹备会，组织抗日会等一切群众的抗日团体与抗日义勇军等一切群众的抗日武装，来推动与开展群众的抗日行动。党不机械的立刻组织红军北上抗日后援会等色彩已红的组织，而是应该抓住适合于当时当地群众情绪与群众已经了解和痛恨的国民党通车通邮就地直接交涉等等事件，去组织包含极广大的各种不同的阶层的行动。一切这些群众的反日运动反国民党运动的开展，都是帮助红军与红军北上抗日的行动。目前形势是在于首先去开展这种群众运动，在这些群众运动中解释红军已经北上抗日，发动群众要求国民党立即停止内战与停止"围剿"红军，这样去领导群众运动围绕于党的领导的周围。

三、党必须迅速的到一切国民党与各反革命派所领导的有群众的抗日会，抗日义勇军，各学校，各黄色工会内，有群众的反日的和爱国的组织或锄奸团等，在群众的组织中，加紧活动，发动群众的各种反日行动，如恢复与建立抗日义勇军，组织宣传募捐队与检查日货队等等。

根据目前民族危机与反日的民族革命战争，可以胜利去解释一切反日而政治信仰不同的中国人必须联合起来抗日，推动这些在反革命派影响之下的群众组织，在下层群众的要求与威胁之下，来公开召集各团体各工会的联席会议与代表会，我们在这些组织中的党员与一切我们所领导的群众组织，应该在这些群众中会议中去活动，有准备的很通俗的能够适合群众情绪的解释我们的观点，以同样的态度经常的在群众面前证明我们主张的正确，我们应该大胆的与各种反动派别所领导的群众组织与一切狭隘的爱国主义的团体结成反日的民族的统一战线，以开展群众的反日运动。同时在这个统一战线中，经常有方法的使我们的主张与反革命派的主张清楚的在群众中对立，争取运动中党的领导权。当着这些反革命派在群众革命情绪威胁之下而采取"左"的手腕时，我们不能仅仅空口反对他们而要善于利用他们一切"左"的词句去发动真正群众的伟大行动来开展运动与在运动中证明它是妥协和半途而废。

四、应该极大的加强在白军士兵中的工作，这首先是在剿共队伍和华北福建等在日本帝国主义进攻直接威胁部分的白军士兵中，党要动员群众与一切反日的组织去宣传士兵，经过与士兵有关系的群众去鼓动士兵及中下级官长坚持

①指1934年4月20日《中国人民对日作战的基本纲领》，下同。

的不从前方撤退与日本帝国主义作战，组织在苏区四周的白军士兵不愿围攻北上抗日的红军与要求北上抗日的运动，广大的在士兵中进行一致对外，不打任何抗日部队的活动，秘密的进行白军士兵中的组织工作，领导白军士兵不听国民党命令，自动抗日，组织革命的兵变，配合红军北上抗日。各地党部必须把瓦解白军工作摆在党的工作的第一位。每个地方党部应该建立兵委或者有专门工作的同志。在招兵区域与许多特种兵的学校及下级军官的学校，我们必须参加进去进行民族的反日的煽动，争取觉悟分子，建立党的和反日的组织。

五、各省的游击区域中，应该更加集中力量起来，更加广泛的在抗日的旗帜之下，去武装民众，团结群众在自己的周围。但这并不降低党的地位，革命的政纲，应该发动群众不交一文捐税，不交一粒谷子给汉奸国民党豪绅地主作进攻中国工农阻止工农抗日的经费，没收阻碍抗日的汉奸豪绅地主的土地房子财产，分给贫苦农民与移作抗日经费。党应该派遣最好的干部，把一些在城市中被敌人追逐之下的干部到游击区域去工作，极大的加强在游击区域政治上军事上的领导。

中　央

一九三四年七月二十六日

根据中央档案原油印件刊印

朱德、周恩来关于派代表到寻邬与粤方代表谈判
致周子昆、黄开湘电

（一九三四年十月五日）

周、黄①（亲译）：

粤方已约我代表在寻邬相会，我方派潘健行、何长工于明日动身，七号午过站塘，拟当晚即到门岭。望于明早派原侦察班长持你们致黄②师长信，告以我方接粤电约在寻邬协商，现潘、何两代表于七号可抵门岭，约其派员到白铺以北相接。该班长明晚要赶回站塘，并电告军委结果。

朱、周

五号二十一时

---

① 即中国工农红军第二十二师师长周子昆、政治委员黄开湘。
② 指黄延桢。

朱德关于红三军团应在目前集中地进行补充和军政训练
致彭德怀、杨尚昆电

（一九三四年十月七日）

彭、杨：

甲、三军团到十二号止，应在目前第一个集中地域进行人员、干部、弹药等的补充，在这时期应完成部队的整理。

乙、在这时应加强军政训练，主要是演习进攻战术的动作，及步兵与机枪、迫击炮及工兵的协同动作。

丙、三军团全部约于十二号晚出动，并于十四日晨到达第二集中地域（即集结于雩都①东北之水头圩、石溪坝、车头圩、禾田及仙露观②地域）。十五日晚，三军团全部应准备备战前进。

丁、为保守军事秘密，应［在］整理训练中严密防空，严格克服逃亡现象及随便闲谈。

戊、整理的经过，每日电告我们。

朱

七日九时半

---

①今名于都，江西省属县。

②仙露观，应为仙霞观，今名仙下贯，亦称仙霞、仙下，属江西省于都县。

朱德关于红九军团转移到古城、瑞金间地域的部署
致罗炳辉、蔡树藩电

（一九三四年十月七日）

罗、蔡：

甲、李 [①] 敌于到达河田后，主要是构筑碉堡和路。

乙、九军团（医院、兵站及轻伤病员均在内）准备转移方向，并应于九日晨到达古城、瑞金之间的地域。其行动部署如下：

（A）今七日夜应秘密转移到汀州地域，八日即在该处隐蔽配置。

（B）八日夜向古、瑞间前进，九日即在该地隐蔽配置。

丙、罗、蔡应于九日晨赶到军委，部队即交参谋长指挥。

丁、二十四师主力仍留河田以北地域，并向河田、大田屋、南山坝进行积极的游击活动。河田以西汀州河的桥梁应拆毁之。在河田之东端及南端，应于夜间派得力便衣队埋设踏发的地雷。

戊、九军团的移动应在二十四师掩护下，保守绝对的秘密，除二十四师首长可知道外，不得使其部属知道。

己、九军团的移动必须在黄昏与夜间行之。如行至早晨尚未到达目的地时，必须采取办法使敌人空军侦察不能知道九军团的移动。

庚、二十四师从今晚起，应令其直受军委指挥并电告其部署。

朱

七日十时

---

① 指李延年。

朱德关于红一军团向集中地域秘密移动
致林彪、聂荣臻电

（一九三四年十月七日）

林、聂：

甲、一军团（欠十五师）及全部后方机关，应于今七号晚集中于兴国东南竹坝、黄门地区，于八号晚开始向集中地区移动。十一日晨应集结于以下分界的地区：在北面及西面则以宁都河①为分界线，在东面则以下坝、宽田为分界线，［在］南面则以宽田、梓山市及向西到会昌、宁都河会合处为分界线，各分界线均不包含在一军团集中地域内。

乙、为保守军事秘密，应采取如下的办法：

A. 对于部属只告以每天的行进路和宿营地。

B. 为避免敌人的空军侦察，应于夜间移动，拂晓时则应隐蔽配置起来，并采取各种对空防御的手段。

C. 要克服落伍及逃亡。

丙、十五师约于十二号到达你们集中地区内的东部。

丁、到达集中地域后，你们应于宽田、岭背间接上我们的长途电话。

戊、应给五军团首长战术上的指示，而兴国最少要于十五号以前保持于我们的手中。五军团从八号晚起即直接受军委指挥。

巳、执行情形电告。

朱　德

七日十一时

---

① 即江西境内赣江的支流梅江。

野战军人员武器弹药供给统计表①

（一九三四年十月八日）

类别 结〔数〕别 队别		一军团	一军团	五军团	八军团	九军团	军委纵队	罗逻〔迈〕纵队	总计
人员	现有	17280	15205	10868	9022	10238	4693	9853	77159
	最后拟补充	2600	2600	1300	1900	1300			9700
	小计	19880	17805	12168	10922	11538	4693	9853	86859
武器	马匹	90	71	49	21	29	34	44	338
	步马枪 现有	6612	6813	3894	3075（二）	3460	1768	2068	27690
	步马枪 拟补充	380	380	296	217	190			1463
	步马枪 小计	6692（一）	7193	4190	3292	3650	1768	2068	29153
	短枪	1052	857	609	89	197	183	154	3141
	重机枪	102	102	45	42	42	12	12	357
	轻机枪（三）	105	70	39	35	36	9		294
	自动枪		28						28
	手花机关	132	37	42	18	20	16	6	271
	迫炮	8	8	2	2	2	16		38
	刺刀	5313	3996	2668	1849	1679	1245	802	17552
	梭标	513		436	816	1023	36	3277	6101
	马刀	219	118	130	50	82	216	67	882
	工作器具	2617	1937	1599	1310	1290	862	319	9988

① 本表表名、表内项目、数字均据原件刊印。"野战军"，是中共中央、中央政府、中革军委机关和直属部队及红一方面军进行战略转移时使用的番号，它包括有：军委第一、第二纵队（即表内军委纵队、罗迈纵队），红一方面军第一、第三、第五、第八、第九军团。

类别 \ 结[数]别 \ 队别	一军团	一军团	五军团	八军团	九军团	军委纵队	罗逻[迈]纵队	总计
弹药 — 步马弹	412288	391110	169949	153082	169260	54236	68275	1418200
弹药 — 短枪弹	25350	14856	16726	1483	3715	7105	3656	72891
弹药 — 手榴弹	19281	20518	9828	10006	9942	2361	4590	76526
弹药 — 重机弹	47544	49510	13999	14289	14988	5409	5770	151509
弹药 — 轻机弹	33759	10614	4373	4268	9656	1460		14630①
弹药 — 自动弹		7191						7191
弹药 — 手花机弹	27708	9455	8614	7219	11078	2400	1235	67709
弹药 — 迫炮弹	612	680	93	104	104	880		2473
供给 — 冬衣（件）	19500	18500	11500	9500	9500	14600		83000②
供给 — 盐（斤）	8700	9000	4500	4050	2500	6112		34862
供给 — 钱（元）	340 千元	340 千元	232 千元	147 千元	201 千元	382 千元		2024 千元③
供给 — 药（担）	305	305	26	26	26	26		177④
通信材料	可供给至 11 月 24 日	同	同	同	同	同	同	

说明：（一）1K 教导队人员未统计在内。（二）8K 有一部没有供给机关。（三）多未分开统计轻机、自动步枪。

①此数疑误，按分项数字总计应为 64130。

②此数疑误，按分项数字总计应为 83100。

③此数疑误，按分项数字总计应为 1642 千元。

④此数疑误，按分项数字总计应为 714。

中国共产党中央委员会给中央分局的训令 [①]
——红军主力突围转移，中央苏区广泛发展游击战争

（一九三四年十月八日）

目前国内形势是：日本帝国主义实地统治了整个华北，公开宣言要把全中国放在他自己统治之下，英、法、美等一切帝国主义，正在加紧夺取中国的领土，加强他们在中国的统治。为反对日本及一切帝国主义的急进的瓜分中国与国民党最无耻的投降，满州〔洲〕华北的反日战争，全国民众的反日的御侮救国运动，正在广大的范围内，愈加成为群众的浪潮。地主资产阶级、国民党几年来统治中国的结果，中国的经济状况已经走到急剧的崩溃与农村经济的全部毁灭。由于民族工业的崩溃与资本家剧烈的进攻，空前未有的伟大的罢工的流血斗争，在全国开展着。由于农村经济的全部毁灭，在国民党统治的全国，爆发着普遍地饥民农民的抢粮暴动。中国尖锐的革命形势存在的最主要的标志，是苏维埃与红军的胜利，与许多新的发展。国民党在各个帝国主义直接帮助之下，对苏维埃红军用其全力的"围剿"，非但没有削弱中国的苏维埃与红军，相反的，中央苏区红军与几百万的工农群众，英勇的保卫苏区。在四川、闽、浙、赣、鄂、豫、皖、湘、黔、桂、粤等省，大大的发展了新的苏区与红军，扩大了苏维埃在全中国的影响，"中国苏维埃革命已经成了世界革命伟大的因素"（国际十三次全会的决议）。

所有这些国内的尖锐的革命形势，说明中国是处在"战争干涉与革命"的漩涡中。

正因为苏维埃国家的胜利与发展，它是最清楚的显示了地主资产阶级反革命统治的破产没落，他威胁着阻碍着日本帝国主义进攻苏联，他成为正在成

[①] 此训令，按中央档案馆编《中共中央文件选集》第10册，第387—395页刊印，中共中央党校出版社，1991年3月版。

熟的世界革命的最重要的成分。因为这样，所以国民党在帝国主义直接帮助之下，动员全国一切武装力量与各种反动的政治派别来"围剿"苏区与红军，企图逐步封锁来缩小苏区，把主力红军封在狭小的地区内，使他在敌人优势兵力摧残之下，易于失败。但是五次"围剿"的一年多来的战斗中，依靠予〔于〕红军英勇坚持顽强和灵活的战斗，依靠予〔于〕苏区几百万群众参战的热情，屡次挫败了白军，消灭了敌人许多部队，给了敌人以极大的创伤。

可是当着我们冷静估计，反对五次"围剿"的战争的现阶段时，应该指出：虽然我们得了许多胜利，还只是部分的胜利，还没有能够最后的完全的粉碎敌人的进攻，虽然我们用一切力量来捍卫苏区，在这一地区延迟了敌人的前进，但是敌人以极大的优势兵力侵入到了我们基本的苏区。现在敌人占领了石城，东西两路的敌人正向着汀洲〔州〕、兴国前进。这一形势下在为着保卫苏区与澈〔彻〕底粉碎敌人的五次"围剿"的继续作战的战斗方式上，在我们党面前摆着这样的问题，全部红军继续在苏区内部与敌人作战，或是突破敌人的封锁到敌人后面去进攻。很明显的，如果红军主力的全部照旧在被缩小着的苏区内部作战，则将在战术上重新恢复到游击战争，同时因为地域上的狭窄，使红军行动与供给补充上感觉困难，而损失我们最宝贵的有生力量。并且这也不是保卫苏区的有效的方法。因此，正确的反对敌人的战斗与彻底粉碎敌人五次"围剿"，必须使红军主力突破敌人的封锁，深入敌人的后面去进攻敌人。这种战斗的方式似乎是退却的，但是却正相反，这才是进攻敌人，克服敌人堡垒主义，以取得胜利的重要方式。因为这样的行动，将在离开堡垒的地区中得到许多消灭敌人的战斗机会，解除敌人的武装壮大红军，在广大的新的区域中，散布苏维埃影响，创立新的苏区，将发动并依靠新的区域中更广大的群众斗争的力量，更有力的进攻国民党的统治。这样的行动也无疑义的将吸引进攻中央苏区的敌人在主力红军的周围，而极大的便利于中央苏区内部的红军、地方部队与广大群众去开展胜利的游击战争，来保卫苏区。所以这种战斗的方式就成为党目前行动的方针，一切曲解中央这一方针以为退却的路线，他就与布尔什维克没有任何共同之点，而必然陷于悲观失望不可提拔的泥坑。

中央苏区党的一切组织，在中央这一总方针之下，自己各种工作所环绕的基本任务是发展广泛的游击战争，来反对敌人与保卫苏区，而游击战争应该并且必须成为目前战斗的主要方式。我们应该了解，中央苏区开展胜利的游击战争，是有着各种可能的条件的：主力红军吸引了敌人而减弱了敌人进攻中区的力量；基本苏区的群众经过几年来的土地革命的斗争，而勃发着反对敌人的高度的热忱；一部分主力红军与极大数量的地方武装，将在他们游击战争的活动中锻练〔炼〕成为有力的反对敌人的武装；中央苏区周围的远近游击区域的游击战争，正在配合着中区的战斗而迅速的开展，所有这些都应该是我们党去开展中央苏区游击战争的重要的有利条件。

当然，当着主力红军突围之后，敌人会更加深入苏区内部，占据许多城市与圩场，切断我们各个苏区的联系，更加凶恶的摧残苏区，但是我们不是惊慌与丧气，而应该坚强而有毅力的继续领导游击战争，正确的发动领导群众，正确的运用游击战术，这样来准备好在适当的时间进行反攻。

正因为游击战争的开展与胜利，必须依靠于群众，因此在许多直接被敌人威胁的区域中，党必须用一切力量，动员群众起来为保卫土地政权，反对敌人的抢劫、屠杀和奸淫，而进行决死的斗争，进行坚壁清野，不使敌人得到一粒米一根草，在坚壁清野中，立即把男女老幼的群众武装起来，组织游击队与游击战争的各种动员。在暂时还是比较后方的区域中，党必须号召群众为保卫自己与土地而立即武装起来，与前进着的敌人进行武装的游击战争；在被敌人占领的游击区域中，及白色区域中，党应该经过游击部队及当地的党的组织与党员派遣干部与党员到被占区与白区去发动群众，反对国民党强迫筑路、做工事、编队，反对地主豪绅的催租、逼债的群众斗争。在这些斗争中团聚更多的斗争的群众，领导群众走向武装的游击战争。

开展群众的游击战争，必须立即加强在赤少队、模范赤少队中的领导，巩固这些群众的武装组织，加强党的支部对他的领导，要推动赤少队、模范赤少队直接成为群众的现成的游击部队。不仅这样，党必须经过各种方式去武装群众，组织游击小组，使游击小组成为赤少队的一排一班，领导赤少队去开展游击战争。要使群众这样热烈的参加游击队与游击战争，必须派遣党与各个组织的县区最有能力的干部与群众信任的干部，到赤少队与游击队去领导，必须加强党的支部在这些武装中的工作。

正因为游击战争是目前战斗的主要方式，因此在苏区内部的主力红军，及地方独立团营，不是与敌人进行阵地的硬拼的战斗，而应该把这些主力团营去培植、发展、辅助、团结群众的武装，缴获敌人的武装来武装自己，与扩大自己，在主力红军的周围，要团聚着强大的地方部队，与广大的群众武装，充实自己的武装与弹药，这样准备着在适当的时机重新组织大的军团，准备着胜利的反攻。

党必须用一切力量来巩固现有的红军与地方部队，加强在这些部队的政治工作，加强党的支部工作，坚定指战员在开展游击战争中胜利的信心，必须时刻警觉着不让一个反革命分子混入部队，及时的去检举反革命分子，党必须进行在部队中经常的军事教育，在每次战役的实际经验中，来教育干部与战士，用这样的政治的军事工作去巩固部队。

党必须用一切力量去扩大现有的部队，这首先就要在发动广泛的游击战争中去武装群众，号召与吸引群众到队伍中来扩大主力红军与独立团营，同时迅速的加强在伤病员中的政治工作与物质保证，争取伤病员归队与组织新的队伍。

我们党要坚持开展广大的游击战争，来扩大主力红军与独立团营，在广泛的组织游击队与群众的武装中，来组织新的师与新的军团。

为要适应着游击战争的环境，党应该时刻依照环境的变化来改变自己的组织，其工作方式，县区的党与各个组织应该立即缩小机关，派遣大部分干部及非必需要的工作人员，到游击队与游击组及地方工作中去，严格洗刷阶级异己分子与动摇分子，把党的领导机关改变成为精悍有工作能力的机关。这一些被敌占领的游击区域的党的领导机关，应该立即转入游击区域去组织游击队，发动游击战争。在已有的游击队中更要直接去领导战争，同时建立地方群众的党的支部，派遣干部去领导群众，反对国民党地主的斗争，使游击队的活动与群众斗争配合起来。

必须在所有的地方党部中进行秘密工作的准备，在支部的党团员中解释进行游击战争的重要与党的方针。按照中央以前的指示，组织秘密支部、干事会、与分区委。这里首先必须审慎的考查与选择干部，不让反革命分子与政治上动摇分子混入秘密组织，派遣政治上坚定的地方干部，有些游击战争经验的干部去担负领导。估计到我们许多干部不熟练于游击区域与秘密环境下的工作方式，所以要预先在干部中进行教育，保证他们能够在迅速变化着的环境下改变自己的工作方式。

组织上主要工作之一，是保证与中央苏区内暂时被隔断的区域及在国民党统治下的福建与粤赣游击区域的党与军事机关的经常的联系，加强对于他们政治的军事的领导，派遣政治坚定有能力的干部去领导建立密切的秘密交通。

最后，党的重要工作之一，就是中央分局在主力红军突围以后，应该适时的在党内干部中进行重大的解释工作，解释主力红军突围而向敌人后方去进行反攻，与保持和扩大有生力量，将要极大的壮大中国的苏维埃和红军，这个力量不仅是中国革命最重要的因素，而且是正在成熟的世界革命危机底重要成分。解释主力红军在敌人背后的反攻是可以吸引极大部分的敌人离开中央苏区，而有利于苏区内部的红军游击队去开展胜利的游击战争，来保卫苏区。必须解释而且要使干部了解，只要我们党能够正确的领导中央苏区几百万群众为土地政权的英勇的斗争，以及现在发动着群众的热情，是国民党白军地主资产阶级不可战胜的，不是堡垒可以克服的力量，而且群众的政治觉悟与斗争的热忱，将要随着国民党白军地主资产阶级的残酷进攻而提到更高的程度。

但是我们应该估计到，当着敌人侵入到最中心的基本地区，在敌人残酷摧残下，在比较更加困难的条件下，我们党内一些干部中不坚定的分子，可以而且必然产生一些悲观失望，抱怨丧气的情绪，这种情绪是中央苏区开展游击战争与敌人持久战争中最危险的倾向。党应及时的预先的反对这种右倾情绪，集中力量来反对右倾机会主义，而正确的开展反对右倾机会主义的倾向，必须同时反对任何"左"的倾向。党应该经过许多解释与教育工作，把全党同志和睦的布尔什维克的团结得像一个人一样，坚持的有毅力的为着中央路线而在艰苦中奋斗，为中国革命与历史给予我们的任务而斗争。我们中央苏区的党与全党同志，一定可以在中央领导之下，领导闽粤赣的革命到最后的胜利。

中央向着在艰苦奋斗着的中央苏区全党同志致热烈的布尔什维克的敬礼！

中共中央

一九三四年十月八日

朱德关于红八军团向集中地域移动致周昆、黄甦电

（一九三四年十月九日）

周、黄：

甲、八军团于今九日晚由现地出动，并于十二日拂晓前到达杰村、澄龙、社富地域。

乙、移动的秩序如下：

（A）九日夜，八军团应到达古龙岗南岸之水南南路石桥地域，而后方机关则应到达黄沙、平安寨。

（B）十日夜，八军团司令部随二十一师应到达桥头地域，而二十三师及后方机关则应到达银坑地域。

（C）十一日夜，则全部隐蔽的到达指定集中地域。

丙、独二、独三团〔没〕有任何掩护的任务，独三团的任务则仍照你们昨日来电行之，而独二团则应于九日晚接替六十三团的任务。以后独二、三团的在〔再〕行动，另有电告。你们则应转告独三团首长统一指挥行动。

丁、为守军事秘密，应注意如下事项：

（A）这一命令不得下达，而仅以单个的每日的命令实施之。

（B）严防落伍和逃亡。

（C）只应于夜间移动部队，日间休息配置时，则严密注意防空。

戊、执行情形，电告军委。

朱

九日九时

野战军由十月十日至二十日行动日程表 [①]

（一九三四年十月九日）

日期\n兵团	10	11
军委纵队	从晚上出发，由田心向麻田圩前进。干部团由晚上由九堡向宽田进。	从晚上出动，并应到达宽田。从晚上出动，并于到达岭背圩后，即配置训练。
Ⅰ K	从九号晚上，由江背洞、社富、溪原于7号晚转移到集中地域（见图）15D从晚上出动，由固村、回龙转移到黄石罐地域。	在集中地整理、补充及军政训练。15D从晚上出动并应到达翰林头、半截地域。
Ⅲ K	在宁都南之第一作战地区，进行整顿和军政训练。	同上
Ⅴ K	在兴国北面之现阵地，即在拉石寨以南及城皇以南之现阵地继续抗击周敌。如敌前进时，则转移到文溪村西至水寨脑之后方地域。	同上
Ⅷ K	从晚上由水南南路及石桥地域，转移到银坑、桥头地域。	从晚上出动，由桥头、银坑转移到杰村、澄龙、社富地域。
Ⅸ K	三师在桃黄隐蔽、休息、整理，并于当晚向武阳围前进。二十二师主力仍在站塘，其65R则在茶梓地域肃清铲匪。	三师由晚上出动，到达会昌之北塘坊［珠］兰埠、木西坝地域。二十二师同上。
中央纵队	在梅坑编队。教导师在瑞金附近进行军政训练。	同上
	1.与五、八军团用无线电联络。2.与其余的则用电话联络。	同上

---

① 此表，按中国人民解放军档案馆提供的档案原件刊印，表后"1"项中所述"石、兴、会、雩路线图"及"赣南路线图"均缺。1934年10月12日8时半，中革军委主席朱德致电各军团、纵队，通知："将该表规定野战军全部行动，按日推迟一天执行，但中央纵队仍于今十二号晚移动"。

日期 兵团	12	13	14
军委纵队	从晚上出动，由宽田转移到古田圩，于岭背渡河。	仍留原地配置休息，并开始架设零都到小溪的长途电话。干部团编入纵队，余同上。	仍在原地并进行补充侦察。在宁、会河会合处①即龙古嘴到盂口地域准备渡河，完成一周粮食的准备。
Ⅰ K	同上。十五师归还主力。	同上。	完成一切准备，工兵及侦察部队进行补充侦察，并准备由龙古嘴到龙江口②地域渡河。
Ⅲ K	晚上由原地出动，到达葛坳、曲阳、上脑地域。	晚上由现地出动，到达三贯、水头圩、车头圩地域。	完成一切准备，工兵及侦察部队进行补充侦察，并准备由盂口（不含）到三门滩（不含）地域渡河。
Ⅴ K	同上。如敌前进时，则退至兴国北之牛形、象形及至西面之杨山地域。	同上。	同上。但在敌人大力压迫下可放弃兴国，转移到兴国以南地域。
Ⅷ K	在集中地整理、补充并进行军政训练。	在原地动作同上。	同上。
Ⅸ K	三师及二十二师均同上。	三师及六十五团同上。二十二师在分区部队掩护下，转移到麻州地域。	完成一切准备，三师准备于会昌以北地域渡河，而二十二师准备于安远河之长沙圩附近渡河。
中央纵队	晚上由梅坑出动，到达麻地圩、富陂、黄龙。教导师则于当晚转移到西江地域。	中央纵队应完全集中到麻地圩、宽田、黄龙地域。	在东江口（不含）到洛口塘（不含）地域，进行补充侦察及准备渡河。
	1. 与3K、5K、8K无线电联络。2. 与其余的用电话联络。	1. 与5K、8K无线电联络。2. 其余的用电话。	同上。各军团负责代表到总司令部受领命令。

① 指宁都河（梅江）和会昌河（贡水上游）合漉点，位于今于都县城东北约4公里处，该地今名白口。
② 未查到此地名。据红一军团行动地域判断，似指今于都县城以东约18公里、无名小河与贡水汇合处。

日期 兵团	15	16	17
军委纵队	完成渡河准备，发下进攻命令。	从晚上渡雩都河并应到达新陂地域。	从晚上由原地转移到小溪地域。
Ⅰ K	在原地完成一切渡河准备。	从晚上于规定地域渡雩都河，并转移到梓山、里仁、梨村、梨邦桥地域。	从晚上由原地出动，转移到金竹、仁风圩及塘村地域。
Ⅲ K	从晚上出动，由原地域转移到古嶂村、铺前岗、三门滩，并完成一切渡河准备。	从晚上于规定地域渡雩都河，并应到达新陂（不含）、罗家渡、大平（含）地域。	从晚上出发，转移到牛岭坳、牛岭及图岭地域。
Ⅴ K	转移到兴国以南约于增高山、竹坝、山田地域进行运动防御。	从晚上由原地出动，转移到杰村、社富、溪原地域，掩护队应位置于兴国之南。	从晚上转移到雩都以北地域，进行补充。
Ⅷ K	在原地。	从晚上由原地出动，转移到水仓前、石口、观音庙地域，并准备渡河。	从晚上于雩都（不含）、三门滩间渡河，并转移到大平、长罗、罗家渡地域。
Ⅸ K	在原地。	在原地完成准备。	从晚间渡河，全部转移到桂林间、茶梓、河石地域，六十五团即归还主力。
中央纵队	在原地，但国局第一营集中于新陂。	应从晚间转移到东江口、洛口塘地域的东岸，准备渡河。	从晚上于东江口、洛口塘间渡河，转移到梓山、梨村、梨邦桥。国局一、三两营应集结金竹。
	1. 与 3K、5K、8K 用无线电。2. 其余用电话。3. 代表联络。	1.5K、8K 及中央纵队无线电。2. 其余用电话。	1. 与 5K 无线电。2. 其余的用电话。

日期 \ 兵团	18	19	20
军委纵队	从晚上移到图岭地域，并附两个迫击炮连及爆破连给三军团，附一个迫炮连给一军团。	从晚上转移到合头地域。	原地准备南移。
Ⅰ K	主力在原地向金溪、新田之敌进行侦察，并向新田、重石间及石背圩方向派出别动队。	从晚上接近敌阵地，即进至金溪、金竹背以东及以北地域，唐〔塘〕村为1K与其他后续队之后方分界线。	进攻金溪、新田之敌，以求达到石背圩、林罗背（含）地域。
Ⅲ K	主力在原地向韩坊、固陂、大桥头之敌进行侦察，并向固陂、韩坊间与别室①方向派出别动队。	从晚上接近敌人阵地，到长渡坝、白室地域，牛岭为三军团之后方分界线。	进攻韩坊、固陂之敌，以求前出到平（坪）石、林罗背地域。
Ⅴ K	转移到雩都地域进行整理，并准备渡河。	从晚上于雩都、三门滩间渡河，并到达罗家渡、新陂、小溪及大平地域。	在原地向雩河岸南派出警戒，并准备晚间南移。
Ⅷ K	晚上移到长罗、大平及牛岭坳（不含）地域。	从晚移至王母渡、立赖圩之间河的东岸，侦察敌人的渡河点，并准备渡河。	为协助3K攻韩坊，于晚间由王母渡、立赖圩间西渡，目的是在前出到大龙地域。
Ⅸ K	在原地，但向龙布、重石之敌派出侦察，并于其间派出别动队。	从晚间以一个师迫龙布，一个师进至金沙、水口并侦察龙布、重石之间到牛犬山的道路。	进攻龙布之敌，目的是在前出到重石、竹背间的道上，并钳制重石之敌。
中央纵队	从晚上移到乱石、上坪、大平圩、小溪（不含）地域。国局一、三两营均归还本队。	从晚间移到仁凤〔凤〕圩、金竹及牛岭、唐〔塘〕村（两不含）地域。	准备从晚上南移。
	同上。	1.均用无线电。2.与1K、3K、中央纵队加徒涉〔步〕。	1.与一、三军团用野战电话。2.与其余的用无线电。

①似指白室。

1. 雩都北之移动，因〔用〕石印的石、兴、会、雩路线图（附原件）；在雩都河以南行动，则用军委新印的赣南路线图。

2. 雩都南分界线如下：

A.3K右侧分界线，长洛、牛岭坳、长渡坝（均含）。

B.1K、3K分界线，新陂、小溪（两军团均不含）、金竹（属1K）、应坑、大桥头（属3K）流坊圩（属1K）。

C.1K左翼分界线，为梨邦桥、仁凤〔风〕圩、双芫、金竹背、石背圩（均含）。

3. 雩都、新陂、小溪的路，应让出给军委，军委于继续前进宿营位置，不应驻军团部队，军委要一师人的驻地。

4. 时间是大约的计算，而以个别的命令确施之。

中革军委

1934年10月9日

朱德、周恩来、项英关于第一野战纵队
撤离中央苏区的命令 ①

（一九三四年十月九日）②

一、兹将军委总司令部及其直属队组织第一野战纵队，与主力红军组成之野战军同行动，即以叶剑英同志任纵队司令员。

二、第一纵队的组成及集中计划如附表。

三、为使纵队顺利地遂〔执〕行任务，必须将下述事项深入地使全体人员彻底了解和执行。

1. 保持军事秘密。应加强警戒，封锁消息，各部队机关一律用代字，极力隐蔽原来番号名称。关于行动方向须绝对保守秘密。每日出发前，须检查驻地，不得遗留关于军事秘密的文字。

2. 为隐蔽行动，避免飞机侦炸，应用夜行军。黄昏前集合，黄昏后移动，拂晓时停止。

3. 每一伙食单位应派设营员一人，由各梯队派员率领设营（第一、第二两梯队由第二梯队派员负责分配）。

4. 各梯队在平形〔行〕道路前进时，应在出发前两小时派出道路侦察队，侦察和修理道路。但第一梯队则于九日晚派工兵连一连先行，为道路侦察队。

5. 应严格遵守集合和出发时间及行军次序，不得迟缓和紊乱。

6. 部队及行李的集合场应分开，选在路旁空地，不得遮断道路，妨碍通过。

7. 各梯队应妥觅响〔向〕导，但须绝对隐蔽自己的企图。

---

① 一九三四年十月，实施第五次"围剿"的国民党军向中央苏区的中心区域进攻，迅速占领兴国、宁都、石城一线。中央红军的机动回旋余地愈益缩小，在苏区内打破国民党军第五次"围剿"已经没有可能，于是被迫退出中央苏区，进行战略转移。这是周恩来与朱德、项英签署的第五号命令。

② 有的文本将此命令发布的时间标为十月十日，经考证，应为十月九日。

8. 行进时要确实保持距离，不得任意伸缩。

9. 在苏区内夜行军，可以按规定数目点火把行军（每一伙食单位准点三把，伕子六担一把）。

10. 道路侦察队应在道路分歧处设石灰方向路标。

11. 休憩或通路发生故障时，应通知后方部队，免致久停，增加疲劳。

12. 各梯队应派收容队，收容落伍病员。最后梯队负责消灭路标，并派拦阻队防止逃亡。

13. 应带四日份米粮。

14. 所有重病员一月难治好的，概送第四后方医院（九堡之下宋），务于十日午前十时前送完。

15. 各梯队首长应严格检查行李、文件担数，非经批准不得超过规定数目。

16. 到达集中地后，即用有线电话连络。在万田与万田、麻地间接长途电话线，架设电话，并置总机。

右　令

彭〔诸〕梯队长

主　席　朱　德

副主席　周恩来

项　英

部队组成 / 行军日程		第一纵队司令员叶剑英				
		第一梯队	第二梯队	第三梯队		第四梯队
		彭雪枫	罗彬	武亭		陈赓 宋任穷
		总部一、二、三局 无线电三台 电话一排 通讯队 警备连 工兵连（已先一天出发） 运输两排	总部四、五局 总政治处 警卫营（欠一连） 总政治部 医务所 运输一排	工兵营（欠一连） 炮兵营 运输一大队 另二排	附属医院（欠三所）	干部团 医务所 运输一排
第一天	出发地点	梅坑	田心圩	石门圩	洋溪	九堡圩
	出发时间	十日十七时	十日十八时	十日十八时	十日十八时	十日十七时
	经过道路	沿坝、麻地	沿坝、麻地	西江、小密	九堡	里田坳、杉星
	宿营地点	万田（约50里）	万田、麻地间（50）	黄龙（50）	九堡、麻地之间	洋田（50）
第二天	出发地点	同上	同上	同上	同上	同上
	出发时间	十一日十七时	十一日十八时	十一日十八时	十一日十八时	十一日二十时
	经过道路	宽田	宽田	梓山北岸（不过花桥、梓山）	万田	榆山、松树坪
	宿营地点	墩屋（60）	墩屋（60）	新圩（60）	黄龙（60）	宽田（40）
第三天	出发地点	同上	同上	同上	同上	同上
	出发时间	十二日十七时	十二日十八时	十二日十六时	十二日十六时	十二日十七时
	经过道路	岭背	岭背	岭背		墩屋
	宿营地点	古田（50）	田寮下（40）	禾溪布（40）	新圩（50）	岭背（50）
附记		电话两排明10日另带长途电线80里，取捷径直往于都待命。		1.第三天出发,可早在十六时,得先行渡河（因该梯队行程较近）,以免拥挤。 2.沿于都右岸前进时,不要渡河。 3.附属医院14/X[①]到禾溪布。		注意:第二天为避免与一、二梯队交叉,其出发时间可迟至二十时。
部队名称的代名字		红星	梅坑	小松		公馆

此件引自《周恩来军事文选》第一卷,第348—351页。

①14/X,即十月十四日。

朱德关于红八军团向集中地域移动致周昆、黄甦电

（一九三四年十月九日）

周、黄：

甲、八军团于今九日晚由现地出动，并于十二日拂晓前到达杰村、澄龙、社富地域。

乙、移动的秩序如下：

（A）九日夜，八军团应到达古龙岗南岸之水南南路石桥地域，而后方机关则应到达黄沙、平安寨。

（B）十日夜，八军团司令部随二十一师应到达桥头地域，而二十三师及后方机关则应到达银坑地域。

（C）十一日夜，则全部隐蔽的到达指定集中地域。

丙、独二、独三团〔没〕有任何掩护的任务，独三团的任务则仍照你们昨日来电行之，而独二团则应于九日晚接替六十三团的任务。以后独二、三团的在〔再〕行动，另有电告。你们则应转告独三团首长统一指挥行动。

丁、为守军事秘密，应注意如下事项：

（A）这一命令不得下达，而仅以单个的每日的命令实施之。

（B）严防落伍和逃亡。

（C）只应于夜间移动部队，日间休息配置时，则严密注意防空。

戊、执行情形，电告军委。

朱

九日九时

总政治部关于准备长途行军与战斗的政治指令[①]

（一九三四年十月九日）

依照军事与政治命令，特发下列的政治指令：

（甲）进行整理补充与解释工作，提高部队的战斗情绪与巩固部队。

（1）在"迅速整理补充配合友军与全国革命力量准备反攻"的口号之下，进行部队的整理补充与战斗准备。

（2）根据张闻天同志《一切为了保卫苏维埃》的论文（红中[②]第二三九期），在部队中进行充分的宣传解释工作，兴奋全体战士准备进入反攻的战斗精神与对胜利的信心，反对一切悲观失望的机会主义动摇。应分别召集干部会与连队军人大会作报告，并应与目前整顿补充部队的实际工作联系起来（另有战斗员政治课材料发下）。

（3）加强巩固部队，特别是新战士与后方勤务部门的工作，进行严格的反逃跑、投敌的斗争。（一）军团和师政治部，应派得力政治工作人员，突击军团所属的医院和兵站工作。特别注意审查干部与考查人员，必须加强其中的政治干部与政治组织，从部队中抽调部分得力的给养人员到军团所属医院兵站工作，鼓动轻伤病员随医院行动与争取轻伤病员的健康归队。在军团政治部组织部之下，应指定一个得力科长管理后方勤务部门的政治工作。（二）帮助所属补充团工作，进行对新战士军事政治训练的突击，发动反对逃跑和不请假的运动，巩固全部新战士。注意补充衣服，调剂被单与改良给养、卫生工作，进行群众的检举与肃反斗争。对于补充团中未经训练与战斗的连长指导员应即调换。（三）对于补充到部队的新战士，应照总政治部以前的指示（九月八日）[③]进行，特别

---

① 此指令，按中央档案馆编《中共中央文件选集》第10册，第396—401页刊印，中共中央党校出版社，1991年3月版。

② 指《红色中华》报。

③ 指1934年9月8日《总政治部关于迎接九月上前线的三万新战士工作的指示》。

应迅速补充到原有的连排战斗单位中去，必须拆开补充团原来的组织与同乡同族的封建关系，适当的重新配备新老党团员，并发动连队巩固新战士的竞赛。（四）发动下层的反逃跑投敌的公论，健全十人团、政治战士与反逃跑斗争委员会①的组织与工作，进行严厉的反逃跑投敌的斗争。对于逃跑的组织者、煽动者与逃跑专家及企图投敌分子，应采取坚决的镇压以至枪决的手段。特别应注意经过区域的战士的巩固工作，发动不请假不回家的斗争。（五）检查各级政治机关与人员，勇敢提拔与补充干部，尽可能给新提拔的连排长、政治指导员与政治战士及新从红校回来的干部以相当训练，特别应经过团政治处给他们以具体工作的指示与帮助，提高他们工作的积极性与独立工作的能力。（六）政治委员与政治部应加强对保卫局的政治领导与干部的帮助，并检查一次保卫局的工作，使保卫局的工作能完全的与政治工作协同进行，把巩固部队工〔作〕成为保卫局的中心工作。

（4）政委与政治机关必须加强对供给、卫生部门工作的直接监督与检查，保证武器、弹药、衣服、行军锅、米袋、草鞋等物资材料的必要补充与适当的分配和调剂。发扬连队中经济协助委员会的作用，教育战士爱惜与节省一切的物质资材。检查连队中的卫生工作，应特别加强防止的疾病的办法，与疾病现象作坚决的斗争。各军团自己的医院和军委指定各军团负责的医院，必须加紧突击，争取伤病已愈的归队和轻伤轻病随队行动，争取突击计划的完成。

（乙）加强部队的政治军事训练，发扬部队的攻击精神，准备突破敌人的封锁线，进行长途行军与战斗。

（一）经过补充整顿之后，在得到行动命令时，应即适时的提出政治口号，主要应当是："发扬攻击精神，突破敌人封锁线，坚决实行反攻。"并应根据各兵团具体的战斗任务，灵活的提出鼓动口号。

（二）政委及政治部必须迅速的适合战斗环境的转变，坚决的改变政治工作的方式，必须正确的估计到由阵地性质的战斗突然转变到长途行军与运动战的时候，可能发生的恐惧、迟缓、不惯行军、大批落伍、失联络、抛弃武器公物与疾病的现象，必须预先采取有效的克服办法。

（三）应从政治上发扬部队的攻击精神，充分解释行动的意义。加强对战士

---

① 反逃跑斗争委员会，是在红军政治机关领导下，以团为单位设立的群众性的巩固部队的政治组织。此组织最先建立于红一方面军。

的军事教育，应特别注意夜间动作、防空侦察、警戒与进攻战斗的训练和演习，必须作到行动要敏捷、迅速、秘密与隐蔽，夜间动作要肃静与不失联络，攻击要迅速、突然与善于利用地形地物。同时对战士要特别注意使用武器的训练，对后方部队要特别注意防空伪装与行军的训练。

（四）突破敌人封锁线的长途行军与战斗情况中，政治委员与政治部必须保证由政治上最强的部队担任侦察警戒与后卫的任务。政治机关必须派出得力政治工作人员，加强这些部队的政治领导，同时应注意工作薄弱的部队中的工作。

（五）根据过去行军经验与教训，健全行军中的政治工作，应在行进与大小休息的空隙中，经过政治指导员、政治战士与党团员来不疲劳的进行政治工作，与部队的军事政治训练，以保证每个战士的不疲劳与随时准备战斗的情绪和旺盛的攻击精神。

（六）在行军中应特别注意行军卫生，保持行军序列，尽量减少行军中不必要的疲劳。由政治部协同司令部、卫生部与保卫局加强收容队与拦阻队的工作，消灭行军中的落伍与逃跑投敌现象。

（七）必须根据各兵团的战斗任务，灵活的提出政治口号与政治上的号召和竞赛，并须从政治上保证上级指挥机关命令的绝对执行。

（丙）保证部队与群众的正确关系，加强地方工作与资材的收集，坚决与脱离群众、破坏纪律的现象斗争。

（一）健全军团和师政治部的地方工作部门的组织与工作，加强对中央派来的地方工作团的领导与教育。必须把居民工作真正的开展成为连队的群众运动，使每个连队的地方工作干事与"地方工作组"能积极的进行居民工作，总支委必须加强对居民工作的指示与检查。

（二）加强部队中关于苏维埃政策与群众工作的教育（本部另有政治课材料发下），进行进出宣传与纪律检查，坚决的与脱离群众、破坏纪律的现象斗争，对于不能教育的破坏纪律的坏分子，应给以处罚，甚至在群众中公审枪决。特别要注意对给养事务与前站人员的教育与工作检查。

（三）必须在沿途进行对群众的宣传工作，尽量的召集伙食单位的群众会议，广泛的进行口［头］宣传，散发和张贴宣传品和在墙报上多写标语口号（居民的和告白军士兵的），特别要根据当地群众迫切的具体要求，提出斗争口号，领导群众斗争。坚决的对付与肃清敌探、反革命分子与豪绅地主的势力。

（四）严格的执行阶级路线，发动连队进行扩大红军与搜集资材的革命竞赛。对于扩大来的新战士，应集中补充团加以短期训练与检查工作。在搜集资材的工作中，必须严格的遵守阶级路线，除红军必须的资材外，应尽量发给当地群众。对于分发部队的资材，必须有计划的注意到战士、运输员的衣服、被单、黄烟与打草鞋材料的适当分配与供给，并应注意食物的调剂。

（五）尽可能的应在沿途建立秘密的群众组织与党的支部。

（丁）各兵团政治机关应根据上列的政治指令，分别定出"整顿补充工作""行军工作"与"居民工作"的具体计划，并采取有效的实施步骤。同时应保证与本部的经常联系，用电报或书面的报告工作。

此训令只限于发到军团和师政治部止。根据此训令分别定出适时的工作与口号，迅速传达到连队中去！

总政治部代主任　李富春

副主任　贺　昌

总政治部对于目前进攻战斗的政治工作训令

（一九三四年十月十一日）

目前我们正处在紧急的转变关头，英勇无敌的红军正担负着重大的军事的、政治的任务。在战斗上，正由短促突击的阵地战，转到广大区域的运动战；在行军上，正由苏区转到长途行军，与作战的白区；对地方居民的关系上，正由发动与依靠苏区群众的参战积极性，转到去赤化广大国民党统治区，发展新苏区。在这样伟大事变的面前，我们有着一切争取反攻胜利，开展苏维埃运动，发展广大新苏区的条件。我们正是要以最大的力量和坚决进攻的战斗，首先出击南面敌人，突破敌人封锁，消灭堡垒中敌人，争取反攻的第一步胜利转到全部反攻。因此以紧张的政治工作发扬部队高度的战斗情绪与攻击精神，争取当前进攻战斗的完满胜利，是目前各级政治委员与政治机关的迫切任务！在这一战斗中，各级政治委员与政治机关应有计划集中全力进行下列工作：

甲、渡河后迫近敌人的行军工作：

1. 进行充分的政治教育与鼓动，提高部队的攻击精神。团政治处要有计划的指挥与帮助各连队，利用白日掩蔽宿营时，依据政治课材料，提出"坚决实行反攻"，"首先打击南方敌人，突破敌人封锁"，"争取反攻的第一个胜利转到全部反攻"，彻底粉碎敌人五次"围剿"等口号，进行宣传鼓动。解释南方敌人的弱点和首先打击南面敌人，更能顺利的开展反攻胜利的意义，使每个战士了解目前战争形势和争取反攻胜利的条件，提高红色战士在进攻战斗中的胜利信心与决心！

尽可能以团为单位举行短时的干部会议，特别解释：

①目前是要以坚决的进攻战斗来开始反攻敌人，反对曲解为退却的错误。

②要反攻敌人，必须集中力量以坚决的战斗首先争取消灭堡垒敌人，突破敌人封锁的胜利，坚定干部指挥攻坚！争取第一个胜利的决心。

2. 迫近敌人的夜行军中，特别注意下列工作：

①严格的注意行军的肃静与秩序，维持严整的行军序列。连指挥员每日应检查夜行军的状况，每日在出发前召集班一级的干部会议，以短时指出部队夜行军的优点与缺点，及应注意的事项。发动党团员以身作则，来影响全体战士。团政治处可用白布或白纸预先写些大字的夜行军须知的标语与鼓动口号，利用月光在大路转湾〔弯〕或有标兵处，置于路旁，由后卫部队收拾。

②在战士中进行行军的卫生运动，使之成为习惯。在秋收气候中，反对喝冷水吃生物，每天洗脚，行军走热了不要脱衣，清洁宿营地与厕所等。每一部队要定出"行军时的卫生须知"，向指战员解释与自觉遵守。另一方面，必须设法减轻红军战士的疲劳，在宿营休息时用谈笑话，说故事等方法克复〔服〕疲劳。

③派得力人员进行后方勤务机关的突击。争取新战士与运输员是最近在巩固部队工作中薄弱的一环，因此要在最近二、三天行军时间进行突击，加紧新战士与运输员的政治教育，建〔健〕强补充团与运输队中党支部与十人团的组织。注意他们的给养，纠正新战士与杂务人员中对运输员所发生的打骂现象。对卫生、供给机关工作的检查与督促，必须使之适合于前线战斗的需要，克复〔服〕一切迟笨散漫现象，各军团、师的后方勤务部可设政治委员。

④注意检查隐蔽、伪装与警戒等工作，团政治处与连指导员要从政治工作上向每个战士解释，在接近敌人准备进攻战斗时期，荫蔽、伪装与严密警戒的重要。要随时地以最好与最坏的例子作标准，进行解释与检查。

3. 特别加紧反逃亡斗争。估计着目前向南移动迫近敌人时逃亡增多的可能，因此，要从加紧政治教育、巩装固部队工作中开展反逃亡斗争。

①健强十人团的组织。连指导员要每日召集十人团的会议，检查与具体指示十人团工作。十人团工作不使从消极方面注意监视落后分子的行动，主要的要从积极方面以亲爱的同志态度，从政治上去教育说服平日表现不积极、家庭观念较浓厚的分子，从日常生活上尽可能去安慰与帮助解决落后分子的一切问题。

②拦阻队与收容队中，政治机关应派得力人员参加与指导其工作。对因病弱落伍掉队的分子，要鼓励他们迅速前进，对企图逃跑的分子实行拘捕，对组织逃亡与叛变投敌的分子，可以拘捕枪毙。

③抓住逃亡的严重的事件与人员，尽可能组织部队中的战士公审。揭发逃亡是帮助敌人的罪恶，说明只有在红军中与敌人坚决进行武装斗争，争取反攻

的胜利，才是红色战士的唯一出路，来教育全体战士。

乙、侦察敌情时的政治工作。在进攻战斗开始前，必须派出侦察队或别动队进行侦察与截断敌人交通等工作，因此要在每个侦察部队加紧政治工作，保障坚决完成其任务。

1. 每个侦察队派出时，师、团政治机关必须派有战斗经验的人员与一部宣传队，随同出发，具体指示其任务与如何克复〔服〕可能发生的困难。

2. 在每个侦察部〔队〕出发以前，对于该部队的政治工作人员（如指导员与政治战士），必须经过考察是否能独立的完成任务。应召集党团员的短时间的会议，说明出动的任务，鼓励党团员以身作则，领导全体战士，要艰苦坚决的完成任务。

3. 侦察队中的政治工作人员，不仅注意军事侦察，更应注意居民情况、敌人在当地影响等等政治侦察，并尽可能进行居民工作。

4. 每个侦察部〔队〕要坚决拘捕敌探、采买、便衣队，消灭敌人的警戒部队，并随时随地破坏敌交通。对工兵分在〔在〕侦察队行动，政治指导员应注意党团员与十人团员的配备，艰苦耐劳的在侦察部队中完成截断敌人道路，斩断敌人电线，修补我军行进道路诸任务。

丙、战斗时的政治工作：

1. 在迫近敌人战斗开始前，要依据"政治命令"和各部队进攻目标，提出："坚决实施反攻首先打击广大敌人"，"以迅速坚决的战斗夺取敌人堡垒，消灭堡垒中的敌人"，"突破敌人封锁，争取反攻的第一个胜利"，"粉碎敌人的乌龟壳，猛打猛冲打到敌人后方去"，"乘胜穷追不让一个敌人逃跑"等口号。在每个连队中召集支部大会，军人大会，进行实施战斗的广大的政治鼓动，最高度的发扬战斗情绪，以百倍勇气坚决进攻敌人。

2. 注意政治战士、党团员、十人团员的教育与鼓历〔励〕，以身作则的鼓动和领导全体战士，绝对执行命令，顽强进攻敌人，克复〔服〕在火线上的任何动摇，得到胜利要即穷追敌人，克复〔服〕放松敌人，去检查胜利品的错误。

3. 攻敌堡需要炮兵与机关枪起高度的作用，各师团政治委员与政治机关在战斗前要召集干部会议，解释其任务，保障命令的绝对执行。各连队的政委与指导员在战斗时要随时鼓历〔励〕射手，注意瞄准与命射〔中〕。

4. 政治机关要多派得力人员参加战时的后方勤务工作，首先注意检查与帮助卫生、供给机关的收容、救护、给养、运输等工作，求得适合战争需要。

5.要利用各种的小传单、捷报，迅速把胜利消息传播全军，鼓历〔励〕战斗，并即时提出新的战斗口号（如追击等）。

6.战斗结束后，要立即恢复、健全各连队的组织与纪律，举行短时的同乐晚会等，恢复疲劳。加紧卫生、供给机关对伤员与胜利品的处置，以便迅速准备继续的行军与战斗。

丁、在这一战斗中，政治工作的方式必须以最高的机动性与自动性，发杨〔扬〕政治工作人员的创造性，随时随地适合行军与战斗的需要，灵敏活泼的进行工作，克复〔服〕迟钝、等待、不紧张的现象。并要在长途行军中随时抓紧巩固部队的工作，根据最近行军的经验，须先从组织上的巩固，政治上说服教育，以及估计着可能发生的问题，采取各种方法防止与克复〔服〕。长途行军中党的生活决不应放松，应利用休息开的会议，保障党的领导作用。

戊、此训令发到团首长为止。各级政治机关接到此令后，应立即有计划的执行，并将执行情形随时电报电话及通讯联络，报告本部。

总政治部代主任　李富春
根据中央档案原抄件刊印

朱德关于各独立团行动部署致项英电

（一九三四年十月十三日）

（致中央军区）项：（密译）

甲、依据最近情报，中央区各独立团的行动部署，应有以下的改变：

（一）石城方面：独七团应活动在石城、头陂之线，扰乱敌罗、樊[1]两纵队向头陂集中；当该敌已集中头陂逐段向宁都筑碉前进时，该团应在头陂以东及东南，率领地方部队发展广泛的游击运动，并破坏敌人筑垒。独十一团目前仍应在石城以南游击阻敌，严密封锁消息；在二十号后并当李[2]敌向汀州前进时，该团应归还闽赣军区的建制，即转至汀州以北，率领地方部队游击于李敌的外翼侧。

（二）头陂方面：独一团的任务不是在头陂以南实行顽强防御，而应当罗、樊两敌向着宁都前进时，该团应在头陂敌人右翼侧，率领诸地方部队，发展广大的游击战争，扰乱与破坏敌人筑垒推进，以配合独一团[3]行动。

（三）古龙岗方面：独二、三两团目前部署仍旧。独二团在古龙岗以南及敌人左翼，独三团在古龙岗以南及敌人右翼积极活动，并严密封锁消息，以掩护我八军团的集中与移动。当十八号我五军团将由兴国向雩都移动时，独三团应于十七号移至兴国以南及东南接替五军团的任务，并率领地方部队积极游击于兴国之敌两翼侧。当兴国、古龙岗两敌对向筑垒时，独二团应活动在古龙岗、兴国之线，破坏敌之筑垒。

（四）福建方面：独十九团应迅速成立，后即在河田以东及东北发展游击运

---

① 指罗卓英、樊嵩甫。

② 指李延年。

③ 此处，疑误，似应为独七团。

动，并破坏李敌由朋口向河田筑路。独十七团在连西①任务不变。兆征②新的独立营应迅速成立，以便在河田以西沿河发展游击运动，严格封锁消息，以掩护我九军团的集中和移动，并与在清溪、天心地区活动之十五团配合行动。

（五）赣南军区部队的部署，俟明晨与军区决定后再告。

乙、应责成江西军区，现在就应在头陂、宁都的道上进行坚壁清野工作，并准备宁都的搬移。当敌已占领石〔城〕时，江西军区应移至宁都、古龙岗之线以北，直接指挥二分区与独三团在封锁线外活动。

丙、中央军区尽可能保持现有的电话线与各军区联络外，对无电话的与直属分区直接指挥的各独立团，应建立按时的用徒步通讯的报告与通讯制度。军区与各分区及各独立团间，亦应如此。而你们亦应将情况急〔及〕时的电告军委。

朱　德

十三日十六时

---

① 指福建省连城县西部。

② 中央革命根据地设置的福建省属县名，为纪念中国无产阶级革命家、著名的工人运动领导人苏兆征而定名。

朱德关于各补充团正式拨给各兵团管辖并负责训练的指令

（一九三四年十月十三日）

（致一、三、五、八、九军团，中府电台，六局）各首长：

　　甲、兹从新规定各补充团正式拨给各兵团管辖，区分如下：

　　1.江西补充第二团、雩都补充第八团拨给一军团。除补二团已补一军团外，一军团应即派员到雩都接收补充八团，并于十五号晚带往一军团集中地点。

　　2.补充第三、第四团均拨给三军团。补充第三团，应令其由长胜①随三军团后十六［日］早开到三军团第二集中地区之车头；补四团由三军团派员至雩都接管，于十六号晚开至埠前冈附近，随三军团后跟进。

　　3.补充第五团仍拨给五军团，由五军团派员至江背洞直接接收。在五军团未移动前，仍继续接收新战士，当五军团移动时，即随五军团后方部移动，并特别进行巩固工作。

　　4.雩都补充第六团拨给八军团，由八军团立即派员前往雩都接收，并于十五日晚开往社富地域随八军团行动。

　　5.现在雩都之补充第一团拨九军团，由九军团立即派员到雩都接收，并于十五日晚由雩［都］开往会昌。到达会昌后，即随九军团行动。

　　乙、各补充团拨给各军团干部及新战士，全部均由各军团负责训练，并切实进行巩固工作。第七补充团干部仍须继续接收新战士，准备补充二十四师及军委直属部队。该团驻地由项主席指定。

　　丙、执行情形，望电告。

朱

十三日十七时

罗、邓抄转金部长并告项②

---

①指中央革命根据地设置的江西省属县名。

②此句中，罗，指罗迈，即李维汉，时任军委第二纵队司令员兼政治委员；邓，指邓发，时任军委第二纵队副司令员兼副政治委员；金部长，指金维映，时任中革军委总动员武装部副部长；项，指项英。

朱德关于红七军团转移到赣东北苏区整理
致寻淮洲、乐少华电

（一九三四年十月十五日）

寻、乐：

甲、你们应立即派出数小组便衣侦察队，分途联络我失联络的部队，并集结于白泥滩地域。

乙、部队集结后应立即转移地域，脱离敌人，并极力隐蔽起来。

丙、立即侦察转移到赣东北苏区的道路，并迅速隐蔽的转移到红十军苏区，以便进行部队的整理、补充。

丁、执行情形，火迅〔速〕电告军委。

朱

十五日八时半

朱德关于红五军团向集中地域移动的部署
致董振堂、李卓然电

（一九三四年十月十六日）

董、李：

甲、独三团明十七号应到达兴国以南及东南的地域，接替五军团抗击周纵队的任务。而五军团则应于明十七日晚转移到社富地域，如独三团明日不能到达时，则五军团的行动应推迟一天，于十八日晚南移到社富地域。

乙、已令独十三团于十七号起，由均村地域改移茶元岗地域，向兴国之敌的右翼侧积极游击。五军团应与该两独立团取得联络，规定他们的行动部署，并电军分委和项主席。

朱

十六日十九时

野战军南渡贡水计划表①

（一九三四年十月）

部队		军委第一纵队	军委第二纵队	I K	III K	V K	VIII K	IX K
渡河日期	渡河日期	从17/X晚起，至18/X拂晓五时止	从18/X晚起，至19/X拂晓五时前止	从17晚起，至18拂晓前五时止	从17/X晚起，至18/X拂晓前五时止	从20/X晚起，至21/X拂晓前五时止	从18/X晚起，到19/X拂晓前五时止	从18/X晚起，到19/X拂晓前五时止
派出侦察日期（便衣、工兵、政治侦察）		15/X派出侦察水位、流速，确定徒涉场、架桥可能、河岸当地居民情况、给养情形（菜、油、柴等），限16/X正午报告，送达军委司令部	15/X晚派出参谋长率特务队及干部团的工兵连（15/X由岭背出发），16/X拂晓到达花桥、各茅、洛口地域，进行渡河侦察，任务与上同。限17/X拂晓前，报告送达新陂军委司令部	15/X派出侦察，任务同上，亦限16/X夜将报告直由潭头送到古田军委司令部，同时报告给军团司令部	18/X派出侦察，任务同上。报告由前岗分送军司令部及军团司令部，限16/X夜送到	18/X晚派出侦察队、工兵连至雩都、塔脚下地域，准[备]侦明渡河点并接受雩都军区保管的及8K于19/X拂晓前移交的一切渡河器材及船只，并将接受情形电告军委	17/X晚，应派出负责参谋及两个工兵连到达3K渡河地区，弄明水深、流速、徒涉场、架桥地点，并于18/X拂晓五时至六时三十分接收3K各架桥点的一切器材、船只，并负责拆掉	16/X晚，派出便衣政治侦察安远河之兴公埠与桂林江的徒涉场，并限于17/X正午前电告军委

①此表，按中国人民解放军档案馆提供的档案原稿刊印，原表无表名、发文机关及发文日期，表内所述"情报汇闻"与附图均缺；现表名及发文日期是编者增加的。

部队		军委第一纵队	军委第二纵队	ⅠK	ⅢK	ⅤK	ⅧK	ⅨK
渡河日期	准备完毕日期	17/Ⅹ拂晓前完成一切渡河准备，17/Ⅹ十六时起开始架桥，限四时架桥完毕，在水深在一米达以下的徒涉场的地方，即不架设浮桥	18/Ⅹ拂晓前完成一切渡河准备。18/Ⅹ十六时开始架桥，限二十时完毕。在有徒涉场水深在80C①以下的，即不架桥	同军委第一纵队	同上	20/Ⅹ日拂晓前，将一切渡河器材整理完毕。20/Ⅹ十六时开始架桥，余同上	18/K拂晓完成一切渡河准备。同军委第二纵队	18/Ⅹ拂晓前完成一切准备
渡河区域	渡河地区	孟口至古龙嘴（均含）间	花桥至洛口塘	古龙嘴到花桥（不含）间	由孟口（不含）至三门滩（含）间	由雩都至塔脚下（含）间	由孟口（含）、三门滩间	在会昌河由珠兰埠到会昌（均含）间。在安远河到兴公埠到桂林江间
	渡河点（用情报汇闻的附图36）	No.5、6、7徒涉场No.3架桥点	No.2、3徒涉场No.2、3、4架桥点	No.1、2、3、4徒涉场No.4、5、6架桥点	No.8、9、10、11、12徒涉场	No.5、6、7、8、9、10徒涉场	No.7、8、9、10、11、12徒涉场	No.6及会昌石桥

部队		军委第一纵队	军委第二纵队	ⅠK	ⅢK	ⅤK	ⅧK	ⅨK
渡河器材	船只	现集中雩都城附近之船只20只	由中央军区在瑞金东于15/X（晚集中）船只，限17/X拂晓驶到白峨、花桥地域，由国局特务队接收。会昌警备区在会昌附近搜集船只，于15/X晚派出十只，限16/X正午到达各矛地域	军委司令部由岭背放下之船只，投十只于16/X晚间到塔脚下、潭头地区，由1K工兵连按时接收。由会昌集中十只船于15/X夜下驶，限16/X夜开抵梓山地域	由赣南军区负责收集江口、三门滩一带船只上驶，限17/X拂晓集中到孝堂、下坝两徒涉场。由军委司令部从岭背放下船只，拨十只开至里仁、十铺、塔脚下三徒涉场，限16/X晚间到	接收军委及8K的一切渡河器材、船只	接收3K的器材及船只	在下面水滩的情况下，在会昌河均〔由〕会昌石桥渡河，在安远河应派工兵连〔至〕兴公埠、魁〔桂〕林江地区收集架桥器材
	架设器材	绳，索，门板，木桩、竹枝（作徒涉的河中标记）	同上	同上	同上	同上	同上	同上
土工		修理河岸沙霸〔坝〕，开辟道路	同上	同上	同上	同上	同上	同上
人工		红星工兵营：工兵架桥连；工兵土工连	红星干部团之工兵连全部及国局特务团	军团及三个师的工兵连	军团及三个师的工兵连	军团及两个师的工兵连	军团及一个师的工兵连	军团一个工兵连

部队		军委第一纵队	军委第二纵队	ⅠK	ⅢK	ⅤK	ⅧK	ⅨK
渡河前后宿营地域	前	17/Ⅹ日间，古田、岭背地域	18/Ⅹ日间，公馆、黄龙、梅坑、温村地域	17/Ⅹ日间，东江口至龙子脑地带的北岸	17/Ⅹ日间，在杨梅坳、禾埠、前岗地域	20/Ⅹ日间，在雩都、埠前岗地域	18/Ⅹ日间，在□仓前、五关圩地域	18/Ⅹ日间，仍在会昌、珠兰坦
	后	18/Ⅹ日间，新陂地域	19/Ⅹ日间，里仁、黎村、黎邦桥地域	18/Ⅹ日间，里仁、黎村、黎邦桥、黎潭头地域	18/Ⅹ日间，在新陂(不含)、罗家坳、大平(含)地域	21/Ⅹ白天在新陂、罗家渡、大平、小溪地域	19/Ⅹ白天，在罗家渡、大平、长洛地域	19/Ⅹ日间，在桂林江石、茶梓地域
渡河后的浮桥处置		（1）浮桥应于18/Ⅹ五时起拆掉，限六时三十分拆完（2）一切渡河架桥的器材、船只，统移交给赣南军区保管，以便5K20/Ⅹ晚渡河时继续使用	（1）同上（2）一切渡河器材、船只，于拆桥后交还当地政府	（1）同上（2）18/Ⅹ拂晓前拆桥完毕，应即由国局特务队一班人接收船十只，上驶至花桥地域，其余交当地政府	（1）同上（2）18/Ⅹ拂晓前拆桥完毕，并将一切渡河器材、船只，交8K派去之负责参谋及工兵部队接收	（1）同上（2）一切渡河器材、船只，交赣南军区处理	（1）同上（2）一切渡河器材、船只，交5K接收	如在兴公埠、桂林江架设桥，则于渡河后亦应于19/Ⅹ拂晓前将桥拆毁

部队	军委第一纵队	军委第二纵队	ⅠK	ⅢK	ⅤK	ⅧK	ⅨK
附记	第一纵队侦察渡河人员，应每两〔小〕时将选定的徒涉场的水位升降，用电话报告军委司令部。						
附记	军委第二纵队于17/X黄昏时，分三个纵队向渡河前宿营地域前进：（1）第二梯队的〔为〕右纵队，18/X拂晓前到达黄龙地域，黄昏在花桥渡河，经梓山、潭头于19/X拂晓前〔到〕里仁地域。（2）第三、第四梯队为中央纵队，18/X拂晓前，到达公馆及各矛、河东地域，黄昏在各矛渡河；19/X拂晓前，到黄泥坑、枫庙地域。（3）第一梯队为左纵队，18/X拂晓前，到达梅坑、温村地域，黄昏由自找渡河；19/X拂晓前，到达黎邦桥地域。						
附注	1.各兵团纵队所派遣之参谋、侦察、工兵、政治人员及部队，应绝对伪装，如军区人员及部队，不得以自己番号告诉居民及友军。2.工兵所搜集的渡河器材，应将其隐蔽、隐藏起来，船只应停泊、隐蔽在河港滩湾间。3.架桥时间必须依照本计划所规定，并须在规定内力求迅速完成，不应超过规定时间。4.天雨时，工兵架桥可改在日间架设，惟部队渡河仍应在黄昏以后。5.部队渡河及行军时间，严格遵守黄昏十七时起至次晨拂晓前五时止之规定，如超过时间，部队即应停止运动，隐蔽配置如〔在〕渡河沿岸山地或树林中。6.拆桥时间不得超过一小时半，上午六时半止，渡河点应消灭一切渡河行迹及沙滩足迹。7.赣南军区负责封锁雩都河（西起江口东至花桥〈不含〉）的两岸消息及交通，国局特务队负责封锁花桥至洛口塘（均含）间的消息和交通。						

朱德关于野战军攻占固陂、新田地域的命令^①

（一九三四年十月十八日）

（一）赣南敌我情况：

1.南线敌情如军委十月十五日所发之"情报汇闻"推测，须补充以下三〔四〕点：

A.龙部〔布〕，据我部队侦察报告增敌至两营，重石留一营，但尚未最后证实。

B.桂敌四十四师十七日开抵连县、旧〔阳〕山地域，周、莫^②两团连县，王^③团黎华〔埠〕，凌^④团（缺一营）及师部青莲，一营留英德之大镇。

C.粤敌独三师位置如下：第三团驻南雄；教导团（缺一营）驻韶关，一营驻仁化；第一团驻乐昌；第二团（缺一营）驻连县，一营驻洽洗；师部驻韶关。二团在四十四师接防后有开英德消息。

D.据居民传言，韩坊第四〔师〕教导团于十七日开小垒，牛岭、马岭之铲匪在牛岭集中，有二三百人，企图进攻马岭和畚岭。

2.我赣南地方独立部队，现时分布在如下的地域，执行向当前之敌游击，肃清与驱逐其当面的铲匪（参阅附图^⑤），并封锁消息，断绝通敌大小道路、交通的任务。

A.独十四团一个营及大田游击队在大田、分岭背、长洛（不含）地域；

---

①此命令，按中国人民解放军军事科学院图书资料馆存档打印件刊印，尚未查到原件校对，此件标题中及文内所指"固陂"，按上海申报馆1934年4月版之《中华民国新地图》及现图，似均指江西省信丰县之古陂镇。因未查到此命令之附图校订，故未改动。

②指国民党军桂系第四十四师第一三二团团长周元、第一三〇团团长莫德宏。

③指国民党军桂系第四十四师第一三一团团长王振朝。

④指国民党军桂系第四十五师第一三四团团长凌压西，此时该团配属第四十四师行动。

⑤此图缺。

B. 长洛游击队在湖山坝、白沙坳、杨先坑地域；

C. 独十四团另个营在牛岭坳之南太平山地域；

D. 独六团之一个营及第一游击队，在马岭□□、鸭婆堜、中煅地域；

E. 独六团之第二个营，在浮槎及河石以北地域；

F. 独六团之第三个营及水东游击队，在桂林江以南及龙口地域；

G. 第三游击队仍在大源地域。

3. 国局保卫第一、二两大队，十八日晚起集中小溪，十九日晚一大队开上坪，归还保卫团建制，掩护军委第二纵队之第三梯队；三大队开小溪东北之羊石下，掩护军委二梯〔纵〕队之第二梯队。

4. 我六十五团于十七日晚集中大岗头，十八日晚开往安山，归还二十二师主力。

（二）总任务。我野战军目前总任务是：

1. 确实占领固陂、新田地域；

2. 前出至平石①、安息、石背圩之线，以便继续于信丰、龙南之间渡过信丰河。

（三）各兵团的任务。各兵团的分别任务如下：

1. 三军团占领固陂，前出至平石、大塘铺、石门径地域；

2. 一军团占领金鸡、新田，前出至龙州、安息圩、石背圩地域；

3. 八军团以一个师箝〔钳〕制韩坊之敌，一个师在寨下、下港渡河，控制信丰河下游渡河点，然后全部西渡至大龙、坳头〔背〕地域；

4. 九军团之一个师担任消灭与箝〔钳〕制龙布之敌，其另一师则前出至重石以北之燕湾港②、龙尾口、曾村地域的山地，监视重、板石之敌，并切断其通龙布路线，然后军团全部前出至重、板石以西、曾村、鸭子寮、平地、板嶂地域；

5. 五军团及军委一、二两纵队，均依行动日程表所规定的推迟一天（依军委十二日八时［半］电令）行之。

（四）进攻出发点。各兵团应于十月十九号夜开抵下列的进攻出发地：

1. 三军团从十九号晚上，由牛岭坳、金沙、畬岭、马岭地域开抵牛岭、小

---

① 应为坪石，属江西省信丰县。
② 应为燕滂岗。

垒、唐坑口、白室、天子桥地域；

2. 一军团从十九号晚上由太平圩、仁风圩、金竹、山坑地域开抵唐村、双芫、合头、罗风圩地域；

3. 八军团从十九号晚上，由大平、长洛坳地域开抵黄沙坑、黄朱排及营田地域；

4. 九军团部及第三师，从十九号晚上开鱼公埠、茶梓地域，二十二师由安山、桂林江开抵河石地域。

（五）进攻的准备：

1. 各兵团均应于十九号晚，在每一并行纵队前面派出先头营，伪装地方部队，其任务为肃清沿途铲匪、断绝交通、消灭敌人前出的侦察警戒部队，保证各兵团推进至进攻出发地；

2. 各兵团应于二十日派出便衣的部队的特种侦察，侦察下列各要项：

A. 当前敌人的工事、堡垒状况及其兵力部署：

B. 地形；

C. 我军接敌的并行路线及攻击位置；

D. 炮兵、机枪的阵地；

E 各地区附近的观察指挥阵地控制于我的手中；

F. 八军团应侦察王母渡，立獭圩之间的渡河点，并准备渡河；

G. 各军团分别侦察经过敌堡中间通敌后方的大小道路如下：

（1）三军团侦察韩坊、信丰、固陂之间的平石、大塘铺、石门径的道路，固陂、大桥头与金鸡之间通安息的道路；

（2）八军团侦察信丰、韩坊之间通洪村、坪石的道路；

（3）一军团侦察大桥头、新田之间，金鸡、新田、重、板石之间通石背圩、板嶂的道路；

（4）九军团侦察龙布、重、板石之间通曾村、鸭子寮、板嶂的道路。

3. 各兵团应于十九号夜，向如下的方向派出一排到一营以下兵力的别动队，携带工具与爆炸器材，伪装地方游击队，其任务为切断敌人的通信联络、运输交通，特别要破坏其电话、电报线及其汽车公路：

A. 三军团应向韩坊、固陂间，固陂、信丰间，固陂、安息间，固陂、大桥头间，及固陂、金鸡间；

B. 一军团应向新田、大桥头间，金鸡、新田、固陂间，金鸡、新田、重、板石间，及新田、安息间；

C.八军团应向韩坊、信丰间，王母〔渡〕、立獭圩间；

D.九军团应向龙布、重、板石间。

（六）攻击

1.攻击部署：

A.三军团应于二十日黄昏，以一个师在其右翼队先头，经韩坊、固陂之间，寻捷径出至坪石地域，切断固陂敌人往西退路，并威胁信丰。三军团主力（缺一个师及一个团）应于二十日晚向固陂、大桥头开进，部署拂晓的袭击。三军团另留一团为后卫，在天子桥、木谬向韩坊之敌警戒，掩护自己右侧后。（附注：如五团兵力进攻不够使用时，可由后卫团分出之师抽出[1]）。

B.一军团应于二十日黄昏，同样以一个师在其左翼队先头，经新田以东之鸭子寮，前出至石背圩、安息圩地域，确实占领该地，并保持在我手，以威胁固陂、新田之敌。一军团主力应于二十日晚开进，部署拂晓袭击金鸡、新田。

C.八军团应于二十日黄昏前，以二十三师为右翼队，由黄朱排经寄桥角前进至王母渡南之寨下、下港地域渡河，即以该师控制渡河点两岸，并派兵分向王母渡、信丰两方警戒。以二十一师为左翼队，开进至长演坝、大树下，拂晓即佯攻韩坊之敌，并箝〔钳〕制之。

D.九军团于二十日黄昏前，以二十二师为左翼队，由长河、金沙地域，经径背向西南开进至龙尾口、燕湾港、曾村地域的山地，监视重、板石之敌，并切断其通龙布交通。第三师则于二十日晚向龙布开进，相机消灭该地之敌。

2.特种部队之拨交：军委于十八日晚，以迫炮营（缺一连）及工兵爆破连拨交三□军团使用，限明十九日拂晓前到达金沙。以一个迫炮连拨交一军团，限明十九日拂晓前到达太平圩。

3.各兵团应于二十日夜半，完成一切攻击部署及火网组成，并确定各级指挥所。

4.各兵团所派出之别动队，应于二十日夜半前到达指定地域，并从半夜开始活动，积极进行破坏工作。

5.各兵团应于二十日夜半后，以我开进的先头部队驱逐敌人之战斗警戒，

---

[1]此句，按1934年10月19日13时40分朱德电关于更正的通知，应为："如五军团兵力进攻不够使用时，后卫团可由分出之师抽出"。

并接近敌人的主要阵地，而主力则应占领冲锋出发地。行动要极迅速、秘密。

6. 总攻击时间，应以天候条件和侦察结果，由各兵团最高首长自下决心。在有□〔月〕光时，可于二十号的夜半后开始，阴雨则改至二十一号拂晓前攻击。

7. 各兵团统应于二十一号黄昏前，完成自己的初步任务。

（七）各兵团翼侧及后方分界线：

1. 八军团与三军团之翼侧分界线，为黄朱排①、长演〔坝〕及韩坊，线上属八军团。

2. 三军团与一军团之翼侧分界线，为小溪、牛岭、唐坑、大桥头、石门迳，线上属三军团。

3. 一军团与九军团之翼侧分界线，为乱石、仁风、双芫、金竹背、石背圩，线上属一军团。

4. 八军团后方十九日在大平，二十日在黄沙坑，二十一日在高地；三军团十九日在金沙，二十日在牛岭，二十一日在唐坑；一军团十九日在大平圩，二十日在唐村，二十一日在双芫；九军团十九日在鱼公埠，二十日在安山，二十一日在河石。各兵团每日后方所在地以北的地区，统属军委两纵队驻地，各兵团部队及后方不得渗入。

（八）

1. 总司令部位置：

十八日在原地不动，十九日晚移畲岭，二十日晚移合头。

2. 通信联络：十八日与一、三军团司令部由新坡〔陂〕对架电话，与其他军团及纵队均用无线电。

十九日与一、三军团由小溪利用长途电话对架电线，其他仍用无线电。

二十日与各兵团均用无线电。

二十一日与各军团用无线电。兵站并组织徒步通信站联络。自十九日起，按日三军团联络八军团，一军团联络九军团。此外于二十一日拂晓前，总司令部向三军团设立通信联络站到唐坑止，向一军团设到大源止，通信站应每隔十里设立一个，而一、三军团则应对向总司令部设立交通站。一切徒步通信组织，

---

① 此前文字，按10月19日13时40分朱德电关于更正的通知，应为"八军团与三军团之部分界线，为黄沙坑"。

均应于二十一日四时完毕。

3.各兵团均照此令行动，而勿须等待新的进攻命令。军团首长有权自动定下战术上的决心，必要时，军委将布置下达单个的命令给各兵团与纵队。

主席　朱　德

一九三四年十月十八日于总司令部

朱德关于总攻击改在二十一日夜至二十二日晨举行
致各军团电

（一九三四年十月二十日）

各军团首长：

（一）三军团未能赶到二十日的指定地点，其他各军团尚无报告。

（二）为保证各兵团行动之协调及同时动作，总攻击改在二十一日夜至二十二日晨举行。

（三）三军团及其他未能按时抵达之各兵团，应于二十一日晨全部抵达指定地点（命令上二十日晨地点）。特别后方机关，不应在指定的后方分界线以北。

（四）已抵达二十日指定地点之各兵团，应隐蔽配置一日。

（五）各兵团利用二十日及二十一日应进行：

（A）加强侦察敌情与地形。

（B）肃清进攻出发地区与向前接敌地区之铲共团及可疑分子。

（C）最后制定进攻计划并准备攻击。

（六）各军团、各纵队应逐日报告自己行动及配置，各军团（除五军团）应于二十一日午前报告自己的进攻的决心。

（七）军委司令部二十一日仍至河〔合〕头。

朱　德

十月二十日十时

朱德、周恩来关于我军突围战况及赣南军区要保证后方收容、运输问题致中央军区电

（一九三四年十月二十二日）

项分转蔡、钟、刘①：

甲、二十一日，我军反攻战斗从龙布到韩坊全线出〔击〕，粤敌余汉谋②纵队已从重、板石、新田、固陂、韩坊全线撤退，向安〔远〕、信丰、南康集中，我野战军略有缴获。主力正乘胜向信丰东南地域追击，先头部队今晚可逼近信丰河边，继续消灭粤敌。

乙、野战军继续突围战役，后方将离中区宜远，赣南军区作战任务已电中央军区项司令员转告你们，同时，你们应负责保证野战军在转移时的后方收容与运输：

（一）军区后方医院，应以一个所前设小垒，在大坝了〔里〕设转运站。畲岭设一个所，在塘村持〔设〕〔转〕运站；小溪设医务所三个，新陂医务所二个，零都西北一所，小溪统限二十三〔日〕早设置完毕。

（二）掩护部队由军区调游击队担任，并前出至白室、双芜两地，接收后运小岔、唐村。

朱、周

十月二十二日四时

---

① 指项英分转蔡会文，时任赣南军区司令员；钟循仁，时任赣南军区政治委员；刘伯坚，时任赣南军区政治部主任。

② 时任国民党军第一集团军第一军军长，兼赣粤闽湘鄂"剿匪"军南路军第一纵队指挥官，该纵队辖六个师另两个旅。

中革军委关于宣布成立中央军区和发动群众
开展游击战争致项英电

（一九三四年十月二十二日）

项：

（甲）敌情另电告。

（乙）我野战军主力本二十二日晚可前进至信丰东南地区，并逼近信丰河边，有消灭粤敌第一、二师之一部之任务。五军团并掩护军委二纵队，随主力后向固陂①、大桥头地域前进。野战司令部今二十二日抵白室②，并准备渡河战役。

（丙）中央军区应从二十二日起，即宣布成立，项兼军区司令员，并指挥江西、福建、闽赣、赣南及闽浙赣五个军区（闽北分区在内），及各直属的地方独立部队与二十四师和十军。

（丁）在目前赣南开展局面下，应责成赣南军区率领各地方独立部队，深入到敌人撤退的区域进行：

（一）发动群众广泛的发展游击战争，并扰击粤敌撤退。

（二）消灭铲匪，争取被欺骗的反水群众回家，分回〔外〕严厉的镇压反革命。凡铲匪中头目及地主、富农成份与工农出身之坚决反革命分子，均应枪决。

（三）收容和阻拦野战军中伤病员及逃亡人员，并负责动员群众前运粮弹，后运重伤病员。各地方部队的分布如下：

1. 赣县或雩都独立营，到王母渡下游洛河③两岸。

2. 独十四团前出至韩坊、固陂、小垒地域，并逼近信城。

3. 独立团以一个营前出到金鸡、新田、安息地域。

---

①应为古陂，属江西省信丰县。
②电文中有称"白室""白石"等，即今白石圩，属江西省信丰县。
③据内容判断，似指桃江，亦称信丰江，信丰河；自王母渡以下，流经赣县境内。

4.独六团主力前出至重、板石①、龙布地域。

5.独十五团在门岭河与安远河②之间，深［入］门岭、安远之间活动，扰击粤敌、李③，纵队左翼侧。

6.独十六团在站塘、麻洲地域，从正面逼近门岭。

7.独十团仍留门岭、会昌以东地域。

8.各游击队应在独立团间隙中活动。

（戊）赣南军区迅速扩大地方独立部队，并成立新独立营，以便接替现独立团活动地域的游击与进行赤化。

（己）军区政治部应取得省委帮助，速派遣工作团至新发展地区工作。

（庚）执行情形电告。

（望依此给赣南以具体指示）

中革军委

十月二十二日

---

① 即重石和版石，均属江西省安远县。

② 门岭河，指江西省会昌县境内绵水支流湘水，原名雁门水，流经筠门岭，习称门岭河；安远河，指江西省安远县境内贡水支流濂江，流经安远城，习称安远河。

③ 指李延年。

朱德关于我军渡过信丰河继续西进致各军团电

（一九三四年十月二十三日）

（致一、三、五、八、九军团）

一、敌第一师主力在安息，第二师在信丰，第四师在赣州、南康；独二旅在安远，但有经关头寨开安息之可能；独三师集结南雄。[①]

二、野战军于渡过信丰河后，除八军团于南康、大庾间西进外，其余均在大庾，南雄之间西进，对安息、信丰之敌只留监视部队。

三、二十四日晨，各兵团应到达下述地域：

甲、八军团全部应前出到大龙、坳头地域，并向信丰派出警戒，向龙回派出侦察队。

乙、三军团应前出到大塘铺、大江圩、小河、王庄地域，向信丰派出警戒，并向准〔正〕平圩、九渡水及坝子上派出侦察敌情、道路。五师随带小电台，准备一得野战司令部命令后，即向前出动为先头师。

丙、一军团应前出到铁石圩、铁石口、石材圩地域，并向流塘圩派出警戒，向大龙冈、罗塘圩派出敌情、道路侦察。

丁、九军团应到达走马丘、枫树下、石门径地域，并有监视安息之敌的任务。

戊、第一纵队到达场坊地域，并向信丰警戒。

己、第二纵队到达古陂、大桥头地域，并向信丰警戒。

庚、五军团则应到达小垒、双芜地域，并由其右翼队由小垒派出一个团，进至韩坊，向信丰警戒。

四、各军团及师的后方机关，应跟进到指定各军团应到达的地域。除五军

[①] 此项所述敌军，均属国民党粤系部队即南路军中之余汉谋纵队，其中第一师师长为李振球，第二师师长为叶肇，第四师师长为张达，独三师师长为李汉魂。

团与第二纵队外，其余各兵团应停止后运伤病员。

五、各兵团于本日二十四时前，详细电告执行野战军司令部此电令的情况，并准备接受作战命令。

朱

二十三日^①

---

①此处，本电另种档案文本为"二十三号十二时"。

朱德关于加强后方工作致各军团电

（一九三四年十月二十五日）

林、聂、彭、杨、董、李、周、黄、罗、蔡[①]：

军委再指示你们，各兵团自转移到白区后，对于后方的工作非常的不够，各军团应严格遵守下列各项：

甲、各军团和各师的后方，应在部队之直后跟进，如必要时，并应派部队掩护；在行军时，军团后方部应在作战部队半日行程后跟进，宿营时则应在军团宿营地域。

乙、停止一切伤病员后运，而应随军团后方部前进。在万不得已时，重伤病的战士则留下于同情的群众家，就地医治，进行很好政治工作。除重伤员外，应给以十元休养费，而干部则应带着。

丙、供给方面则应就地征集（没收或收买），没收物质资材，应有组织的进行，并严守阶级路线。应最高度的保持现时随身携带的食米。

朱

二十五日

---

① 指林彪、聂荣臻、彭德怀、杨尚昆、董振堂、李卓然、周昆、黄甦、罗炳辉、蔡树藩。

中革军委关于我方正与广东谈判让出西进道路，如粤军自愿撤退我军应勿追击的指示

（一九三四年十月①二十六日）

林、聂、彭、杨、董、李、罗、蔡、周、黄：（亲译）

现我方正与广东谈判，让出我军西进道路，敌方已有某种允诺。故当粤军自愿的撤退时，我军应勿追击及俘其官兵；但这仅限于当其自愿撤退时，并绝不能因此而消弱警觉性及经常的战斗准备。

军委

二十六日

---

①发电月份，本电档案原稿上写的是"五月"，疑误，"十月"是编者判定的。

西进赣粤湘边境，突破敌人第二道封锁线

朱德关于夺取先机突破沙田至城口敌封锁线的行动部署致各军团、纵队电

（一九三四年十月二十九日）

林、聂、彭、杨、董、李、周、黄、罗、蔡、叶、罗、邓[①]：

一、粤敌第一军部队现集结于大庚、南雄、新田地域，湘敌主力现向赣西及湘赣边境集结，而六十二师的主力正向汝城开动，而周纵队[②]之四个师亦向遂川集结，其企图是使我们还未进到湘南时，从两侧翼进攻我们。

二、为取得先机之利，野战军于十一月一日应进到沙田、汝城、城口及上堡、文英、长江圩地域，并通过湘敌由沙田到城口在战略上的第一道纵的封锁线。

三、各军团前进路线如下：

甲、三军团分两个纵队有占领汝城的任务，并于暖水、大坪间打开自己的前进路，依据军委二十八日十三时电令[③]派出先头师，并于三十一日应前出汝城地区。而三军团主力则分左右两纵队前进，以一个师为右纵队，由崇义经黄竹洞、古亭、集龙向汝城前进；其余部队及后方部为左纵队，由稳下圩、左溪、关田、文英、热水向汝城前进。

乙、一军团有消灭从南面进攻之敌，于大坪、城口之间打开自己前进的道路，并分左右两纵队前进。以一个师及后方部为右［纵队］，由铅厂经沙溪、禾溪头向大坪前进；其余两个师为左纵队，由义安经章东坑、青草英、聂都、内良坪、长江向城口前进。

---

① 指林彪、聂荣臻、彭德怀、杨尚昆、董振堂、李卓然、周昆、黄甦、罗炳辉、蔡树藩、叶剑英、罗迈、邓发。

② 指国民党军周浑元纵队，该纵队此时由第五、第十三、第九十六师（均属第三十六军）及第九十九师（属第五军）组成。

③ 指朱德致各军团、纵队首长电，主要内容是：野战军针对粤军及周纵队和湘军侧击的企图，"为取得先机之利"，必须向江西省崇义县之铅厂北移，并规定了各兵团的侦察、警戒任务。

丙、八军团有掩护野战军右翼的任务。为执行这一任务，于三军团之右侧后由杨眉寺、大坝圩经过埠、鳞潭①、古亭、上堡向沙田前进。

丁、九军团有掩护野战军左翼的任务，并于一军团左纵队后跟进。

戊、军委第一纵队随三军团左纵队后跟进，第二纵队前出到新溪圩、新绥〔溪〕背后，则随一军团右纵队后跟进。

己、五军团有掩护野战军后方的任务，并分两个纵队行前〔进〕，五军团全部（缺一个师）为右纵队，在军委第一纵队后跟进；其余一个师为左纵队，在军委第二纵队后跟进。

四、上述是规定大概的方向，但在如下的分界线内，各兵团首长有确定之权。

甲、大坝圩、过埠、上堡及沙田（均含）为八军团之左方分界线。

乙、三、八军团分界线，为崇义（属三军团）、鳞潭（属八军团）、古亭（属三、八军团）、集龙、暖水（均划属三军团）。

丙、一、三军团分界线，为铅厂（属一军团）、关田、文英、热水（属三军团）、大坪（一军团）。

丁、一军团左翼线为义安圩、聂都、长江、城口（均含）。

戊、未另规定之兵团的分界线的，应准照其跟进路上的分界线行之。

五、工兵部队应派在各该兵团的前面行进，以便修补道路不良的地段。侧翼部队（八、九军团及一军团左翼队）应有系统的破坏由敌方通我处翼侧的分界线上的道路及电话联络。

六、在到达大庾北之崇义山地时，可于日间运动部队，但应严格注意对空防御和警报。

七、各兵团每日的移动及作战动作，由军委单个命令规定之，你们在未得其他电令前，军委二十八号十三时电令仍继续发生效力。

八、正确执行这一命令，要求全体指战员要有高度努力。因此必须高度加强政治工作，注意行军中卫生的救护和收容拦阻队的工作。在经过地域中，居民少、粮食缺泛〔乏〕，故必须调剂司令部与供给的工作。

朱 德

二十九日七时

---

①即鳞潭，属江西省崇义县。

总政治部对目前行动的政治工作训令

（一九三四年十月二十九日）

甲、我们已取得反攻的初步胜利，突破了敌人封锁，开始向广大国民党区域行动。英勇红军当前的历史任务，是要以坚决进攻的战斗，在运动战中消灭迎面的敌人，争取粉碎五次"围剿"中的反攻全部胜利，以红军英勇的模范，争取白区广大工农群众，创造新苏区，更大开展苏维埃运动到全中国！

全国革命形势的发展，正处在一个历史的转变关头。而我们目前的行动，正有着广大白色地域与广大群众的斗争力量，有着更充分的给养来原〔源〕，而且更能在运动战中消灭敌人。因此，我们是具有一切客观的顺利的条件与优势，来争取当前历史任务的完成！

无疑义的，在行动与环境的巨大转变中，必然有着行动中的困难，如开始还得不到广大群众像苏区群众那样热烈的拥护与配合，人力、财力比较难有计划的补充，特别是可能发生不了解反攻的意义，失却胜利的前途与信心，产生消极悲观与不相信白区群众力量向困难投降的情绪。然而这些困难，是完全可由我们的努力动员红色战士与群众力量来克服的！

因此各级政治机关的战斗任务，就是要以适合这一转变的高度机动的政治工作，与政治工作人员以身作则的模范作用，克复〔服〕任何困难，反对任何悲观动摇的情绪，百倍团结与巩固部队，发扬红军固有之吃苦耐劳、坚决勇敢、顽强抗战的特性与革命热情，在政治上保障每一个战术任务的完成，保障红军以阶级纪律的模范行动，争取广大群众为苏维埃而斗争。

乙、对部队要集中努力于下列工作：

1. 发扬战斗情绪，坚决进攻消灭敌人：

（a）根据《红星》第二期社论^①与本部政治教育材料，向部队进行深入的宣

---

① 指红军总政治部编辑出版的《红星》报1934年10月27日第2期社论：《在新的环境下的政治工作》。

传，解释我英勇红军已取得的初步胜利与所负担的伟大任务，发扬红色战士高度的战斗情绪，与争取反攻胜利、创造我苏区的信心，抓住部队中所发生的个别悲观失败〔望〕的机会主义倾向，开展斗争，教育全体战士。

（b）解释我们由阵地战转到运动战的意义，提高每个战士利用随时备战与警戒侦察等勤务和行军宿营休息时间，学习运动战的一切军事技术的热忱，发扬工农红军固有的善于运动战的特性。

（c）在战斗中要注意后方勤务机关的卫生与供给工作，注意伤病员的处理，重伤病员不能随走的，要发动当地群众力量掩护安置之，向重伤病员解释，派适当人员照料安慰，与鼓励他们在伤愈病痊后继续在当地领导群众斗争，散播苏维埃种子。

2. 努力巩固部队，保持红军的模范纪律：

（a）加强党的组织与教育，一切工作要依靠党团员的核心作用，应随时检查支部工作与党团员的配备及作用，严格纠正行军中放松党的工作的错误。

（b）开展反逃亡斗争：应估计着白区环境，注意反革命份子利用各种机会进行破坏红军的可能，严格注意肃反，严格处理破坏红军及隐藏红军中逃跑者的反革命份子，随时揭破反革命武断宣传，随时注意反革命份子的不满情绪，在连队中公开解释，必要时应开展斗争。同时应注意部队中管理教育的改善，肃清军阀残余的行动，严厉的处治逃亡份子。

（c）要耐心教育每个战士，绝对服从命令，严守纪律，不强买，不乱打土豪，不侵犯群众利益，与群众发生亲密关系。严厉的处罚破坏纪律、违犯阶级路线的份子，每连队宣传队布置时，应实行进出宣传与检查纪律。

丙、争取广大群众，发展新苏区，是我们行动的基本任务，各级政治机关不但要加强中央工作团与地方工作部（科）的领导与组织，特别要动员与教育每个红色战士基本上了解苏维埃的重要法令，自觉的成为群众的宣传者与组织者，每个伙食单位要进行群众工作，健全连队中地方工作组的工作与组织。争取群众最重要的工作是：

1. 传播党和苏维埃的影响，进行广大的宣传工作。要随时随地利用各种机会，散播宣传品，到处写贴大字标语与布告，找群众谈话，举行连队与群众的茶话会等。了解当地群众情形、反动统治状况，针对着群众生活，耐心解释苏维埃的主张、政策与法令，解释红军战斗的目的与群众的关系，使广大群众了解只有苏维埃才能救中国，只有红军才是唯一的工农群众自己的武装力量。

2. 了解与满足群众的要求，发动群众斗争。红军所到之地，必须针对着当地群众迫切要求，提出具体口号，发展群众斗争，迅速推〔摧〕毁一切反动统治机关，消灭地主武装组织，破坏敌人一切工事，拘捕与杀戮当地群众最痛恨的地主豪绅及流氓地霸，散发豪绅地主、反革命份子财物。如在当地时间较多，应更深入领导群众斗争，进行分田，建立苏维埃政权。

3. 从斗争中去组织群众武装群众，要特别注意吸引与团结当地群众中的积极份子，建立党的组织与群众组织。如当地可成为游击区，则应迅速建立政权，组织游击队，相当的发给武装，派人帮助与教育游击队的组织与活动，应注意考察游击队中的组织成份与领导者。如工作时间很短，估计反动统治迅速可恢复时，则教育当地党的组织进行秘密工作，继续领导群众斗争。

4. 吸收广大群众到红军来，扩大红军。首先要教育工作同志与每个战斗员，注意扩大红军的工作，我们完全能从斗争中吸收大批的白区工农群众加入红军。要反对以为白区不能扩大红军的观点，依靠着当地的积极份子，进行严格的检举，防止敌探及一切反革命份子混入，以大力进行争取新战士。

5. 注意收集资财，保障红军给养。一切豪绅地主与反革命的财产、衣服、用具、米谷，应尽量发给当地群众，发动群众斗争。金银、现款交没收委员会①，严厉反对私打土豪和工作人员一切贪污现象，健强各级没委会的组织与工作，依据本部所发没收细则执行。

丁、适应现在任务与环境，迅速转变政治工作的方式。最近几天在白区的行动，我们工作的转变还异常迟钝，因此，我们应当警觉注意。

1. 估计着长途行军的密切联系的困难，需要我们以高度的机动性与自动性，随时随地发扬创造能力，紧张的进行工作，纠正一切等待、迟钝等状况。

2. 运动战中政治工作，应当以短促的时间与有力的鼓动，运用一切可以兴奋战斗情绪的活泼方式（如唱歌队、化装讲演、五分钟军人大会等），在长途行军中要利用休息、宿营的机会，一方面进行巩固部队的工作，根据最近行军经验，预先估计可能发生的问题，采取各种方法防止与纠正；一方面要发扬已采

---

① 指根据1933年9月8日中华苏维埃共和国临时中央政府财政部颁发的《红军中没收征发委员会暂行组织条例》，在红军中成立的没收征发委员会，简称"没委会""没委"。1934年11月10日，红军总政治部发布命令，重新颁发这一条例，规定"从步兵团起至师、军团、总政治部，均设立没收征发委员会"，"在同级政治机关的指导下进行工作"。

用的各种方法，在行军中进行军事、政治与文化教育。

3. 对白区群众工作应当以耐心说服，纠正不实际的宣传，针对着各地不同的环境与群众状况，定出工作的具体步骤，避免一切伤害群众宗教的民族的感情之行为，肃清一切强迫命令的方式。

戊、此训令为最近一时期的政治工作总的指示，各级政治首长与政治机关，必须根据本部队实际状况与任务，配合讨论，分别时期，定出工作计划，并将执行情形随时报告。

野战司令部关于敌军跟追我军战术的通报

（一九三四年十一月一日）

致各军团及纵队：

敌跟追我军要令：

一、白天派飞机阻我行动。

二、以一部化整为零，每组一连或一排，专任对我前进要路及山头迎击，其目的在不求决战，而在迟滞我行进，夜间则多派小组兵力袭我宿营地。

三、"追剿"部〔队〕在挺进我军前方或尾追时，亦须与我分列行进，乘机猛击我行进部队中部；尾击时，力求与我保持接触。

四、如跟踪不上，不可距我太远。在我行亦行，我止敌亦行，在我途中行进或宿营时赶到而行袭击，使我不及休息，以致沿途溃散。

五、追击队注意警戒、联络，多通消息。

野战司令部

一日二十时半

林彪、聂荣臻关于红二师已占领城口致朱德电

（一九三四年十一月三日）

朱主席：

城口已于昨晚二十时被我二师部队占领。

（并致彭、杨、李、赖、罗、蔡①）

林、聂

三号十六时

---

①指彭德怀、杨尚昆、李聚奎、赖传珠、罗炳辉、蔡树藩；李聚奎时任中国工农红军第一军团第一师师长，赖传珠任该师政治委员。

中革军委关于成立新的红十军团给项英、方志敏等的指示

（一九三四年十一月四日）

项、方、刘、聂、曾、寻、乐[①]：

A.七军团已进入赣东北苏区[②]，七、十两军团应即合编为十军团。七军团编为十九师，暂辖两个团；十军团编为二十师，辖三个团，军团部兼二十师师部，十军团长以刘仇〔畴〕西担任，乐少华任政委；寻淮洲任十九师师长，聂洪钧任政委；刘、乐并兼二十师师长、政委。

B.洪易留赣东北为省委书记，志敏为兼军区司令员，洪易兼政委。

C.七军团的改编、整理与补充，应由军区及新的军团与十九师的首长负责进行，并在一星期内完成。

D.新的十军团的目前任务：

1.十九师于整理后，应仍出动于浙皖赣边新苏区，担任打击"追剿"的敌人与发展新苏区的任务。

2.二十师则仍留老苏区，执行打击"围剿"敌人与保卫苏区的任务。

3.两师执行各任务时，统应受军区、军团指挥，并求协同动作。

E.军区及新组成的十军团，统受中央军区项司令员指挥，省委亦受中区分局领导，并即由中央分局、军区依此电方针规定其具体布置。

中央军委[③]

四号十四时半

---

① 指项英、方志敏、刘畴西、聂洪钧、曾洪易、寻淮洲、乐少华。项英，时任中共苏区中央分局书记及中央军区司令员兼政治委员；方志敏，时任中共闽浙赣省委书记，闽浙赣省苏维埃政府主席；刘畴西，时任闽浙赣军区司令员；聂洪钧时任闽浙赣军区政治委员。

② 闽浙赣苏区的旧称，此处沿用习惯称呼。

③ 中央革命军事委员会的一种简称，在本书选编的其他文电中，还有以"中革军委会""中革军委"或"军委"等形式的简称，均指中华苏维埃共和国中央革命军事委员会。为使称谓相对统一，编辑体例一致，除在文内按原件保留原称谓字样外，标题上一般以"中革军委"的简称表示。

朱德关于我军五日至八日
通过汝城至城口间封锁线的部署

（一九三四年十一月五日）

各兵团及纵队首长：

（一）五号晚，野战军开始通过汝城到恩村间的封锁线。

（二）规定三条基本的前进道路：

A. 右边的道路由大来圩经店圩、百丈岭向文明司、山田铺方向前进，另经店圩南之延寿圩向三界圩，为辅助的道路。

B. 中央道路，由新桥经界头、燕子排、九峰山向九峰圩方向前进。

C. 左边的道路，由城口经麻坑圩向岭子头方向前进，但是确定这条道路的路线，要看粤敌的行动，由林、聂确定之。

（三）为掩护通过封锁线，规定以下的部队担任之：

A. 汝城地域由三军团派出一个师任之。

B. 大坪地域由三军团派出一个团任之。

C. 为箝〔钳〕制长江及厚坑圩之敌，由一军团派出一个师任之。

诸掩护部队应于其他部队全部通过后为后卫跟进。

（四）通过封锁线的秩序如下：

A. 六日早三军团主力走右边的道路，一军团一个师及军委第一纵队走中央道路，一军团一个师走左边的道路，通过封锁线。三军团司令部直属队及后方部，应随在六日早通过封锁线部队的后面跟进。

B. 七号早通过的部队如下：八军团走右边的路，军委第二纵队及十三师之一个团走中央的路，九军团走左边的路，通过封锁线。

C. 八号早通过如下部队：三军团一个师加一个团的掩护队走右边的路，五军团（欠十三师之一个团及三十四师）走中央的路，一军团掩护的一个师及三十四师走左边的路，通过封锁线。

（五）掩护部队依据各该军团，首长的命令，于本五号晚即占领阵地。

（六）为求得各部队有配合的移动及规定各兵团的作战任务，军委对于各兵团有单个的命令规定之。

朱　德

五号十三时半

突破国民党军第三道封锁线，西渡潇水

朱德关于敌情及我军拟从宜章南北地区
通过封锁线致红一、三军团电

（一九三四年十一月七日）

林、聂、彭、杨：

甲、九峰似有粤敌独三师一个团，该处并有堡垒，而乐昌似有独三师二个团，在汝城、宜章间没有正式部队，宜章及其以北为湘敌十五师之一个团，在仁化、大坪、汝城之敌无大变动。上述情况均未充分证实。

乙、野战军于宜章北之良田及宜章东南之坪石（均含）之间通过。

A. 三、八军团的右翼队，经过宜章以北通过。

B. 一、九军团的左翼队，则经宜章以南通过。

C. 军委第一、第二纵队及五军团，由当时情况而定，主力在内翼侧道路移动。

丙、估计通过乐昌、坪石间河道的困难，应占领九峰并确实钳制乐昌之敌，以保证野战军通过封锁线。在万不得已时，则钳制九峰之敌而绕过之。

丁、八日晨，其他兵团前出到如下地域：

A. 八军团仍留东山桥地域，并向汝城严密警戒，让四师通过该地。

B. 九军团前出到麻坑圩地域，并向乐昌方向严密警戒。

C. 军委第一纵队进到大山地域。

D. 第二纵队及十三师之一个团进到大山都、木江地域，并向大坪、汝城自己派队警戒。

E. 五军团（缺十三师之一团）进到鹿洞、厚溪地域，并向汝城、大坪、城口、仁化方向警戒。

戊、三军团于八日早进至里田、界牌岭地域，第四师即于明八日晚赶到该地域归回建制，三军团应派一个先头团进占赤石司，并向平和、良田东〔派出侦察队，查明〕① 由良田到宜章间的敌情和堡垒，及其前进路上的堡垒，向九峰派出战斗侦察，如必须时应派出一师以上的兵力，协同一军团部队进攻九峰之敌。

己、一军团有消灭九峰及箝〔钳〕制乐昌之敌的任务。一师应接近到九峰及茶料，进行补充的侦察，并作进攻的准备。二师则有切断九峰、乐昌敌人交通的任务，准备从南面进攻九峰，并派出一部箝〔钳〕制乐昌之敌，但须等待十五师部队来接替。十五师在二师后跟进，到达麻坑圩六号② 直接受领军团首长的命令。一军团应派出道路侦察及高桥、横廊附近的渡河点，直至坪石街为止。如不能占领九峰时，则应派一师以下兵力箝〔钳〕制乐昌及九峰之敌，以保障诸野战军从九峰以南及以北通过。

庚、详细报告应于八日午前电达军委。

朱

七号十六时

---

① 此处，依据本电另种档案文本增补。
② 此处，本电另种档案文本为："到达麻坑后"。

彭德怀、杨尚昆关于以红三军团为先遣军团抢占潇、湘两水主渡点的建议

（一九三四年十一月十日）

（1）宜章尚未攻下，黄昏仍有炮声，派出连络未归，六师亦无报告。电话因反动〔分子〕破坏太大，尚未修复。

（2）黄泥坳、万会桥是郴、宜[①]要道，不但要十三团占领并巩固其阵地，章桥[②]亦以一团扼守巩固之。宜章碉坚，不易克时即监视之。

（3）廖家湾与黄茅系大山，无西进道路。西进道路较平须万会桥、良田可找两条平行路，两路司、廖家湾有一条出嘉禾县。

（4）天雨两日，如继雨，湘、潇两水必涨。潇水，宁远原有亭桥，湘水之黄沙河原有固定浮桥，可通汽车，但恐零陵之敌破坏及集中渡河材料于零陵监视之，使我渡河困难。因此，建议以三军团为先遣军团，以一个师控制道县主渡点，主力进占全、零[③]间控制黄沙河主渡点，以争取我野战军全部由永南[④]出武冈为有利，否则经西延、城步出会同，山势苛大□险多峡道，大军团运动较困难，给养亦差。望截〔裁〕夺。

彭、杨

十日二十时

---

①指湖南省郴县（今郴州市）和宜章县。

②即樟桥，亦称樟桥市，属湖南省宜章县。

③指广西省全州县和湖南省零陵县（今永州市）。

④指永州（即零陵）以南。

关于红军中没收征发委员会暂行组织条例 [①]

（一九三四年十一月十日）

为适应目前的行军作战环境，特重新规定红军中没收征发委员会的组织，过去中央政府财政部颁发"红军中没收征发委员会的组织条例"仍适用，并根据这一决定增加之。

红军中没收征发委员会暂行组织条例：

（甲）从步兵团起至师，军团，总政部，均设立没收征发委员会，各级没委在同级政治机关的指导下进行工作。

（乙）各级没委有直接的指挥系统，下级没委受上级没委的指挥。

（丙）各级没委会的委员，除主任须完全脱离军职的外，其余均由各级司令部，政治部，供给部的工作人员兼任委员，人数如下：

团没委委员五人（内一人为主任）

师没委委员五人（同上）

军团没委委员七人（内一人为主任）

总政治部没委委员七人（内一人为主任）

（丁）各级没委会的工作人员均脱离军职，其数目及分工如下：

团没委工作人员二人（出纳一人，特务兼保管一人，会计由主任兼）。

师没委工作人员三人（出纳一人，会计一人，特务兼保管一人）。

军团没委工作人员四人（会计一人，出纳一人，特务一人，保管一人）。

总没委工作人员五人（会计一人，出纳一人，保管一人，特务二人）。

（戊）各级没委不另设武装部队，关于拘捕、看守与解押地主豪绅，由各警卫排（连）负责，军团则由军团政治处政卫连负责。

（己）部队中对于地主豪绅及反动份子的一切没收征发工作，完全归没委负

---

① 抄自遵义会议纪念馆原抄件。

责，由没委登记、转账及处理，但对于分配地方群众的物品，须交伺级政治机关分配。

（庚）各级没委所收入的款项均交上级没委，但必要时同级供给机关及向没委借款；并向上级没委转账，此外，没委所没收之米谷及军用资料，均送同级供给机关处理。

（辛）红军保卫局没收犯人财物，完全交同级没委收账及登记。同时红军保卫局破获反革命分子，应没收之财产（或商店）均须移交同级没委负责没收，红军保卫局应派人参加。

（壬）各级没委应经常向同级政治机关及上级没委作工作报告，团没委每周报告一次，军团没委每月报告一次。

（癸）本条例从颁发之日起即实行，各级政治机关须同各级没委建立与健全没委的组织与工作。

附注：

（一）没委各科工作细则及会计手续均照中央政府财政部一九三三年颁发的"红军中没委工作细则"的规定进行。

（二）本部十月二十二日印发的通知，关于没收捐款暂行细则，与本条例无冲突，仍发生效力。

总政治部代主任　李富春

朱德关于我军目前情况与第二纵队行动任务致罗迈、邓发电

（一九三四年十一月十日）

罗、邓：

（甲）敌情已抄告。敌六十二师追击队十一号有逼进延寿圩可能，敌十五师正向郴州前进，企图击我军。我五师已占良田，并逼向郴县游击。

（乙）我三军团已进至良田、宜章之线，八军团至良田。明十一号，军委一纵队进赤石司或平和，一师可由里田进至白石，五军团留现驻地一天，一军团（缺第一师）及九军团集中在延寿圩、城江背、大山地域，并有歼灭敌六十二师追击部队的任务。

（丙）我二纵队明十一日应在原驻地休息一日，由四时起应令教导师接替一纵队在文明司对滁口、郴州、九峰各方向的警戒。利用一天时间，依军委决定迅速将减少的三百担资材毁弃与分散完毕，以便完全解放教导师运输任务，并准备十二号继续西进。

朱　德

十号二十一时

中革军委关于表扬红三军团首长及
全体指战员的命令

（一九三四年十一月十一日）

各兵团首长：

（一）军委赞扬三军团首长彭、杨同志及三军团全体指战员在突破汝城及宜、郴①两封锁线时之英勇与模范的战斗动作。

（二）本命令传达至团为止，在三军团应经政治部使每个战士通晓。

军　委

十一号二十三时

---

① 指宜章、郴县。

我们在反攻中的胜利 ①
（讨论提纲）

（一九三四年十一月十四日）

一、自从我们渡过雩都河开始反攻以来，我们已经突破了敌人的三道封锁线：第一条是广东敌人固陂、新田（信丰境）的封锁线。第二条是湖南、广东敌人的汝城、城口（仁化境）的封锁线。第三条是湖南敌人的宜章、郴州的封锁线。而且占领了宜章城。我们现在正向着广大的湖南省的西部前进。

二、这是我们在反攻中所得到的胜利。这些胜利，一方面表现出蒋介石、陈济棠、何键的堡垒政策不能阻止或限止〔制〕我们红军的活动与苏维埃革命的发展，另方面表现出转移地区、争取有利条件同敌人决战的党的决定的正确。这些胜利已经使我们突入了广大的国民党白色区域内，已经使我们开始取得在运动战中大量消灭敌人的有利条件，已经在我们前面清楚的提出了发动白区广大群众斗争，实现反帝的土地革命，创造新苏区的任务。

三、我们的胜利，已经惊动了所有国民党的反动统治，已经使蒋介石、陈济棠、何键等张惶〔皇〕失措，重新部署他们的兵力，向我们进攻。这些初步的胜利，已经不能不逼使蒋介石从进攻中央苏区的部队中调动九个师两个旅（周纵队四个师，薛岳五个师②，惠支队③两个旅），陈济棠从进攻中央苏区的部队中调出三个师一个旅，何键从进攻湘鄂赣苏区的部队中调出三个师，从进攻湘赣的部队中抽出四个师来拦阻、追击或袭击我们。这表示出我们突击封锁线

---

① 此文系红军总政治部出版的《红星》报未署名文章，载于1934年11月14日第4期第1版。

② 据国民党军档案资料，薛岳之第二路"追剿"军共辖四个师（第五十九、第九十、第九十二、第九十三师）另一个支队，包括惠济支队在内，约相当五个师。

③ 指国民党"追剿"军第二路军所属，以惠济为指挥的第一支队，辖第四、第七十五旅，相当于一个加强师。

的行动，不但是为了取得有利条件同敌人决战，不但是为了创造新苏区，而且也是为了保卫我们原有的中央苏区，保卫我们湘鄂赣与湘赣苏区。

四、但是这些胜利，还不过是我们在反攻中的初步胜利。为了求得在运动战中大量消灭敌人，为了创造新苏区，为了保卫我们原有的苏区，我们必须继续前进。

五、所有我们的指战员与政治工作人员，所有我们的党团员，应该丝毫不动摇的担负起放在我们前面的光荣的伟大的任务。发扬我们的战斗精神，巩固我们的队伍，提高我们的纪律，到处发动群众的斗争，组织群众与瓦解白军，是完成这些任务的必要条件。必须同一切对于我们目前的行动表示怀疑，在前进中所发生的困难前面表示投降、无办法，悲观失观〔望〕，以及逃跑、开小差，甚至个别投敌的现象，做坚决的斗争。使每一个同志坚信我们不但能够在反攻中取得初步的胜利，而且我们能够取得更大的以至最后的胜利。

朱德关于红军占领嘉禾、临武、蓝山等地的部署

（一九三四年十一月十四日）

林、聂、彭、杨、董、李、周、黄、罗、蔡、叶、罗、邓：

（一）周纵队今十四日有到达郴州可能，六十二[①]、二十三师及十九师一旅在继续到达中。十五师的部队已开始向郴州之南及西南前进，粤敌第一军现在乐昌、坪石及塘村以南的地域，六十二师主力已占领文明司，现仍在继续西进中。敌人主要的企图，是在从两翼截击我军之进入部队[②]，以后则向我主力两侧后行并行的追击。

（二）军委决定迅速秘密的脱离尾追之敌，前出到临武、嘉禾、蓝山地域。三军团应占领嘉禾城，一军团应占领临武及蓝山城。

（三）野战军分三个纵队前进：

（甲）三、八军团为右纵队，归彭、杨统一指挥。

（乙）军委一、二纵队及五军团为中央纵队。

（丙）一、九军团为左纵队，归林、聂统一指挥。

（四）十五日晚止，各兵团应到达如下地域：

（1）八军团应进至老铺上、新铺上、南溪地域，准备随第六师后西进，并向桂阳方向严密警戒。八军团留在安和圩的掩护部队，由彭、杨规定其撤动时间。

（2）三军团（缺第六师）分两路西移，四师由秀风圩[③]经保和圩到达青和圩地域；五师经黄泥山到达保和圩地域，均向郴州、桂阳两方警戒，并侦察通嘉禾道路。两师撤动时，在草鞋岭、围塘和四八〇南端高地及黄泥坳应控制相当兵力，相互掩护三军团主力西移。最后掩护部队的行动，应在明十五时以后。

---

① 此处，本电另种档案文本上为："六十三"，即第六十三师。据敌情资料，应为第六十三师。

② 此句，本电另种档案文本为："是在从两翼截击我军之后续部队。"

③ 应为秀凤圩，属湖南省郴县。

六师应到达两路口地域（已由军委直接去令），向嘉禾、桂阳及临武三方向侦察、警戒，并侦察经秀罗与十子梁[1]通嘉禾的两条道路，以后并将以第六师为先头师，担任占领嘉禾城的任务。三、八两军团后方部应在八军团先头师后跟进。

（3）军委一纵队进至沙田圩，二纵队进至安源，五军团由平和分两路到达黄茅地域，十三师经两路司为右翼队，三十四师及军团后方部经樟桥市为左翼队，后方部应在三十四师先头团后行进。两翼队各应以一团为后卫掩护，后卫团统限十五号十五时全部通过封锁线。五军团到黄茅后，应向郴州、宜章及来路严密警戒。

（4）九军团明拂晓前应在十五师及一军团后方部后经狮子岭、四溪[2]进至牛头粪地域，向临武方向派出侦察，向坪石警戒。如在四溪诸候渡地域不便渡河时，应改经水东取小道到达牛头粪北岸。

（5）一军团之十五师及军团后方部，应于今十四［日］夜出发，经狮子岭进至四溪、万合圩地域。停止后，让九军团通过四溪，该师应对坪石警戒，其在罗家观一个团，应由一师派队接替任务。一师（缺第二团）应于今夜由白石开至宜章，二团亦应由塘村集中宜章归还主力。二师今夜由塘村附近应直接撤至白石，并加强对坪石警戒。明十五号九时起，二师即由白石经宜章、狮子岭开至梅田地域，对坪石严密警戒，对临武派出道路侦察。在时间上，如因道路拥挤一师不及出动，则一师应于十五号晚由宜章、罗家观地域西移至狮子岭、高明埠地域，以便靠近主力便于策应。一师在未离宜章前，如遇敌人来攻，应扼阻敌人于宜章以东地域。一、九军团从今夜起出动，时间与次序统责成林、聂依此电令规定施行。

（五）诸兵团勿论如何应到达规定的地域，以便能确实脱离敌人。

（六）左右两纵队之外侧翼部队及各后方掩护部队，应尽量破坏敌人通我方的大小道路、桥梁、电线等。

朱　德

十四号二十一时

---

① 应为十字铺，即今镇南，属湖南省临武县。
② 四溪，即今泗溪，属湖南省宜章县。

林彪、聂荣臻关于我军占领临武等情况
致朱德电

（一九三四年十一月十六日）

朱主席：

（一）军团直属队及一、二师于二十一时到达临武及其附近宿营，一师尚在运动中。

（二）已令十五师在临武与三拱桥之间地域宿营，现刻是否到达未明。

（三）我先遣团于本日十五时占领临武城，团匪一部被击溃，但无缴获。

（四）据群众云，星子圩有敌一营，确否待［查］。

并致彭、杨、罗、蔡

林、聂

十六日二十三时

中革军委关于红八、九军团进行改编的命令

（一九三四年十一月十七日）

一、八、九军团应即改编为一个师的编制，并进行分编二十一师及二十二师。

二、二十一师及二十二师的人员武器，应用来补充野战军各兵团。该两师的全部人员（除两师后方机关、师属工兵连及团属重机枪连、师防空排、无线电队、电话队外），各改编为五个补充营，每营应占全师人数五分之一，其分配如下：

甲、二十一师以一个营补充八军团（二十三师），三个营补充三军团，一个营补充五军团。

乙、二十二师以两个营补充九军团（三师），两个营补充一军团，以一个营补充五军团。

三、营及以下的军政干部及团直属队，亦随其他人员一同分配；营以上的干部（团长、参谋长、参谋，师长、参谋长、参谋等），由野战军司令部依需要分配之，政治干部（师、团政委、政治部主任及政治人员）由总政治部分配之。分编后余下来的人员，送军委第四局（第一纵队）处置。

四、通讯工具的分配如下：

A. 二十三师的第二十三分队小电台，应移交三军团使用。

B. 二十二师第十七分队小电台，应交一军团使用。

C. 二十一师、二十二师的电话队，应补充八、九军团的电话队，各一排人①，每排电线十二里，总机一个，单机六个，多余的送军委三局。

五、二十一、二十二两师的团属工兵排，照步兵一样分配到补充营去；师属工兵连，则二十二师的拨为一军团工兵连，二十一师的拨为三军团工兵连。

---

① 此处，本命令另种档案文本上为"各到一排人"。

六、二十一、二十二两师的团属重机枪连六，及师防空排二，共有重机枪四十二挺，应作如下分配：

1. 以二十一、二十二两师各一连及一防空排附机枪九挺，共八个排、机枪十八挺，拨交十三师，补充为其营属机枪排。

2. 二十一师其余的两个连附机枪十二挺，拨给二十三师为其营属机枪排，另缺营属三个排，由二十三师原来三个团属的机枪连各拨出一排编成。如此，团属机枪连附机枪四挺，营属机枪排附机枪二挺。

3. 二十二师其余的两个连，则拨给三师，办法同2页。

七、二十一师轻机枪二十二挺，除照甲种师以二十挺补齐二十三师的三十二挺外，多余两挺拨交十三师；二十二师轻机枪九挺，除以五挺补充齐三师的三十二挺外，多余四挺拨交十三师。

八、二十一师现有的步枪、刺刀，应分配到五个补充营去每营得五分之一，二十二师办法同。弹药俟八、九军团报告到后，另电分配。

九、二十一、二十二两师后方机关，除能编入补充营为战士外，其余的应集中为一后方队，交由野战司令部处置之。八、九军团的后方机关，应缩小到一个师的编制：

1. 军团医院改为两个所，其收容量为一千人。

2. 兵站改为中站一、小站一。

3. 小修械［所］以五人。

4. 缝工三人。

5. 教导连一个：两个步兵排、一个政治排.

6. 运输队每团六十，军团一百八十，共三百六十名，其余的亦送到后方队。

所有编余的卫生机关，应组织为一个预备医院、四个所，及编余的运输队，交军委二纵队指挥。

十、八、九军团直属队，均应照师直属队编制，多余的人员除编入各连队为战士外，余亦编入后方队。迫击炮排，仍留八、九军团。

十一、九军团首长仍旧为三师的首长，八军团首长即现二十一师首长担任二十三师首长；现二十一师[①]、二十三师首长由军委另行处置。在分配直属队参

---

① "现二十一师"，疑文字有误。据本命令内容，第二十一师首长已担任第八军团首长兼任第二十三师首长，故此处应为："现二十二师"。

谋人员及后方勤务人员时，应首先充实第三及二十三师。为作好及审查预先统计进行分编分配，特指定如下的委员会：

A.二十二师的委员会，以凯丰①同志及一军团选派军政干部及李弼庭同志各一人组织之②。

B.二十一师以刘少奇③同志及三军团选派的军政干部各一人组织之。

十二、由十八号开始这一工作，并限五天内完成。为派送及分配各补充营及后方队，另指定通讯站与军团、纵队间连络，并责成总政治部督率各军团、纵队政治机关进行必要的解释工作。

军委主席　朱　德

副主席　周恩来

王稼蔷

十一月十七日④

---

① 原名何克全，时为中共中央政治局候补委员、驻工农红军第九军团中共中央代表。

② 此句，本命令另种档案文本上为："以凯丰同志及一军团选派军政干部各一人组成之。"

③ 时为中共中央政治局候补委员、驻工农红军第八军团中共中央代表。

④ 本命令另种档案文本上发电时间为"十七日十八时"。

朱德关于我军向道县、江华、永明地域转移的部署

（一九三四年十一月十八日）

各军团、纵队首长：

一、周纵队经桂阳、宁远向道县与我们并行前进，以图向南突击我之右翼队。湘敌之一个支队于我前进路上阻我前进，其另一支队则尾追我们。粤敌有两个师正向临武前进中。

二、军委决定为取得更有利的作战及前进的条件，立即由现地转移到道县、江华、永明①地域为转移地域，分两翼队西进：

甲、一、三、八军团、十三师及一纵队为右翼队，经嘉禾、蓝山间向宁远及其以南地区前进，以后则续向道县及其以南地区前进。

乙、九军团、五军团（欠十三师）及二纵队为左翼队，经蓝山城向江华城前进。

三、各军团十八日至十九日的行动如下：

甲、三、八军团归彭、杨统一指挥，前进到水乐圩、甘露田、下路桥地域，并向冷水铺及宁远派出得力的侦察队。如沿冷水铺至宁远的道上及宁远无敌或只有少数敌人时，则应迅速前出到该道上，向嘉禾派出掩护队，并迅速占领宁远城。如宁远城及其道路以东有敌人大的兵力时，则应由宁远城之南及其西南，侦察到柑子园及到油湘的道路与渡河点，以便取得由柑子园及油湘西进的两条道路于我们的手中。

乙、一军团（缺第一师）于临武地域扼阻粤敌，直到十九日晨。然后进到朱木铺、大树脚地域，以后则赶过第二及第一纵队前出到阴亭铺、楠木圩②及落山庙地域。第一师（缺第三团）于军委第一纵队未到达竹管市③地域以前，应

---

① 江华，今名江华瑶族自治县；永明，即今江永县，均属湖南省。

② 楠木圩，即今楠市，属湖南省蓝山县。

③ 即竹管寺，今名竹市，属湖南省蓝山县。

留虎口渡、上桥圩①地域，以后则向楠木圩归还主力。第三团于九军团先遣团到达蓝山后，即向楠木圩，以便归还主力。

丙、九军团于十九日晨进至蓝山地域，向万年桥派出警戒部队，并派出侦察队查明由廖村洞、樟水口经香草坪冲到咸宜亭，及由樟水口至下雾、江中的这两条山路。

丁、一纵队明十九〔日〕早进到雷家岭、永盛圩地域，以后则让一军团通过，然后则前进到竹管市地区。

戊、第二纵队明十九日晨进到田心铺、雁山地域，以后则随九军团后向蓝山前进。

己、五军团至半夜止，阻止敌人于土地坪、牛头粪地域，以后则转移到粗石江、楚江圩地域，继则向田心铺前进。由田心铺地域五军团（缺十三师）随第二纵队后跟进，而十三师则受军委直接指挥，随一纵队跟进。

四、破坏道路仍照以前电示执行。

朱　德

十八号十六时半

---

①上桥圩，应为土桥圩，今名土市，属湖南省蓝山县。

朱德关于准备与敌第二十三师等部进行决战
致各军团电

（一九三四年十一月二十一日）

林、聂、彭、杨、董、李、周、黄、陈、罗①：

一、军委决定，于今二十一日晨与敌二十三师、[十五师]②当其由嘉禾向宁远及甘露田（正义圩）方向前进时进行决战，目的为在其他敌军未到达之前消灭之。

二、各兵团在四时前应准备进入进攻出发点，以便在得到命令后可执行规定部署③。

三、政治机关应立即起来进行各兵团间之短促政治工作，电台应立即准备接收作战命令。

朱　德

二十一号一时

---

① 指林彪、聂荣臻、彭德怀、杨尚昆、董振堂、李卓然、周昆、黄甦、陈伯钧（时任第五军团第十三师师长）、罗华明（时任第五军团第十三师政治委员）。

② [十五师]，据本电另种档案文本增补。

③ "执行规定部署"，本电另种档案文本此处是"执行朱、周部署"。

朱德关于我军在宁远、道州之间
突击消灭周浑元部左翼队的行动部署

（一九三四年十一月二十一日）

林、聂、彭、杨、董、李、周、黄、罗、蔡、罗、邓：

（一）敌二十三师于二十日、二十一日与我军作战后，已在嘉禾之西面及南面停止作工事。周纵队于二十二日可全部到达宁远，其主力有向道州前进可能。

（二）军委决定于宁远、道州之间坚决突击和消灭周纵队之左翼队，对敌二十三师则以后卫部队箝〔钳〕制之。

（三）二十二日各兵团的动作如下：

甲、一军团（缺第二师）于二十二日上午仍在天堂圩、柑子园地域，并向黄金桥派出一个团，担任掩护主力西进及抗击宁远周敌之任务。从二十二日晚，一军团即向鸡公神、大坝头、石马神地域移动。一师在楠木桥〔圩〕之三个营，应由三军团令其于二十二日归还主力，第二师明日应首先佯攻道州，以后则转移到桐油坪地域，有掩护野战军左翼之任务。

乙、三军团经水源洞、吴家坊、项山，于二十三日晨以前应到达梅山冈①、欧家及大欧②地域。

丙、五军团经殖黎铺、山口、南坪圩，于二十三日晨以前应到达百草坪、杨梅洞地域。

丁、八军团应经新屋地、曹家园、宁蓝圩，于二十二〔日〕晚到达下灌地域。然后即占领阵地，以便扼阻敌二十三师的追击部队，并掩护五军团通过。

戊、九军团于二十二〔日〕晚，应转移到新铺及风村铺地域，并准备于薛

---

①即今梅冈，属湖南省宁远县。
②即今大欧家，属湖南省宁远县。

家厂附近渡河和侦察通江华的道路。

己、第二纵队于二十二［日］晚以前，应到达四眼桥地域。

庚、一纵队二十二日晨进到南坪圩地域，二十三号晨则进到消水塘。

(四)各兵团在进军及宿营时，应加强对宁远方向及对敌二十三师严密警戒，并须特别注意防空的规定。

朱　德

二十一号二十时

红军西方军占领道州城 [1]

前线电：我红军西方军 [2] 一部于本二十二日占领道州城。

同志们，配合红二、六军团的胜利 [3]，开展我们胜利的反攻，发扬我们红军固有的吃苦耐劳，英勇顽强的特长，在运动战中大量的消灭敌人的武装部队，为实现创造新苏区的伟大任务而斗争！

---

① 此文，按《红星》报1934年11月25日第5期同标题新闻报道刊印。

② 指向西转移的中央红军。

③ 指红二、六军团会师后，为策应中央红军的战略转移行动，并创造新的苏区，于1934年10月下旬起，由黔东转向湘西地区发动攻势。11月7日占领永顺县城，16日至17日，在永顺县龙家寨地区歼灭敌新编第三十四师两个旅的大部，击溃另一个旅，共俘敌两千余人，缴枪两千余支，取得重大胜利。

朱德关于野战军二十五日晨前西渡潇水的部署

（一九三四年十一月二十三日）

林、聂、彭、杨、董、李、周、黄、罗、蔡、叶、罗、邓：

A. 周敌以一部进占构（横）岭[1]、天堂圩，而敌二十三师已前出到张屋、南坪圩地域。

B. 我野战军为执行迅速开辟西进道路，并打击尾追之敌的任务，定二十五日晨止的行动部署如下：

1. 一军团（缺一个师）应于今二十三〔日〕夜移至道州地域，以一个师控置〔制〕于河水东岸之瓶塘[2]、佛祖庙、七里岗地域，向宁远、天堂圩之敌布置阵地，准备突击向西追我之敌。第二师附炮兵营，待一军团先头部队开抵道州后，立即向蒋家岭、永安关搜索前进。在有利条件下，应攻占该地。第六团待三军团先头师接替任务后，即归还主力。二十四号黄昏起，一军团主力应向永安关方向移动，在河东之后卫师转移到道州地域，并破坏浮桥。

2. 三军团应即以先头师及后方部由九井渡渡河（如桥未架好，则改由福禄岩[3]），进至九井渡、新车渡、福禄岩地域，接替六团任务。三军团主力如来得及，仍应以一个师随先头渡过河西。三军团主力或一个师，则应控置〔制〕在鸡公神、大坝头、石马神地域，准备明晨突击追我之敌。二十四号夜，三军团主力应全部西渡完毕，而后卫则应破坏桥梁，以后前进方向由侦察结果而定。

3. 五军团今夜应移至桂里园、大欧、周塘营[4]地域占领阵地，准备明日突击由东向我尾追之敌。部分的参加突击由宁远方向追来之敌，严防敌向翼侧包围。从二十四〔日〕黄昏起，应迅速脱离敌人，从福禄岩、下茶园两处浮桥渡

---

① 据本电另种档案文本订正为"横岭"，该地属湖南省宁远县。
② 即今坪塘，属湖南省道县。
③ 即今福乐祥，属湖南省道县。
④ 周塘营，即今周塘，属湖南省道县。

河，并在九井渡、福禄岩、薛家厂地域阻止敌人西进，并破坏浮桥。

4.八军团今夜移至新铺地域，以一个团接替第八团，控制井塘；一个团接替薛家厂、下茶园之干部团两个营的任务，并令其于明早开咀塘归还野战司令部。如时间许可，八军团主力可于二十四〔日〕拂晓前渡过河西，如不可能，应改于二十四〔日〕黄昏时经下茶园浮桥全部渡过河西至大盘铺地域，并限三小时渡完。

5.九军团袭取江华的任务不变。

6.军委一纵队二十四〔日〕晨到达咀塘（福禄岩西岸四里），二纵队到达杨林塘地域。

C.各兵团渡河后的侦察、警戒任务如下：

1.一军团向永安关、全县，及由小坪通灌阳的道路。

2.三军团向永明、灌阳，及由新车渡、上江圩通灌阳及永明以北程义家的平行山路。

3.九军团向江华、永明及其通灌阳大道。

D.二十三日抗击追敌，一、三、五军团应协同动作，并保证电台不断连络。

E.二十三、二十四〔日〕两夜渡河动作应迅速，绝对保证遵守时刻，严禁日间渡河。各兵团应派得力人督队收容落伍，限二十五〔日〕拂晓前止全部渡完，并破坏完浮桥，将一切船只集中西岸。

朱　德
二十三号二十时

野战司令部关于何键二十三日作战命令内容的通报[①]

（一九三四年十一月二十四日）

致一、三、五、八、九军团，罗、叶[②]：

甲、何键[③]二十三日命令：

1.情况：我军大部在宁远、道县刻与第三、四两路[④]对战中，我军一部已进富川，我一、九军团在龙虎关[⑤]与敌激战，桂敌主力已移向恭城方向。

2.判断：我军以一部佯攻龙虎关，吸引桂军主力东移[⑥]，以大部沿我六军团原路向西突窜。

3.决心以不失时机向我追击，巩固湘水上游防线，协同桂军防堵。

4.部署：

①三、四路速击破当前之我军，而追击之。

---

① 此通报内容，是何键任"追剿"军总司令后发出的作战命令之一，是中国工农红军总司令部运用侦察手段截获的情报。经与现存的国民党军有关档案资料对照，内容相当准确，时效性甚强。编者搜集到长征中类此敌情通报尚有多份，限于篇幅，仅能择选一二，供读者了解红军侦察能力之一斑。何键23日命令（即"追剿"军总部梗戌电）全文，现已从国民党军档案资料中搜集到，选入《红军长征·参考资料》分册中。

② 指罗迈、叶剑英。

③ 1934年11月12日，蒋介石任命何键为国民党"追剿"军总司令。"追剿"军总部下辖五路"追剿"军。

④ "追剿"军第三路，第三十六军军长周浑元兼任司令官，下辖第三十六军之第五、第十三、第九十六师及第五军之第九十九师；第四路，第二十七军军长兼第二十三师师长李云杰任司令官，下辖湘军第二十三、第十五师。

⑤ 湘桂两省边界关口，属今广西壮族自治区恭城县，位于该县东北部。

⑥ 此处，据国民党军档案资料，应是"南移"。

②第二路①克日集结东安附近，与第一路②连合并抽出一部开赴城步，沿某某庙、某某水、下某水、桥头寨、梧林口、长安营之线③，赶筑工事，扼要构成据点堵击。

③第一路沿湘水上游延伸至全州之线，与桂军联络，堵我西进。

④第五路④由嘉、蓝⑤向我追击，随三、四两路之进展，连络策应，并与桂军连络。

野战司令部
二十四日二十二时半

---

① "追剿"军第二路，第五军军长薛岳兼任司令官，下辖第四军之第五十九、第九十、第九十二师及第五军之第九十三师和惠济支队。

② "追剿"军第一路，由第二十八军军长刘建绪兼任司令官，下辖湘军第二十八军之第十六、第六十二、第六十三师及第十九师第五十五旅和另七个团。

③ 此句，据国民党军资料记载是：沿唐家园、白毛坪、下水坪、水桥、头寨、桃林、丹口、长安营之线。

④ "追剿"军第五路，由第十六军军长兼第五十三师师长李韫珩任司令官，辖第五十三师。

⑤ 指嘉禾、蓝山。

朱德关于红五、九军团及红一师
扼阻敌周浑元等部于潇水东岸的部署

（一九三四年十一月二十五日）

董、李、李、赖、罗、蔡并告林、聂、彭、杨[1]：

（甲）第一师、五军团及九军团（缺一个团）有掩护我野战军西进之任务，为此至少要扼阻周敌及二十三师于潇水东岸二天。

（乙）为要执行这一任务，规定负责地区如下：

（A）第一师由青口市到分江渡止，道州为其主要方向。

（B）五军团由分江渡到故子江口止，在四个浮桥的地区为主要的方向。

（C）九军团（缺一个团）由故子江口到江华止（含），主要方向为江华之石桥及江渡。

（丙）在主要的方向要在西岸组织顽强的防御，在负责区内之其他方向，则组织经常的监视哨及巡查哨。在纵深内应控制强有力的突击队，以便使用在最受威胁的方向。

（丁）在敌先头部队未抵达河东岸时，应向东岸派出便衣侦察，查明敌人部队的前进，并保证我便衣侦察适时西渡。

（戊）第一师暂归军委直接指挥，望李、赖即令一师电台注意与军委电台联络。

朱

二十五日十时半

---

[1]指董振堂、李卓然、李聚奎、赖传珠、罗炳辉、蔡树藩并告林彪、聂荣臻、彭德怀、杨尚昆。

突破国民党军第四道封锁线，湘江战役

中共中央及总政治部关于野战军进行突破敌人
第四道封锁线战役渡过湘江的政治命令

（一九三四年十一月二十五日）

（致一、三、五、八、九军团，二纵队）各兵团首长：

一、我野战军即将进行新的最复杂的战役，要在敌人优势兵力及其部份〔分〕的完成其阻我西渡的部署条件下，来突破敌人之第四道封锁线并渡过湘江。此战役须经过粮食较缺乏之两个大山脉[①]，并要克服二条［河］道[②]与开阔地带，及部分的敌人堡垒。野战军应粉碎前进路上敌人之抵抗与击溃向我翼侧进攻及尾追之敌，任务是复杂与艰巨的。但由于敌我部队质量之悬殊，我工农红军之顽强坚决、忍苦耐劳，可断言胜利是属于我们的。

二、为着胜利的进行这次战役，要求野战军全部人员最英勇坚决而不顾一切的行动。进攻部队应最坚决果断的粉碎前进路上之一切抵抗，并征服一切天然的和敌人设置的障碍，掩护部队应不顾一切阻止及部分的扑灭尾追之敌。各兵团应不断的注意自己翼侧之安全，如敌人向我翼侧进攻时，应机断专行的坚决击溃之。同时，不应离开、放弃完成自己的前进道路。

三、对每一个指挥员要求明确的执行放在前面的战斗任务，与友军确实的协同动作，不间断的进行各种侦察、警戒，并应遵守一切战术规定，以避免不必要之损伤。指挥员应牢记争取战斗的胜利，不仅依靠个人的勇敢，而首先是在正确的指挥部队。

四、政治工作人员应不疲倦的政治宣传与鼓动及个人的模范，克服战斗员中的疲劳、落伍与各种动摇，应与指挥员一起征服为完成战斗任务上的一切客观困难，并最高限度的提高全体红色军人的战斗精神、顽强抗战及其坚定性。

[①] 指位于湘桂两省边界的都庞岭和越城岭。
[②] 指今广西壮族自治区西北部的灌江与湘江。

我野战军的基本口号应该是：不仅要安全的不受敌人损害的通过封锁线，且须击溃及消灭所遇之敌军。

五、当前战役的胜利完成，是将决定着我们突破敌人最后的封锁线，创造新的大块苏区，协同其他红军部队（二、六军团，四方面军）一致进行全线的总反攻，与澈〔彻〕底粉碎敌人五次"围剿"。

六、本政治命令随军委二十五日十七时作战命令同时下达至团、至梯队首长为止。军团、师、团政治部（处）应据此进行加强的政治工作，但不应下达提出作战任务。

党中央及总政治部

二十五日

朱德关于一、三军团行动的指示 [①]

（一九三四年十一月二十六日）

林、聂、彭、杨：

甲、据彭、杨电，邓家源至灌阳山道不能通过。

乙、我三军团应即由小坪改道，经永安关、雷口关至文市以南之车头、兴（宾）家桥、水车地域，转向灌阳侦察道路及敌情，以争取时机。

丙、为保证一、三军团及军委一、二纵队行进路线不致拥挤，特规定：

1. 一军团（缺一师）于今廿六日上午全部开抵文市地域。

2. 三军团于得电后即出发，限今晚开抵车头、兴〔宾〕家桥、水车地域，并须从雷口关、永安关取平行路至兴〔宾〕家桥地域，其后一个师则经雷口关开至△△东南十里地域。

3. 军委一纵队人于今晚由高明桥经永安关开至五〔伍〕家村、玉溪地域。

4. 军委二纵队随三军团最后一个师后，开至雷口关、茅铺地域。

丁、一军团主力到达文市后，执行军委廿五日十六时半及廿三时电令不变。

朱

廿六号三时

---

① 原件存中央档案馆。

彭德怀、杨尚昆关于三军团进占灌阳及
侦察由全州至兴安西进道路之动作部署 [①]

(一九三四年十一月二十七日)

万万火急

朱主席：

（一）灌阳敌情不明。廿七日动作。

（二）本日午前完成伍家湾及水车二道浮桥。

（三）以第十三团附迫炮连取泡江、长塘坪进逼灌阳，侦察和相机占领之。五师主力待水车桥成后经大塘到猫儿园〔源〕派出侦察于马渡桥并占领之。

（四）第四师进占新圩，侦察兴安、白沙铺之线的西进道路及敌情。第六师及军团部本日到甘屋、历乐〔立洛〕村、水车，后方勤务部进到兴〔宾〕家桥。

适当否？望立复。

（五）炮兵此刻还未到齐。昨晚落伍的很多，△△人。

彭、杨

廿七日九时

---

① 原件存中国人民解放军档案馆。

彭德怀、杨尚昆关于全州、灌阳等地敌情及我兵力部署（节录）

（一九三四年十一月二十七日）

万万火急

朱主席、林、聂：

甲、第四师报称，全州有敌一团，兴安有敌一师，灌阳有敌两团，平乐、桂林之敌不明。据五师报告，泡江一团，扼险防守。军团昨获四十四师侦探供，△△黄牛圩敌情尚不明。群众说，永安关之敌退守灌城。根据以上情况，灌城有敌两团以上。

乙、为巩固野战军西进两翼安全及确实了解敌情。

（甲）决以第五师主力进占新圩以南，并确实占领马渡桥，并巩固该地和迫城侦察。

（乙）已以十三团附迫炮一连消灭或驱逐泡江之敌占领之，巩固该地。

（丙）第四师仍在车头、瑶上地域，准备一军团主力打击全州可能南进之敌及参加打击灌阳北进之敌。

（丁）第六师（缺一团）集结水车，准备明廿八日晨接替十三团任务，该团即归还主力。

（戊）军团司令部仍在兴〔宾〕家桥，居民叫丁家桥。

彭、杨

廿七号十一时

朱德关于红三军团行动致彭德怀、杨尚昆电

（一九三四年十一月二十七日）

彭、杨：

甲、湘敌之一路军向全州前进，薛路军亦向黄沙河跟进中，桂军约四个师拟经灌阳前出到苏江、新圩、石塘圩之线，阻止我军西渡湘江，并相机袭击我的左翼。桂军究已进到何处，灌阳已否到桂军，现尚未查明。周敌今二十七日始可全部渡过潇水。

乙、我五军团于明二十八日晨占领蒋家岭、永安关、雷口关地域，后卫部队则与敌人保持接触，以迟滞其前进。我八、九军团由永明沿通灌阳的县道前进，先头部队到达三峰山时，即遇着民团有力的抵抗。已令八军团至迟应于二十八日晚以前进到永明、灌阳及道州、灌阳县道交叉处之孔家地域，九军团在后跟进。一军团情况可直询一军团，已令十七团今晚赶至水车地域归还建制。

丙、野战军一般作战任务仍旧。

丁、三军团行动如下：

（A）五师主力应进到新圩地域，其一个团则进到苏江地域，主力应确实进占马渡桥。如灌阳尚未到有桂军在一团以上时，并应进占灌阳。在苏江之一个团应驱逐泡江之敌，然后则占领三县道交叉处之孔家，并派小部队与八军团联络和带路。

（B）四师为先头师，有准备三军团及后续兵团前出到界首（不含）到兴安（含）地带的一般任务为目的，四师应派队到界首、兴安地带侦察渡河点及公路两旁的工事与兴安敌情，并派出有力的警戒部队以抗击之。

（C）六师于水车为三军团的预备队。

戊、三军团于二十八日午前，应最后查明车头、马渡桥至界首、兴安间的道路，由文市经车塘渡到界首的道路应空出给一军团左翼部队及军委一纵队，

并派出几个侦察队侦察灌阳、兴安间的横贯路，特别是建乡、富岁塘①之横贯路。侦察时应尽可能的利用同情于我们的当地瑶族居民。

己、为保证任务的执行，在情况变化时得变更部署，但须先和军委商定。

朱

二十七日十七时

---

① 建乡、富岁塘，今名不详。据国民党政府1929年所绘军用地图，建乡属广西省全州县，位于该县南部；富岁塘属广西省兴安县，位于兴安县城东偏南，两地相距约4公里，在两县分界线的东、西侧。

朱德关于夺取三峰山致红八、九军团电

（一九三四年十一月二十七日）

罗、蔡、周、黄：

（甲）湘敌第一路军向全州前进，桂敌主力向灌阳前进，周敌本二十七日可全部渡过潇水。

（乙）我主力已至全州、灌阳之线，先头部队已前出到湘江。五军团二十八日于蒋家岭、永安关、雷口关扼阻周敌。

（丙）我军占领灌阳或不可能，因此已令三军团占领永明至灌阳及道县至灌阳两县道的枢纽之孔家地域，三军团并由孔家派小部队与八军团取联络。

（丁）八军团应不顾任何牺牲夺取三峰山①，并以强行军于二十八日晚以前进到孔家地域，如时间来得及，九军团之工兵连、迫炮排应赶至三峰山，受八军团指挥，助攻该隘口。

（戊）八军团占领三峰山后，九军团即随其后跟进。

（己）八、九军团后方部应于八、九军团之间行进，粮食供给则吃随带的米粮。

（庚）必须不顾一切障碍坚决执行此命令，否则八、九军团有与主力相切断的可能。特别要注意在夺取三峰山后应迅速追击前进，不使敌人有可能在前进道上组织新的防御。

朱

二十七日十七时半

---

① 三峰山，位于湖南省今江永（原永明）县西北部，湘桂两省边界线附近，系都庞岭上一鞍部通道处。

朱德关于保证红一、五军团、军委在全州、界首间渡过湘江致林彪、聂荣臻电

（一九三四年十一月二十七日）

林、聂：

一、湘敌军似已抵全州，薛路军之一部续进至黄沙河、东安之线，灌阳情况尚不明，周敌今二十七日可全部渡过潇水。

二、我五军团二十八日扼阻周敌于蒋家岭、永安关、雷口关地域，而后卫部队在其以东地区与敌保持接触，以迟滞之。已令一师二十八日中午前开抵文市归还主力，八军团正攻击三峰山之隘路，九军团随其后进，已令其至迟于二十八日晚抵达永灌、道灌两大道①交叉处之孔家地域，以便参加主力战斗。三军团情况可询彭、杨，致彭、杨电令②另附。

三、一军团之任务为：

1. 保证一军团、军委与五军团之通过及在全州与界首之间渡过湘水。

2. 坚决打击由全州向南及西南前进之湘敌一路军，为此：

甲、二师应确实占领界首、咸水圩、朱塘铺、坪山③地区，应准备打击由全州出动之敌，并与四师前出至界首、兴安间之部队取得联络。

乙、十五师应派出至少一团至水井坪、木叶铺及土桥地区，扼守该处隘口。

丙、十五师主力及一师应集结文市及其西北地区，准备突击由全州出动之敌。

---

① 指湖南永明（今江永）至广西灌阳，湖南道县至广西灌阳两条道路。
② 指1934年11月27日17时朱德致彭德怀、杨尚昆电。
③ 界首，属今广西壮族自治区兴安县，位于该县东部偏北、湘江左（西）岸；咸水圩，属今广西壮族自治区全州县，位于该县南部、湘江左（西）侧；朱塘铺，今名不详，据1929年版国民党军用地图，该地属广西省全县，位于该县城西约10公里处的公路线上；坪山，即屏山渡，属今广西壮族自治区全州县，位于该县中部、湘江江岸。

丁、最后查明文市、全州及界首、全州间之平行路及徒涉场，以便保证数纵队同时并进，并于二十八日中午报告我们。在各南北小路上，应派出小部队以防止敌人之袭击。

戊、林、聂准此令目的，依情况变动得变更部署，特别是十五师主力与其派出之一团相隔太远，林、聂可改定或令十五师之一团的〔向〕主力靠〔近〕，最好是十五师主力稍向其派出之团靠近，但最后决定望与军委商定后执行。

朱　德

二十七日十八时

朱德关于红五军团扼守蒋家岭地域掩护
全军西进致董振堂、李卓然电

（一九三四年十一月二十八日）

董、李：

甲、何①敌二十七［日］午电令周②敌向永安关大道"追剿"。

乙、五军团无论如何须扼守蒋家岭、永安关、雷口关地域，直止〔至〕二十九日夜止，以保证和掩护八、九军团由水坪③赶到蒋家岭与野战军全部西进。为此目的，五军团须以十五师④有力之一团或一团以上兵力前出至杨家桥以东，进行步步抗退的运动防御，逼使敌人展开兵力，以迟滞敌进。

丙、执行情形电告。

朱

二十八日一时半

---

① 指何键。

② 指周浑元。

③ 水坪，疑有错字；据同日1时朱德致罗迈、邓发电，应为"小坪"，该地在蒋家岭东南方约20公里处。

④ 十五师，疑误；据27日18时朱德致林彪、聂荣臻电，十五师在执行阻击全州敌军任务，此处似应为第五军团所属第十三师。

朱德为至三十日止全部渡过湘江
对我军二十九日行动的部署

（一九三四年十一月二十八日）

林、聂、彭、杨、董、李、周、黄、罗、蔡、叶、罗、邓：

（甲）敌情另电告。我们估计湘敌第一路军之两个师，明二十九日晨有可能由全州沿湘江向我进攻，其主要突击方向是沿全、桂汽车道①。桂军于灌阳、兴安间约各有一个至二个师，企图从南阻止我军沿灌阳至界首大道西进，并由南进行辅助突击。周敌将企图占领蒋家岭诸关口，并进行猛追。

（乙）我军应自二十八日②起至三十日止全部渡过湘水，并坚决击溃敌人各方的进攻。

（丙）各兵团二十九日之部署及任务：

子、一军团明二十九日晨主力应在朱塘铺、咸水圩、坪山地域，并准备消灭自全州沿汽车道或湘江前出之敌。十五师应固守小峺岭、五百岭、算井③地带，主力位置〔于〕文市河④西岸，在敌人向文市方向强力压迫之下可转入运动防卫，并应于文市之北最后扼阻敌人。

丑、三军团⑤应确实保持石玉村、水车、光华铺⑥地域，并应消灭自兴安前

---

① 指广西省全县城至桂林的汽车路。

② 本电另种档案文本为："二十九日"。

③ 算井，本电另种档案文本此处为"第二团"。

④ 指灌江。

⑤ 本电另种档案文本此处为："三军团四师"；据电文内容所述三军团各师部署，此处应是"三军团四师"。

⑥ 石玉村，今名不详，据1929年版国民党军用地图，该地属广西兴安县，在湘江右（东）侧、界首镇对岸地区；水车，指兴安县属之水车，位于该县城东北、湘江左（西）岸；光华铺，今名不详，据1929年版国民党军用地图，该地位于兴安县城东北方13公里处，在湘江右（东）侧、全（县）兴（安）公路上。

进之敌。五师应进至四师之西南地区，并突击自南经建乡、富岁塘两路前进之敌，并协助四师。第六师以一个团固守泡江之北，主力应移至新圩①及其以南地区，以击溃自灌阳前进之敌。

寅、五军团至二十九日中午止，应扼守蒋家岭、永安关、雷口关地域，从二十九日中午后到〔则〕于蒋家岭及文市、水车②之间沿永安、雷口两道〔条〕大道进行运动防卫，并扼阻周敌于文市、水车之线以东，后方部则转移至古岭头。

卯、九军团二十九日晨应赶到文市，其任务为当全州之敌向文市前进时则消灭之，因此，应与在小炼岭之十五师之一团取得连络，并准备经古头岭、桥南山头③（凤凰咀）方向前进。

辰、八军团二十九日中午应赶到水车地区，并与六师取得联络为其突击队，并准备经下背田、青龙山向光华铺方向前进。

巳、军委一纵队进至石塘圩以东之官山。

午、军委二纵队分两队前进，二、四梯队由邓率领，随三军团后方部行动，并受彭、杨指挥。一、三梯队由罗迈率领，随一纵队前进。二十九日晨应至上营地域。

未、各兵团应以最大的坚决性完成放在自己面前的战斗任务，各兵团后方及军委纵队应充分准备坚决抗击侵入与接近自己之敌人。

朱　德

二十八号十五时

（董、李抄转罗、蔡、周、黄）

---

① 属今广西壮族自治区灌阳县，位于该县人民政府驻地灌阳镇西北、通往全州的公路上，在灌江上游左岸。

② 水车，此指灌阳县属之水车，本电寅、辰项中所述水车，均与此同。

③ 桥南山头，本电另种档案文本为："桥南岭"。

关于瑶苗民族中工作的原则指示 [①]

（一九三四年十一月二十九日）

（甲）瑶民（或称瑶子）、苗民（或称苗子）等是散布在广西、贵州、湖南西部、云南等省的弱小民族，总的人口不下千万。他们历来就受着汉族军阀、官僚、地主、商人、财富者的残酷的民族压迫与剥削。这促成了他们对于汉族的民族的仇恨与他们内部的团结。

（乙）我们对瑶民（或苗民）的基本主张，是反对一切汉族压迫与剥削，汉民与瑶民的民族平等、给瑶民的彻底的自决权（通俗些说，即瑶民的事由瑶民自己去决定，汉人不得干涉）。在这一基本主张之下，并在精神上与物质上给他们以实际的帮助，争取瑶民弱小民族对于苏维埃与红军的同情、拥护与反对帝国主义、国民党的协同动作。这一基本主张，各级政治部必须依照各地不同的环境与各地不同的情况，加以具体与通俗化。

（丙）由于瑶民经济与文化发展的极端落后，民族的与宗教的社会关系的统治，以及他们内部反对汉族压迫的民族团结，所以瑶民内部的阶级斗争，还没有显著的开展，瑶民的土司、管事等，在瑶民群众的心目中还有极大的权威与威信，他们俨然还是瑶民民族利益的唯一代表者，一切对外关系都为他们所垄断。我们苏维埃红军也不能不开始同这些代表者发生关系。

在反对汉族的军阀，官僚，财富者的民族的压迫方面，这些瑶民的上层阶级显然还带有革命的作用。在广西等省内，广大的瑶民群众在他们领导之下，同国民党军阀进行了流血的武装斗争。这种斗争更由于中国苏维埃革命的影响与他们民族的觉醒，正在大大的开展起来。

（丁）因此，我们苏维埃红军不拒绝而且欢迎同瑶民的代表发生亲密的关系，同他们订立政治的与军事的联盟，经过他们去接近广大的瑶民群众，去推动广

[①] 本件系总政治部发给各军团的指示，是红军长征中执行民族政策的重要文献。

大的瑶民群众进入革命斗争的阵线。对于他们的统治的方式、思想习惯以及宗教仪式，应该表示道〔尊〕重，并且不求过早的去发动瑶民内部的阶级斗争，来破坏我们同他们的反对帝国主义的一致行动。但我们并不放弃在一切实际的斗争中批评他们的动摇、犹豫与不坚决，推动更左的革命分子，走上领导的地位，闺结他们在我们的周围，并从他们中间吸收共产党党员。

（戊）在一切工作中，必须不疲倦的解释，汉族的劳苦群众同样受着帝国主义与中国国民党、军阀、官僚、豪绅地主、资本家的压迫，瑶民民族的敌人即是中国劳苦民族的敌人，瑶民与中国劳苦民众是弟兄，所以〔要〕联合起来，协力同心，为推翻帝国主义国民党而奋斗。只有推翻帝国主义国民党在全中国的统治，瑶民等民族才能得到彻底的解放。必须坚决反对在中国劳苦群众中间的大汉族主义的倾向，这种倾向是汉族的统治阶级利用中国民众来反对瑶民等弱小民族；同时揭发在瑶民中间所存在着的狭隘的民族主义的害处，这些狭隘的民族主义必然会破坏瑶民民族同中国广大工农劳苦群众的联合。

（己）苏维埃与红军不但是汉族民族的政权与武装力量，而且是中国所有被压迫民族的民众的政权与武装力量。在苏维埃与红军中间，已经有着许多弱小民族的代表参加。我们欢迎瑶民同志大批的到我们苏维埃政府中来，到红军中来，为着瑶民民族的彻底解放而斗争。至于瑶民在自己区域内是否愿意建立联合政府，苏维埃政府，自成为瑶民苏维埃共和国，或中华苏维埃共和国的一个自治区域，或建立人民政府，那完全取决于瑶民自己，由瑶民自己去决定。同样的，瑶民有权利组织自己的工农红军或人民革命军。

（庚）在瑶民中间共产主义的宣传是必要的，共产党在瑶民中间，应该不断的吸收最觉悟与先进分子加入共产党，在瑶民中发展共产党的组织，而且在一切实际的斗争中，以共产主义的教育，教育所有的瑶民群众，指出只有共产主义才能使瑶民的群众得到最后的解放。

红军政治部
11 月 29 日

对苗瑶民的口号

1. 实行民族平等，在经济上、政治上苗人与汉人有同样的权利！

2. 实行民族自决，苗民的一切事情由苗人自己解决！

3. 苗人的首领由苗人自己选举，不要国民党军阀委派！

4. 苗人下山来与汉族工农共同□□□□土地财产！

5. 帝国主义、军阀、财富者是汉［族］工农与苗族共同的敌人！

6. 苗族与汉族的工农起来共同扫平国民党军阀的统治！

7. 反对苗汉民族的对立，只有苗族与汉族的工农一体，同心打倒共同的敌人，苗族才能得到彻底的解放！

8. 苗人自己武装起来，反对国民党军阀的压迫屠杀！

9. 收缴国民党军队及民团的枪械，组织苗族自己的红军！

10. 共产党是主张民族平等，民族自治、解放弱小民族的！

11. 红军是推翻国民党军阀统治的唯一武装力量，欢迎苗族兄弟加入红军！

12. 反对李宗仁、白崇禧和何键对苗人（瑶人）的一切苛捐杂税和差役！

13. 苗民要得到解放，不但要扫平军阀、财富者的统治，同时要肃清苗族内军阀、财富者的奸细！

一军团领导人给军委的电报 [1]

（一九三四年十一月三十日晚）

朱主席：

我军向城步前进，则必须经大埠头，此去大埠头，经白沙铺或经咸水圩。由脚山到白沙铺只二十里，沿途为宽广起伏之树林，敌能展开大的兵力，颇易接近我们，我火力难发扬，正面又太宽，如敌人明日以优势猛进，我军在目前训练装备状况下，难有占领固守的绝对把握。军委须将湘水以东各军，星夜兼程过河。一、二师明天继续抗敌。

---

[1] 本件标题为编者所加。原载《聂荣臻回忆录》(上)，第227页，战士出版社，1983年第2版。

彭德怀、杨尚昆关于红三军团战斗情况及
部署致朱德等电

（一九三四年十一月三十日）

朱、林、聂：

（一）马渡桥□敌^①约一师，拂晓向新圩出击，五师伤亡颇大，两团长、政委伤，师参谋长及一政委亡。六师未按时赶到接替任务。五师（缺十三团）二十九〔日〕晚尚在新圩以北，今改道上林家、青龙山、大塘村到达光华〔铺〕以北及以东之唐子头、陈东、渠口^②。第六师主力尾五师进到保布圩、佳城向文堂、富□塘派出侦察，以一团主力位置于新圩，阻止农塘^③之敌北进，以一营位置于陈家背^④附近，以保证友军通过，该团待五军团接替后即归还主力。

（二）第四师在彭、杨赶到以前由林、聂指挥。

（三）第二纵队于三十日午前进到界首以东之月亮山附近，准备黄昏渡河。

（四）第十三团三十日八时可到渠口，接替四师河东警戒，该师河东之警戒队待该团接替后归还主力。

彭、杨

三十日一时于大塘村

---

① 此敌，据国民党军资料，系桂系第 15 军第 44 师王赞斌部。
② 唐子头，今名塘子头；陈东，今名城东；渠口，在湘江右（东）岸，界首镇对岸地区。
　均属今广西壮族自治区兴安县，位于该县东北部。
③ 今名龙塘，属今广西壮族自治区灌阳县。
④ 今名新卫，属今广西壮族自治区灌阳县。

朱德关于消灭由兴安、全州进攻之敌与箝〔钳〕制桂军和周浑元部追击致红一、三军团电

（一九三四年十二月一日）

林、聂、彭、杨：

（一）三十日的战斗，全州之敌已进到朱塘铺，兴安之敌已进到光华铺，灌阳之敌①已进占新圩，并续向古岭头方向前进。周敌之先头部队有已渡过文市河之可能。

（二）[一]②、三军团主力在全州、兴安间河西岸沿马路的地域，军委一、二纵队已进到路塘、路江圩③地域，九军团已通过到石塘圩地域以西，五、八军团情况不明，其一部及六师之一小部有被新圩北进之敌切断的可能。

（三）一号，敌人将从各方面向界首行坚决的进攻，目的是在驱逐我先头部队到山中去，并切断我之后续部队，以便其各个消灭我之单个部队。

（四）野战军应以自己的主力消灭由兴安、全州向界首进攻之敌，箝〔钳〕制桂军及周敌由东尾追的部队。这样可以保证我军之后续部队于二号晨在掩护队掩护之下通过湘水，以后即前出到西延地域。

（五）一号各兵团之部署及任务应如下：

A. 一军团全部在原地域，有消灭全州之敌由朱塘铺沿公路向西南前进部队的任务，无论如何要将由汽车路向西之前进诸道路保持在我们手中，在湘水东岸只留小的侦察部队。

---

① 此处，本电另种档案文本为"灌阳之敌约两个师"。
② 此处，据本电另种档案文本增补。
③ 路塘、路江圩，今名未详；据1929年版国民党军用地图，该两地均属广西全县，位于该县西部，在咸水圩以西及西北方山区。

B. 九军团于一号转移到清水、严家①地域配置，暂为一军团之预备队，并受其指挥。

C. 三军团应集中两个师以上的兵力在汽车道及其以西地域，有向南驱逐光华铺之敌的任务，并须占领唐家市②及西山地域。六师之部队应留河东岸，有占领石玉村的任务，并掩护我五、八军团及六师切断的部队通过湘水。以一个营仍留界首任掩护，该营应向麻子渡③派队与五军团切取联络。在万不得已时，三军团必须固守界首及其西南和东南的地域。

D. 五军团于〔一〕④号晨渡过麻子渡、大塘村间的河道以西，主力应向麻子渡前进，并有扼阻桂军及周敌追击的部队之任务。被切断的部队应自动的突围，向麻子渡前进。

E. 八军团前出到马路上，经麻子渡进到凤凰嘴与咸水圩（均不含）间的适当地域宿营。

F. 二纵队进到路江圩待命。

G. 一纵队在路塘地域。

（六）各兵团与军委保持无线电、电话联络，并与军委在界首所建立之交通站取得徒步的通信联络。

朱

一日一时半

---

① 清水、严家，属今广西壮族自治区全州县，位于该县西南部、咸水圩以北六七公里处。

② 今名不详，据1929年版国民党军用图，唐家市属广西兴安县，位于该县城东北方、湘江左（西）岸，在界首镇附近。

③ 即今麻市，属广西壮族自治区全州县。

④ 此处，据本电另种文本档案增补。

中共中央局、中革军委、总政治部关于保证军委一号一时半作战命令全部实现致红一、三军团电

（一九三四年十二月一日）

林、聂、彭、杨：

　　一日战斗，关系我野战军全部西进，胜利可开辟今后的发展前途，退则我野战军将被敌层层切断。我一、三军团首长及其政治部，应连夜派遣政工人员分入到各连队去进行战斗鼓动，要动员全体指战员认识今日作战的意义。我们不为胜利者，即为战败者，胜负关系全局。人人要奋起作战的最高勇气，不顾一切牺牲，克服疲惫现象，以坚决的突击执行进攻与消灭敌人的任务，保证军委一号一时半作战命令全部实现。打退敌人占领的地方，消灭敌人进攻的部队，开辟西进的道路，保证我野战军全部突过封锁线，应是今日作战的基本口号。望高举着胜利的旗帜向着火线上去！

中央局

军　委

总　政

十二月一日三时半

朱德关于我军主力已渡过湘江，
二号进到西延地域整理的部署

（一九三四年十二月一日）

林、聂、彭、杨、董、李、周、黄、罗、蔡：

（甲）在三十号及一号战斗中，桂敌之十五军已进到古岭头地域，兴安之敌无大变更，周敌及湘敌第一路军尚无新的情报。我八军团之一部被敌击散，我六师约一个团[①]及三十四师被切断，其余部队则已渡过湘江。

（乙）估计明二号敌人将继续其坚决的进攻，其目的是在占领湘水西岸的谷地，并前进到西延地域，以求消灭我军主力。兴安之敌将会派队前出到华章[②]及路塘地域，而全州之敌将会派队前出到土地坳、大埠头[③]地域。

（丙）我野战军于二号早应进到西延地域，整理部队并准备新的战斗。被切断的部队，应自动的突围向西延总的方向前进。三十四师归军委直接指挥，并于新圩以南突围西进。

（丁）各兵团二号的部署及动作如下：

A. 一军团应转移到尧家塘、杨梅道、梅岭、西山、黄屋田及清水江地域，转移的道路由咸水圩到瑶岭及其以北的诸道路（均含），并有掩护九军团集结油榨坪[④]及五军团集结咸水圩的任务。明二号应于全州至咸水圩间进行严密的侦察、警戒，当敌人侵入或接近我配置地域时，应坚决击退之。

B. 三军团转移到路塘、路江圩、华章〔江〕地域，利用由界首到华章及于夜间利用界首到路江圩的道路前进，向麻园、界首、华章间及兴安方向进行侦

---

① 据当日14时朱德致第三十四师首长陈树湘、程翠林电称："六师之十八团于陈家背被切断"。

② 应为华江，属今广西壮族自治区兴安县。

③ 大埠头，又名大合镇即今广西壮族自治区资源县人民政府驻地。

④ 又名中峰，属今广西壮族自治区资源县。

察、警戒。至少应以一个师布置在路塘地域，向界首方向占领阵地，组织顽强防御，如敌侵入到我驻地时，则应坚决击退之。

C.五军团（缺三十四师）于集结咸水圩地域后，今晚即经屋田转移到南宅、田川地域，并向咸水圩方向严密侦察、警戒，二号应坚决扼阻由咸水圩向南宅、田川前进之敌。

D.九军团转移到油榨坪地域，向大埠头派出得力的侦察队，查明由全州及觉山西进之敌。如敌接近土地坳、油榨坪时，则应坚决扼守以上地域。

E.一、二纵队明二日早进到西延（胡岭）地域，并向大榕江口、城步①及新宁方向警戒。

（戊）八军团突围的部队及其他失联络的部队与人员，一号、二号当到达某个地域时，即受该地域行动兵团首长指挥，［各］②兵团首长则应将这种情况经常电告军委。

（己）各部队应于二号晨移动完毕，并应于二号内整理完毕。

（庚）各兵团到达指定地域后，即应电告军委，并保持与军委不断的无线［电］联络和徒步联络。军委在界首之交通站今晚撤消之。

朱 德

一号十七时③

---

① 大溶江口，即今大榕江，属今广西壮族自治区兴安县，位于该县西部漓江右（西）岸；城步，即湖南省今城步苗族自治县。

② 据本电另种档案文本增补。

③ 此处，本电另种档案文本为："一号十七时（用野战司令部及南昌司令部路线图）"。

我野战军决脱离敌人继续西进的部署 [①]

（一九三四年十二月三日）

林、聂、彭、杨、董、李、罗、蔡、周、黄、叶、罗：

甲、全敌约一师，今日进占大埠头。全桂之敌，昨占界首，今日未向路江〔洛江〕圩进攻。估计全敌十六、十九师主力将经大埠头向我尾追：桂敌主力将采取由兴安，大溶江口、灵川向龙胜的并行追击，并企图在龙胜实行堵截，由界首向华江将为其辅助的追击。刘聂〔薛〕两敌主力则将经新宁到武岗、城步、绥宁堵我前进。

乙、我野战军现决脱离敌人继续西进。其任务以我军一部尽力迟阻追敌，主力则向西开辟前进道路，并钳制企图向我翼侧截击的湘桂之敌。我前进道路采取北经小李、西山岭、社水、皮水隘向龙胜以北，南经枫木山、广塘、千家寺、中洞向龙胜及中间由枫木山经塘坊边、两渡桥西进的诸道路。

朱

三日十六时

---

① 本件系节录军委致各军团、纵队的电令，标题为编者所加。

从西延至黎平，黎平会议等确立了新的战略和行动方针

朱德关于我军向通道以南西进致各军团、纵队电[①]

（一九三四年十二月四日）

林、聂、彭、杨、董、李、周、黄、罗、蔡、叶、罗：

甲、敌十六师占领大埠头后，估计湘敌主力将出城步、通道向我截击和堵击，其一部将随我右纵队后尾追。而桂敌则将由大溶江口、龙胜[②]有袭击我军左侧之可能。

乙、我野战军以继续西进至通道以南及播扬所、长安堡[③]地域之目的，定明五日晚止，各兵团应到达下列地域，并执行如下任务：

1. 一军团主力及九军团应进至社水、沐水、茶坪地域，向城步、新宁两方警戒。由一军团留一个团在小李向大埠头之敌严密警戒，如该敌向我进攻，应以运动防御迟滞其前进。一军团另派先头师前进至皮水隘地域，向城步侦察、警戒，并派出侦察部队至横水寨，侦察经鸡心界、白水、龙坪（或杉柳坳）通通道的道路。云〔五〕牌、沐水、大湾、皮水隘诸点以北通新宁、城步的横贯大小道路统破坏之，九军团仍归林、聂指挥。

2. 三军团主力应进至中洞[④]地域，向大溶江口、灵川侦察警戒，并破坏由中洞南进之路。留一个团在洞养警戒，另前出一个师到河口、八滩地域，向龙胜派出侦察并警戒，对由河口经马蹄街、碧林，河口通长安堡，派出道路侦察。

3. 军委二纵队随三军团后前进至中洞地域，由彭、杨规定其驻地并指挥之。军委一纵队进至唐洞、源头地域。

4. 五、八军团进至水埠塘、千家寺、雷霹州地域，向司门前、华江及大埠

---

① 此电，文后未署发电人，系据本电另种档案文本确定为朱德的发电。
② 龙胜，即今广西壮族自治区龙胜各族自治县。
③ 播扬所、长安堡，均属湖南省今通道侗族自治县，播扬所今名播扬，在该县西部，邻近贵州省黎平县境；长安堡在该县东部，邻近广西今龙胜各族自治县境。
④ 即今金石，属今广西壮族自治区兴安县。

头方向严密警戒，并派出游击部队向以上三方游击，并彻底破坏其道路、桥梁。八军团仍归董、李指挥。

丙、执行情形，电告。

四日十六时半

我野战军继续西进及九日行动部署

（一九三四年十二月八日）

各兵团纵队首长（董、李抄送周、黄）：

A.湘敌主力正向新宁、武岗、绥宁、靖县、洪江运动中，并拟追我入黔，其十六师开城步，拟将经舟口、木路口、临口、通道堵截我军。舟口、大圳岩之线有团队。桂敌无新消息，龙胜之敌有与其向塘洞、江底追我之敌夹击我三军团部队可能。

B.我野战军明九日继续西进的部署

1.一军团有钳制城步追敌、消灭沿途团队，以迅速占领通道的任务。第二师应进至木路口及其以西地域，向绥宁、通道侦察警戒。在大岭岭砦应留下一个团为掩护部队，警戒和钳制城步之敌及大岭团队，待九军团部队赶到接替任务后，再西开归还主力。九军团进至长安营，派一个团至大岭岭砦接替二师一个团任务。一师进至广南城南柴，侦察经龙坪通道道路并警戒长安营。十五师应进至鸡公界，如能赶至长安营则即开长安营，并向城步方向警戒。

2.三军团主力应控制在寨纳塘、三百冲、马蹄街地域，监视与钳制龙胜之敌。向江底方向派出掩护部队，以便三军团留在矮岭马蹄河口部队全部西移。另一个师应前进至平寨的岩地域，向龙胜警戒，向长安营侦察。

3.军委一纵队进至扬湾，二纵队至横水寨、芙蓉市地域。

4.五、八军团应经黄详进至东寨、水林冲地域，向城步警戒。

C.一、三、五军团后卫部队应负责在通敌各来路破坏道路桥梁，并收容落伍病员。

朱

八号二十一时

朱德关于我军十日行动部署致各军团、纵队电

（一九三四年十二月九日）

各兵团、纵队首长（董、李转周、黄）：

甲、依本日情报，通道似尚未到敌。桂敌廖^①部约一师，其前出部队昨已逼近马蹄街、八里，与我四师对峙中。占领唐洞之桂敌仅一营，今似未续追^②。

乙、我各兵团、纵队明十号前进部署如下：

1. 一军团应以前头师进占通道，向绥宁、靖县^③警戒。其第一师经长安堡或经长安堡东北，进至通道以南适当地域。九军团进至临江口、木路口之间，向绥宁及来道警戒，其在大岩、岩砦警戒部队待十五师接防后归还主力。〔十五师〕^④进至长安营^⑤，并应以先头部队接替九军团留在大岩部队的任务，向城步严密警戒。

2. 三军团主力应进至白岩、平寨、石村地域，一部扼守丛林、盂坳两隘口，阻止廖部北进。其先头师或团应进至陇城，向长安堡及其以西通黎平道路侦察、警戒，其侦察部队应相机占领长安堡，并另以一部扼守甘溪堂^⑥隘口，向龙胜方向警戒。如今日情报〔况〕不利，五师未能通过大断、串镇头，则三军团明日应改道西进。但不应渗入芙蓉市通布朗^⑦、中洞到广南城^⑧道路，因五、八军团须明日上午方能空出芙蓉市。

---

① 指廖磊。
② 此句，本电另种档案文本为："昨、今似未续进"。
③ 靖县，属湖南省，今名靖州苗族侗族自治县。
④ 据本电另种档案文本增补。
⑤ 即今长安，属湖南省今城步苗族自治县，位于该县西部。
⑥ 即今甘溪，属湖南省今通道侗族自治县。
⑦ 芙蓉市，即今芙蓉；布朗，即今布弄，亦名布龙，均属今广西壮族自治区龙胜各族自治县，位于该县北部。
⑧ 即广南寨，今名广南，属今广西壮族自治区龙胜各族自治县，位于该县西北部。

3.军委一纵队进至龙坪,二纵队由潘村经中洞赶至广南城。

4.五、八军团由芙蓉市经潘村、中洞随二纵队后开至昌贝[1]及其附近地域,向来路及龙胜方向警戒。

丙、各军团首长得据实况变更此命令中的位置,但总的前进方向不得改变,同时应将部署电告军委。

朱

九号二十时

---

①即今昌背,属今广西壮族自治区龙胜各族自治县。

我军明十一日继续西进的部署 ^①

（一九三四年十二月十日）

各军团纵队首长（董、李转周、黄）：

A.绥宁已到敌六十三师，其六十二师亦将续到，有由绥宁以南及向通道截击我军可能。桂敌廖部昨已进占马蹄街、石村，并闻有一部到林溪，企图利用由南［至］北大道向我侧击。

B.我军明十一号继续西进的部署：

1.一军团主力及九军团应进占通道及其东南与以南的地域，向绥宁、靖县两方派出侦察部队，向城步来路派出警戒。其先头侦察部队应前进至岩鹰坡，向新厂、马路口侦察入黔的道路。其十五师应进至下乡地域，向绥宁、木路口两方警戒。如通道已有湘敌到［达］，并有强固工事，则一军团主力及九军团应进至通道以南及东南，并控制瓜坪以北及地阳坪的西进道路，以掩护后续军通过。

2.三军团主力应进至长安堡、陇［城］地域，向林溪、龙胜两方警戒。其先遣部队应前出至团头所头所地域，侦察通播扬所及黎平的道路。其后卫师或团应留河口，钳制石村之线，以掩护三军团主力通过。

3.军委一纵队拟进至流源，二纵队进至辰口。

4.五、八军团随二纵队后进至麻隆塘地域，并应不经长安堡，以免深入三军团行进路线。

C.各军团依此电令方针，应据实情自行部署，但同时须电告军委。

D.各兵团纵队应在此备足米粮四天。

朱

十日二十三时

---

① 本件标题为编者所加。

中革军委关于防止我军宿营地失火
和反革命分子纵火的指示

（一九三四年十二月十一日）

各军团、纵队首长：

A. 查近数日我军宿营地屡次失火，其原因：

1. 烤火疏忽。

2. 主要的是反革命有计划的纵火，例如昨十号龙坪①、广南城、平溪、流源②四地同时起火，在龙坪便捕获放火反动［分子］，且身藏小刀。

B. 因此，特规定各兵团、纵队立即执行下列办法：

1. 到达宿营地须立即由司令［部］、保卫局、政治部组织巡查队，检查居民中可疑分子，有反动捣乱嫌疑的，应即逮捕。

2. 部队与居民共居，应将每家居民迁移一室，不使与我军混居，其行动应加注意。

3. 警戒部队应于驻军地绝对禁止居［民］向通敌方各道路外出。

4. 巡查队要严格检查各伙食单位煮饭、烤火的地方是否适宜，特别要注意空房子与闲杂人员。

5. 在木板地上严禁烤火，严禁落伍人员在空房子烤火。

6. 各伙食单位如发现失火事件，应由其直接首长负责，并应严办失火者。

7. 查获故意纵火的人，应处死刑。

（五军团抄转八军团）

军　委　十一号十四时半

---

① 龙坪，属今广西壮族自治区龙胜各族自治县，位于该县西北部。

② 平溪，有上平溪、下平溪，两地相距约1公里，属今广西壮族自治区龙胜各族自治县；流源，属湖南省今通道侗族自治县。

朱德关于红一、九军团应集结通道及其附近地域
并派队侦察入黔道路致林彪、聂荣臻电

（一九三四年十二月十一日）

林、聂：

A.湘敌情况无新得。桂敌廖部昨十号占独境[1]，以南山地，与我六师对峙中。三军团主力今日由陇、麻[2]、包田向西移动，并准备侧击北进之敌。明十二号，三军团主力进至长安堡、黄土塘、辰口地域，其先头师则进至团头所、头[所]地域；军委一、二纵队及五、八军团，则由流源、辰口、麻隆塘之线继续西移。

B.我一军团主力及九军团，明十二号应集结在通道[3]及其附近地域，向靖县、绥宁方向派出侦察，向城步方向警戒。其十五师，应于军委一纵队明十二时全部通过下乡后，移动至瓜坪地域，在移动前应加强对木路口、临口的侦察、警戒，并扼阻该两方可能来敌的前进。一军团应另派不大于一团兵力的侦察部队并带电台，前出至崖鹰坡，向新厂、马路口[4]侦察入黔的道路。

C.执行情形，电告。

朱

十一号十八时半

---

① 即今独镜，属今广西壮族自治区龙胜各族自治县。

② 陇、麻，指陇城、麻隆塘。

③ 指当时通道县城即县溪镇。关于中央红军占领通道县城的情况，尚未查到直接的电文资料，据当时红军行动部署及国民党军档案资料记载，是1934年12月10日由红一军团第二师进占。

④ 新厂、马路口，均属湖南省今靖州苗族侗族自治县，位于该县西南部，邻近贵州省黎平县境。

我一、三军团入黔路线及注意集结兵力 [①]

（一九三四年十二月十二日）

林、聂：

甲、我军西路线一军团应经岩鹰坡、新厂、马路口入黔；三军团应经团头、播阳所入黔。望依此分界线自定前进路线。

乙、在目前湘敌向我追击条件下，一军团应稍集结，不宜过于分散，不利作战。

丙、你们行动仍应遵昨日十八时半电令执行。

朱

十二日六时

---

① 本件系军委致一军团电令。

中革军委关于我军十三日西进的部署
致各军团、纵队电

（一九三四年十二月十二日）

各军团、纵队首长（五、八军团互相抄送）：

A.湘敌与〔以〕①陶广一路军主力向通道进逼，其他各路仍续向洪江、靖县前进，企图阻我北进，并准备入黔。桂敌有拟由林溪进至团头〔所〕②消息，但未证实。

B.我军明十三号继续西进的部署如下：

1.一军团第二师及九军团，应前进至新厂、崖鹰坡、溶洞地域，向靖县派出警戒，向白〔马〕③路口及黎平方向继续派出侦察部队。其第一师，如今日已抵洪洲司④，则应相机进占黎平；如尚在牙屯堡，则应进至洪洲司，向黎平侦察、警戒，并须于十二时前全部要〔离〕⑤开牙屯堡。其十五师应进至通道，向绥宁、靖县两方向派出游击部队，加强侦察、警戒。在十五师先头部队未到达接替任务前，九军团警戒部队不得先撤。

2.三军团以迅速脱离桂敌之目的，明日应以主力进至平〔牙〕⑥屯堡、团头所、头所地域，向林溪、古宜方向游击、警戒。其先头团或师应进至播扬所、黄垢地域，侦察部队则前出至贵州境界之江口屯。三□军〔团〕⑦在长安堡、黄土塘地域应留下后卫部队，向陇城、林溪警戒，以保证主力通过。

---

① 此处，均据本电另种档案文本订正或增补。
② 此处，均据本电另种档案文本订正或增补。
③ 此处，均据本电另种档案文本订正或增补。
④ 即今洪州区，属贵州省黎平县。
⑤ 此处，均据本电另种档案文本订正或增补。
⑥ 此处，均据本电另种档案文本订正或增补。
⑦ 此处，均据本电另种档案文本订正或增补。

3. 军委一、二纵队拟进至播扬所以北地域。

4. 五、八军团应赶进至土溪、元心园地域，并应由双江口（不经牙屯堡）另找路线西进。

C. 各军团依实际情况得变更其前进位置，但须严格的遵守前进的主要路线及其分界线，以免障碍运动，并将部署电告。

军　委

十二号十九时半

朱德、周恩来、王稼祥关于红八军团
并入红五军团的决定及其办法致董振堂等电

（一九三四年十二月十三日）

董、李、周、黄：

甲、军委决定八军团并入五军团，其办法如下：

1.八军团全部人员除营以上干部外应编入十三师各团，为其作战部队。如三十九团尚未归还主力，则应以八军团较强之一团为三十九团，而编散其余的两团及军团部。

2.八军团之工兵连、排，补入十三师各团加强其各工兵排，其余则编入步兵分队。炮兵与五军团在〔所〕属〔炮〕兵排合为一迫炮连，辖两排、炮四门。机关枪连、排并入十三师各团，使每营仍附有机枪排，团有机枪连，轻机枪则给十三师各团及军团直属队，每一连队配轻机枪一支。

3.十三师师部取消，五军团司令部直辖十三师三个团。十三师师部全部人员及直属队应编入各团，其工兵排、机枪排如2项处〔办〕法。

4.五军团后方部，应依军委四日电令①立即缩小为师的编制，编余人员亦应编入各团。

5.凡八军团及十三师师部下级指挥员及工作人员，应尽量编〔入〕作战部队，其实不能编入作战部队的，再另行编入五军团直属各部，或送军委四局及总政处理。

---

①指1934年12月4日《军委命令》，该命令规定缩编各部后方机关。主要内容是：取消师的后方机关；师、团的卫生队各缩小一半（即团三十人、师九十人）；取消兵站；军团医院：第一、三军团缩编为两个所，第五军团为一个所；第一、三、五军团后方部内只应有教导队、军团医院和供给部附运输队，第八、九军团取消后方部保留师后方机关；将后方机关、直属队编余人员补充到作战部队；抛弃、毁灭不必要的担子等。

6. 多余步枪，最坏的应即毁弃，全部工作人员应发动背枪。多余轻、重机枪及子弹应即送军委。

7. 电话队留五军团，电台则拨归军委。

乙、刘伯承调回军委，陈伯钧为五军团参谋长，周、黄待改编完后即回军委，罗荣桓为五军团政治部主任，毕占云调回军委，马良骏留五军团为团长，其他军政人员除加强五军团各团外，余应送军委四局及总政。

丙、五、八军团应利用行军中的间隙执行此电令中一切规定，限十八号前全部完成。首先须进行解释，并将结果电告和用书面报告军委。

朱、周、王

十三号二十时

中革军委关于取消第二纵队，
合编第一、二纵队的命令 ①

（一九三四年十二月十三号于野战司令部）

一、军委决取消二纵队的组织，将一、二两纵队合编为一个纵队，并规定其序列如下：

第一梯队辖军委总司令部五局及其直属部队（缺炮兵营）、总政治部没委会、中局队、中央队、国家保卫局及一医务所。

第二梯队辖总卫生部及一个医院（五个所）。

第三梯队辖总供给部及通信队。

三个梯队外，另以干部团、保卫团为独立的作战部队，归军委纵队司令部直辖。

二、依上项区分，各部门、部队应进行下列改编：

1.军委纵队司令部设一局，设参谋长一，参谋二，余均与一局合同办公；

2.一、二局组织不变，三局直辖无线电台五，其分配由总司令部临时规定，四局附医务所一个，收容第一梯队临时休养员，总兵站取消，其工作并入五局运输科；

3.总没委 ② 应兼纵队没委；一纵队没委取消；

4.国家保卫局附特务队与红军工作部合在一起；

5.一、二纵队两个医院应即合并为一个医院，编成六个所，以一个所随第一梯队行动，每一所应附担架十付；

6.总卫生部、总供给部工作人员应裁减，多余的医生应加强干部团、保卫团各卫生队，每队至少应有医生二人（一人兼队长），看护员亦应加强，但名额

---

① 此命令，按中国人民解放军档案馆提供的档案原稿刊印，原标题是：《军委命令》，文后无署名。

② 即"总政治部没收征发委员会"之简称。

不得加增；

7.二纵队司令部取消，其一部分工作人员加强第三梯队，其携带的中央资材归入总供给部，第一梯队各部门、部队携带的资材，其不急需的部分，亦应归入总供给部，妇女工作队并入总卫生部；

8.干部团、保卫团组织与编制仍旧。

三、军委纵队以刘伯承为司令员，叶剑英为副司令员，陈云为政委，钟伟剑为参谋长，纵队司令员、政委、参谋长均兼第一梯队司令员、政委、参谋长，第二梯队以何长工为司令员兼政委，第三梯队以罗迈为司令员兼政委。

四、分编第二纵队限十五日进行完毕，并即于十五日起以军委纵队名义直接指挥所属各部队。

朱德关于红二、六军团发展湘西北苏区
并配合西方军行动致贺龙等电

（一九三四年十二月十四日）

贺、任、萧、王[①]：

甲、我西方军现已西入黔境，在继续西进中寻求机动，以便转入北上。湘敌现分五路，其主力正向芷江、黔阳、洪江、靖县集中，企图先从湘边阻我北上，然后追我入黔。桂敌在我左侧后跟追，尚未脱离。黔敌情况不明。

乙、我二、六军团以发展湘西北苏区并配合西方军行动之目的，主力仍应继续向沅江上流行动，以便相当调动或箝〔钳〕制黔阳、芷江、洪江的敌人。如辰州[②]附近不便渡河，可改于保靖附近南渡至泸溪、乾城、凤凰地域活动，对桃源方面只须派一支队去行动，以箝〔钳〕制与迷惑湘中之敌。

丙、你们依此方针，决心如何，望电告。

朱

十四号十六时半

---

① 指贺龙，时任中国工农红军第二军团军团长、湘鄂川黔省革命委员会主席兼军区司令员；任弼时，时任中国工农红军第二军团政治委员、中共湘鄂川黔边省委书记、省军区政治委员；萧克，时任中国工农红军第六军团军团长；王震，时任中国工农红军第六军团政治委员。

② 古州、府名。此处指原州府所在地，即今湖南省沅陵县人民政府驻地沅陵镇。

林彪、聂荣臻关于目前我军应在黎平西北略事休整等战略行动建议致朱德电

（一九三四年十二月十六日）

朱主席：

一、目前我军已脱离受敌侧面夹击的不利形势，敌对我入黔后之企图似尚不明，敌主力距我亦较远，而我军本身则甚疲劳且不集结。黔敌为极不团结、缺乏战斗力之诸小集团，其主力为王家烈部[①]，报载该〔部〕集结镇远、施秉一带。

二、在上述情况下，我军主力应利用目前机会在黎平西北一带略事休息、整顿与集结，并以一部阻滞追击敌，一部（九军团）向锦平〔屏〕以北威胁，与掩护我军基本企图，并诱湘敌向锦屏方向前进（使我将来不能侧击他们[②]，只能向我尾追）。我主力略事休息整顿后，重新布置经施秉以南向镇南关、绥□阳[③]、綦江、纳溪、毕节，而以桐梓、遵义、仁怀为中心之地域前进。在前进途中，须决心消灭阻我前进之黔敌，以便巩固尔后在新发展之便。

三、建议一军团全部明日在波洞、入漂[④]、鳌鱼咀之线再休息一天，如何盼复。

林、聂

十六日十八时

---

① 王家烈，时任国民党政府贵州省主席，第二十五军军长。第二十五军（即黔军）辖第一、第二、第三师及教导师、暂编第八师，分属四派，其中属王家烈系统者为第一、第二师。

② 此句疑误，似应为"使他将来不能侧击我们"。

③ 镇南关、绥□阳，疑误，似指镇雄关（属贵州省镇远县）、绥阳。

④ 入漂，应为八漂，今名八瓢，属贵州省锦屏县。

朱德关于我军突破黔敌清水江、沅江
第二道防线的部署

（一九三四年十二月十六日）

各军团、纵队首长：

A.我一师昨占黎平城。黔敌在锦屏、黎平的防线已为我突破，现黔敌正企图固守清水江[1]、沅江的第二防线。湘敌、薛、周第二兵团[2]的先头部队，正开始向铜仁、玉屏、天柱之线前进，其陶广一路军[3]则尚在通道以西地域停止。桂敌周[4]师向榕江前进，企图向我军续行侧击。

B.我野战军以继续突破黔敌第二道防线与赶过薛、周两敌之目的，定明十七号部署如下：

1.一军团应以先头师前进至柳霁地域，并派出一团占领柳霁通南包、龙塘的渡河点，向玉屏、邛水侦察、警戒。一军团主力应进至柳霁东南地域，一师应经鳌鱼咀[5]向主力靠近。

2.九军团应由老锦屏沿清水河南岸约前进至时洞地域，以后即经拿洞、尧光[6]准备经柳霁以北渡河。在行进中应向对岸及来路警戒，宿营地点由罗、蔡自定。

---

① 指贵州省东部之清水江，为湖南省沅江上游河流。
② 指国民党"追剿"军第二兵团。1934年12月1日，"追剿"军总司令何键，电令所部改定军队区分如下：第一兵团总指挥刘建绪，辖原第一、第四、第五路等部共约八个师；第二兵团总指挥薛岳，辖原第二、第三路，共八个师另两个旅；预备兵团总指挥刘膺古，辖两个师另一个旅，另有湖南省保安部队所属团队。
③ 即"追剿"军第一兵团第一路军司令陶广所辖第十六、第六十二、第六十三师，共七个旅。
④ 指周祖晃。
⑤ 即今鳌市，属贵州省黎平县。
⑥ 尧光，即今瑶光，属贵州省锦屏县。

3.三军团主力（缺四师）应前进至黎平通剑河道上之鳌鱼咀及其东南地域，侦察由鳌鱼咀到剑河之线以西的道路，四师则前进至黎平城。

4.军委纵队前进至黎平城。

5.五、八军团进至中朝地域，实行合编与改编，并破坏通播场所、洪州司的来路。

C.三、五军团及军委纵队的出发时间，另行规定。

朱　德

十六号十九时半

中共中央政治局关于战略方针之决定 [1]

（黎平会议）

（一九三四年十二月十八日）

各军团及军委纵队首长：

兹特电告中央政治局本十八日关于战略方针之决定，此决定经你们传达至师及梯队首长为止。在部队中关于本决定之解释总政治部另有训令 [2]。

中央书记处

中共政治局 [3] 决定

一、鉴于目前所形成之情况，政治局认为过去在湘西创立新的苏维埃根据地的决定在目前已经是不可能的，并且是不适宜的。

二、根据于：甲、使我野战军于今后能取得与四方面军及二、六军团之密切的协同动作。乙、在政治的经济的及居民群众的各种条件上，求得有顺利的环境，便利于澈〔彻〕底的粉碎五次"围剿"及今后苏维埃运动及红军之发展。

政治局认为新的根据地区应该是川黔边区地区，在最初应以遵义为中心之地区，在不利的条件下应该转移至遵义西北地区，但政治局认为深入黔西、黔西南及云南地区对我们是不利的。我们必须用全力争取实现自己的战略决定，阻止敌驱迫我至前述地区之西南或更西。

三、在向遵义方向前进时，野战军之动作应坚决消灭阻拦我之黔敌部队。对蒋湘桂诸敌应力争避免大的战斗，但在前进路线上与上述诸敌部队遭遇时则

---

①此决定，按中央档案馆编《中共中央文件选集》第10册，第441—442页刊印，中共
　中央党校出版社，1991年3月版。

②《中共中央文件选集》编者注：指1934年12月21日总政治部代主任李富春署名发布
　的《关于实现"创立川黔边新苏区根据地"的训令》。

③《中共中央文件选集》编者注：现存两个档案版本都是中共政治局，而不是中央政
　治局。

应打击之，以保证我向指定地区前进。

四、政治局认为，为着保证这个战略决定之执行，必须反对对于自己力量估计不足之悲观失望的失败情绪及增长着的游击主义的危险，这在目前成为主要危险倾向。

五、责成军委依据本决定按各阶段制定军事行动计划，而书记处应会同总政治部进行加强的政治工作，以保证本决定及军事作战部署之实现。

一九三四年十二月十八日

朱德、周恩来关于军委执行中央政治局
十二月十八日决议之决议电 [①]

（一九三四年十二月十九日）

　　为执行党中央政治局十二月十八日的决议，军委对红军部队于最近时期的行动，有如下的决议：

　　（一）野战军大致于二十三日可前出到剑河、台拱 [②]、革东地域，其区分为：

　　甲、一、九军团为右纵队，有占领剑河的任务，以后则沿清水江南岸向上游前进。

　　乙、三军团、军委纵队及五军团为左纵队，应经岭松、革东到台拱及其以西的地域。在前进中如遇黔敌应消灭之，如遇尾追之敌应击退之，在不利条件下则应迟滞之。

　　（二）野战军到达上述指定地域后，于十二月底右纵队有占领施秉地域、左纵队有占领黄平地域的任务。为此，应坚决进攻和消灭在上述地域的黔军部队，并箝〔钳〕制黄平以南之黔军，及由东面可能来追之湘敌及其中央军。

　　（三）在前出到施秉、黄平地域以前，可用常行军前进，最后则应迅速的占领施秉、黄平两城。

　　（四）二、六军团目前应在常德地域积极活动，以便调动湘敌。当湘敌所抽调之部队已北援时，二、六军团应重向永顺西进，以后则向黔境行动，以便箝〔钳〕制在铜仁之薛敌部队及在印江、思南之黔敌部队。

　　（五）四方面军应重新准备进攻，以便当野战军继续向西北前进时，四方面

---

① 本决议现收集到两种档案文本，现用档案文本无收报人，另种档案文本收报人是"林、苏、刘三同志"。
② 台拱，贵州省属旧县名，1942年改称台江县。

军能箝〔钳〕制四川全部的军队。

（六）未参加决定此问题的军委委员，应于二十日晚以前，将自己的意见及其是否同意，电告军委。

朱、周

十九号十八时

李富春关于我军沿途注意与苗民关系
加强纪律检查的指示

(一九三四年十二月二十四日 [①])

各军团政治部主任：

最近我军经过之地，地瘠民贫，苗民甚多，各部队更应向战士详细解释，严格督促：

（一）明确传达与执行本部对苗民指示 [②]，不打苗民土豪，不杀苗民有信仰的甲长、乡长。

（二）山田牛少，居民视牛如命，绝不应杀牛。土豪牛要发给群众，严厉处罚乱杀牛者。

（三）加强纪律检查队、收容队工作，在宿营地分段检查纪律，开展斗争，立即克服一切侵害群众、脱离群众行为。

李

---

① 发电日期，据本电档案原稿所注确定。

② 据现收集到的文献资料，似指1934年11月29日红星政治部（即总政治部）《关于瑶、苗民族中工作的原则指示》，其中指出："我们对瑶民（或苗民）的基本主张，是反对一切汉族的压迫与剥削……给瑶民的澈〔彻〕底的民族自决权。"

朱德关于我军经黄平、施秉向遵义前进的部署
致林彪等电

（一九三四年十二月二十六日）

林、聂、彭、杨、董、李、罗、蔡、刘、陈①：

A. 我四十三团昨占镇远，敌似向清溪②方向退去。我五团今日继占施秉，敌向余庆方向退去。估计湘敌之周③路军其先头约一团，最快二十七日方能逼近镇远，主力则在其后约一日行程；吴④路军之先头，则二十七日可能达到镇远。今十四时，九军团一个团在两路口与敌遭遇，属何部队未明。黔敌约五个团以上兵力，可能在新、旧黄平、重安江⑤及其以西地域集中，东陂则尚未到敌。

B. 我野战军近数日内，有消灭新、旧黄平地域黔敌及占领该地域的任务，同时与〔于〕镇远及其与施秉之间的地域钳制周、吴两敌前进的部队，以保证我军得经黄平、施秉向遵义前进。

C. 我野战军明二十七日行动：

（一）一军团（缺一个师）应留在施秉城，并即派出侦察部队（不大于一团），带小电台向余庆方向尾追退敌和侦察前进道路，其四十三团应由镇远开施秉归还主力，并即在通余庆道口之偏桥，向镇远布置警戒。其另一个师（一、二两师之一），应率迫炮两连于明日直开向老黄平，以便二十八〔日〕晨协同三军团

① 指林彪、聂荣臻、彭德怀、杨尚昆、董振堂、李卓然、罗炳辉、蔡树藩、刘伯承、陈云，刘时任军委纵队司令员，陈时任军委纵队政治委员。

② 应是青溪，属贵州省镇远县。

③ 指国民党"追剿"军第二兵团第三路司令周浑元。

④ 指国民党"追剿"军第二兵团第二路司令、第四军军长吴奇伟，该路现辖第九十、第九十二、第九十三、第五十九师，惠济支队已调离。

⑤ 新黄平，即贵州省黄平县城新州镇；旧黄平，亦称老黄平，即黄平县属之旧州镇；重安江，即今重安镇，属黄平县。

攻占黄平地域。

（二）九军团应全部到达镇远，向邛水、青溪两方向各派出一得力游击部队，侦察和尽力迟滞敌人行动。如敌人逼近镇远，应尽力保持镇远城在我手中。在极不利情况下，九军团应退至镇远城西通施秉方向之文德关，以后则［在］正雄关①扼阻追敌。

（三）三军团主力应进至黄标②地域，六师及军团后方部队进至翁古陇，各向重安江、炉山方向警戒，向黄平新州派出侦察部队，弄明敌情工事，以便二十八日三军团分两路：一直向黄平，一经由东坡［取］③黄平。具体部署由彭、杨规定。

（四）军委纵队进到新城④、平寨地域。

（五）五军团进至台拱休息半天，并准备二十八号经包哨继向平寨、黄平前进。

D.一、九军团依此电令的具体部署，限二十七日三时前，三军团限二十时前，电告军委。

朱　德

二十四时

---

①据本电另种档案文本，应为镇雄关。
②应为黄飘，属贵州省黄平县。
③此处，据本电另种档案文本增补。
④即今双井，属贵州省施秉县。

朱德关于我军占领余庆、黄平后的行动部署

（一九三四年十二月二十八日）

林、聂、彭、杨、董、李、罗、蔡、刘、陈：

A. 今日我一师第一团占领余庆，敌约一团向龙溪退。二师占黄平旧州，该地无白军。三军团攻占新州，敌约两团退向重安江方向之五里墩，与我抗战中。吴敌部队今日午后攻占文德关，我九军团一部在白杨坪^①与敌抗战。估计明二十九日，吴敌可能向正〔镇〕雄关、施秉地域进攻，周敌有可能由邛水直向施秉前进。

B. 我野战军明二十九日行动如下：

1. 十军团之第二师应以主力（缺一团）由旧州进至后洞，并侦察经猴场^②的道路，其另一团留旧州警戒。第一师之第一团应留余庆，一师主力应于明日午后移往紫金头地域。一军团后方部则前进至大塘甫〔铺〕。十五师及九军团应继续扼阻吴敌部队的前进，十五师仍留沙坪布置第二道防线，并掩护九军团于明晚转移至施秉；九军团应于明晨占领正〔镇〕雄关、刘家庄之间的险要阵地，以便于明日扼阻吴敌进攻部队于该地域以东。至明晚则撤回施秉城，以便三十日拂晓随一军团一师后向余庆转进；十五师则为后卫师，于三十日上午离开施秉。在此行动中，一、九军团统受林、聂指挥。

2. 三军团应以一个先头师由新州经野洞、上塘向瓮安方向侦察前进，相机占领之，并向炉山、平越^③方向警戒。军团后方部可随该师后前进。三军团（缺一个师）留新州，消灭或驱逐五里墩之敌，向重安、炉山严密警戒，并准备从三十日向瓮安前进。

---

① 即今柏杨坪，属贵州省镇远县。

② 即今草塘镇，属贵州省瓮安县。

③ 炉山，县名，1958年改称凯里县，1983年改设市；平越，县名，1953年改称福泉县，均属贵州省。

3.五军团今日如已进至翁古陇，明日应进至黄平新州，并准备三十日续向旧州前进。

4.军委纵队分两路前进至金坑、罗朗之线，野战司令部随一梯队、干部团进至罗朗、带翁甫①地域，二、三梯队及政卫团则进至金坑地域。

C.我野战军突破黔敌第二道防线后的第二阶段计划，另电告知。

朱　德

二十八号二十时半

---

①即今大翁铺，属贵州省黄平县。

朱德关于野战军北渡乌江行动的部署

（一九三四年十二月三十一日）

林、聂、彭、杨、董、李、罗、蔡、刘、陈：

A. 吴敌四个师昨到施秉，今向新黄平续进，其一部向老黄平方向追我。周敌仍经施洞口向新黄平前进，其先头师二十九〔日〕到施洞口，三十日未动。黔敌第四师①及在遵义，其一个团在珠场②，并派队扼守江界河北岸渡河点的消息，但尚未证实。猴场昨有敌一个团逃向瓮安。今日四师占领瓮安与否。尚未得报。

B. 我野战军明一月一号动作应如次：

1. 一军团之第二师应进至江界河渡河点，并侦察对岸敌情。如无敌，应即派兵一团过北岸占领阵地，向珠场侦察、警戒掩护并令工兵实行架桥，以便二师主力及军委纵队、五军团由此渡河。如有敌扼守对岸，则应先以一团兵力绕道渡河，驱逐该敌。万一无法绕渡，则应监视对岸之敌，待一军团主力赶到后协同消灭该敌。我一师应进至袁家渡及其附近地域，以一个团占领河北岸阵地，向湄潭警戒，指挥一军团两个工兵连实行架桥，以便二号一军团主力由此渡河。一军团部及十五师进至龙溪，九军团至余庆，均向石阡方向侦察、警戒。

2. 三军团之第四师应经前川西进〔中〕坪、龙场坝、又州地域，并侦察经中坪到清水口的渡河点。三军团主力则进驻瓮安，向平越、重安江方向警戒。

3. 五军团进至甘塘、老坟咀、蔡家湾之线，向老黄平严密侦察、警戒。

4. 军委纵队主力仍留猴场，二、三梯队及政卫团则进至猴厂〔场〕。

---

① 据国民党军档案资料，黔军序列中无第四师番号，此处所指似为第二十五军之教导师。

② 又名猪场，即今珠藏，属贵州省瓮安县。

C. 五、九军团①破坏通追敌方向道路的任务仍旧，三军团应破坏瓮安通梭洞及直通新黄平的两条道路。各兵团应澈〔彻〕底破坏乌江南岸的电话线。

D. 一、二两师架桥情形及可能，统限明一号十八时分电军委及林、聂。②

朱

二十二时

---

①此处，本电另种档案文本上仅"九军团"；据12月30日22时朱德致各军团首长电，赋予破坏通追敌方向道路的任务中，包括有五军团，故现档案文本说法准确。

②此项文尾，本电另种档案文本上注有："明日每人发元旦菜钱两角，望即通知照发"。

中共中央政治局关于渡江后新的行动方针的决定 ①
（猴场会议）

（一九三五年一月一日）

由于我野战军即将通过乌江，跨进我们十二月十八日政治局会议所预定的新苏区根据地的一部的遵义地带，开始澈〔彻〕底粉碎敌人五次"围剿"的最后阶段。因此政治局关于在通过乌江以后的行动方针，特有以下新的决定：

一、立刻准备在川黔边广大地区内转入反攻。主要的是和蒋介石主力部队（如薛岳的第二兵团或其他部队）作战，首先消灭他的一部，来澈〔彻〕底粉碎五次"围剿"，建立川黔边新苏区根据地。首先以遵义为中心的黔北地区，然后向川南发展，是目前最中心的任务。

二、必须在"创造川黔边新苏区根据地""澈〔彻〕底粉碎敌人五次'围剿'""消灭蒋介石的主力部队"的基本口号之下，在全体红色指战员中间进行广大的深入的宣传鼓动，最大限度的提高他们的战斗情绪，坚强他们作战的意志与胜利的信心。并且指出新苏区根据地只有在坚苦的残酷的胜利的战斗中才能创立起来，反对一切逃跑的倾向与偷安休息的情绪。

三、不论蒋介石的"追剿"部队向我们迅速追击或相当推迟时日，必须尽量利用我们所争取到的时间，使部队得到短期的休息，并进行整顿补充的工作。特别加强在连队中的政治工作，在充实战斗连的原则之下，应缩编我们的部队，军委纵队必须继续缩小，以适合于新的作战环境。

四、同样在这一时间内，必须有计划的与有步骤的来开始我们的赤化工作，争取广大群众到苏维埃的旗帜之下，坚决消灭当地贵州军队与地主武装，武装当地群众，扩大红军，搜集资材，建立政权，扩大我们的活动地区。为达到这

---

① 此决定，按中央档案馆编《中共中央文件选集》第10册，第445—447页刊印，中共中央党校出版社，1991年出版。

一目的，可以适当的使用我们的部队，但以不违背基本作战方针为原则。

五、在目前转入反攻已具有取得胜利的有利条件。这种形势之下，军委必须特别注意敌情的分析研究，道路敌情的侦察，抓住反攻的有利时机，并不失时机的求得在运动战中各个击破敌人，来有把握的取得胜利。关于作战方针，以及作战时间与地点的选择，军委必须在政治局会议上做报告。

六、责成书记处与军委保持同二、六军团与四方面军的密切的通讯联络。加强对于他们在政治上与军事上的领导，使他们以积极的行动来配合我们的反攻。

七、责成总政治部根据这一决定起草新的政治训令 ①。

政治局认为这一反攻的彻底胜利，五次"围剿"的最后粉碎，与川黔边苏区的建立，对于我们胜利的粉碎蒋介石正在布置着对于中央红军红四方面军与二、六军团的新的"围剿"计划，有极端重要的意义。因此政治局号召全党同志为坚决实现这一决定而斗争。

---

①《中共中央文件选集》编者注：指1935年1月3日总政治部代理主任李富春署名发布的《政治训令》。

林彪、聂荣臻关于强渡乌江情况致朱德等电

（一九三五年一月二日）

朱主席、陈、刘、彭、杨、罗、蔡[①]：

　　（一）回龙场附近之敌已被我强渡部队驱逐，此刻我一师已有约两营兵力过了河，其余部队尚在续渡中。浮桥正在赶架，大概明午前可架起，估计一、九军团（缺二师）明日可渡河完毕。

　　（二）蒋〔江〕界河方面情况，望陈、刘速告。

林、聂

二日八时

---

①指朱德、陈光（红一军团第二师师长）、刘亚楼（第二师政治委员）、彭德怀、杨尚昆、
　罗炳辉、蔡树藩。

军委奖励乌江战斗中的英雄[①]

　△　三连毛正华[②]得红星奖章

　△　其余每人均奖军衣一套

领导此次战斗的主要干部：

一营长罗有保、三连长毛正华、机［枪］连长林玉、二连政指王海云、二连青干钟锦友、二连二班长江大标、二连长杨尚坤等八同志[③]。

　涉水及撑排的：

西市[④]机［枪］连孙明　山西[⑤]王家福　西城[⑥]王友才、林玉、西城三连五班长唐占钦、西市赖采份等五同志。

　英勇冲锋顽强抗战：

战斗员：曾传林、刘昌洪、钟家通、朱光宣、林文来（新战士）、刘福炳、罗家平、丁胜心等九同志[⑦]。

---

①此文系《红星》报1935年1月15日第60期同标题报道。担负乌江战斗的先遣部队，有红一军团第一师第一团、第二师第四团和红三军团第四师第十团，分别在三处渡点抢渡。

②据当时任红二师第四团政治委员的杨成武"回忆录"载，应为毛振华。

③原文只列了七人姓名。

④均为部队代名。

⑤均为部队代名。

⑥均为部队代名。

⑦原文只列了八人姓名。

朱德、周恩来、王稼祥关于我野战军迅速休整、准备进入反攻致各军团、军委纵队电

（一九三五年一月五日）

林、聂、彭、杨、董、李、罗、蔡、刘、陈并转各师、各梯队：

甲、目前敌人"追剿"部署：薛岳兵团约七号可达贵阳、贵定、平越之线，并将构筑碉堡五天；刘建绪兵团以三个师经镇远向施秉、新旧黄平前进，亦约七号可到；十五师则预定向铜仁集中。桂敌两个师①分向八寨、都江②前进。粤敌三个师③拟十五日开柳州参加"追剿"。川敌有以两个旅由南川、正安进占湄潭、凤冈④消息。而黔敌主力约七个团，则被逼进至紫江⑤、羊塘、牛场（瓮安以南）地域防堵我军，并企图北渡扼守遵义。据此，薛敌暂时推迟"追剿"到十二号后，与蒋⑥敌从各方面布置新的围攻似有关联。而黔敌在乌江北岸失利时，将有可能分向思南、赤水退窜。

乙、我野战军为渡过乌江，执行党中央政治局十二月十八及一月一日两次决定中所规定的基本任务，特决定六、七两日我野战军达到下列的第一步的集中地区，迅速进行休息、整理、补充，并开始准备进入反攻的战斗和争取首先在黔北的发展。

---

① 指国民党军桂系第四集团军第七军军长廖磊指挥的第二追击队所辖第十九师（师长周祖晃）、第二十四师（师长覃连芳）。

② 八寨，县名，1941年已与原丹江县部分地区合并设置丹寨县；都江，县名，已撤销，现为都江镇，属今三都水族自治县，均属贵州省。

③ 指国民党军粤系第一集团军第二军副军长张达率领援黔的第四师（师长亚剑虹）、第五师（师长李振良）、第六师（师长李汉魂）。

④ 凤冈，据本电另种档案文本应为凤冈，贵州省属县。

⑤ 紫江，旧县名，即贵州省开阳县。

⑥ 指蒋介石。

1. 一军团到遵义、老蒲厂、虾子厂^①地域。

2. 九军团湄潭、牛塘^②地域。

3. 三军团尚稽场、茶山关、镇南关地域。

4. 五军团珠场、羊岩河地域。

5. 军委纵队团溪地域。

丙、为达到上述目的，我野战军仍分三路前进，坚决并迅速消灭阻我前进之黔敌，并实行追击。

1. 右路纵队一军团（缺二师）及九军团在迅速取得湄潭后，一军团主力应向虾子场集中，必要时得协同二师攻取遵义，消灭黔敌。九军团即留在湄潭、牛塘集中。

2. 中央纵队以第二师及干部团主力担任攻占遵义，消灭黔敌。军委纵队六、七号进至团溪。五军团则于六号集中珠场，并以一小部扼守袁家渡、江界河、孙家渡三渡河点。

3. 左路纵队三军团于过乌江后，派出一个师进占镇南关，控制乌江北岸；主力则集结于尚稽场地域，并以一小部分守尚稽场以南各渡河点。

丁、我野战军到达第一步的集中地域后，应即以战备姿势争取在十二号前进行下列工作：

1. 进行各兵团、各梯队本身的人员、武器、弹药、担子、马匹及其他一切资材的全部检查和整理，限三天内进行完毕，并将结果报告军委，准备进行缩编。

2. 进行干部的检查与补充，其结果及不足的额数须报告军委。

3. 加紧部队中的军事训练与战术教育，特别要注意进攻战斗。

4. 加紧部队中的战斗鼓动与政治教育，举行必要的干部会议，检阅工作，传达作战任务，并开军人大会、同乐会等，提高士气。其政治解释，应根据总政治部训令。

5. 立即进行敌情、道路和政治、经济的侦察，并建立各军团与总司令部间的徒步通信联络，具体办法另电规定。

---

① 老蒲厂，应为老蒲场，即今新文；虾子厂，应为虾子场，今名虾子，均属贵州省遵义县。

② 牛塘，疑误。据电文所指地域，似为牛场，属贵州省湄潭县。

6. 坚决消灭驻地周围及规定地区内的民团、土匪及反动武装，特别要加紧搜山及远出游击，并发展地方游击队，开始应随红军行动，以便教育和考查。

7. 加紧扩大红军，及雇请临时夫子，其办法由总政规定。

8. 迅速征集资材，首先应搜集米、盐、布匹、洋油和现金，没收谷子除发一部给群众外，各部队应在集中地域有半个月的存粮。

戊、每日作战行动及各项工作的具体指示，军委另以个别命令行之。

朱、周、王

五号二十二时半

附：此令下至师及梯队为止。

朱德关于我军七日行动的部署

（一九三五年一月六日）

林、聂、彭、杨、董、李、罗、蔡、刘、陈：

甲、敌情无新得。

乙、我野战军今六日可全部过河完毕。十五师先头部队昨日已占湄潭，敌退方向不明。二师今日可逼近遵义，遵义敌情尚未得报。

丙、我野战军明七号以前①到达预定集中地域之目的，定行动如下：

1. 一军团之第一师应继续向遵义前进，并向遵义逼进，以便必要时协同二师攻占遵义，消灭黔敌。一军团部及十五师准一师后向虾子场前进，准备在该地域集中。九军团即留湄潭、牛场地域，向正安、思南两方向派出游击、侦察。

2. 第二师应于明晨拂晓攻占遵义，消灭黔敌。当敌溃退时，应实行追击，必要时得使干部团主力参加。只有在黔敌顽强固守遵义城条件下，方得待一师赶到后再行攻城。军委纵队明日全部集结团溪休息。五军团即留猪场及其附近地域，其派在蒋〔江〕界河、袁家渡的小部队任务不变，并应另派小部队至孙家渡握住〔扼守〕②渡河点，在该处游击、搜山、消灭团匪。

3. 三军团一个师应确实占领老君关③，执行昨电规定任务。三军团主力（缺一个师）应集结尚稽场及其附近地域，并扼守其以南各渡河点。如三军团已有一个师向遵义前进时，应即集结滥板凳④以便与主力接近。

4. 各兵团到达集中地域后，应即以军委昨五日二十二时半电令进行一切工

---

① 据本电另种档案文本判定，"前"系衍文。
② 据本电另种档案文本订正为"扼守"。
③ 属贵州省遵义县，位于该县西南部，乌江左（北）岸。
④ 又名"懒板凳"，此后电文中还有"栏板凳"，均指今南白镇，属贵州省遵义县，现为遵义县人民政府驻地。

作。关于预定的集中地点，得以实况相当推广，但不得渗入其他兵团集结地域以内。

朱　德

［六日二十二时］^①

---

① 发电时间，据本电另种档案文本增补。

中革军委关于我红二师已袭占遵义及野战军八日行动部署致各军团、军委纵队电

（一九三五年一月七日）

林、聂、彭、杨、董、李、罗、蔡、陈、刘、刘、陈①：

甲、敌情：王家烈四日令驻遵义部队三团死守待援，并令一、三、九三个团于五日由省②开遵义，切保遵、息③交通。

乙、我二师今二时已袭占遵义，敌由北门溃退，我正趁胜追击中。我野战军今日已到达预定集中的地区。

丙、兹规定明八日起我野战军行动及活动地区如下：

1.一军团第二师的追击部队，应继续侦察敌情及其退窜方向，并准备占领桐梓。二师主力应在遵义休息一天，准备九日移至遵义通桐梓道上之高坪子、排居场地域。一军团主力（缺二师）即留在老婆〔蒲〕场、青神桥、虾子场地域进行工作。

2.九军团仍留湄潭、牛场地域不动。

3.五军团主力仍留猪场地域，另以一个营分守袁家渡、江界河、孙家渡三渡河点，执行原规定任务，并派教导队明日开团溪驻扎，进行地方工作。羊隘河的渡河点④，则由五军团工兵连驻守。

4.三军团集中地域暂仍在老君关、尚稽场地域，但军团司令部为求得利用公共电话线与遵义军委联络，应移至老君关通遵义道上之适当地点，并应侦察

---

① 指林彪、聂荣臻、彭德怀、杨尚昆、董振堂、李卓然、罗炳辉、蔡树藩、陈光、刘亚楼、刘伯承、陈云。
② 指贵州省省会贵阳市。
③ 指贵州省遵义、息烽。
④ 应为羊岩河的渡河点，羊岩河即贵州省中部乌江支流湘江；此渡点在遵义县境内羊岩卡，即今羊岩。

遵义通老君关大道以西地区的道路、村落、人家及群众、政治、经济条件，电告军委。

5. 军委纵队决移至遵义，明日开至龙坪。干部团即留遵义。

丁、各兵团在指定集中地域，应以战备姿势依军委五日二十二时半电令进行工作，并须将所在地区的一切情况和自己部署及每日工作情况，电告军委。

七日二十一时十分

朱德关于九日行动部署致各军团、军委纵队电

（一九三五年一月八日）

林、聂、彭、杨、董、李、罗、蔡、刘、陈、陈、刘：

甲、敌情无新得。

乙、我各军团除二师以外，明日仍在原集中地区执行原任务不变。

丙、我第二师先头团明日应向娄山关侦察前进，驱逐和消灭该地敌人，并相机占领桐梓。我二师主力应前进至四渡站①地域策应，并利用通遵义电话线与其先头团及总司令部两方通话。

丁、军委纵队明日进驻遵义，以纵队司令员刘伯承兼任遵义警备司令。

朱

八日②

---

①即今泗渡，属贵州省遵义县。

②此处本电另种档案文本为："八日廿时四十分"。

朱德关于敌军企图及我军集中行动地域
致各军团、军委纵队电

（一九三五年一月十二日）

林、聂、彭、杨、董、李、刘、陈、罗、蔡：

甲、敌情已电告[1]。估计湘敌正在配合徐源泉部[2]企图消灭我二、六军团于湘、黔、川边境，而以其主力在乌江东岸筑垒，截断我野战军与二、六军团联络。薛岳兵团则由贵阳、贵定地域向修文、黔西推进，而以黔敌为前卫，由乌江上游[3]过河，向我逼近并企图控制赤水[4]上游阻止我西向。粤、桂之敌将由都匀前进夺取贵阳，川敌则企图拒我侵入川南。因此，各方敌人的共同目标，在抑留和围阻我野战军于乌江西北地域，求得最后决战。

乙、我野战军为求得机动，便于今后向川南发展与打击阻我发展之敌，特重新规定各兵团集中与行动地域如下：

一、一军团的第二师主力仍留桐梓，向赤水方向侦察、警戒，其第四团在山坡附近，应驱逐新站[5]以南黔敌，进占新站，并向松坎[6]侦察、警戒。一军团主力（缺二师）应于明十三日起，以两天行程移至桐梓及其附近地域，并进行缩编。

---

① 指1935年1月11日野战军司令部关于川黔湘鄂等省敌军为消灭红二、红六军团及追击中央红军的部署情况给各军团的敌情通报，电内详述了1月9日何键转发蒋介石5日的作战命令。具体内容参见《红军长征·参考资料》的有关部分。
② 即国民党军第十军军长兼鄂湘川边区"剿匪"军总司令徐源泉所部。
③ 指鸭池河，乌江渡以上部分，流经贵州省黔西、息烽县境。
④ 一指赤水河，长江支流，流经川黔边境；二指贵州省赤水县。此处指赤水河。
⑤ 属贵州省桐梓县，位于该县人民政府驻地北约30公里处。
⑥ 属贵州省桐梓县，位于该县北部，邻近四川省綦江县境。

二、九军团应派出一个得力团进驻绥阳。于明日到达火烧舟①，于十四号早到绥阳，向正安侦察、警戒。九军团主力仍留永兴、湄潭、牛场地域，向凤〔凤〕冈、正安警戒，并派队在湄潭附近之永吉洲、编刀水②等地，征集资材。

三、五军团（缺一个营）明日应移驻团溪地域进行工作，另留一个营在猪场，派队到袁家渡、江界河、孙家渡等渡河点进行游击、侦察。在羊岩河至楠木渡以东，沿羊岩河、乌江之线的警戒，则由五军团主力派出一个连担任。

四、三军团仍留原地执行原任务不变，并进行缩编。另令四师应速将其在沙土口游击部队的当前敌情，电告军委及三军团。

---

①即今新舟，属贵州省遵义县，位于该县东北部。
②编刀水，应为偏刀水，即今琊川，属贵州省凤冈县。

左权、朱瑞关于红一军团行动及占领松坎等情况致朱德、林彪、聂荣臻电

（一九三五年一月十六日）

朱主席、林、聂：

（一）一师追击部队于本晨占领松坎[1]，敌约两个团向綦江方向撤退。

（二）现刻二师已全部到达松坎。一师及军直属队于十六时到达□□、□□[2]之线宿营，距松坎三十里。十五师留新站，并进行缩编。

（三）昨日战斗共俘护〔获〕百人，枪约百支，子弹两万余发，迫炮三门。敌退极狼狈，沿途抛弃东西很多。我伤亡约二三十人。

（四）在新站没收食盐万余斤，除补充外，已开始廉价出卖。

（五）军团后方部、保卫局及各师供给机关均留桐梓，他们行动应如何，我们明日行动应如何，均望告。

左、朱
十六日十七时半

---

① 关于占领松坎的部队，本电档案原稿上写为"一师"，但"一"的右上方有个模糊黑点，疑是"二"字；据同日1时朱德致左权、朱瑞等电中称："新站之敌……被我二师完全击溃向松坎逃窜，二师全部在猛追中"；"一军团〔缺二师〕今十六日继续尾二师跟进"；并据聂荣臻、杨成武回忆录，应为红二师先期占领松坎。

② 此处，本电两个地名，档案原稿上字迹不清，未能确认。

中国工农红军总政治部布告 [①]

（一九三五年一月）

红军是工农群众自己的军队，实行中国共产党的主张，澈〔彻〕底没收地主的土地分配给农民，消灭豪绅地主封建势力，推翻军阀国民党政府，取消洋人在中国的一切特权，驱逐帝国主义出中国，为创造工农群众自己的政权——苏维埃奋斗！

红军所到之地，绝对保护工农贫民的利益，对工人实行八小时工作制，增加工钱；对农民主张不交租，不纳税，不完债，没收地主的土地分配给农民；对于苗族瑶族等少数民族，主张民族自决，民族平等，与汉族工农同等待遇，反对汉族的地主财富老的压迫；对于白军士兵，欢迎他们拖枪来当红军，参加工农的革命；对于城市乡镇商人，其安分守己者，亦准予自由营业。

红军是有严格的纪律性的军队，不拿群众一点东西，借群众的东西要送还，买卖按照市价。如有侵犯群众利益的行为，每个群众都可到政治部来控告。

凡我工农群众，望勿听信豪绅地主的欺骗，各宜安居乐业，并大家一齐来实行共产党的主张，自动打土豪分田地，实行八小时工作，收缴一切反动武装，来武装工农，建立苏维埃政权，及赤色游击队，并欢迎工农群众报名当红军，帮助红军运输，抬担架，谋工农群众的彻底解放。如有破坏红军及造谣欺骗，当反革命派的侦探，进行反革命活动的分子，定当严刑处罚。

此布

代主任　李富春

---

① 此布告，按中国人民解放军军事科学院图书资料馆所存资料刊印，原件保存在贵州省博物馆。

遵义会议，历史性重大转折

周恩来关于在遵义召开政治局会议
致李卓然、刘少奇电

（一九三五年一月十三日）

卓然、少奇①：

　　十五日开政治局会议，你们应于明十四日赶来遵义城。

恩来

二十四时

---

①少奇，指刘少奇，时为中共中央政治局候补委员。

中共中央关于反对敌人五次"围剿"的总结的决议 ①

（遵义会议）

（一九三五年一月八日 ② 政治局会议通过）

听了××③ 同志关于五次"围剿"总结的报告及××④ 同志的副报告之后，政治局扩大会认为××⑤ 同志的报告基本上是不正确的。

一、党中央关于敌人五次"围剿"的决议 ⑥ 中，曾经清楚的指出五次"围剿"是帝国主义与国民党的反动对于苏维埃革命运动的更加残酷的进攻，但同时指出了在这一剧烈的阶级决战中帝国主义国民党内部的弱点与革命形势的新的紧张化，这造成了国内阶级力量的对比有新的有利于我们的变动，得出了"在五次'围剿'中间我们有着比以前更充分的取得决战胜利的一切条件"的正确结论（一九三三年七月廿四日中央决议）。而××⑦ 同志在他的报告中过分估计了客观的困难，把五次"围剿"不能在中央苏区粉碎的原因归罪于帝国主义国民党反动力量的强大，同时对于目前的革命形势却又估计不足，这必然会

---

① 此决议，按中央档案馆编《中共中央文件选集》第10册，第452—474页刊印，中共中央党校出版社，1991年3月版。

② 《中共中央文件选集》编者注：档案原件所标"一月八日"有误。这次在遵义召开的中央政治局扩大会议是于1935年1月15日开始，17日结束的。决议是在会后写成，并于2月8日中央政治局通过的（另有一份档案原件即标"一九三五年二月八日政治局会议通过"）。决议主要内容是遵义会议所定。

③ 指博古，即秦邦宪，时为中共中央政治局委员、中央书记处书记（又称中央政治局常务委员）、中共中央总负责人、中央"三人团"主要成员。

④ 指周恩来，时为中共中央政治局委员、中央书记处书记（又称中央政治局常务委员）、中央"三人团"成员，中革军委副主席兼中国工农红军总政治委员。

⑤ 指博古。

⑥ 指1933年7月24日中共中央《关于帝国主义国民党五次"围剿"与我们党的任务的决议》。

⑦ 指博古。

得出客观上五次"围剿"根本不能粉碎的机会主义的结论。

二、党中央根据于自己的正确估计，定出了反对敌人、五次"围剿"的具体任务。一年半反对"围剿"的报告〔艰苦〕①斗争，证明了党中央的政治路线无疑义的是正确的②。特别中央苏区的党在中央直接领导之下，在动员广大工农群众参加革命战争方面，得到了空前的成绩。扩大红军运动成为群众的热潮。动员工农积极分子武装上前线，达到十万人以上，使红军大大的扩大了。模范赤少队开始成为红军的现存后备军，赤少队的群众武装组织有了极大的发展。党在"一切为了前线上的胜利"的口号之下解决了前方红军财政上的粮食上的与一切其他物质上的需要。苏区内部阶级斗争的深入，苏维埃的经济建设，以及苏维埃政府与群众关系的澈〔彻〕底改善，更大大的发扬了广大群众参加革命战争的热情与积极性。一切这些造成了澈〔彻〕底粉碎五次"围剿"的有利条件。而××③同志在他的报告中对于这些顺利的条件，显然是估计不足的。这种估计不足也必然得出在主观上我们没有法子粉碎"围剿"的结论。

三、应该指出在我们工作中还有许多严重的弱点，党对于白区广大工农群众反帝反国民党与日常斗争的领导依然没有显著的进步，游击战争的发展，与瓦解白军士兵工作依然薄弱，各苏区红军在统一战略意志之下的相互呼应与配合还是不够，这些弱点无疑的要影响到反对五次"围剿"的行动，成为五次"围剿"不能粉碎的重要原因。但决不应该以为这些弱点的存在乃是不能粉碎五次"围剿"的主要原因。而××④同志在报告与结论中却夸张这些工作的弱点，对军事领导上战略战术基本上是错误的估计，却又不认识与不承认，这就使我们没有法子了解我们红军主力不能不离开中央苏区与我们不能在中央苏区粉碎"围剿"的主要原因究竟在那里。这就掩盖了我们在军事领导上战略战术的错

---

① 此处据本决议署明为"一九三五年二月八日"的决议文本订正。

② 关于1931年1月中共六届四中全会至1935年1月遵义会议前中央政治路线错误的问题，当时大多数同志尚未认识到，加之战争形势紧迫，遵义会议没有就这个问题展开进一步的讨论，因而这里说"一年半反对'围剿'的艰苦斗争，证明了党中央的政治路线无疑义的是正确的"。这样做，对集中全力纠正当时具有决定意义的军事上和组织上的错误，动员全党团结一致地去克服长征中的困难，是有利的。1945年4月20日中共六届七中全会通过的《关于若干历史问题的决议》，才对这个问题作出了全面的总结。

③ 指博古。

④ 指博古。

误路线所产生的恶果。红军的英勇善战，模范的后方工作，广大群众的拥护，如果我们不能在军事领导上运用正确的战略战术，则战争的决定的胜利是不可能的。五次"围剿"不能在中央苏区粉碎的主要原因正在这里。

四、国民党蒋介石以及他的帝国主义的军事顾问等经过历次"围剿"失败之后，知道用"长驱直入"的战略战术同我们在苏区内作战是极端不利的。因此五次"围剿"中采用了持久战与堡垒主义的战略战术，企图逐渐消耗我们的有生力量与物质资材，紧缩我们的苏区，最后寻求我主力决战，以达到消灭我们的目的。

在这种情形之下，我们的战略路线应该是决战防御（攻势防御），集中优势兵力，选择敌人的弱点，在运动战中，有把握的去消灭敌人的一部或大部，以各个击破敌人，以澈〔彻〕底粉碎敌人的"围剿"。然而在反对五次"围剿"的战争中却以单纯防御路线（或专守防御）代替了决战防御，以阵地战堡垒战代替了运动战，并以所谓"短促突击"的战术原则来支持这种单纯防御的战略路线。这就使敌人持久战与堡垒主义战略战术达到了他的目的，使我们主力红军受到部分损失并离开了中央苏区根据地。应该指出，这一路线同我们红军取得胜利的战略战术的基本原则是完全相反的。

五、在目前中国国内战争的阶段上，在我们还没有大的城市工人的暴动，白军士兵的哗变的配合，在我们红军数量上还是非常不够，在我们的苏区还只是中国的一小部分，在我们还没有飞机大炮等特种兵器，在我们还处于内线作战的环境，当着敌人向我们进攻与举行"围剿"时，我们的战略路线当然是决战防御，即是我们的防御不是单纯的防御，而是为了寻求决战的防御，为了转入反攻与进攻的防御。单纯防御可以相当削弱敌人力量，可以在某一时期内保持土地，但最终的粉碎"围剿"与保卫苏区是不可能的，最后胜利的前途是没有的。只有从防御转入反攻（战役的与战略的）以至进攻，取得决战的胜利，大量消灭敌人的有生力量，我们才能粉碎"围剿"，保卫苏区，并发展苏维埃革命运动。

在这一战略路线之下，当我们还没有发现或造成敌人的弱点时，我们对于进攻的敌人不应该即刻与之进行无胜利把握的决战，我们应该以次要的力量（如游击队群众武装，独立营团，部分主力红军等）在各方面迷惑或引诱敌人，在次要方面主要的以运动防御钳制敌人，而主力则进〔退〕^①至适当距离，或转移到敌人侧翼后方隐蔽集结，以寻求有利时机突击敌人。在内线作战下，当敌人以绝对优势兵力向我们前进时，红军的退却与隐蔽，足以疲劳敌人，消耗敌人，迷惑敌人，使敌人矜骄懈怠，发生过失与暴露弱点，这就创造了转入反攻取得决战胜利的条件。要最审慎的分析与判断敌情，以便适时的恰当的部署战斗。不要由于敌人向我们挑衅与佯攻，而不必要的调动我们的力量与投入战斗，使我们疲于奔命，失去在一定方向取得决战胜利的机会。为了求得胜利，当敌人按照其计划前进时，我们在突击方向用不着去阻止他，应该待他进至适当距离，然后包围消灭之（即诱敌深入）。为了求得胜利，就是暂时放弃一部分苏区的土地，甚至主力暂时离开苏区根据地，都是在所不辞的，因为我们知道，只要我们能够消灭敌人，粉碎敌人的"围剿"，我们不但能够恢复放弃的土地，而且还能够扩大苏维埃领土。一切这些，都是为着使红军能够经常主动的有利的去战胜敌人的进攻与"围剿"，而避免一切被动的与不利的结果。

然而在五次战争^②中，对于这些原则却通通是违反的。共产国际去年二月来电说得很对："我们觉得似乎在目前这一时期中区军事指挥所采用的计划和步骤，差不多可以说常常是由敌人逼迫而产生的，敌人向我们挑拨，使我们常常不必要的改组我们的力量。因此我们的力量由于继续不断的变动，就不能积极参加作战。我们觉得应该在那些我们已经获得了某些胜利的地方击败敌人，不要企图在全部战线上同时击败敌人。"单纯防御路线的领导者对于共产国际的这种指示是无法了解的，所以不但去年二月以前如此，直至主力红军退出苏区仍是如此。甘心情愿把自己处于被动地位的单纯防御路线，并不是也不能企图在全部战线同时击败敌人，而是企图在全部战线同时阻止敌人。××同志过去提出过的"全线出击"的口号，在五次战争则变为全线抵御，而在战略上则二者都是错误的。"不放弃苏区寸土"的口号，在政治上是正确的，而机械的应用到军事上尤其在战略上则是完全的错误，而适足成为单纯防御路线的掩盖物。

六、为了求得决战的胜利，在决战方面集中优势兵力是绝对必要的。在目前敌我力量的对比上敌人的兵力是绝对优势，他们常常拿多于我们数倍以至十

---

① 此处，据署明"一九三五年二月八日"的决议文本校订。
② 指中央革命根据地的第五次反"围剿"。

数倍的兵力向我们进攻。然而这对于我们不是可怕的。由于敌人是处于外线，战略上采取包围与分进合击的方针，这就造成了我们各个击破敌人的机会，使我们在战略的内线作战下能够收到战役的外线作战（局部外线）的利益。即是以我军的一部钳制敌人的一路或数路，而集中最大力量包围敌之一路而消灭之，用这种办法去各个击破敌人，粉碎敌人的"围剿"。在战略的内线作战情况之下，只有集中优势兵力寻求战役的外线作战取得胜利，才能使红军经常握住主动权，敌人则迫使他陷入被动地位，而最后打破他的整个计划。

但是过去单纯防御路线的领导者为了抵御各方面敌人的前进，差不多经常分散（主要是一、三军团的分散）兵力。这种分兵主义的结果，就使我们经常处于被动地位，就使我们的兵力处处薄弱，而便利于敌人对我们各个击破。五次战争中许多的战役（如洵口战役①，团村战役②建宁战役③，温坊战役④等）都由于我们主力不集中而未能得到伟大的胜利。对于单纯防御路线的领导者，红军的中心任务是阻止敌人前进，与企图以短促突击消灭部分的敌人，而不是争取主动权，不是争取决战的胜利。其结果就是红军消灭敌人的数量极少，而苏区也终于受敌人蹂躏。

七、在运动战中消灭敌人是我们工农红军的特长。共产国际在敌人五次"围剿"开始时（前年十月来电）即向我们指出："我们的行动不应该采取阵地战的方式，而应该在敌人的两翼采取运动战"。去年二月来电又重复的说："很明显的根据过去的经验，我们的队伍在运动战中已经获得了许多伟大的胜利，但不能在强攻敌人的堡垒地带的作战中获得胜利。"国际这些指示是完全正确的。

---

① 洵口战役，指1933年10月6日和7日，红军第三军团及第三、第十三、第十九、第二十师，在江西省黎川东北部洵口、飞鸢地区同国民党军第五、第六师发生的遭遇战斗，此役，歼敌三个团。

② 团村战役，指1933年12月12日，红军第三、第五、第七、第九军团等部，在江西省黎川县东南部的团村附近，对国民党军第五、第六、第九十六师进行的反击作战。此役，因兵力不集中，突击过早，仅击溃敌军十二个团。

③ 建宁战役，指1934年5月中旬，红军第一、第五、第七、第九军团，为保卫福建省建宁县城，对国民党军北路军约五个师进行的作战。结果，建宁失陷，红军撤出战斗。

④ 温坊战役，指1934年9月1日至3日，红军第一、第九军团及第二十四师，在福建省连城县的温坊地区，对国民党军第三、第九师进行的运动伏击、袭击作战。此役，歼敌一个旅又两个团。

在五次"围剿"敌人堡垒主义之下，我们虽不能像在一、二、三、四次战争[1]中当敌人"长驱直入"时取得大规模运动战的机会，然而运动战的可能依然存在，事实上已经多次的证明了(洵口，团村，将军殿[2]，建宁，湖坊，温坊各役，特别是十九路军事变时)。然而五次战争中由于对于堡垒主义的恐惧所产生的单纯防御路线与华夫[3]同志的短促突击理论，却使我们从运动战转变到阵地战，而这种阵地战的方式仅对于敌人有利，而对于现时的工农红军是极端不利的。

强攻敌人的堡垒，在目前的技术条件之下是应该拒绝的，只有在堡垒不坚固或孤立的情形之下，在为了打击敌人增援队或为了调动敌人的情形之下才容许攻击堡垒。五次战争中常常轻易的强攻堡垒，其没有任何效果，是不足为怪的，因为这是以战斗当儿戏。

对于五次战争中运动战的可能估计不足，因而把敌人五次"围剿"与过去一、二、三、四次"围剿"绝然地分开，因而绝然否认过去运动战的经验，绝然否认诱敌进来给以消灭的战法，并且不得不在实际上拒绝共产国际的正确指示，这在单纯防御与短促突击的领导者是自然的道理。

八、由于对敌人堡垒主义的过份估计与对运动战的可能估计不足，便产生了胜利只能起始于战术上的理论，以为只有战术上的胜利才能转变为战役上的胜利，然后由战役上的胜利才能引起战略上有利于我们的变化(华夫同志文章及××，××两同志给林彪，彭德怀两同志的信)。以为在堡垒主义下只能有许多小的胜利，而不能有"痛快淋漓的胜利"(见××同志政治局发言及××同志《红星》报文章)，以为只有分兵抵御与短促突击才能对付堡垒主义。所有这些革命战争中机会主义战略战术的理论与实际，在五次战争中是完全破产了。

我们不否认堡垒主义造成了粉碎敌人五次"围剿"的新的困难(而他们最初却以"左"的空谈轻视堡垒主义，见××同志《红星》报文章)，不否认而且应准备红军的技术条件(飞机大炮)，特别是堡垒内的工农士兵暴动，以战胜将来敌人更坚固的堡垒，但就在现时条件之下，堡垒主义也是能够粉碎的，堡

---

① 一、二、三、四次战争，指中央革命根据地的第一至第四次反"围剿"。

② 将军殿战役，指1934年1月25日至29日，红军第五军团主力，在江西省黎川县城以南的樟村、将军殿地区，对国民党北路军第五纵队之四个师进行的防御和反击作战。结果，敌人占领樟村等地，红军反击未奏效，与敌人形成对峙。

③ 即共产国际派遣来中国担任中共中央军事顾问的奥托·布劳恩。在中国用名李德，华夫是其笔名。

垒主义疲劳了敌人的兵力并分散了兵力，养成了敌人对于堡垒的依赖性，使他们脱离堡垒即失去胜利的信心。同时敌人无法不脱离堡垒向我们前进，又无法在全国范围内遍筑足以限制红军行动的堡垒。一切这些，造成了使我们能够克服堡垒主义的困难的条件。因此我们红军粉碎堡垒主义的方法依然是依靠运动战，依靠堡垒线前后左右发展游击战争，以配合红军的行动，以及依靠深入的白军士兵运动。所谓运动战粉碎堡垒主义，即是在堡垒线内待敌人前进时大量消灭敌人的部队，在堡垒线外即是红军转到广大无堡垒地带活动时，迫使敌人不得不离开堡垒来和我们作运动战。只要我们灵活的、艺术的、出奇制胜的运用运动战战略战术的原则，我们就一定能够粉碎堡垒主义。并且只有正确的战略方针，才能正确的领导战役，并正确的运用战术以粉碎堡垒主义与粉碎"围剿"。单纯防御与短促突击，胜利主要不依靠于战略战役的正确领导，而仅仅依靠于战术，实际上只是对堡垒主义的投降，到底不能粉碎堡垒主义。

九、在持久战与速决战问题上，单纯防御路线的领导者的了解也是错误的。必须明白中国国内战争不是一个短时期的战争，而是长期的持久的战争，苏维埃革命就在不断粉碎敌人的"围剿"中发展与巩固起来的。因此在有利的条件下，我们完全应该从防御转入反攻与进攻，消灭敌人粉碎"围剿"（如一、二、三、四次战争及五次战争广昌战役①以前）。在不利的条件下，我们可以暂时的退却，以保持我们的有生力量，在另一有利条件下转入反攻与进攻（如五次战争广昌战役以后），这是第一个基本原则。但同时必须了解另一个原则，即为了进行长期的持久战，对于每一次"围剿"与每一个战役，必须极力争取战局之速决。因为在现时敌我力量的对比上，对于一次"围剿"与一个战役采取持久战的方略，对于我们是极端不利的。当着敌人以持久战来对付我们的时候（如五次"围剿"），我们必须运用正确的战略方针，打破敌人这种计划。在我们可能支持的时间之内取得决定的胜利，以粉碎敌人的"围剿"。拿我们人力财力以及军火的补充的数量，同国民党所有的去比较（即所谓同敌人拚〔拼〕消耗，见××同志《红星》文章），这种持久战的了解是根本错误的，在这些方

---

① 广昌战役，1934年4月10日至27日在江西广昌地区进行。国民党军集中十一个师进攻广昌，企图打开中央苏区的北大门，尔后夺占瑞金，中共中央的"左"倾领导者则调集红军第一、第三、第五、第九军团等部共九个师的兵力，硬拚死守。红军采用阵地防御结合短促突击的战法，虽给敌人以重大打击，歼敌两千六百余人，但自己也伤亡五千余人，遭受重大损失，终于被迫撤出广昌。

面，现时我们正处在绝对的劣势。这种数目字的比较，只能证明相反的结论，即持久战对于我们是没有胜利前途的。

正因为要进行长期国内战争的持久战，同时对于每一"围剿"与每一战役却要进行速决战，所以我们特别要谨慎决定我们的战略战役计划。五次战争中单纯防御战略是根本错误的，在这种错误战略之下进行的许多拚〔拼〕命主义的战斗(如丁毛山①，三溪圩②，平寮③，广昌等战役)同样是错误的，红军一定要避免那种没有胜利把握的战斗。就是作战的决定当时是正确的，但当形势变化不利于我们时，我们即应拒绝这种战斗。玩弄暴动是极大的罪恶，玩弄战斗同样是罪恶。

正因为要进行战争的持久战与战役的速决战，所以我们一定要给与红军以必须的休养兵力与教育训练的时间，这是争取战争胜利的必要条件。以为五次战争中没有休息训练的可能的说法是不对的，那只是单纯防御短促突击主义者必然的结论。以为红军行动积极化便是使他经常的不停止的打仗而不应注重休息训练也是不对的，须知没有必要的休息训练就不能好好的打胜仗。红军的编制一定要适合现时国内战争的环境，主力还未充实就去建立许多新的师团单位是不对的，应该于充实主力之后再去建立新单位。拿全无教育训练又无战斗经验的新兵师团单独作战是不对的，应该使新兵师团中有老兵骨干，并尽可能在初期使他们在老的兵团指挥之下训练出战斗经验来。那种不必要的笨重的与上重下轻的组织与装备是不对的，应该是尽可能的轻装。必须充实连队与加强师以下的领导。

正因为要进行战争的持久战与战役的速决战，必须反对那种把保持有生力

---

① 丁毛山战役，指1933年12月25日至1934年1月4日，红军第一军团等部，在江西省永丰县城东南的丁毛山地区，为突破国民党军的堡垒封锁线，进攻敌人第九十三师等部的碉堡群作战。结果，招致伤亡，撤出战斗。

② 三溪圩战役，指1934年3月11日至15日，红军第一、第三、第九军团及第5军团之第十三师，对国民党"围剿"军北路军罗卓英、周浑元纵队所属第十一、第十四、第六十七、第九十四、第九十六、第九十七、第九十八师等部，在江西省南丰县境内的三溪圩、三坑地区，进行的阵地反击作战。此役，红军伤亡两千二百余人，后撤出战斗。

③ 平寮战役，指1934年1月26日，红军第一、第九军团等部，在江西省黎川县南部平寮(亦称坪了)地区，对国民党军北路军五个师进行的反击作战。结果，红军反击未能阻止住敌人进攻，主动撤出战斗。

量与保卫苏区互相对立起来的理论。为了进行胜利的战斗，红军的英勇牺牲是完全必要的，这是阶级武装的特质，是革命战争胜利的基础，这种牺牲是换得了胜利。这种牺牲是有代价的，但这不能适用于无代价的拚〔拼〕命主义的战斗，须知只有保持有生力量，我们才能真正的保卫苏区。没有坚强的红军，苏区即无法保存。有了坚强的红军，即使苏区暂时遭到部分的损失，也终究能够恢复，并且新的苏区也只有依靠红军才能创造起来。

在战争持久战的原则之下，要反对当敌人的"围剿"被我们用反攻战斗粉碎了之后可能发生的两种错误倾向：一种是由于疲劳情绪与过份〔分〕估计敌人力量所产生的保守主义。这种保守主义使我们懈怠消极，使我们停顿不动，使我们不能由反攻转入进攻，消灭更多敌人，发展更大苏区，扩大红军力量，使我们不能在敌人新的"围剿"到来之前取得粉碎新的"围剿"的充分条件。另一种是由于对自己胜利过分估计与对敌人力量估计不足所产生的冒险主义。这种冒险主义使我们的进攻得不到胜利（如无把握的及在当时无必要的进攻中心城市等），甚至使反攻中已经得到的胜利归于减削或抛弃，使红军有生力量过分牺牲，使扩大红军扩大苏区争取战略地区的发展与巩固的任务放弃不顾。这同样使我们不能在敌人新的"围剿"到来之前取得继续粉碎他的充分条件。因此反对这两种错误倾向是党在战略的进攻问题上即在敌人两个"围剿"之间的严重的任务。

在战役速决战的原则之下，要反对根源于恐慌情绪的仓猝应战，或对于战略上初战的不慎重，或对敌人战略计划企图先发制敌，一战不胜就认为没有办法，或借口速决战而不作充分准备，即对于敌人的"围剿"不作必要的与尽可能支持的时间内的一切准备等等机会主义的倾向。速决战是要求具备一切必要条件（战略的优胜，战役领导的正确，运动战不失时机，集中兵力等等）去消灭敌人部队，只有消灭了敌人部队才能使战局速决，才能使敌人的进攻与"围剿"归于粉碎。

十、利用反革命内部的每一冲突，从积极方面扩大他们内部的裂痕，使我们转入反攻与进攻，是我们粉碎敌人"围剿"的重要战略之一。福建十九路军事变是粉碎敌人五次"围剿"的重要关键，党中央当时采取了利用国民党内部这一矛盾的正确的政治路线，同十九路军订立了停战协定，来推动十九路军去反对日本帝国主义与蒋介石。然而当时的 ××^① 同志等却在"左"的空谈之下，在战略上采取了相反的方针，根本不了解政治上军事上同时利用十九路军事变是粉碎五次"围剿"的重要关键之一。相反的，以为红军继续在东线行动打击进攻十九路军的蒋介石部队的侧后方，是等于帮助了十九路军。因此把红军主力西调，劳而无功的去攻击永丰地域的堡垒，失去了这一宝贵的机会。根本不了解十九路军人民政府当时的存在对于我们是有利益的，在军事上突击蒋介石的侧后方以直接配合十九路军的行动，这正是为了我们自己的利益，为了粉碎五次"围剿"。这并不是因为十九路军是革命的军队，相反的，这不过是反革命内部的一个派别，这个派别企图用更多的欺骗与武断宣传，甚至"社会主义"之类的名词来维持整个地主资产阶级的统治^②，只有我们在实际行动中表现给在十九路军欺骗下的工农士兵群众看，我们帮助任何派别反日反蒋的斗争，我们才能更容易的揭破十九路军[军]^③阀的欺骗，在共同反日反蒋的战争中争取他们到我们方面来。只有我们军事上采取与十九路军直接配合的方针，才能使我们在当时这一重要关键上，不失去消灭蒋介石主力的机会，这种有利条件是过去历次战争中所没有的。然而我们军事上没有去利用，这对于单纯防御路线的领导者原是不足为怪的。因为他们的目的原来不过为了抵御敌人的前进，至于利用敌人内部的矛盾与冲突使自己转入反攻与进攻，在他们看来是冒险的行动。

十一、在战略转变与实行突围的问题上同样是犯了原则上的错误，首先应该说的：当我们看到在中央苏区继续在内线作战取得决定的胜利已经极少可能以至最后完全没有可能时（一九三四年五月——七月间，即广昌战役以后），我们应毫不迟疑的转变我们的战略方针，实行战略上的退却，以保持我们主力红军的有生力量，在广大无堡垒地区寻求有利时期转入反攻，粉碎"围剿"，创

---

① 指博古。

② 关于第十九路军的阶级性质，毛泽东后来在《论反对日本帝国主义的策略》报告中作了进一步分析，指出"他们是代表着民族资产阶级、上层小资产阶级、乡村的富农和小地主"。（《毛泽东选集》第1卷，第145页）同以蒋介石为代表的大地主、官僚买办阶级是有区别的。

③ 此处，据署明为"一九三五年二月八日"的决议文本订正。

造新苏区与保卫老苏区。国际六月廿五日来电曾经这样的指出①："动员新的武装力量，这在中区并未枯竭，红军各部队的抵抗力及后方环境等，亦未足使我们惊惶失措。甚至说到对苏区主力军退出的事情，这唯一的只是为了保存活的力量，以免遭受敌人可能的打击。在讨论国际十三次全会和五中全会的决议案时，关于斗争的前途，及目前国际的情形，及红军灵活的策略，必须进行解释的工作，说明这种灵活的策略，首先是趋于保存活的力量，及在新的条件下来巩固和扩大自己，以待机进行广大的进攻，以反对帝国主义国民党"。在这一重要关节上，我们的战略方针，显然也是错误的。在"五六七三个月战略计划"上根本没有提出这一问题。在"八九十三个月战略计划"上，虽是提出了这一问题，而且开始了退出苏区的直接准备，然而新计划的基本原则依然同当时应取的战略方针相反，"用一切力量继续捍卫中区，来求得战役上大的胜利"，"发展游击战争，加强辅助方向的活动，来求得战略上情况的变更"，依然是新计划基本原则的第一节二条。关于有生力量的保持问题，完全忽视，而这正是决定退出苏区的战略方针的基础。这一战役时机上的错误，再加上阵地战的发扬，给了红军以很大的损害。这种一方面预备突围，一方面只〔又〕②"用一切力量继续捍卫中区"的矛盾态度，正是单纯防御路线的领导者到了转变开〔关〕③头，必然的惊惶失措的表现。

其次，更加重要的，就是我们突围的行动，在华夫同志等的心目中，基本上不是坚决的与战斗的，而是一种惊惶失措的逃跑的以及搬家式的行动。正因为如此，所以这种巨大的转变不但没有依照国际指示，在干部中与红色指战员中进行解释的工作，而且甚至在政治局的会议上也没有提出讨论，把数百万人的群众行动的政治目标，认为不是重要的问题。在主力红军方面，从苏区转移到白区去，从阵地战战场转移到运动战战场上去，不给以必要的休养兵力与整顿训练，而只是仓猝的出动。关于为什么退出中央苏区，当前任务怎样，到何处去等基本的任务与方向问题，始终秘而不宣，因此在军事上特别在政治上，不能提高红军战士的热忱与积极性，这不能不是严重的错误。庞大的军委纵队

---

① 《中共中央文件选集》编者注：以下引文未能找到原电校对，维持了这个决议现存各种档案文本的原样。

② 此处，均据署明为"一九三五年二月八日"的决议文本校订。

③ 此处，均据署明为"一九三五年二月八日"的决议文本校订。

及各军团后方部的组织，使行军作战受到极大的困难，使所有战斗部队都成了掩护队，使行动迟缓，失去到达原定地区的先机。这是根本忘记了红军的战略转变，将遇到敌人严重的反对，忘记了红军在长途运动中，将要同所有追堵截击的敌人作许多艰苦的决斗，才能够达到自己的目的。所有这些政治上，军事上，组织上的错误。特别战略方针不放在争取于必要与有利时机同敌人决战的原则上，就使得自己差不多经常处于被动地位，经常遭受敌人打击而不能有力的打击敌人。就使得三个月的突围战役，差不多处处成为掩护战，而没有主动的放手的攻击战。就使得口头上虽经常说"备战"，而实际上除掩护战外，却经常是"避战"。就使得红军士气不发扬，过分疲劳，得不到片刻休息，因而减员达到了空前的程度。就使得"反攻"的正确口号在实际上变成了××[①]同志等的避战主义的掩盖，而不准备于必要与有利时机争取真正反攻的胜利，就使得以红军战略转变迫使敌人转变其进攻中央苏区的整个计划，以保卫中央苏区，以粉碎五次"围剿"，以建立湖南根据地，乃至高度保持红军有生力量的基本任务都不能完成。所有这些，都是在基本的战略方针上采取了避战主义的必然的结果。这种战略避战主义，是从一种错误观点出发，即是说红军一定要到达了指定地区（湘西），放下了行李，然后才能举行反攻消灭敌人，否则是不可能的。对追击敌人（如周薛两纵队），就在他们分离时与疲惫时也是不敢作战的。而这种错误观点的来源，则在于不明了当前的环境，是不容许我们这样简单地轻巧地径情直遂地干的，在于对追击敌人的力量的过分估计。殊不知这种简单轻巧与径直的干法，在短距离的环境不严重的与小部队的行动，或者是可能的，而在数千里的在五次"围剿"环境中的主力红军的巨大的战略的转移，则是不可能的。对不必要的与敌人无隙可乘的那种战斗是应该避免的，而对必要的与敌人有隙可乘的战斗则是不应该避免的。此次突围行动没有完成自己的任务，其主要原因正在这里。这一原则上的错误，一直发展到突围战役的最后阶段。当红军到了湘黔边境，在当时不利的敌我情况下，却还是机械的要向二、六军团地区前进，而不知按照已经变化了情况来改变自己的行动方针。红军到了乌江地域，又不知按照新的情况变化提出在川黔边转入反攻消灭蒋介石追击部队的任务，而只看见消灭小部黔敌以及消灭所谓土匪的任务。虽则最后两次错误都因政治局大多数同志的坚决反对而纠正了，而在华夫同志等适足表

---

① 指博古。

现其战略问题上一贯的机会主义的倾向。

单纯防御路线发展的前途，或者是不顾一切的拚〔拼〕命主义，或者是逃跑主义，此外决不能有别的东西。

十二、政治局扩大会认为一切事实证明，我们在军事上的单纯防御路线，是我们不能粉碎敌人五次"围剿"的主要原因，一切企图拿党的正确的路线来为军事领导上的错误路线做辩护（如××①同志的报告，华夫同志的发言）是劳而无功的。

政治局扩大会更认为这种军事上的单纯防御路线，是一种具体的右倾机会主义的表现。他的来源是由于对于敌人的力量估计不足，是由于与〔对于〕②客观的困难，特别是持久战堡垒主义的困难，有了过分的估计，是由于对于自己主观的力量特别是苏区与红军的力量估计不足，是由于对于中国革命战争的特点不了解。因此政治局扩大会认为反对军事上的单纯防御路线的斗争是反对党内具体的右倾主义的斗争。这种斗争在全党内应该开展与深入下去。一切把这一斗争转变为无原则的个人纠纷的企图，必须受到严厉的打击。

十三、此外政治局扩大会认为××③同志特别是华夫同志的领导方式是极端的恶劣。军委的一切工作为华夫同志个人所包办，把军委的集体领导完全取消，惩办主义有了极大的发展，自我批评丝毫没有，对于军事上一切不同意见，不但完全忽视，而且采取各种压制的方法，下层指挥员的机断专行与创造性是被抹杀了。在转变战略战术的名义之下，把过去革命战争中许多宝贵的经验与教训，完全抛弃，并目之为游击主义，虽是军委内部大多数同志曾经不止一次提出了正确的意见，而且曾经发生过许多剧烈的争论，然而这对于华夫同志与××④同志是徒然的。一切这些造成了军委内部极不经常的现象。

同时政治局更认为过去书记处与政治局自己对于军委的领导是非常不够的。书记处与政治局最大部分的注意力是集中于扩大红军，与保障红军的物质供给方面，因此在这些方面得到了空前伟大的成绩，然而对于战略战术方面则极少注意，而把这一责任放在极少数同志身上，首先是××⑤与华夫同志。我们

①指博古。
②据署明为"一九三五年二月八日"的决议文本校订。
③指博古。
④指博古。
⑤指博古。

没有清楚的了解战争的指挥问题关系于战争胜负的全局。战争指挥的错误，可以使最好的后方工作的成绩化为乌有。政治局对于这一问题上所犯的错误是自己应该承认的，书记处的所有同志在这方面应该负更多的责任，因为有些重要的决定或战略计划是经过书记处批准的。

然而政治局扩大会特别指出××①同志在这方面的严重错误，他代表中央领导军委工作，他对于华夫同志在作战指挥上所犯的路线上的错误以及军委内部不经常的现象，不但没有及时的去纠正，而且积极拥护助长了这种错误的发展。政治局扩大会认为××②同志在这一方面应该负主要的责任，而××③同志在他的结论中对于绝大多数同志的批评与自己的错误是没有承认的。必须指出这种错误对于××④同志不是整个政治路线的错误，而是部分的严重的政治错误⑤。但这一错误如果坚持下去，发展下去，则必然会走到整个政治路线的错误。

政治局扩大会认为为了粉碎敌人新的围攻，创造新苏区，必须澈〔彻〕底纠正过去军事领导上所犯的错误，并改善军委的领导方式。

十四、最后政治局扩大会认为，虽是由于我们过去在军事上的错误领导，使我们没有能够在中央苏区内粉碎五次"围剿"，使我们主力红军不能不退出苏区，并遭受到了部分的损失，然而我们英勇的红军主力依然存在着。我们有着优良的群众条件，我们有着党的正确的领导，我们有着物质上地形上比较良好的地区，我们有着全国广大群众的拥护与红四方面军和二、六军团的胜利的配合，再加上正确的作战指挥，我们相信，这些困难在我们全体同志与红色指战员努力之下是可以克服的。同时敌人方面的困难是大大的增加了，我们活动的地区远远的离开了南京政府反革命的根据地，蒋介石几年经营的堡垒地带的依靠是没有了。军阀内部的矛盾与不统一有了进一步的增加。我们主要敌人

---

① 指博古。
② 指博古。
③ 指博古。
④ 指博古。
⑤ 此处，人民出版社1985年1月出版的《遵义会议文献》编者注："关于博古同志错误的性质，1945年4月党的六届七中全会通过的《关于若干历史问题的决议》重新作了结论。博古同志拥护这个决议，并在行动上改正了自己的错误。他在党的第七次代表大会上继续当选为中央委员。"

蒋介石的主力在五次"围剿"中是削弱了。尤其是帝国主义瓜分中国与国民党的卖国政策，全国国民经济的空前的崩溃，使全国民众更清楚的看到只有苏维埃才能救中国，而更加同情与拥护苏维埃革命运动以至直接为苏维埃政权而斗争。这些都是我们粉碎敌人新的围攻创造新的苏区根据地，发扬全国苏维埃运动的有利条件。

必须指出，目前的环境在党与红军面前提出了严重的任务，这就是因为帝国主义与反革命国民党军阀任何时候都不会放松我们，我们现在是在敌人新的围攻的前面，中央红军现在是在云贵川地区，这里没有现存的苏区，而需要我们重新去创造，我们的胜利要在自己艰苦奋战中取得。新苏区的创造不是不经过血战可以成功的。当前的中心问题是怎样战胜川滇黔蒋这些敌人的军队。为了战胜这些敌人，红军的行动必须有高度的机动性，革命战争的基本原则是确定了，为了完成作战任务必须灵活的使用这些原则。红军运动战的特长在五次战争中是被长期的阵地战相当灭〔减〕[1]弱了，而在目前正要求红军各级指挥员具有高度的运动战战术。因此从阵地战战术（短促突击）到运动战战术的坚决的迅速的转变，是严重的工作。对战斗员尤其是新战士，则须进行必要的技术教育。在政治工作上一切须适应目前运动战的需要，以保证每一个战斗任务的完成。红军更要从作战中休养与整理自己，并大量的扩大自己。红军必须严肃自己的纪律，对广大劳苦工农群众的联系必须更加密切与打成一片。极大的加强对地方居民的工作，红军应该是苏维埃的宣传者与组织者。目前的环境要求党与红军的领导者用一切努力，具体的切实的解决这些基本的问题。

白区党的工作必须建立与加强。对白区群众斗争的领导方式必须有澈〔彻〕底的转变。瓦解白军工作必须真正的开始。广泛的发展游击战争是党目前最中心的任务之一。在中央苏区，湘赣，湘鄂赣苏区与闽浙赣苏区，党必须坚持对游击战争的领导，转变过去的工作方式来适合于新的环境。最后同二、六军团及四方面军必须取得更密切的联系并加强对于他们的领导，以求得全国红军的一致行动与互相配合。

政治局扩大会相信放在我们面前的这些严重的任务我们是能够完成的。完成这些任务是以后革命战争的新的胜利的保障。新的革命战争的胜利，将使我

---

[1] 此处，据署明为"一九三五年二月八日"的决议文本校订。

们中央红军在云贵川三省广大的地区中创造出新的苏区根据地①，将使我们恢复老苏区，将使全国各地的红军与苏区打成联系的一片，并将使全国工农群众的斗争转变到胜利的大革命。

政治局扩大会相信，中国苏维埃革命有着他雄厚的历史的泉源，他是不能消灭的，他是不能战胜的。中央苏区，湘鄂赣苏区，湘赣苏区，与闽浙赣苏区的变为游击区，不过是整个苏维埃革命运动中部分的挫折。这种挫折丝毫也不足以使我们对于中国苏维埃革命的前途表示张惶失措，实际上帝国主义国民党就是想暂时停止苏维埃革命运动的发展也是不可能的。二,六军团与四方面军的胜利，中央红军在云贵川三省内的活跃，以及全国工农群众的革命斗争，证明整个中国苏维埃革命正在前进中。

政治局扩大会指出过去党在军事领导上的错误，对于我们党的整个路线说来，不过是部分的错误。这种错误也不足以使我们悲观失望。党勇敢的揭发了这种错误，从错误中教育了自己，学习了如何更好的来领导革命战争到澈〔彻〕底的胜利。党揭发了这种错误之后，不是削弱了，而是加强了。

政治局扩大会号召全党同志以布尔什维克的坚定性反对一切张惶失措与悲观失望的右倾机会主义，首先反对单纯防御路线。政治局扩大会更号召全党同志像一个人一样团结在中央的周围，为党中央的总路线奋斗到底，胜利必然是我们的。

---

① 关于遵义会议决定的战略方针问题，据陈云《遵义政治局扩大会议传达提纲》说:"扩大会一致决定改变黎平会议以黔北为中心来创造苏区根据地的决议，一致决定红军渡过长江在成都之西南或西北建立苏区根据地。"(参见本书中该文。)从1935年2月7日起，中央根据新情况，又决定暂不渡江，改为"在云贵川三省广大的地区中创造出新的苏区根据地"，由于本决议是在会后起草的，此处记述的已是改变后的新方针。

遵义政治局扩大会议传达提纲①

（一九三五年二月或三月）

陈　云

　　遵义政治局扩大会议的召集，是基于在湘南及通道的各种争论而由黎平政治局会议所决定的。这个会议的目的是在：（一）决定和审查黎平会议所决定的暂时以黔北为中心，建立苏区根据地的问题。（二）检阅在反对五次"围剿"中与西征②中军事指挥上的经验与教训。当着红军占领遵义以后政治局扩大会议即行开幕，参加这个会议的同志除政治局正式及候补委员以外，一、三军团的军团长与政治委员林聂、彭杨及五军团的政治委员李卓然、李总政主任及刘参谋长都参加③。会议经过三天，作出了自己的决议。

　　一、扩大会一致决定改变黎平会议以黔北为中心来创造苏区根据地的决议，一致决定红军渡过长江在成都之西南或西北建立苏区根据地。这个决定的理由是：由于四川在政治上、军事上（与四方面军的更好的配合，背靠西康④

---

① 此提纲，按《陈云文选》（一九五六——一九八五年），第313—320页刊印，人民出版社，1986年版。原编者为本文所作题解如下：这是陈云同志为传达遵义会议情况而写的提纲。提纲形成于遵义会议后不久从威信到鸭溪的行军途中，时间在2月中旬至3月上旬，具体日期尚难确。长征时期，陈云同志任中共中央政治局委员、全国总工会党团书记、中国工农红军第五军团中央代表、军委纵队政治委员、遵义卫戍司令部政治委员等职。

② 指中央红军撤离中央苏区的战略转移——长征。

③ 参加遵义政治局扩大会议的有：中央政治局委员（以姓氏笔划为序）毛泽东、朱德、陈云、周恩来、张闻天、秦邦宪；政治局候补委员（以姓氏笔划为序）王稼祥、邓发、刘少奇、何克全；中央秘书长邓小平，红军总参谋长刘伯承，红军总政治部代主任李富春，红一军团军团长林彪、政治委员聂荣臻，红三军团军团长彭德怀、政治委员杨尚昆，红五军团政治委员李卓然，共产国际军事顾问李德，以及担任翻译工作的伍修权。

④ 西康，省名，1955年已撤销，原辖区在今四川省西部及西藏自治区东部。

一个空无敌人的区域）、经济上都比黔北好。

（如果今天来观察这个决定，我们应该批评这个决议只在一些比较抽象的条件上来决定根据地，没有具体的了解与估计敌情与可能，没有讲求达到这个目的的具体步骤。而且个别同志对于四川敌人的兵力是过低的估计的，后来由威信回兵黔北而没有达到渡江入川的目的，亦正在此。）

二、检阅反对敌人五次"围剿"中与西征中的错误。

（A）扩大会议认为四次"围剿"粉碎以后，中央政治局所作的决议——粉碎帝国主义国民党五次"围剿"的决议是正确的。政治局扩大会反对博古同志的报告，这个报告客观上是在说明不能胜利的保卫苏区来粉碎五次"围剿"的原因是偏重于客观的——帝国主义对于国民党的帮助，白区反帝与革命运动不能与红军战斗配合，苏区周围的游击战争与白区工作的极端薄弱等等——没有显著的把我们在军事指挥上的错误，提到这些原因中的应有的高度。（当然在博古同志的报告中也说了主观的指挥上的错误，当然也不曾明显的把这个问题放在次要的地位。）这在客观上是右倾机会主义的，是企图掩盖指挥上的错误的，是不能得到教训的。

扩大会议认为我们没有胜利的保卫中区来粉碎五次"围剿"的原因，除了许多客观的而且重要的原因以外，最主要的原因，由于我们在军事指挥上战略战术上基本上是错误的。

扩大会议认为当时党的总的政治路线一般的是正确的，一切在苏区内部的后方工作是模范的，必须奖励的。但是正因为国内战争中军事指挥是党的总的政治路线的一个主要的部分，我们党正是由于军事指挥上在这个时期以及西征中是基本上错误的，因此在保卫苏区与顺利的粉碎五次"围剿"的意义上来说，以及达到西征军预定的湘西目的地来说，是没有完成自己的任务。

扩大会议认为蒋介石在五次"围剿"中没有完全成功，主力红军非但冲出重围，而且在川黔滇湘活跃着发展着。相反的在军事的力量上来说，经过五次"围剿"的一年半的血战，蒋介石的军事力量是削弱了。

扩大会议认为中国苏维埃运动决不是低落，相反的依然是发展的。几个苏区红军的胜利，中央红军的活跃，以及反帝运动的高涨与国民党统治下的全国经济的破产。中国苏维埃运动有着浓厚的历史的泉源，中国苏维埃运动与红军是不可战胜的力量。

（B）为什么说军事指挥上基本上是错误的？（把五次"围剿"起至西征到

遵义分成四个时期；）

第一个时期——从粉碎四次"围剿"以后到朋口战争 ① 及与十九路军订定作战协定以前。

这个时期，首先在东黄陂战争 ② 胜利以后（粉碎了四次"围剿"），因为当时对于胜利的估计不足，把红军主力停留在北线上一个短时期，以后向着闽江活动来开辟东战场是对的，朋口战争胜利了，这都是对的。这个时期一般的是指挥正确的，但是极大的错误是没有集中主力，只有三军团与东线原有较弱的兵团与十九路军决战，如果那个时期，集中更多的力量，我们在东方战线上的胜利，必然远过于当时所获得的。

第二个时期——从与十九路军订立作战协定起，到十九路军的失败与敌人占领军事要点——黎川。

这个时期党中央决定与十九路军订立作战协定，是正确的。但是在当时军事指挥上并没适应政治上的要求，当时我们非但没有出建黎泰 ③ 去侧击向延平前进的蒋军，反而把红军主力向着赣江活动，等到后来洛甫同志（他是军委的委员）知道而提出反对时，再把红军向东到永安、沙县时，福建的人民政府的局面已经改变了。而使蒋介石把东方战线在自己的掌握中组成积极的进攻苏区的战线。同时在个别指挥员的贻误之下失守黎川 ④ 。

政治局扩大会认为这个时期，如果我们在军事上能够正确的指挥，那末我们完全有可能粉碎五次"围剿"，国内形势将成另外一个局面，而有利于革命运动苏维埃运动的发展。

第三个时期——从十九路军失败以后的广昌战斗到主力红军出发西征时。

这一时期是五次"围剿"战争中最残酷的战斗的时期，敌人用最大兵力压

---

① 朋口战争，指1933年7月30日，红一方面军东方军即第四、第五、第十九师和福建军区的第三十四师，在福建省连城县朋口、营溪地区与国民党军第七十八师所进行的战斗，是役歼敌约两个团。

② 东黄陂战争，指1933年2月下旬和3月下旬，中央革命根据地第四次反"围剿"时，红一方面军在江西省宜黄县黄陂和东陂附近地区进行的两次战斗。红军共歼敌近三个师，打破了国民党军这次"围剿"。

③ 指福建省的建宁、泰宁县和江西省的黎川县地区。

④ 此处，指"左"倾冒险主义的领导人，把第五次反"围剿"初期黎川失守的责任，归咎于当时闽赣军区司令员萧劲光的史实。传达提纲写于该错案平反之前，沿用了以前的说法。

迫我们于苏区内部。同时，我们严重的指挥上的错误也正是在这个时期，不去尽力寻求运动战与敌人翼侧的活动，而采取阵地式的与敌人堡垒对峙的战略战术，发明以"赤色堡垒"来抗阻敌人。在赤色堡垒与敌人堡垒对峙之下，用所谓有名的"短促突击"战术来作战。这个战术拒绝了在运动战中消灭敌人的战术，放弃了外翼侧的活动。结果苏区边界上到处造了宫殿式的堡垒（当然不是说个别的必要地区的堡垒是不要的），我们依靠这些堡垒和工事与敌人对抗。这个战术完全暴露我们的主力，完全在敌人面前暴露我们的弱点，使敌人的飞机大炮能够按照一定目标的配合步兵师团向我们进攻。结果，我们与敌人只是挤〔拼〕"消耗"（这对我们是不利的），许多赤色堡垒被毁于飞机大炮，一些被敌人占领来作为进攻苏区的军事据点。

"短促突击"的战术，使我们不能获得运动战中应能获得的胜利（龙岗战斗）[1]使我们在敌人的强大的火力之下受到极大的损失。在敌人以几倍于我们力量向我进攻时依然不得不退出赤色堡垒地带（建泰广昌）。"短促突击"在广昌战斗、三溪圩战斗、太阳嶂战斗[2]、石城战斗[3]，以及退出苏区时的许多战斗中，红军的有生力量受到极大的损失。每次战役总是死伤二三千，三军团在一个短时期中全军团的老的连长完全死伤。即使在将要西征出发的前两天，军委依然命令十三师在兴国城市死守。"短促突击"的结果，使一九三三年五月直到一九三四年九月扩大来的十五万以上（将近二十万）的新战士，除去因为政治工作的薄弱、动员扩大红军时工作上的错误而使一部减员以外，都在这个战术之下损失了。

第四个时期——开始西征起到黎平为止。这个时期在指挥上组织上一般是错误的，已如前述，不再重复。

---

① 龙岗战斗，指1934年6月8日，红军第三军团等部在江西省兴国县古龙岗（今龙岗）以北的银龙下地区，对国民党军第九十二师进行的反击战斗。此役因敌脱离堡垒不远，红军仅歼敌小部，俘获敌军官兵及枪支各四百余。

② 太阳嶂战斗，指在福建省泰宁县西北部的太阳嶂（今大洋嶂）和新桥镇地区进行的反击战斗。1934年3月24日至25日，红军第一、第三军团及第十三师，对依托堡垒推进的国民党军第八十九、第四师等部实施突击，敌军被击溃退入堡垒。4月初前后，红军在此地区继续进行过一些战斗，未达目的，撤出战斗。

③ 石城战斗，指1934年9月26日至28日，红军第三军团及第十五师在江西省石城以北地区，为迟阻国民党军第三路军进攻而进行的战斗。红军在防御和反击作战中，损失甚大，后奉令准备放弃石城后撤。

总括以上四个时期来看，当时我们在军事指挥上战略战术上是基本上错误的。

（C）右倾机会主义的单纯防御路线。

扩大会议认为当时军事指挥上所采取的战略是单纯防御路线。这个战略之政治来源，是由于对我们可以战胜敌人的堡垒主义，没有信心。

这种单纯防御路线实际就在：

（a）拒绝运动战与在敌人的翼侧的活动。

（b）企图以赤色堡垒的消耗战来保卫苏区。（把不失去一寸苏区土地的口号在战术上机械的运用。）

（c）敌人分六路进攻，我们也分兵抵御。这样就不仅居于被动地位，而且使我们主力不集中，各个战线上力量薄弱而处处受敌打击。

如果否认五次战争中敌人战略上的堡垒主义的特点，是错误的，但是诱敌深入的机会依然是有的，而且还不很少的。正因为我们采取的战术是敌人一出动——三里五里——即对敌进攻，这样使敌人更加小心而步步筑堡垒。在五次战争开始时敌人的堡垒还是十里一个十五里一个，因为我们的"短促突击"的结果，使敌人懂得在一里路的距离中筑上三五个堡垒。譬如：龙岗战斗，敌人才伸出五里路，我们即出击，暴露了红军主力所在，使敌人立即迅速的退回堡垒的据点，结果可以大胜的战斗，只能俘获一营敌人。这种类似的战役不能胜数。所有军团首长在扩大会上举出许多战役的例子都是犯着这个错误。他们说："在这个战役中得到的军委命令，在出发以前，已经明知是劳而无功，但是只有服从命令。"即在退出苏区以前不久之东方战线上打击李延年纵队之温坊战斗是极大的胜利（俘获人枪千余），但是这个胜利的获得，正是由于一军团首长不照军委命令——死守温坊来打击敌人——而自动的进行机动，从温坊退进苏区二十里路（可是他们恐军委的责备而两天两晚睡不着觉），才能使敌人大胆前进，远离堡垒，而给以打击。至于后一时期只在分兵抵御，除了七军团之抗日先遣队北上外，其他在敌人翼侧后方的活动，完全没有。

至于以赤色堡垒对抗敌人的堡垒主义，这种"拼消耗"的战斗，谁都明白在今天我们所处的地位，运用了的时候是极端不利的。

分兵抵御的办法，不仅使我们完全居于被动地位，常被某一战线上的敌人佯攻吸引红军力量，而在其他战线上进行强攻，不仅使红军部队疲于奔跑，而受到不应有的损失，而且不合目前国内战争红军处于内线作战，必须集中主力——集中优势兵力去打击敌人的弱点——来各个击破敌人的分进合击的原则的。因为分兵抵御而不能集中主力，所以许多战役不能得到应有的胜利。就是温坊战斗以后，敌人的两个师迅速的增援——继续冒险前进——因为我们的其他军团没有集中，不曾取得继续的可能的胜利。

这种错误的军事上的指挥，是经过了一个很长时期的。在这一时期中，党内军委内部不是没有争论的，毛张王①曾经提出过许多意见，就是恩来同志也曾有些个别战役上的不同意见，但是没有胜利的克服这种错误。至于各军团——尤其是一、三军团的首长不知有多少次的建议和电报，以及每个战役的"战斗详报"，提出他们的作战意见，可惜完全没有被采纳。

扩大会议指出军事上领导错误的是 A.博、周②三同志，而 A.博两同志是要负主要责任的。

扩大会议指出党内对于军事领导上错误的纠正，不是党内的分歧，相反的更加团结，使军事领导走上正确的道路，使党与军委的威信更加提高。一切动摇、悲观、失望的分子，与前进的布尔什维克没有丝毫相同的地方。扩大会议指出反对军事领导上的单纯防御路线时，必须坚决的反对一切右倾机会主义的倾向。

（Ｄ）扩大会最后作了下列的决定：

（一）毛泽东同志选为常委。

（二）指定洛甫同志起草决议，委托常委审查后，发到支部中去讨论。

（三）常委中再进行适当的分工。

（四）取消三人团③，仍由最高军事首长朱周④为军事指挥者，而恩来同志是党内委托的对于指挥军事上下最后决心的负责者。

扩大会中恩来同志及其他同志完全同意洛甫及毛王的提纲和意见，博古同

---

①指毛泽东、张闻天、王稼祥。

②A，指李德，即奥托·布劳恩；博，指博古，即秦邦宪；周，即周恩来。

③三人团，是在中央苏区第五次反"围剿"中期，即广昌战役失败以后，中共中央酝酿和准备实行战略转移时成立的关于军事指挥的决策机构，其成员为博古、李德、周恩来，主要由博古、李德负责。

④指朱德、周恩来。

志没有完全彻底的承认自己的错误，凯丰①同志不同意毛张王的意见，A同志完全坚决的不同意对于他的批评。

扩大会完毕后中常委即分工，以泽东同志为恩来同志的军事指挥上的帮助者。并决定决议到支部讨论时，指出华夫同志的名字（华夫即A名，常用此名在军委刊物《革命与战争》上发表许多文章，特别是"短促突击"的文章）。在团以上的干部会中才能宣布博古同志的名字。

决议发出以后常委各同志——毛张陈②——均到各军团干部会中传布决议。在一切会议中对于政治局扩大会决议是积极的拥护的。

在由遵义出发到威信的行军中，常委分工上，决定以洛甫同志代替博古同志负总的责任。

①即何克全，时为中共中央政治局候补委员、少共中央局书记、红军第九军团中央代表。
②指毛泽东、张闻天、陈云。

英勇的西征（节录）

（一九三六年）

施 平

西征目的已经达到

红军英勇的西征，是在最艰难的条件之下进行的。我们经过的是什么道路呢？当然不是柏油马路，或者石板铺的大路。我们走的多半都是崎岖险阻的羊肠鸟道。我们爬过了中国最高的山脉：川康间的山脉，高达五千米特以上。五月旬，中国各地炎热如火，而川西高山积雪不融。

我们渡过了二十多条地理上著名的大河：扬子江、乌江、湘江、金沙江、大渡河，等等。我们依靠什么工具，渡过这些大河呢？什么现成的，便利的工具也没有。

这次西征全程，从江西过去中央苏区出发，直到和红四军汇合，历时共有八个半月。跋涉约一万二千里——五千多启罗米特。我们通过了十二省边界：福建、江西、广东、湖南、广西、贵州、四川、云南、西康、甘肃、青海、陕西。中国本部十八省，我们走过了三分之二。

这次西征底目的和原因是什么呢？

最近几年来，我们党所要解决的主要问题之一，就是建立苏维埃革命根据地，我们深知巩固根据地为红军所必须，没有这种根据地，可使内战之进行感到莫大的困难，从一九三〇年起，我们党就已开始用全力来解决这个最紧急最重要的任务。直到今天，这还是我们最主要的任务之一。一九三四年，敌人向我们过去中央苏区四面围攻，把我们挤到了较小的区域，我们的党为保全红军实力起见，于是决定主力退出中央苏区，以便在中国西部广大领土上建立新的根据地。因此，中国共产党便有这次著名西征之组织。

我们准备西征的全盘计划，原定在三个月内完成，可是因为情势严重，指挥部乃不得不限定两个月完成。在这样的短促期内，而准备工作还是做得尽美尽善。

这次西征是怎样准备的呢？第一，当主要部队还没有从中央苏区向西开拔以前，党已派了一部分红军到苏区境外，深入敌人后方。特别是组织了第七军北上，就是全国闻名的抗日先遣队，向福建方面以及闽赣边界进发。如此，我们的军力在东北方面抄到了敌人的后方。

接着，从湘东派兵深入湖南境内。这便是肖克底第六军，该军已同贺龙底第二军汇合。如此，在西北方面我们的兵力也抄到了敌人的后方。

此外，我们还进行了为红军主力远征所必需的准备工作：我们吸收了广大愿意武装保护中国革命的青年壮丁，更扩大了红军的实力。

第二，对红军基本干部实行加速训练。担任训练的有三个学校：红军大学、步兵学校，以及专门学习防空和防毒的军事专门学校。红军干部人员，大部分都进过了这三个学校。此外各卫生学校（专门训练军医、看护员的），通信学校（专门训练电话电报等通讯工作），转送大批干部到各军团中去。

第三，在出发前时期，采买了六十万石粮食、军械、火药等，就底〔地〕制造，增加了六倍到三十倍，还采办了大批特别军衣给兵士穿，以及其他等等。

在西征中，经常的粮食问题怎样解决的呢？

主要的，是各地人民自愿供给我们。以及没收了地主豪绅底财产，给红军享用。

现在我们可以断定说，西征目的已经达到了：

（一）我们真的保全了红军底实力；

（二）我们终于和红四军汇合了；

（三）两军汇师以后，建立了新的更强大更富足的苏维埃根据地。

作战的经过

西征底第一阶段—从江西出发，到贵州边界。这个阶段是胜利了，因为我们从战斗中冲过了敌人底四道封锁线。在这些封锁线上敌人早已用钢骨水泥筑起了防御工事，埋伏了大批机关枪迫击炮；总之，在这些强周的防御工事地方，算是飞渡不过的难关。但是这四道防线我们都冲过了，我们沿途扫除了一切障碍，扫荡了敌人军队，冲倒了所谓铜墙铁壁的堡垒封锁线。

第一道封锁线，是在江西赣江沿岸。第二道是在粤北仁化和赣南之间。第三道是沿粤汉铁路的株韶路段（该路建筑未完，但马路已通，沿路也用钢骨水泥筑起了防御工程）。第四道是在湘南桂北一带。

在这几道封锁线上，敌人所埋伏的机关枪，简直造成了一座火药森林。我们都受强敌的双方夹攻，可是我们很快冲破了敌人的封锁线，渡过了赣江，占领了城口，就冲破了第二道线；后来占领宜章，就冲破了第三道线。第三与第四两道之间，则尽是一片高山峻岭。蒋介石正打算在这个地方来消灭我们。

我们在宜章胜利以后，一连占了六县：临武、嘉禾、曹〔蓝〕山、江华、道州、永明。如此，我们把第四道线也很快冲破了。至此，蒋介石底计划，他包围和消灭红军的企图，事实上已经完全失败。我们安全的突出了敌人的封锁，没有给敌人如愿以偿。

可是这里必须指出我们的几个缺点和错误。

第一个错误：就是当西征出发之前，在党内，在红军内以及交通群众中没有做得应有的解释工作。结果使西征的准备工作感受很大的困难。其次是使一部份〔分〕不明了西征目的和前途的青年兵士以及某些个别份〔分〕子，在行军时不十分坚忍。这种现象，当行军到湖南一带时特别发生。

我们为什么犯出这种错误呢？因为我们把军事秘密的问题看得太机械了。我们曾认为，西征底任务，不能向党员、兵士和交通群众去解释。

第二个错误：我们所带的行装太多，笨重机器装得太多。我们把兵工厂、印刷厂、造币厂等项机器，通通都拖走了。专门担任运输的就有五千人。

经验证明了，带着骡马同行，有时却妨害我们行军，特别是过河的时候，何况这些笨重非常的机器呢？这个搬运机器的队伍，阻碍了军事行动。在它后面的后卫部队往往比先锋队迟到十天。

行军时有过这样的事实：在大雨滂沱之下，我们在泥泞下蹒跚，十二点钟之内一共走了四个启罗米特。这证明我们的行军多么困难。

我们主要的是分三路前进：左翼、右翼、主力则同中路行进。此外我们还有先锋队和后卫队。

我们行军的次序，大体上就是这样。可是这路之行进当然我们不常能按这计划进行。我们有时不得不分两路前进。但从来没有一路独进。

我们占领宜章之后，本应立即把全州也占据，以便立刻就在那里过河。这个地点很关重要。可是身上过重的负担，使我们不能及时占领全州。敌人反而跑在我们前面，先把全州占了。如果没有这些笨重行头，我们的后卫队一定会走得快些，我们就不会要作这么多的战斗。在湘桂边界上，我们大约耗费了一百天功夫去与敌人作战。

由于这种错误底结果，我们的基本部队变成了行装护卫队，而自由周旋的兵力反而不够。先锋队前进，而后卫队还落在两三百里路之外。凡此一切，都减弱了我们的战斗力，往往使敌人得以向我们侧面进攻。

为什么我们要带这样笨重的行装呢？这是由于一种不正确的幼稚的政治观念，以为创造新的苏维埃根据地，只是从这一个地方迁徙到别个地方，而不需要经过一番新的艰苦的斗争和大的努力。

第三个错误，就是纯粹军事上的错误。我们总是按照纸上画好的直线笔直前进。结果到处都遇着敌人迎击，因为他们老早从地图上知道了我们将经过何地，走向何方。于是我们自己不能取得主动地位去袭击敌人，反而变成了敌人袭击底对象。我们本应以更快的速度前进，以更快的速度占领地点。而我们却要在不利的条件之下搏战才夺取了这些地方，敌人有汽车及其他转运工具；而我们则走直路，坚持不肯改变方向，可是地图上往往画得不对，于是我们常常陷于绝境，而不得不重新折回。有一次，我们在四千米特以内同敌人打了三天。我们参谋部内的同志和各军军长，一连三天三夜没有吃东西，没有睡觉。往往窜来窜去，好久找不到出路。后卫队党代表，为要时常督促士卒前进，而他却整整六天六夜没有睡觉。

在这种条件之下，我们怎样安置受伤的同志呢？

要是不能带走的，我们就把他们安插在民家。有时我们组织了游击队以资掩护。地方人对待我们的伤人实在非常殷勤，病好后就把他们送上行营来。

行到黎平，我们就纠正了已犯的错误。在湘桂边界上，敌人集中了多过我们五六倍的军队，准备迎击我们，他们预料红军主力必会走第六军底旧路。桂军从南方进攻我们的后卫队。此外还有大批敌人向我们后面追击。

红军全体主张冲破薄弱的环节，即是说要走敌人较弱的我们可以得到补充的地方。那时才决定改变方向。这里就是西征第一阶段底终点。这个阶段共长一百天。当我们到达贵州边界时，红军已不在〔再〕是经常不断的被敌人攻击的对象，自己反而站到了主动地位，能够自由袭击敌人。

（原载《共产国际》1936年第1、2期合刊。转录自《纪念遵义会议五十周年专辑》，第1—6页，中共贵州遵义地委党史资料征集研究领导小组办公室编，1985年1月出版。）

在中央政治局会议上的发言（节录）

（一九四三年十一月十三日）

秦邦宪

长征军事计划未在政治局讨论，这是严重政治错误。长征是搬家，抬轿子，使红军受到很大削弱。当时军事计划是搬家，准备到湘鄂西去，六军团是先头部队。当时三人团处理一切（博、李、周）。干部的处理我负全责。长征过程中毛主席起来反对错误领导，从湘南争论到遵义会议。长征军事计划全错的，使军队有消灭危险，所以能保存下来进行二方五千里长征，因有遵义会议，毛主席挽救了党，挽救了军队。教条宗派统治开始完结，基本上解决问题，组织上也做了结论。

（原载《遵义会议文献》，第103页，中共中央党史资料征集委员会、中央档案馆编，人民出版社，1985年出版。）

在延安中央政治局会议上的发言（节录）

（一九四三年十一月二十七日）

周恩来

从湘、桂、黔交界处，毛主席、稼祥、洛甫即批评军事路线，一路开会争论。从老山界到黎平，在黎平争论尤其激烈。这时李德主张折入黔东，这也是非常错误的，是要陷入蒋介石的罗网。毛主席主张到川、黔边建立川黔根据地，我决定采取毛主席的意见，循二方面军原路西进渡乌江北上。李德因争论失败大怒。此后，我与李德的关系也逐渐疏远。我对军事错误开始有些认识。军事指挥与以前也不同，接受毛主席的意见，对前方只指战大方向，使能机动。因此，遵义会议上我与博古的态度有区别。

（原载《党史通讯》1985年第1期［总第91期］，第13页。）

从福建事变到遵义会议 ①（节录）

（一九四三年十二月十六日）

张闻天

长征出发后，我同毛泽东、王稼祥二同志住一起。毛泽东同志开始对我们解释反五次"围剿"中中央过去在军事领导上的错误，我很快的接受了他的意见，并且在政治局内开始了反对李德、博古的斗争，一直到遵义会议。

（原载《遵义会议文献》，第79页。）

---

① 原题注：这是张闻天同志延安整风笔记的摘录，标题为编者所加。

在中国共产党第七次全国代表大会上的发言（节录）

（一九四五年五月三日）

秦邦宪

　　五中全会以后，这条路线①的恶果已经开始可以看出，白区工作，在冒险盲动的路线下，已全部损失了，红军苏区在五次"围剿"中不断的遭受失败。这个时候在党内对这条路线的不满、反抗增加了，教条主义同志内部也发生分裂，有的同志过去犯了错误，这时也开始觉得有错误，而反对这个不正确的路线了。一直到了一九三五年一月在毛主席的领导下，在遵义会议上宣告了这条路线的破产。

　　（原载《遵义会议文献》，第107页。）

---

①指王明"左"倾冒险主义。

在中国共产党第七次全国代表大会期间
关于选举问题的两次讲话（节录）

（一九四五年五月二十四日、六月十日）

毛泽东

　　遵义会议是一个关键，对中国革命的影响非常之大。但是，大家要知道，如果没有洛甫、王稼祥两个同志从第三次"左"倾路线分化出来，就不可能开好遵义会议。同志们把好的账放在我的名下，但绝不能忘记他们两个人。当然，遵义会议参加者还有别的好多同志，酝酿也很久，没有那些同志参加赞成，光他们两个人也不行，但是，他们两个人是从第三次"左"倾路线分化出来的，作用很大。从长征一开始，王稼祥同志就开始反对第三次"左"倾路线了。

　　（原载《遵义会议文献》，第62页。）

中华苏维埃共和国宪法大纲 [①]

中华苏维埃第二次全国代表大会谨向全世界与中国的劳动群众宣布他在全中国所要实现的基本任务，即中华苏维埃共和国的宪法大纲。这些任务，在现在的苏维埃区域内已经开始实现。但中华苏维埃第二次全国代表大会认为，这些任务的完成，只〈有〉在打倒帝国主义、国民党在全中国的统治，在全中国建立苏维埃共和国的统治之后，而且在那时，中华苏维埃共和国的宪法大纲才能更具体化，而成为详细的中华苏维埃共和国的宪法。中华苏维埃全国代表大会谨号召全中国的工农劳动群众，在中华苏维埃共和国临时中央政府的指导之下，为这些基本任务在全中国的实现而斗争。

一、中华苏维埃共和国的基本法（宪法）的任务，在于保证苏维埃区域工农民主专政的政权和达到他在全中国的胜利。这个专政的目的，是在消灭一切封建残余，赶走帝国主义列强在华的势力，统一中国，有系统的限制资本主义的发展，进行苏维埃的经济建设，提高无产阶级的团结力与觉悟程度，团结广大贫农群众在他的周围，同中农巩固的联合，以转变到无产阶级的专政。

二、中华苏维埃政权所建设的，是工人和农民的民主专政国家。苏维埃政权是属于工人、农民、红色战士及一切劳苦民众的。在苏维埃政权下，所有工人、农民、红色战士及一切劳苦民众都有权选派代表掌握政权的管理。只有军阀、官僚、地主豪绅、资本家、富农、僧侣及一切剥削人的人，和反革命的份子是没有选举代表参加政权和政治上自由的权利的。

三、中华苏维埃共和国之最高政权为全国工农兵苏维埃代表大会。在大会闭会的期间，全国苏维埃临时中央执行委员会为最高政权机关。中央执行委员会下，组织人民委员会处理日常政务，发布一切法令和决议案。

四、在苏维埃政权领域内，工人、农民、红色战士及一切劳苦民众和他们

[①] 本件系按红军长征过广西时所散发的铅印宣传品抄录编入。

的家属，不分男女、种族（汉、满、蒙、回、藏、苗、黎和在中国的台湾、高丽、安南人等）、宗教，在苏维埃法律前一律平等，皆为苏维埃共和国的公民。为使工、农、兵、劳苦民众真正掌握着自己的政权，苏维埃选举法特规定，凡上述苏维埃公民在十六岁以上，皆享有苏维埃选举权和被选举权，直接派代表参加各级工农兵苏维埃的大会，讨论和决定一切国家的、地方的政治事务。代表产生方法是以产业工人的工厂，和手工业工人、农民、城市贫民所居住的区域为选举单位。这种基本单位选出的地方苏维埃代表有一定的任期，参加□城或①乡村苏维埃各种组织和委员会中的工作。这种代表须按期向其选举人做报告，选举人无论何时皆有撤回被选举人及重新选举代表的权利。为着只有无产阶级才能领导广大的农民与劳苦群众走向社会主义，中华苏维埃政权在选举时给予无产阶级以特别的权利，增加无产阶级代表的比例名额。

五、中华苏维埃政权以彻底改善工人阶级的生活状况为目的，制定劳动法，宣布八小时工作制，规定最低限度的工资标准；创立社会保险制度，与国家的失业津贴。并宣布工人有监督生产之权。

六、中华苏维埃政权以消灭封建剥削及彻底的改善农民生活为目的，颁布土地法，主张没收一切地主阶级的土地，分配给雇农、贫农、中农，并以实现土地国有为目的。

七、中华苏维埃政权，以保障工农利益，限制资本主义的发展，更使劳动群众脱离资本主义的剥削，走向社会主义制度去为目的，宣布取消一切反革命统治时代的苛捐杂税，征收统一的累进税，严厉镇压一切中外资本家的怠工和破坏阴谋，采取一切有利于工农群众、并为工农群众了解的、走向社会主义去的经济政策。

八，中华苏维埃政权以彻底的将中国从帝国主义榨压〔压榨〕之下解放出来为目的，宣布中国民族的完全自主与独立，不承认帝国主义在华政治上、经济上的一切特权；宣布一切与反革命政府订立的不平等条约无效；否认反革命政府的一切外债；在苏维埃领域内，帝国主义的海、陆、空军绝不容许驻扎；帝国主义的租界、租借地无条件的收回；帝国主义手中的银行、海关、铁路、商业、矿山、工厂等，一律收回国有，在目前可允许外国企业重新订立租借条约继续生产，但必须遵守苏维埃政府的一切法令。

---

①此处原件残缺。"或"，据少数残存笔画及文意而定。

九、中华苏维埃政权以极力发展和保障工农革命在全中国胜利为目的，坚决拥护和参加革命战争为一切劳苦民众的责任，特制定普遍的兵役义务，由志愿兵役过渡到义务兵役制，惟手执武器参加革命战争的权利，只能属于工农劳苦民众。苏维埃政权下，反革命与一切剥削者的武装，必须全部解除。

十、中华苏维埃政权以保证工农劳苦民众有言论、出版、集会、结社的自由为目的，反对地主、资产阶级的民主，主张工人、农民的民主；打破地主、资产阶级经济的和政治的权力，以除去反动社会束缚劳动者和农民自由的一切障碍；并用群众政权的力量，取得印刷机关（报馆、印刷所等）、开会场所，及一切必要的设备，给予工农劳苦民众，以保障他们取得这些自由的物质基础。同时，反革命的一切宣传和活动，一切剥削者的政治自由，在苏维埃政权下，都绝对禁止。

十一、中华苏维埃政权以保证彻底的实行妇女解放为目的，承认婚姻自由，实行各种保护妇女的办法，使妇女能够从事实上逐渐得到脱离家务束缚的物质基础，而参加全社会经济的、政治的、文化的生活。

十二、中华苏维埃政权以保证工农劳苦民众有受教育的权利为目的，在进行革命战争许可的范围内，应开始实行完全免费的普及教育，首先应在青年劳动群众中施行。应该保障青年劳动群众的一切权利，积极的引导他们参加政治的和文化的革命生活，以发展新的社会力量。

十三、中华苏维埃政权以保证工农劳苦民众有真正的信教自由为目的，绝对实行政，教分离的原则。一切宗教不能得到苏维埃国家的任何保护和供给费用①。一切苏维埃公民有反宗教宣传之自由。帝国主义的教会只有在服从苏维埃法律时能可许其存在。

十四、苏维埃政权承认中国境内少数民族的民族自决权，一直承认到各弱小民族有同中国脱离，自己成立独立的国家的权利。蒙古、回、藏、苗、黎、高丽人等，凡是居住在中国的地域的，他们有完全自决权：加入或脱离中国苏维埃联邦，或建立自己的自治区域。中国苏维埃政权在现在要努力帮助这些弱小民族脱离帝国主义、国民党军阀、王公、喇嘛、土司等的压迫统治而得到完全自主。苏维埃政权更要在这些民族，中发展他们自己的民族文化和民族言语。

---

① 原件如此。

十五、中华苏维埃政权对于凡因革命行动而受到反动统治迫害的中国民族以及世界革命战士，给予托庇于苏维埃区域的权利，并帮助和领导他们重新恢复斗争的力量，一直达到革命的胜利。

十六、中华苏维埃政权对于居住苏维埃区域内从事劳动的外国人，一律使其享有苏维埃法律所规定的一切政治上的权利。

十七、中华苏维埃政权宣告世界无产阶级与被压迫民族是与他站在一条革命战线上，无产阶级专政的国家——苏联，是他的巩固的联盟者。

（1934年1月，第二次全国苏维埃代表大会通过）

（原件现存龙胜市文物管理所）

中华苏维埃共和国经济政策 [①]

为着反帝国主义与土地革命的发展，工农革命联盟的巩固，中华工农兵苏维埃第一次全国代表大会规定下列条例，做为目前苏维埃经济政策的根据。

（一）工业方面

一、为保障完全独立的苏维埃政府，将操在帝国主义手中的一切经济命脉（租界——海关——银行——铁路——航业——矿山——工厂等……）实行国有。在目前允许外国某些企业重新另订租借条约，继续生产，但必须遵守苏维埃一切法令，实行八小时工作制，及其他各种条例，如这些企业主，违反这些条件，实行怠工，关闭企业或干涉苏维埃政府的内政，拥护反革命，则必须立即没收作为国有。

二、苏维埃对于中国资本家的企业及手工业，尚保留于旧业主手中，尚不实行国有，但由工厂委员会，职工委员会实行工人监督生产，若这些企业主怠工，破坏苏维埃法律或参加反革命的活动，如故意破坏或停止生产，则必须立即没收他的企业，按照具体条件，交给工人劳动协作社或苏维埃政府管理。

三、竭力促进工业发展，苏维埃特别注意保障供给红军的一切企业的发展（工厂——作坊——手工业——家庭企业……）。

（二）商业方面

一、苏维埃应保证商业自由，不应干涉经常的商品市场关系。但苏维埃必须严禁商人投机以抬高价格，应解散商会，禁止大小商人以商会名义垄断价格。如遇商人怠工，或经济封锁，危及基本群众主要生活品的供给，或因红军须要，苏维埃政府应规定必须物品之最高限度之价格，但这种方法须在必要时

---

① 本件系红军长征过广西期间散发的铅印宣传品，原件无年月日。

施行，有可能即须恢复商业自由。

二、与非苏维埃区域的贸易，还绝不能实行"对外贸易垄断"，同时苏维埃政府，应实行监督这些贸易，以保障苏维埃区域必须商品的供给，银币输出，必须得孩地苏维埃允许。

三、为着整个苏维埃贸易与保障劳苦人民的利益，改良劳动群众必须品的供给，苏维埃政府必须极力帮助消费合作社的组织和发展，苏维埃对于合作社，应给以财政的帮助，与纳税的豁免，苏维埃应以一部分被没收的房屋与商店交给合作社使用。并且为要保障劳苦群众的粮食供给，苏维埃政府必须提倡公共仓库，积蓄粮食，以便实行廉价供给与接济。

（三）财政与税则

一、消灭一切的国民党军阀政府捐税制度和其一切横征暴敛，苏维埃另定统一的累进税则，使之转由资产阶级负担。苏维埃政府应该豁免红军、工人、乡村与城市贫苦群众家庭的纳税。如遇意外灾害，亦应豁免或酌量减轻。

二、取消过去一切口头的书面的奴役及高利贷的契约，取消农民与城市贫民对高利贷的各种债务，严禁预征或债务的奴役。应以革命的法律严防并制止一切恢复奴役与高利贷关系的企图。城市与乡村贫民被典当的一切物品，完全无代价的退还原主，当铺应交给苏维埃。

三、苏维埃区域内的旧的货币，在目前得在苏维埃区域通用，并消灭行市的差别，但苏维埃须对于这些货币加以清查，以资监督。苏维埃应发行苏维埃货币，并兑换旧的货币，对于旧的货币开始亦可采用加盖图记通用。外来之货币，须一律兑换已盖苏维埃图记之货币，或苏维埃自己发行之货币。

四、为着实行统一货币制度，并帮助全体劳苦群众，苏维埃应开办国家银行，并在各苏维埃区域内，设立分行，这个银行有发行货币的特权。国家银行对于各农民家庭工业者，合作社，小商人，实行借贷，以发展其经济，这个银行应实行兑换货币，其分行并附带征收税收。

五、对各土著及大私人银行与钱庄，苏维埃应派代表监督其行动，禁止这些银行发行任何货币。苏维埃应严厉禁止银行家利用本地银行，实行反革命活动的一切企图。

（四）市政方面

一、苏维埃应实行相当调剂，以减轻城市贫民的房租，没收地主豪绅军阀官僚政客的房屋和财产，这些房屋应交给工人、苦力、学徒居住。财产由城市贫民分配，或由苏维埃用作公共事业。城市苏维埃应采取一切办法，改良贫苦人们的居住条件。

（原件存中共桂林地委档案馆。原件仅存一页，下缺。）

中国共产党中央委员会告民众书①

工友们、农民们、士兵们、以及一切劳动群众们！

中国共产党中央委员会号召你们武装起来，暴动起来，推翻万恶的地主资产阶级国民党的统治！

万恶的国民党军阀蒋介石、张学良、何键、陈济棠、李宗仁等投降帝国主义，把东三省、内蒙古、整个华北与半个福建省出卖给了日本帝国主义，把西藏、西康、新疆、云南等省出卖给了英、法帝国主义，整个中国是在帝国主义列强完全瓜分的前面。

万恶的国民党军阀，用尽种种方法掠夺民众，苛捐杂税，兵差劳役，重重叠叠〔迭迭〕的放在中国民众的肩头上，造成全中国的经济破产，水旱灾荒，使工人失业，农民失地，使贫穷、饥饿、疫疠、非人的生活，普遍全中国。

万恶的国民党军阀，帮助资本家剥削工人，帮助豪绅地主高利贷压迫农民交纳地租贷款，他还要强迫工人农民去当兵，守堡垒，当炮灰，为他们的利益牺牲。而同时克扣士兵军饷，虐待与打骂士兵，不准士兵有反日反帝，言论集会的任何自由！

万恶的国民党军阀，以白色恐怖来对付一切民众反对日本帝国主义与反对一切帝国主义的革命运动，做帝国主义瓜分中国的走狗。他以白色恐怖对付工农群众一切反国民党、反对地主资本家的斗争。他以白色恐怖对付士兵的任何不满意与反抗。他逮捕、毒打与砍杀革命的与民众革命的领袖。特别是为了民众利益而坚决奋斗的中国共产党员，在国民党屠刀下面牺牲的无〔何〕止数十万！他现在更集中一百万以上的匪军向着中国工农红军与工农兵的苏维埃政权，进行大规模的残酷的进攻！

打倒万恶的国民党，打倒中国有史以来最大的汉奸卖国贼！打倒工农兵

---

① 本件系红军长征过广西期间散发的铅印宣传品。原件无年月日。

群众的剥削者与压迫者！打倒中国民众的刽子手！中国共产党号召全中国的民众，武装起来，暴动起来，与地主资产阶级的国民党决［一］死战！

中国共产党主张立刻取消一切国民党的苛捐杂税，兵差劳役。立刻没收地主阶级的土地财产分配给贫苦的农民。立即实行八小时工作制，工人监督生产增加工资。立刻分配土地给士兵，改善士兵的待遇与生活。立刻将言论、集会、出版、一切民主的自由给与全中国的民众。

中国共产党更主张，不管一切国民党军阀的投降卖国，全中国民众必须全部武装起来，动员全中国海陆空军，同日本帝国主义作战，把日本帝国主义驱逐出中国，收复失地，保持中国领土的完整与中国民族的独立！

中国共产党更主张，在打倒地主资产阶级的国民党政权之后，立刻建立工农兵苏维埃政权与工农红军，并号召全中国的民众起来反对帝国主义国民党对于苏维埃与红军的五次"围剿"，拥护中国唯一反帝的民众的苏维埃政权与工农自己的红军。

工人们，农民们，劳动民众们！武装起来，暴动起来，不交租，不还债，打土豪，分田地，捉杀国民党军阀官僚，豪绅地主，推翻国民党，建立苏维埃。

士兵们！暴动起来，杀死你们的官长，拖枪到红军中来，大家分田，大家革命！

共产党是代表我们工农民众以及全中国民族利益的党，一切先进的觉悟的工人以及贫苦农民，加入到共产党中来，为共产主义而奋斗！

（原件存中共桂林地委档案馆）

告白军士兵弟兄书 [①]

白军弟兄们!

半个中国,已经沦亡于日本,日兵横行中国,如入无人之境!究竟中国还有谁能抗日救国?

说国民党南京政府吗?谁都知道张学良、蒋介石都是一班卖国贼!

说两广军阀吗?虽然叫骂蒋介石卖了国,但他们自己什么时候派过一兵去收复东三省?还不是与蒋介石联合一致进攻江西的工农红军!

谁是真正抗日救国?只有苏维埃政府与中国工农红军。

中国工农红军已经对日宣战,红军北上抗日先遣队已经到了浙江、安徽,如果没有国民党军队的拦阻,早已与日本帝国主义开火。弟兄们!执戈卫国是军人天职。打倒国民党各派军阀,哗变暴动到红军中来!救国卫民,在此一朝。

弟兄们!你们的出路是那〔哪〕一条?

你们看看你们的家乡!不是水灾,就是旱灾;不是旱灾,就是虫荒。国民党收捐收税,土豪劣绅催租逼债。妻离子散,家彼〔破〕人亡!

想想你们自己吧!冲锋拼命是你们,发财享福是上级官长。官长袋里花花绿绿,你们还是腰无半文。如果拼命牺牲为了抗日救国,到〔倒〕也值得,但是军阀强迫你们来进攻中国的工农,进攻反日反帝的红军。

你们走在"家破人亡"、"死不得所"的死路上。

弟兄们!你们的生路只有这一条:团结起来,反对进攻红军!反对克扣军饷!暴动起来,打死压迫你们的官长!哗变拖枪到红军来!打土豪分田地,建立苏维埃,救你们自己,救你们全家!

弟兄们!怎样跳出死路走上生路呢?

[①] 本件系红军长征过广西期间散发的铅印宣传品。原件无年月日。

暴动起来，兵变到红军来！

暴动起来，拖枪到家乡去打土豪分田地，组织红军游击队！

不守堡垒，杀死官长，缴枪给红军！

官长强迫你们进攻时，到红军阵前托起枪子缴械！

撤退时，假装落伍，把枪枝子弹送到红军来！

弟兄们！拿着枪哗变到红军来吧。我们要为抗日救国而战，为铲除国民党军阀而战，为打土豪分田地拯救民众而战，为救自己而战！

中国工农红军政治部

（原件存中共桂林地委档案馆）

《党团员须知》选录

编者按：《党团员须知》是中国工农红军学校政治部于1933年1月汇编的一本党团员、干部、红军战士必读书籍，全书共83页，铅印，64开本，现存龙胜文物管理所，目录如下：

一、中国共产党党章

二、中国共产青年团团章

三、中共中央局关于苏区新党员入党手续的决议

四、少共中央局关于苏区新团员入团手续的决议

五、支部工作纲要（专供红军中用）

六、红军中共产青年团员教育纲要

七、新团员训练大纲（专供红军中用）

现将内容选录如下：

中国共产党党章（摘录）

第一章　名称

（一）定名：中国共产党为共产国际之部分，命名为《中国共产党为共产国际支部》。

（以下各章各条标题为）：

第二章　党员

（二）入党资格

（三）入党手续

（四）组织之改变

（三一）省委凭籍城区委员会在其所在地之城市共同进行工作，因此在省委员会所在地和设县委员会仅得在本县乡区内进行工作。

第八章　党的全国会议

（三二）党的全国会议按通常规则，一年召开两次。

（三三）党的全国会议决议案，经过中央委员会审定后才发生效力。

（三四）党的全国会议开会时，如恰当共产国际世界大会之前，经共产国际执行委员会之同意，可以选举参加共产国际世界大会之代表。

第九章　党的全国大会

（三五）党的全国大会是党的最高机关。

（三六）党的全国大会。

（三七）党的全国大会代表应由党的省代表大会选举之。

第十章　中央委员会

（三八）中央委员会委员之数量，由全国大会规定之。

（三九）中央委员会在党的全国大会期间，是党的最高机关。

（四十）中央委员会由其本身委员中选出政治局以指导中央委员会全体会议。

（四一）中央委员会按照各种工作部门而设立各部或各委员会。

（四二）中央委员会以经济政治之条件为标准，而规定各地党部组织活动之范围，依全国之行政区域而划分各种地域的单位。

第十一章　审查委员会

（四三）为监督各级党部之财政，会计及各机关之工作起见，党的全国大会，省县市代表大会，选举中央或省县市审查委员会。

第十二章　党的纪律

（四四）严格的遵守党纪为所有党员及各级党部之最高责任。

（四五）不执行上级党部的决议犯了党内认为有错误的其他过失，应由相当的党部予以纪律上的处分。

第十三章　党的财政

（四六）党部用费由党费，特别捐，党的印刷机及上级党部之津贴等充之。

（四七）入党费和党费的多少，由中央委员会规定，失业和极贫苦的党员，可以完全不交党费。

第十四章　党团

（四八）在非党组织（如职工会、农会、社会团体及文化组织等）之各种代表大会和会议，上级机关中凡有党员三人以上者，均成立党团。

（四九）党委会在讨论与党团有关系的问题时，应使该党团的代表出席党部的委员会之相当会议有发言权。

（五〇）党团选举团干事会，此干事会应得其所隶属党部之批准。

（五一）在党团工作的各组织中各种职务人员的名单，得当地党部之同意，由党团提出关于调遣党员，由这一党团至别个党团的问题，亦同样决定。

（五二）党团所在的组织中，各项要解决的问题，应该先经党团会议或党团干事会之讨论。

第十五章　与共产青年团的相互关系

（五三）在党与青年团的各指导机关中（从支部中至中央）均应互派代表交换发言权，同表决权，同样青年团得以自己团员的数量为比例，选派代表出席党的一切代表大会。

（完）

中国共产青年团章程（摘录）
1928年第五次全国大会修正通过

（一）中国共产青年团

一、中国共产青年团是少共国际分部，他承认少共国际的纲领与章程，并且服从他的一切决议和指导。

二、中国共产青年团是无产阶级青年的革命的政治组织，他吸收广大的劳动青年参加革命的斗争，从斗争中给与共产主义的教育和训练。中国共产青年团是中国青年工人唯一的组织，他赞助城市和农村中被剥削的青年的政治经济和文化的要求。

三、中国共产青年团是无产阶级青年的独立组织，在中国共产党的政治领导之下，服从他的章程与纲领。

（以下各章标题为）：

（二）团员

（三）中国共产青年团组织系统

（四）支部

（五）城区乡区的组织

（六）县或市的组织

（七）省的组织

（八）全国会议

（九）全国大会

（十）中央委员会

（十一）中央审查委员会

（十二）团组

（十三）纪律

（十四）财政

（十五）本团与中国共产党的关系

（十六）章程和纲领的改变

六三，全国代表大会有权更变章程和纲领，但须得到少年共产国际的同意。

（完）

出路在那里？^①

（一九三四年十一月七日）

工人、农民、兵士及一切劳苦的民众们！

万恶的国民党军阀蒋介石、陈济棠、何键等，不但把我们中国出卖给帝国主义，使你们变为帝国主义强盗们的奴隶牛马，而且他们自己也拼命的屠杀你们，压迫你们，剥削你们，你们整年整月做着苦工，然而你们总是养不活你们自己与你们的父母妻子儿女。苛捐杂税是永远还不清的，修堡垒、筑马路等各种兵差劳役是永远做不完的。再加上地主、资本家，高利贷、土豪恶棍对于你们的残酷剥削，使你们倾家荡产出卖妻子儿女，也还不清他们的田租与债款。

你们是在忍受着饥饿、疾病，寒冷与痛苦，你们像牛马一样，死在道路田野里，没有一个人来埋葬你们。

你们不能反抗，不能说一句不满意的话。国民党军阀、民团、警察、流氓恶棍，会如狼似虎一样，鞭打你们，杀死你们，砍你们的头，把你们放到监狱里。他们还要说你们是"共匪"，要杀你们全家老少。国民党军阀、地主、资本家都威胁你们，说"共匪"是"杀人放火"，是"共产共妻"，他们要压迫你们出钱、出力、出性命去帮助他们"围剿共匪"，要你们组织民团、守望队、铲共团，防堵"共匪"。但是，你们自己还只是听到人家骂共产党，骂苏维埃红军，你们自己还没有看到过共产党、苏维埃红军是什么东西。

你们只要知道共产党、苏维埃红军的主义你们就会赞成他们。他们主张：我们穷人，我们工人、农民、兵士以及一切劳苦民众，不要再受帝国主义、国民党、豪绅地主、资本家的剥削与压迫，我们要大家团结起来，武装起来，暴动起来，打倒帝国主义，推翻国民党、豪绅地主的统治，建立我们工农自己的军队，工农兵自己的政府。这种工农的军队，就是红军。这种工农兵的政府就

---

① 本件是红军长征期间散发的铅印宣传品。

是苏维埃政府。

我们要立刻取消一切国民党政府的苛捐杂税与兵差劳役，取消一切高利贷，没收地主阶级的一切土地财产，分配给贫苦的农民，工人实行八小时工作制，增加工资。我们要使每一个工人农民有衣服穿暖，有饭吃饱，取消强迫的雇佣兵役制，改为志愿兵役制。把土地分给士兵，改善士兵的生活，不准打骂士兵，保障工农群众言论、集会、结社、出版、罢工等一切自由的民主权利，与男女的完全平等。

亲爱的兄弟姐妹们！共产党所主张的苏维埃与红军就是你们的出路。你们不但不要反对苏维埃与红军，而且还要拥护苏维埃与红军，在一切方面帮助我们苏维埃与红军得到胜利！

亲爱的兄弟姐妹们！你们的出路就在这里。我们贫苦工农大家要齐心，要团结，拿我们的菜刀、锄头、大刀、木棍、鸟枪、快枪以及一切武器暴动起来。发展游击战争，去杀尽国民党军阀官僚，号召白军士兵杀死他们的长官，哗变到民众方面来，一同来革命，实现共产党的主张，创造工农自己的红军，工农自己的苏维埃政府。

亲爱的兄弟姐妹们！坚决的为了你们自己的出路而斗争！不要惧怕卖国贼、刽子手、国民党军阀，不要惧怕豪绅地主、资本家。他们那里只有少数人，我们这里有着千百万工农群众。我们还有我们自己的红军与苏维埃政府的帮助，我们一定会胜利！我们一定要胜利！我们无论如何要胜利！

苏维埃中央政府主席　毛泽东

中国工农红军总司令　朱　德

十一月七日

（抄自遵义会议纪念馆）

《革命歌谣选集》^①（选录）

十劝郎^②

一劝涯郎心莫慌，莫畏斗争出外洋；

人人都有一分责，解除痛苦爱相帮。

二劝涯郎心莫休，要报牺牲同志仇；

反动唔系铁打个，杀来杀去总会秋。

三劝涯郎心莫焦，工农力量实在高；

总要农会恢复起，土豪劣绅自会消^③。

四劝涯郎莫畏难，天下都是一般般；

打尽土豪分田地，有食有着得安康。

五劝涯郎爱分详，家财荡尽你莫慌；

等到革命成功日，人人快活得春光。

六劝涯郎好主张，家财倾尽助军装；

救人又好救自己，帮助革命理该当。

七劝涯郎心爱坚，白鬼言语莫去听；

总爱工农团结起，革命才有出头天。

---

① 这是1934年红军长征过广西时留下来的一件珍贵文物，为龙胜县文物管理所保存。原件系铅印小册子，缺封面，缺28页，实有99页，部分残缺不全。本书选录了部分歌谣。

② 原注：这首歌儿，当1928年秋季的时候，流行于广东东江一带，因为自1927年4月以后，在国民党野蛮的白色恐怖下，革命群众大遭屠杀、抢掠与焚烧，参加革命运动的小资产阶级以至革命工农，离开原地流落在南洋群岛很多。从这首革命女儿的恋歌中，可以寻觅出当时的景状之图画。

③ 原注：农会，大革命时代在我们领导下的农会，深为农民拥护，国民党解散，仍企图恢复。

八劝涯郎心莫愁，放开心性兴加兜①；
工农不怕反动派，烂屋烧了住洋楼②。
九劝涯郎水敢长，收拾行李转家乡；
鼓吹大家来革命，不纳租税不纳粮。
十劝涯郎十样歌，试问白鬼有几多；
总要工农齐努力，你拿枪炮我拿刀。

（选自《革命歌谣选集》第10—12页）

---

① 原注：兴加兜——放心快乐的意思。
② 原注：指当时被国民党焚烧了房子后，都坚信革命一定可以成功，可以住进新起的
洋楼。

欢送少共国际师上前方

（一）

红旗飘飘到前方，打开南昌并九江；

缴到枪支几百万，枪支子弹用船装。

（二）

消灭敌人最紧张，切莫思想转家乡；

家中政府有优待，冲锋杀敌莫停梆。

（三）

红军胜利大展开，军阀统治快塌台；

勇敢冲锋杀敌去，革命成功才回来。

（刘复沂作）

（选自《革命歌谣选集》第16页）

欢送兴国师出发

（一）

全体集合几千人，轰轰烈烈当红军；

英勇开到前方去，吓得敌人打抖颤。

（二）

大家同志当红军，家中不使你费神；

优待条例你晓得，一条一条会执行。

（三）

许多同志在这里，你们光荣得到里^①；

各地发电来庆贺，工农群众欢迎你。

（选自《革命歌谣选集》第 17 页）

---

①原注："里"作"了"字解。

送郎打南昌（吊兵歌调）

（一）身上背起十呀排子，手上拿支驳壳枪，天天打胜仗。噎都哟都微打微，天天打胜仗。

（二）到处工农真呀是好，欢迎红军呱呱叫，红军真荣耀。噎都哟都微打微，红军真荣耀。

（三）你是夫来我呀是妻，欢迎我郎当红军，革命大道理。噎都哟都微打微，革命大道理。

（四）手拿红旗飘呀飘扬，送郎热烈到前方，活捉狗师长。噎都哟都微打微，活捉狗师长。

（五）勇敢坚决我呀郎哥，贪生怕死妈的屁，是个坏东西。噎都哟都微打微，是个坏东西。

（六）送郎送到手呀提边，打开手提拿像片，送郎做纪念。噎都哟都微打微，送郎做纪念。

（七）送郎送到皮呀箱边，打开皮箱拿花边，送郎做茶钱。噎都哟都微打微，送郎做茶钱。

（八）送郎送到天呀井边，劝郎革命心要坚，莫念嫩娇莲。噎都哟都微打微，莫念嫩娇莲。

（九）送郎送到屋呀门口，手牵我郎往前走，我郎打先锋。噎都哟都微打微，我郎打先锋。

（十）送郎送到拱呀桥头，家中事务郎莫愁，妹妹会留心。噎都哟都微打微，妹妹会留心。

（十一）送郎送到五呀里坡，再送五里不会多，希望我郎哥。噎都哟都微打微，希望我郎哥。

（十二）送郎送到十呀字街，十字街头莫徘徊，坚决到前方。噎都哟都微打微，坚决到前方。

（十三）送郎送到火呀车头，手牵我郎上火车，送郎打长沙。噎都哟都微打微，送郎打长沙。

（十四）送郎送到大呀码头，郎上火船好威风，送郎打南昌。噎都哟都微打微，送郎打南昌。

（十五）送郎送到大呀火船，努力整装上前线，等候捷报看。噫都哟都微打微，等候捷报看。

（谢桂芝作）1933.11.28

（选自《革命歌谣选集》第18—20页）

十送郎当红军歌

送郎当红军，革命要认清。豪绅，地主，剥削我穷人。

送郎当红军，坚决打敌人。消灭，反派，大家有田分。

送郎当红军，切莫想家庭。家中，事务，妹妹会小心。

送郎当红军，纪律最严明。放哨，出□，亲郎要小心。

送郎当红军，红军最文明。公买，公卖，大家来欢迎。

送郎当红军，阶级要认清。富农，流氓，都是不革命。

送郎当红军，冲锋杀敌人。帝国，主义，赶它不留停。

送郎当红军，努力去革命。勇敢，奋斗，都是为穷人。

送郎当红军，道理要认清。反动，宣传，亲郎切莫听。

送郎当红军，亲郎慢慢行。革命，成功，亲郎回家庭。

（翰廷抄）

（选自《革命歌谣选集》第21—22页）

第一次革命战争胜利歌

（一）同志们抖擞精神，唱个歌儿听，万恶敌人，第一次来进攻革命。

（二）工农兵配合力量，龙岗打一仗，缴枪无数，活捉了军阀张辉瓒。

（三）转头来再打东韶，谭逆打败逃，公罗许毛，只吓得个个向后跑。

（四）鲁胖子折将损兵，哭得不要命，无面见人，没奈何辞职藉（借）养病。

（五）蒋介石胆破心惊，再派何应钦，加调白军，第二次来进攻革命。

（六）第二期革命战争，为时期迫近，工农红军，齐努力准备打敌人。

（七）那怕他弹雨枪林，勇敢向前进，消灭敌人，活捉那跛子何应钦。

（八）这一场革命战争，胜利拿得稳，政治局面，要从此来一个转变，

（九）到那时敌人退避，困守孤城里，赤色势力，齐前攻四面暴动起。

（十）推翻那反动政权，解放工农兵，革命完成，大家来同声歌太平。

（选自《革命歌谣选集》第48—49页）

第二次革命战争胜利歌（四川调）

（一）工农革命新高涨，工农红军有力量，共产党最好主张。哎哟，哎哟，共产党最好主张。

（二）国民军阀蒋介石，坐在南京大害怕，大调兵镇压革命。哎哟，哎哟，大调兵镇压革命。

（三）一次派来鲁涤平，二次派来何应钦，到江西屠杀革命。哎哟，哎哟，到江西屠杀革命。

（四）龙岗活捉张辉瓒，富田活捉公秉藩，我红军追前〔到〕水南。哎哟，哎哟，我红军追到水南。

（五）水南残部都缴枪，赶到永丰打敌人，多缴枪发给贫民。哎哟，哎哟，多缴枪发给贫民。

（六）这次缴到数万枪，土地革命更保障，苏维埃巩固发展，哎哟，哎哟，苏维埃巩固发展。

（七）我们就是得了胜，还要继续向前进，把敌人完全肃清。哎哟，哎哟，把敌人完全肃清。

（八）消灭敌人要坚决，靖卫团匪要肃清，免得他捣乱革命。哎哟，哎哟，免得他捣乱革命。

（选自《革命歌谣选集》第50—51页）

第三次革命战争胜利歌

红军两次打胜仗，帝国主义起恐慌。

指挥军阀国民党，进攻革命似疯狂。

反革命的蒋介石，三次讨赤来南昌。

增调白军三十万，并进长追入赣南。

派定三路伪指挥，路路都是杀人王。

左路指挥陈铭枢，纵兵残民在广昌。

右路指挥朱绍良，奸淫烧杀在南丰。

中路指挥孙连仲，放马吃禾在吉安。

这样布置嫌不够，另添许多新花样。

空中安排爆炸弹，地下散布地下网。

强迫成立守望队，暗下组织 AB 团。

又派奸细黄梅庄，挑拨爵间朱彭黄。

种种阴谋和毒计，无非想把红军亡。

哪知中国共产党，领导红军有主张。

彻底分配田和地，发动群众千百万。

坚决改造苏维埃，工农政权立坚强。

加紧肃清反动派，红军团结铁军般。

扩大红军游击队，武装群众好参战。

多向白军做宣传，争取士兵来投降。

根本政府决定好，先筹款项后打仗。

敌人不进我先进，分兵黎川进泰宁。

分兵工作有两件，一打土豪后分田。

农民除了土豪害，红军筹足打仗钱。

闽边五县都赤化，赣闽苏区成一片。

扩大苏区筹足款，士饱马肥回赣南。

（选自《革命歌谣选集》第 52—53 页）

竹 片 歌

（一）

十句唱来句句真，句句唱来鼓动人；
大家同志细细听，歌子叫做当红军。

（二）

唱歌爱唱当红军，讲起红军就惊人；
推翻反动国民党，消灭地主与豪绅。

（三）

消灭地主与豪绅，领导工农来革命；
建立苏维埃政权，土地革命把田分。

（四）

努力扩大铁红军，全体动员莫留停；
大家热烈前方去，争先恐后当红军。

（五）

争先恐后当红军，当了红军好威名；
为了阶级谋解放，处处工农来欢迎。

（六）

处处工农来欢迎。欢迎红军打敌人；
先打军阀国民党，后要打倒帝国兵。

（七）

帝国主义真残暴，把我中国来瓜分；
占领关外东三省，屠杀我们工农兵。

（八）

屠杀我们工农兵，工农反帝乱纷纷；
罢工罢课白军变，革命风暴到来临。

（九）

革命风暴到来临，革命任务越加重；
赶快参加红军去，消灭敌人正乐心。

（十）

消灭敌人正乐心，家中田地政府耕；

子弟读书免费用，免纳国家税与捐。

（十一）

免纳税来免纳捐，戏院看戏半价钱；

国家商店去买货，百分之五减价钱。

（十二）

百分之五减价钱，还有优先买物权；

坐船丝车免半价，寄信也免给邮钱。

（十三）

寄信也免给邮钱，讲当红军真自然；

家里一切大小事，又有政府保周全。

（十四）

家里政府保周全，努力冲锋要向前；

伤病国家会医疗，残废有院养老年。

（选自《革命歌谣选集》第28、29、30页）

红军游击歌 ①

红军游击各乡村，头一要紧杀豪绅；

因为豪绅十分恶，勾结军阀打穷人。

第二要紧缴枪支，缴到穷人手上持；

穷人手上有枪炮，地主豪绅一一稀。

第三要紧更应该，田契账簿摆前来；

还有来往借银子，红火变化化成灰。

第四要紧对地主，没收财产不容情；

现银拿来充军费，田地米谷分穷人。

第五要紧帮工农，权柄拿到手当中；

建立苏维埃政府，工农专政乐无穷。

还有五个好主张，一抗捐款二抗粮；

三抗租谷四抗税，五抗放债食人王。

穷人大家要认真，地主豪绅无人情；

公公道道同他讲，口讲出血也闲情。

你也贫来我也贫，十个人有九个贫；

九个贫人齐下手，豪绅地主走无门。

工农都是贫穷人，快快起来助红军；

帮助红军杀反动，穷人才会有出身。

（选自《革命歌谣选集》第 43、44 页）

---

① 原注：此歌于1930年流行于上杭。

我们红军（仿都娘歌调）

我们红军，专打地主资本家，保卫苏维埃中华；嗳——嗳嗳，红军红军呀，工农自己的红军呀！

苏区工人，实行劳动保护法，管理国家顶呱呱；嗳——嗳嗳，红军红军呀，工人领导红军呀！

平分土地，穷苦农民快乐煞，要求武装保卫他；嗳——嗳嗳，红军红军呀，工农联合的红军呀！

送饭烧茶，大家自动当侦察，碰见白军真说假；嗳——嗳嗳，红军红军呀，群众自己的红军呀！

草鞋布衫，成群结队手里拿，"不是红军我不嫁"；嗳——嗳嗳，红军红军呀，妇女慰劳的红军呀！

小小年纪，也去站岗打靶，"生太迟啦"怨妈妈；嗳——嗳嗳，红军红军呀，儿童羡慕的红军呀！

"上海工人"红色飞机第一架，捐助庆祝满天下；嗳——嗳嗳，红军红军呀，远近拥护的红军呀！

抗日反帝，打倒国民党军阀，勇敢冲锋死不怕；嗳——嗳嗳，红军红军呀，百战百胜的红军呀！

我们红军，擎起红旗向前插，红旗插遍全中华，嗳——嗳嗳，红军红军呀，最后胜利是我们红军呀！

（选自《革命歌谣选集》第58、59页）

十骂反革命

一骂反革命，国民党，军阀豪绅并统氓，压迫穷人受苦楚，屠杀工农真可痛，痛呀，苦呀，屠杀工农真可痛。

二骂反革命，在广东，欺骗士兵打冲锋，打到湘赣下武汉伤亡士兵千万万，伤呀，亡呀，伤亡士兵千万万。

三骂反革命，打南京，得到南京反革命，投降帝国主义者，捕杀工农不留情，捕呀，杀呀，捕杀工农不留情。

四骂反革命，汪精卫，勾结黄唐张发奎，大开芦山分脏会，商议压迫工农计，商呀，议呀，商议压迫工农计。

五骂反革命，实猖狂，三六九军被缴枪，贺龙叶挺上广东，拥护中国共产党。

六骂反革命，打贺叶，贺叶用兵如神鬼，藏着枪支海陆丰，造成工农大暴动，暴呀，动呀，造成工农大暴动。

七骂反革命，围井冈，江西两杨打败仗，枪支大炮都被缴，杨贼如轩带了伤，带呀，伤呀，杨贼如轩带了伤。

八骂反革命，蒋中正，统带人马打北京，打下北京说□兵，改良欺骗放狗尸〔屁〕。

九骂反革命，白士兵，敌人朋友要认清，工农群众大团结，莫要穷人打穷人，士呀，兵呀，莫要穷人打穷人。

十骂反革命，杀人王，看你横行到几时，工农群众团结起，推翻反动的统治，推呀，翻呀，推翻反动的统治。

（选自《革命歌谣选集》第110、111页）

从四次"围剿"到五次"围剿"

（一）打败敌人百万兵，黄坡一仗更惊人；红军英勇传天下，师长生擒到二名（陈世骥、李明）。蒋介石，罗卓英，南昌督战哭伤心，陈诚缩入乌龟壳，泥像过河难保身。

（二）粉碎围攻第四回，国民狗党命垂危；革命形势大发展，残酷战争又到来。殖民地，苏维埃，两条道路看清来，自由独立新中国，障碍重重待打开。

（三）反动狗子宋子文，出洋借款转南京；购买飞机毒气炮，轰炸苏区不稍停。阶级恨，日加深，满腔热血沸腾腾，防空防毒多加紧，扩大红军更决心。

（四）"耕者有田"不是真，"劳资妥协"更闲情；"改良欺骗"无人信，"武断宣传"白用心。蓝衣社，结狐群，企图瓦解我红军，检查路票须严密，肃反机关莫放轻。

（五）争取江西胜利中，红军个个献英勇；南昌一打长江动，邻近苏区一片红。英、日、法，海、陆、空，在华势力不相容，快些准备来驱逐，扩大红军莫放松。

（六）打击贪污浪费侪，免他发展害公家；每天各省一铜片，整个苏区更不差。合作社，顶呱呱，快将生产去增加，战争得到多帮助，胜利当然不用夸。

（七）新做草鞋簇簇新，一针一线为红军，女工农妇多先进，到处宣传领导人。卅万双，要完成，区乡赛好用精神，争先慰劳红军去，消灭敌人好乐心。

（八）优待红军条例多，执行优待莫辞劳；红军家属有优待，归队红军不用拖。同志嫂，笑呵呵，随时报告红军哥："家中一切皆充足，祝你前方唱凯歌！"

（九）文化提高到水平，目前政治也分明；工农群众皆兴奋，个个拳头向敌人。上前线，当红军，大家一刻不留停，上杭、兴国做模范，自求解放要热情。

（十）扩大红军总动员，逃兵归队各争先；敌人五次新"围剿"，惨败依然不可免。赤地外，白区边，双方炮火响连天，生擒蒋贼来生割，献给工农大众前。

（阮山 作）

（选自《革命歌谣选集》第54—56页）

国民党四字经 [1]

党外无党，帝国思想；

党内无派，千奇百怪；

清党反共，革命送终；

提高党权，罪恶滔天；

党化教育，专制遗毒；

三民主义，放屁胡说；

五权宪法，夹七夹八；[2]

军政时期，军阀得意；

训政时期，官僚运气；

宪政时期，遥遥无期；

忠实同志，只要洋钱；

恭读遗嘱，阿弥陀佛。

（选自《革命歌谣选集》第112—113页）

---

① 原题注：这种四字经，在1927年冬的时候，盛行于广东海陆丰。在那里，凡是苏维埃下的儿童都能够唱，甚至在革命失败后，儿童在国民党统治下，仍有唱这首四字经的。所以，他们叫我们儿童是"小共产"。这个四字经，虽没有把国民党反动的卑鄙行径全部暴露，至少可以表示在民众心目中的国民党，毕竟是一个什么像〔样〕子。记得有人曾这样说过：在一个饭碗上面，题着"吾党所宗"，是素描国民党的极恰切的漫画，假使在此地合拢来并读，那倒可以作四字经的附注。

② 这四句话主要是揭露蒋介石对三民主义的背叛。

五更鼓

一更更鼓鼓，烈烈西北风，可怜贫苦人，无衣度三冬，一炉糠火日夜烘。呀都咦都呀都呀！

二更更鼓铛，提起实心伤，辛苦赚的钱，豪绅剥削光，无被无褥睡光床。呀都咦都呀都呀！

三更更鼓敲，饥寒实难熬，终年勤耕种，何曾得一饱，割的谷子归土豪。呀都咦都呀都呀！

四更更鼓惊，痛苦日增深，无饭供妻子，无衣把双亲，啼饥号寒不忍听。呀都咦都呀都呀！

五更更鼓催，生怕起身迟，丈夫打柴去，妻子理织机，辛苦觉〔却〕得日日饥。呀都咦都呀都呀！

唱完五更鼓，莫说无出路，武装大暴动，推翻匪政府，铲除豪绅并地主。呀都咦都呀都呀！

（选自《革命歌谣选集》第122页）

告白军士兵歌（四川歌）

白军士兵你来听，你们都是穷苦人，
因穷苦才去当兵。哎哟哎哟，
因穷苦才去当兵。

你们当兵有几年，身上仍然无文钱，
生活上苦不堪言。哎哟哎哟，
生活上苦不堪言。

打唐打桂打阎冯，压迫士兵去冲锋，
打死了性命枉送。哎哟哎哟，
打死了性命枉送。

升官发财是长官，骑马坐轿好威扬，
士兵们几月无饷。哎哟哎哟，
士兵们几月无饷。

劝告白军弟兄们，莫替军阀打红军，
你与我都是穷人。哎哟哎哟，
你与我都是穷人。

士兵不要打士兵，穷人不要打穷人，
掉枪头打你长官。哎哟哎哟，
掉枪头打你长官。

欢迎白军士兵们，起来暴动当红军，
这才是你的出身〔路〕。哎哟哎哟，
这才是你的出身〔路〕。

红军就是工农军，主张抗债抗税捐，
分田地自由结婚。哎哟哎哟，
分田地自由结婚。

阶级决战正展开，莫替军阀当炮灰，
快觉悟暴动过来。哎哟哎哟，
快觉悟暴动过来。

红军生活真正好，反对富商与土豪，

为阶级死也荣耀。哎哟哎哟，

为阶级死也荣耀。

（选自《革命歌谣选集》第130—131页）

寻邬山歌九首

共产①晤行矛自由
山歌晤②唱晤风流，共产晤行矛③自由；
行起共产郎先去，唱起山歌妹带头。

勇敢杀敌人
山歌不是考声音，总爱革命意义深；
革命不是取人貌，总爱煞猛④打敌人。

今个世界晤相同
今个⑤世界晤相同，红旗飘飘好威风；
矛有亚哥打单只，矛有细妹矛老公。

共产主义矛共妻
实实在在话你知，共产主义矛共妻；
总要两人心甘愿，晤使媒人也可以。

听到红军打胜伏
青菜生来皮数皮，摘了一皮又一皮；
敌人枪支真快缴，缴了一批又一批。

自由结婚
响连连来闹连连，自由结婚晤要钱；
妹妹嫩来郎也嫩，和和气气似神仙。

---

①原注：山歌里面指的"共产"并不是说目前是共产社会的建设，而是指共产党，从
  这里我们也可看到广大农民对于中国无产阶级先锋队——中国共产党的爱护。
②原注：晤——不
③原注：矛——没有
④原注：煞猛——勇敢
⑤原注：今个——现在

告别爱妻

嫩娇莲来嫩娇莲，你要安心去种田；
郎在前方多胜利，公婆到底总团圆。

告别父母

嘱涯①耶来嘱涯哀②，饱食加餐心放开；
为护工农为自己，敌人消灭占③归来。

拥护苏维埃

劝告群众莫柬④呆，求神拜佛不应该；
大家爱来谋幸福，只有拥护苏维埃。

（选自《革命歌谣选集》第93、94、95页）

---

①原注：涯——我
②原注：哀——母亲
③原注：占——才
④原注：柬——这样的意思

瑞金山歌

当红军

闹阳阳来闹阳阳，红军天天打胜仗；

工农同志要了解，大家自动到前方。

（杨基仔）

查田

今年一九三三年，大家实行来查田；

消灭豪绅并地主，巩固苏区万万年。

（杨荣）

（选自《革命歌谣选集》第96页）

上杭山歌

扩大红军

各位同志要热心，热心革命保穷人；
保护穷人冒别计，只有扩大我红军。

石榴开花

石榴开花心里红，青年同志要英雄；
坚决斗争是出路，加入红军最光荣。

句句真

山歌唱来句句真，青年同志要认清；
一齐武装上前线，消灭万恶的敌人。

（升才录）

（选自《革命歌谣选集》第98、99页）

红军长征过广西现存标语 [①]

红六军团标语

△ 农民实行土地革命!

△ 白军弟兄不打红军,北上抗日去!（红军六宣）

（现存灌阳县文市镇唐家下村唐汝才家墙上）

△ 农民实行打土豪分田地!（红军六宣）

工人罢工起来,粉碎国民党卖国贼严禁罢工,强迫劳动的命令!（红军六宣）

（现存灌阳县文市镇唐家下村唐汝荣家墙上）

红一方面军的标语

△ 活捉李宗仁、白崇禧,消灭广西军阀!

（现存灌阳县文市镇唐家村唐荣济家门口墙上）

△ 工人、农民团结起来,打土豪分田地!

（现存灌阳县文市镇老田心村蒋出发门口左侧墙上）

---

① 红军长征过广西期间,沿途曾书写了大量标语。由于年代久远,风雨侵蚀,人为破坏等原因,现存红军长征标语还有不到百条,散布在灌阳、兴安、资源、龙胜四个县。本书根据1984年3月桂林地委党史办和灌阳等五个县委党史办编制的《红一方面军长征过广西现存标语影集》选录。原标语只有最后的叹号,其余标点符号是编者所加。

△　农民组织赤色农会，工人组织赤色工会！

　　　　　　　　　　　　　　　　　（现存灌阳县水车乡水车村翟太钧家照墙上）

△　1. 反对李宗仁、白崇禧吸取民间现金！

　　2. 大家团结起来，不用不兑现的金库卷〔券〕！

　　3. 反对李宗仁、白崇禧使用金库卷〔券〕！

　　4. 反对李宗仁、白崇禧强迫民众修炮楼！

　　5. 大家团结起来，不去修炮楼、修马路！

　　6. 不替李、白军阀修炮楼、修马路！

　　7. 反对强占民田修马路！

　　8. 反对李、白军阀强迫群众当后备队！

　　9. 打倒强迫群众当后备队的李宗仁、〈白崇禧〉[1]！

　　10. 强迫群众当后备队就是抽丁剥削！

　　11. 反对财户的重租重息，〈实行不交租、不交税〉！

　　12. 反对李宗仁、白崇禧压迫瑶民修炮楼！　红军三宣

　　　　　　　　　　　　　　　　（现存灌阳县文市镇唐家村唐荣济家门口墙上）

△　灾民暴动起来，实行打土豪！

　　灾民只有暴动起才是生路！　红政宣

　　　　　　　　　　　　　　　　（现存灌阳县文市镇新田心村唐神元家墙上）

△　1. 全体瑶民团结起来，扫平李宗仁、白崇〈禧〉！

　　2. 反对李宗仁、白崇禧〈强迫瑶民〉修炮楼、修马路！

　　3. 反对向瑶民派砖〈修炮楼〉！

　　4. 反对李宗仁、白崇禧使用〈金库〉卷〔券〕！

　　5. 反对李宗仁、白崇禧收缴瑶民的枪械！

　　6. 反对李宗仁、白崇禧强占民田修马路！

　　7. 瑶民们不做军帽、不当后备队、不去出操！

---

[1] 标语原址因风雨侵蚀，此三字字迹欠清晰，现据另处同内容之标语补上。以下有类似情形者，均按此办法补上，不另加注。

（以上标语现存灌阳县文市镇唐家田村唐荣元后墙上）

△ 反对李宗仁、白崇禧向瑶民抽税！

　　反对李宗仁、白崇禧压迫瑶民当后备队！红军三宣

（现存灌阳县文市镇唐家村唐荣济家门口墙上）[①]

△ 红军和瑶民是一家人，我们要协力同心扫平李宗仁、白崇禧！

　　红军是工农自己的军队！红军三宣

（现存灌阳县文市镇唐家村唐荣济家门口墙上）

△ 红军是抗日的武装！

（现存灌阳县文市镇唐音村唐朝纯家门口墙上）

△ 打倒卖国贼蒋介石！红军政宣

（现存灌阳县水车乡水车村翟廷并山墙上）

△ 打倒卖国的李宗仁、白崇禧走狗！

　　团结起来，打土豪分田地！红军三宣

（现存灌阳县文市镇唐家村唐荣西家墙上）

△ 只有苏维埃才能救中国！

（现存灌阳县水车乡水车村翟太钧家山墙上）

△ 中国有力抗日，只有国民党卖国贼才说中国无力抗日！红政宣

（现存灌阳县文市镇老田心村唐运林家照墙上）

△ 反对帝国主义瓜分中国！

　　反对国民党卖国！

　　全国民众总动员，为保卫中国而战！

---

① 此处本有5条标语，前3条因与上面雷同，故只录两条。

全国民众全部武装起来，对日作战！

国民党是日本帝国主义的走狗，打倒不准民众抗日的、国民党！红军

（宣）

（现存灌阳县文市镇新田心村唐有清家后墙上）

△　反对何键压迫士兵修马路、修堡垒进攻红军！红政宣

（现存灌阳县水车乡夏云村文兆凯家墙上）

△　湖南白军士兵暴动、哗变起来，打倒卖国贼何键，实行北上抗日！红

政宣

（现存灌阳县水车乡夏云村文兆凯家墙上）

△　打倒〈屠〉杀工农和革命民众的国民党！

（现存灌阳县文市镇老田心村唐荣时家墙上）

△　〈反对〉国民党出卖东三省和华北！

△　红军是民众抗日战争的主力军！红全政25

（以上两条标语，现存兴安县金石乡文家洞村小学校教室内墙上）

△　打倒卖国的国民党！

△　取消一切高利贷！

△　反对强占民田修马路！

（以上三条标语，现存资源县两水乡凤水村周游家围墙外）

△　全国民众全部武装起来，对日作战！　①红政一

（现存龙胜县平等乡平等寨吴景云住房的板壁上）

△　白军弟兄们不抵抗我红军，参加红军北上抗日！红政宣

（现存龙胜县平等乡广校寨石美明住房楼梯底部）

---

①此条标语，与灌阳县文市镇新田心村唐有清后墙上所写的一条标语内容相同。

△ 红军绝对保护瑶民！红三宣

△ 继续斗争，再寻光明！红三宣

（以上两条标语，现存龙胜县泗水乡白面龙舌［光明］岩内壁上）

△ 共产党是全世界无产阶级的政党！

（现存龙胜县马堤乡芙蓉湾里戏台的方片上）

△ 红军是为着工农自己利益求解放而打仗！

（现存龙胜县马堤乡芙蓉湾里戏台的方片上）

△ 打倒贪官污吏！

△ 铲除土毫劣绅！

（以上两条标语，现存龙胜县平等乡广校寨石明章门口板壁上）

△ 中国工农红军万岁！

（现存龙胜县平等乡寨江冲风雨桥亭的柱子上）

△ 反对李宗仁阻止我红军北上抗日！（龙胜矮岭寨）

△ 国民党反动政府无力抗日！（红政一　龙胜矮岭寨）

△ 白军弟兄不抵抗我红军，参加红军北上抗日！（红政宣　龙胜广少寨）

△ 苗人自己武装起来反对国民党军阀压迫和屠杀！（红军政治部）

△ 帝国主义、国民党军阀财富者，是汉族工农与苗族工农共同的敌人！

（以上两条标语原写在广少寨，现存自治区博物馆）

△ 全国民众全部武装起来对日作战！（红政一　龙胜平等寨）

△ 只有苏维埃能够救中国！（龙胜寨江寨）

（原载《红一方面军长征过广西现存标语影集》。中共桂林地委党史办，灌阳、全州、兴安、资源、龙胜县委党史办联合编制。1984年3月编）

才喜界上的石刻诗 ①

（一九三五年二月）

朱毛过瑶山，
官恨吾心欢。
甲戌孟冬月，
瑶胞把家还。

黄盂矮　乙亥正月

时遇恩人
　　　　朱　德
　　　　毛泽东
　　　　周恩来
　　　　彭德怀

---

① 这首诗是瑶族同胞在红军长征过广西后，于1935年2月（乙亥正月）刻于兴安县才喜界石壁上的。它生动地反映了瑶族同胞对红军的怀念之情。此诗的放大照片陈列在中国人民革命军事博物馆《朱德、彭德怀、贺龙、陈毅、罗荣桓光辉业迹展览》中的彭德怀部分。收入本书时，标题为编者所加。

附：共产国际与中国
苏维埃运动文献

秦邦宪给共产国际执行委员会远东局的电报

（一九三四年一月一日于瑞金）

发自中央苏区

1. 据我们在福建的代表[①]发来电报说，蒋军第7纵队司令吴奇伟已派代表[②]到福州，开始同我们的代表就互不侵犯问题进行秘密谈判，并表示了反蒋意图，他把密电码交给了我们的代表。同时蔡廷锴告诉我们的代表，蒋军中央纵队副司令、陈诚的助手[③]薛岳也有这样的意图。

2. 我们已指示我们的代表继续同他们进行谈判，促使他们立即公开反蒋并贯彻执行我们的三项条件[④]，要求他们直接向我们这里派代表；同时指示我们的代表不同他们签订任何书面协议。

我们还用无线电向第1和第4独立团进行了通报，让它们在吴奇伟部地区开展更积极的行动，给以有力的打击并给他造成威胁，促使他公开表明自己的态度。

波戈列洛夫[⑤]

---

①潘汉年，时任中共革区中央局宣传部长、赣南省委宣传部长。

②何人不详。

③原文如此。应为：副手。

④见第100号文件。

⑤秦邦宪，又名博古。1934年1月，在中共六届五中全会上当选为总书记。

共产国际执行委员会政治书记处
政治委员会给中共中央的电报 [①]

（一九三四年一月二日 [②] 于莫斯科　绝密）

致［中共］中央，抄送弗雷德 [③] 和代表 [④]

答复你们关于 11 月 27 日计划的电报 [⑤]。关于我们提出的作战问题的建议，或者我们从上海 [⑥] 提出的这种建议，你们只应看作是建议。无论从这里还是从上海都不能像你们那样清楚地了解战场上的形势。因此与战场上的形势有关的所有问题，都应由［中共］中央和革命军事委员会研究决定。我们认为，在目前形势下，11 月 27 日的计划是不利的（我们有 12 月 21 日的综合报告 [⑦]）。

请研究一下以下建议。随着蒋介石军队对邵武的进攻，我们觉得，应该为蒋介石军队和十九路军提供在邵武地区发生冲突的机会。

你们的部队应该避开蒋介石的进攻部队，在迅速重新部署后，从北面和南面同时打击进攻十九路军的蒋介石部队的翼侧和后方，最好是在它们之间

---

① 在文件的俄文译稿上有皮亚特尼茨基（共产国际执行委员会书记）的批示：给克诺林、库西宁、王明同志阅，尽快发出。
② 日期是根据文件上的批注确定的。电报在共产国际执行委员会政治书记处政治委员会 1933 年 12 月 27 日会议上得到批准（见全宗 495，目录 4，卷宗 274，第 7、9 页）。
③ M. 施特恩。
④ A. 埃韦特，共产国际驻中国（中共）代表。
⑤ 文件没有找到。 指由 M. 施特恩提出的并得到 A. 埃韦特支持的作战计划，规定中央苏区红军的一个兵团向赣北推进，而另一个兵团向湖南突破。
⑥ 指共产国际执行委员会远东局或中共上海中央局。
⑦ 指工农红军参谋部第四局关于江西、福建军事形势的综合报告。文件没有发表（见全宗 495，目录 4，卷宗 274，第 7、9 页）。

发生冲突的时候。重复一遍，这只是建议，你们可以改变或根本不采用。政治委员会。

（全宗495，目录184，卷宗36（1933年发文），第276—277页。法文打字稿，原件。）

工农红军参谋部第四局
关于中国红军状况的第9号综合报告

（不早于一九三四年一月十日于莫斯科）

关于1934年1月10日前的中国红军状况的第9号综合报告

蒋介石军队的进攻

由17个师和1个独立旅（15到17万人）组成的蒋介石军队在向延平、古田方向发起攻势。

蒋介石在其右翼（邵武至延平）实施主要打击，有13个师分4个纵队进攻；(4个师和1个旅）从西北对古田实施辅助打击。

进攻是在1933年12月初开始的。到1933年12月10日，右翼兵团不得不停止进攻，因为部队遭到很大损失，弹药用尽。1933年12月25日这个兵团才开始缓慢向东推进。

蒋介石的左翼兵团，其中有他的两个精锐师(87和88师)[1]，1934年1月1日占领了古田。据最新材料说，蒋介石军队占领了延平。

苏区代表[2] 和（90师师长）吴奇伟的代表[3] 在福州的谈判

据现有材料说，吴奇伟的代表向中国苏维埃政府驻福建政府代表提出了相互停止作战行动的建议。谈判还在继续。但是中国红军司令部决定预先打击吴奇伟部队，以加快他的反蒋行动。

（十九路军总指挥）蔡廷锴通知苏维埃政府代表，驻江西南京军队总指挥（蒋介石）的助手陈诚，也有意向中国红军司令部提出停止作战行动的建议。

中国红军的行动

红军第7和第9军团的任务是，积极在福建蒋介石进攻部队的后方采取行

---

①为德国顾问团训练的重装教导师，是国民党军最为精锐的部队。

②潘汉年。

③何人不详。

动，而第5军团则应保卫设防的泰宁地区。

1、2军团、工人师和4个独立团集中到永丰城以南，目的是突破敌人设防地带和向北进攻。

7军团待在将乐地区；派军团部分力量和游击队到沙县地区进行政治工作和同十九路军士兵联欢。

中共在十九路军中开展政治工作，以期把它吸引到自己方面来。在十九路军部队中最倾向于转到中共方面来的是49师（这个师由十九路军中的那些在同日军作战失败后从北平地区调来的部队组成）。

中国红军司令部向十九路军49师派了代表。

中国红军第17师击溃了敌77师一个团，缴获了400多支步枪和11挺机关枪。

（全宗514，目录1，卷宗818，第33—34页。打字稿，副本。）

共产国际执行委员会远东局^①给中央苏区的电报^②

（一九三四年一月十二日^③于上海　绝密）

致中央苏区

  福建军阀战争的发展进程说明，形势越来越复杂了，因此为了完成我们的任务，需要巧妙地应对。

  1.在福建遭到的失败^④，迫使蒋介石放弃从北面继续对我主要地区进行直接进攻。从去年12月起，进攻停止；蒋介石一旦取得对福建问题的满意解决，较大规模的进攻定会恢复。同时还将进行较小规模的战役，其兵力将逐步向我地区渗透。这个时候广昌和宁化的北部和东北部战线要求我们保持高度的警惕。目前我们的第5和第9军团^⑤负责完成任务，我们认为，它们的目标应该是破坏敌人在邵武至黎川、邵武至将乐和邵武至顺昌道路上的交通线，为此需要设伏，等待敌人沿道路、山口和峡谷向前推进的部队。这些任务应该由一些不大的军事单位同时来完成。在未弄清东南部情况之前，我军主力应多少避免进行大的战役。如果我们还能从这里和第10军^⑥占领的地区派遣非军事人员^⑦参加这些行动，以活跃在光泽、崇安和浦城地区的游击战，那我们就能大大延缓蒋介石作战行动的恢复。

  2.在各战线的消极作战阶段和后来的非决战阶段过去之后（这种作战行动，在蒋介石所采取的旨在包围福州的坚定作战行动的逼攻下，导致了十九路军的

---

①发报者是根据内容确定的。

②文件上有批注：送东方书记处，已送别尔津、洛佐夫斯基、曼努伊尔斯基、库西宁。

③共产国际执行委员会收到文件的日期不晚于1934年2月23日。

④原文如此。指十九路军的反蒋行动。

⑤原文如此。这里和下面均应为：集团军。

⑥原文如此。这里和下面均应为：新的第十军团。

⑦原文如此。看来是指红军部队穿便衣的代表。

失败和撤退），现在十九路军的状况是：福建的力量只能靠防御和战术反击来延缓垮台的进程。我们的任务是：尽可能延长最后这个阶段，为此在完成我们的直接任务的同时，在福建地区只进行间接的战役。我们应该力争使南京军队在福建的核心力量滞留到夏季，而这之前，在十九路军的垮台过程中，广东和南京之间可能发生进一步的纠葛。

3. 十九路军这个名义上独立的军事力量，有四种垮台的途径：

（1）失败和向南京投降。

（2）归并到闽东南受日本人鼓励的匪帮里，很明显，这些日本人是日本介入的先行者。

（3）加人粤军。

（4）寻求投奔红军的途径。

为了能在这个过程中赢得更多的东西和尽可能防止出现另外三种前途，我们3军团应该选择永安这个最合适的地区作为作战基地。7军团应从沙县进行增援，还需要你们已在一些战线上采取的游击战。我们在这里作战的基本原则是：不帮助十九路军继续成为独立的因素，而要拖长同南京的实际斗争过程，以赢得时间把十九路军的绝大部分士兵吸引到我们方面来和获取它的武器。

4. 目前在福建的作战阶段，还是与我们在北部和东北部较为稳定的战线相对抗的积极应对和进行运动战的时期。我们应该巧妙地从这个暂时延长的时期取得最大的好处，我们认为，靠我们突击部队同游击队合作，进行英勇的和快速的战役行动，是可以做到的。在这里，占领土地的问题应该完全从属于歼灭南京人有生力量、根除亲日地主匪帮和队伍，以及瓦解十九路军部队并把它们吸引到我们方面来的任务。同时要使粤军不进入这个战场。

这就是为什么第3和第7军团的行动，应该同有助于在分田地和武装自卫的口号下把农村居民动员起来的政治行动以及瓦解敌军的工作紧密地结合起来。

我们认为，眼下战役将一个接一个地迅速进行并具有战线变换灵活的特点，这些军队必须采取行动，完全不要考虑后方的交通线和保卫领土的任务。

因此，保卫领土的任务，只有在它有助于建立新的游击区的情况下才具有意义。

这样一来，我们就要利用福建的运动战时期，争取延缓南京军队的快速推进，我们应该努力延长这个阶段，给从东北和东面进攻在我们手里的汀州的蒋介石军队设置尽可能多的障碍。

5.如果上面拟订的计划能够完成，那么南京人就不得不推迟恢复对主要地区的直接作战行动，这也是因为福建的持久战使敌人在财政上有很大消耗的缘故。

这会给我们提供借助于游击战和其他斗争方式加强在东北和东面瓦解南京部队的机会。

如果目前我们在广昌战线和宁化战线的警惕性，仅限于防备敌人在这些重要战线采取出乎意料的行动，那么我们还需要注意防备蒋介石试图向我地区突破的以后阶段，而最好的办法是从泰宁、将乐地区向邵武和崇安方向采取积极的反击行动；同时要充分掩护归化、永安扇形战区。

为此，必须把我们能在1、2月份集结或建立的所有预备队集中在广昌地区，以便以后投放到建宁和泰宁，从那里组织我军主力在上述战线进行反击。

6.不管我们考虑的西方战役是否合适，在该战线进行较大战役的时机已经丧失。但作为旨在吸引敌人注意力和牵制敌人兵力的手段，我们赣西部队采取的行动值得给以重视和加以领导，而可能的话，也应该用独立的部队给予加强。通过这种办法，我们可在某种程度上防止来自北面的威胁，保持前线的稳定，在中心地区部署最低限度的兵力。

至于南面的广东①，由于要歼灭福建人，那里的兵力会越来越向东集结，而赣江战线将会掌握在何键手里。何键还要保护广西。这样一来，考虑到福建失败的结局，可以勾画出我们将来的兵力部署：

（1）第5和第9军团，而后在完成目前战线上的任务时还有第3军团，都要作为突击力量在东北战线与第10军和游击队共同采取行动。

（2）7军团、22师主力部队和目前驻扎在东南部的独立军事单位，在东面战线和东南战线采取行动。

（3）在中心地区，暂时主要担任预备队角色的一军团，要积极协助赣西兵力的集结，并与西方军保持直接联系，同它协调自己的作战行动。

7.除了以前计划组建的部队外，还要在新的福建地区组建新的部队，这应

---

① 原文如此。意思是：在中央苏区南部边界，即在粤军活动的地区。

该是第3和第7军团的任务。为此，要利用经过培训的干部。学院和学校①应开设新的完整学制的系。

（全宗514，目录1，卷宗810，第7—12页。打字稿，副本。）

---

①指红军的中央指挥学院和其他指挥学校。

共产国际执行委员会远东局^①给中央苏区的电报

（一九三四年一月十二日^②于上海）

作为补充^③我们强调以下几点：

1.福建目前的政权，最近必定要垮台。即使十九路军主力采取军事行动，也无法阻止目前的迅速垮台福建部分军政首领向南京的投降和另一些首领转到广东人方面。

这个发展进程正在把福建事变给我们带来的暂时而有限的优势化为乌有，南京的强大军队在准备继续包围中央苏区。

2.同时十九路军的垮台和南京同它的斗争，不仅使我们能够而且也使我们不得不作出最大的努力，去把十九路军的部队吸引到我们方面来或使其脱离（十九路军），去获取武器，解除或动摇敌对部队的武装，歼灭地主武装，以及给予向前推进的南京军队以重大的打击。

加强对十九路军的活动，应在决定性的时刻，也就是在福建首领即将向南京投降或者十九路军向广东撤退的时刻达到顶峰。

福建政权即将彻底垮台，这要求我们必须在士兵和群众面前更加有力地揭露福建军政首领的消极投降主义政策、他们同广东和南京的谈判和妥协。他们过去和目前的背叛行为和他们的整个政策。在目前形势下，最好是更广泛和更详细地向士兵和群众说明红军同十九路军签订的协议的基本内容和性质^④，指出同十九路军签订协议，是在争取实施协议、继续同南京作斗争、同红军实行军事合作和把十九路军争取到红军方面来等方面向后者施加影响的一个手段。要继续同敌视南京的福建人士进行上层交往，眼下这样做是有好处的。要防止我

---

① 发报者是根据内容确定的。
② 日期是根据第221号文件确定的。
③ 指对第221号文件的补充。
④ 见第183号文件。

们的代表成为军阀的人质。必须根据以前的建议加强农民夺取土地的斗争和工农的游击行动。

3.不管目前福建的斗争结局如何，日本都将会采取各种更具侵略性的行动，加强和扩大其土匪队伍，很可能在最近的将来还会采取公开的和直接的干涉行动。

4.据得到的情报说，不久前举行的两广代表会议^①，就反对南京军队向广东边界推进的问题达成了协议。

（全宗514，目录1，卷宗810，第12—13页。打字稿，副本。）

---

①不清楚讲的是十九路军和广东当局代表举行的一系列会晤中的哪次会晤。

共产国际执行委员会政治书记处政治委员会
给中共中央的电报[①]

（一九三四年一月十七日[②] 于莫斯科　绝密）

致中共中央

鉴于存在来自福建方面的建立反中央苏区的新战线的威胁，我们建议讨论以下建议：

1. 是否需要以革命军事委员会和苏维埃政府的名义致函十九路军，提出这样的口号：你们的领袖同日本代理人蒋介石签订协议，背叛了民族解放斗争，请转到工农红军这一唯一争取民族解放的军队方面来吧！

2. 能否在转到红军方面来的口号下组织十九路军部队起义，特别要注意49师，要解除忠实于十九路军指挥部的部队的武装，为此要利用3军团[③]。

3. 能否采取积极行动，阻止南京人通过占领福州来取得建立进攻红军的设防出发地区的可能性。

4. 能否在上海，在整个国民党中开展反帝运动，举行群众大会、示威游行和罢工，提出"日本人滚出福州！""打倒日本代理人蒋介石！"等口号。

5. 在自己的宣传鼓动中，党应该汲取福建的教训，说明"第三党"，即"生产党[④]"、社会民主党、托派等的真实作用，根据福建的经验揭示它们的道路会把人们引向何处。

---

① 文件于1934年1月15日经共产国际执行委员会政治书记处政治委员会成员（O.B.库西宁、В.Г.克诺林、Ф.黑克尔特、王明、Б.布龙科夫斯基）飞行投票通过，并在共产国际执行委员会政治书记处政治委员会1934年1月21日非常会议上得到批准（见全宗495，目录4，卷宗276，第29页）。

② 译电日期。

③ 原文如此。应为：第三集团军。

④ 指人民生产党，即陈铭枢及其追随者在福建十九路军起义时期建立的组织。起义被镇压下去后不复存在。

请让我们随时了解情况，请告你们将采取什么措施。政治委员会。

[全宗495，目录184，卷宗47（1934年发文），第7页。打字稿，原件。]

格伯特给共产国际执行委员会国际联络部的电报 [①]

（一九三四年一月二十五日 [②] 于上海　绝密）

到目前为止，在8、9月份转交给党24.56万法郎，重复一遍，24.56万法郎，6.16万美元，重复一遍，6.16万美元，101452墨西哥元，重复一遍，101452墨西哥元，5000瑞士法郎，重复一遍，5000瑞士法郎，1864荷兰盾，重复一遍，1864荷兰盾。

党将提供从上述经费中支付给青年 [③] 和党的款项的清单。1月23日。

［全宗495，目录184，卷宗61（1934年收文），第271页。法文打字稿，原件。］

---

①发报者和收报者是根据文件内容确定的。
②共产国际执行委员会收到文件的日期。
③指中国共产主义青年团。

共产国际执行委员会远东局^① 给中央苏区的电报^②

（一九三四年二月一日^③ 于上海）

致中央苏区

请研究一下作为南京恢复进攻时期行动计划主要条款的以下建议。

综述我们在［1933年］12月至［1934年］1月期间的行动，揭示出一些错误，尽管在尤溪和沙县取得了胜利，但是这些错误终归减少了随着十九路军的垮台取得预期优势的机会。

在我们下一份电报^④ 中，将谈这些错误，以及对本阶段的评价，还谈战役和战术建议。

1.除了来自黎川地区的第5纵队重新发起攻势外，我们还不得不投入同来自延平至顺昌地区，以及从抚河西岸向广昌推进的第四、第五十六和第八十师的作战行动。蒋介石要用目前从沿海地区调来的一些师团组成新的东方战线，这需要更多的时间。鉴于对广东做了军事上的准备，这个战线的左翼要比其他部分更强大一些。所以最近主力集结的地区将是在黎川以南，延平以西，中心在建宁，是第一目标。至于我们对付十九路军在龙岩地区残余部队的行动，应该是迅速而果断的。在这里要特别注意，不要被拖入现在不需要的、为这些残余部队的命运而同广东进行的战斗，也不要在南京和广州军队之间地区留下除游击队之外的任何其他队伍。如果在我们和广州之间的冲突不能避免，那么最好是向南突破到武平以西地区，占领一个地区后，不再继续进行对广州的行动，以便为将来在我们三项条件^⑤基础上利用广东和南京之间的冲突创造前提条件。

---

① 发报者是根据文件内容确定的。
② 文件上有批注：弗雷德（M. 施特恩）提出的行动计划。
③ 共产国际执行委员会收到文件的日期是1934年5月14日。
④ 见第239号文件。
⑤ 见第100号文件。

2. 我们对杭南京的东方战线将由两个军组成。

（1）第一军及其直接任务：五军团保卫设防地带。九军团的大部分部队与第一和第四独立团配合，转入沿抚河向北进攻。第一和第三军团从泰宁重新发起对金坑方向的主要进攻行动，以便同三十四师汇合，从那里转向东，绕过我第五和第九军团与之作战的敌师团的翼侧。

东北的游击队同第十军新的兵团起派出主要力量，在光泽至邵武方向展开游击行动。将由它们建立我们的第一游击军团。

（2）第二军，由七军团加上第六十一、六十二、四十一、四十二、八和九团组成，其主要任务将是引诱敌人第四、五十六、八十、九和其他师团离开沙溪和闽江以西的作战地区。为此从尤溪至沙县地区由南面和东面向延平方向的运动，以及向漳夏（音）方向的运动，应旨在阻止敌人新的师团向顺昌和泰宁靠近。

万一这些任务不能全部完成，第二军将把将乐作为其在邵武总方向上活动的主力部队的出发点，以便同第一游击军团建立联系，掩护和直接支援第一和第三军团的行动。

第二军的外侧将由来自归化的第七独立团、来自永安的第九独立团和来自龙岩的第二独立团在大田至尤溪方向采取游击行动加以保护。由这些部队将建立第二游击军团。

这样一来，第一和第二军同两个游击军团的协同作战，将以在最短时间内破坏敌人新的攻势为唯一目的，直至东方战线上其他部队能够转入决战行动。

3. 取代现在留在第二军中的九军团的部队，教导团将逐步把他们训练好的部队经广昌派到九军团去。汀州教导团将充实第二军。

4. 组织南方战线将从建立新的师团开始，这个师由集合在连城的部队和十九路军在龙岩的余部中可以补充的人员组成。同时将建立由第八和第五独立团、连城①营和其他地方游击队组成的我们的第三游击军团。我们在瑞金和零都的军校学员，应视为预备师，以备急需。

5. 在一定时期，作为作战单位的中央军②的任务，将在第一军和西方军之

---

① 原文如此。可能指来自连城地区的营。
② 原文如此。这里和下面应为：集团军。

间分配。晚些时候驻扎在乐安以西的所有部队将列入西方军。在黎川至广昌方向出现不利形势的情况下，九军团将重新成为中央军的骨干力量。

6. 在新厂西北地区的独立部队将成为我们的第四游击军团。如果可能的话，在东南即二十二师右翼的独立部队也应该这样做。它们应该成为我们的第五游击军团。

（全宗514，目录1，卷宗818，第68—69页。英文打字稿，原件。）

中共中央给中共上海中央局的电报 [①]

（一九三四年二月六日 [②] 于中央苏区）

发自中央苏区

关于你们2月3日的建议 [③]，我们有以下意见：

1. 我们同意你们的估计，敌人推进的主要方向是建宁，但广昌和将乐不是敌人进军的辅助方向。另两个辅助方向是：在西面，由永丰向沙溪、龙岗地区推进（兴国、宁都地区以北）；在福建，向沙县推进。

2. 我们的支队在闽南作战的主要目的，不是保存十九路军在龙岩的残余，而是保卫永定、上杭苏区，因为这个地区对于我们同非苏区的交通和贸易特别重要。如果敌人从广东向这个方向派出两个师，那么即使这是暂时的举动，我们也不得不向上述方向派遣两个或三个师。

3. 根据我们的估计，同广东在我们三项条件 [④] 基础上的谈判不会取得成果；在最近的将来将会是这样。

4. 虽然你们提到的一军团没有特别的名称，而实际上它已经有了。根据我们的决定，一、三、五、九军团对陈诚的军队应给以抵抗，并向它们发动攻势。在东北邵武地区活动的游击队是你们提到的第一游击军团。五军团的作战行动在根据你们的建议进行。九军团不能顺利地沿抚河发起攻势，因为它要克服敌人的许多工事。这个军团由六个团组成。按照你们的计划，为了进行作战，它的四个团应编入第二军。我们决定，五个团将在我们在康都地区的五军团的左翼活动。一、三军团是突击部队，但需要注意以下情况：（1）三军团的主力部

---

① 收报者是根据电报内容确定的。文件上有批注：（中共）中央对（1934年）2月3日建议的答复。

② 共产国际执行委员会收到文件的日期是1934年5月14日。

③ 可能指第229号文件。

④ 见第100号文件。

队不能保证约在2月10日之前从沙县运走战利品（因为运输工作可能在2月10日结束）。（2）不可能对金康（音）发起反攻。我们不能采取突破敌人设防地区的行动。即使能这样做，我们也要付出很多的时间和蒙受巨大的损失。何况如果我们转向敌人的翼侧，他们则能早于我们到达建宁，因此最好的解决办法是，在敌人进攻最激烈的时候，同六、九军团一起给以打击。

5. 你们给第二军提出的任务是不可能完成的。七军团只是由三个团和六十二独立团的一个营组成。同时我们应该考虑到，七军团是由游击队组成的，从其成立之时起从不具有坚强的特点。再者，这个军团的一个半团留在东北地区，在敌后活动。六十一团改组为三十四师的第三团，在保卫我们在泰宁和将乐的主力部队。你们指出的这些团，三分之二已编入九军团。顺便说下，实际上第二军只由一个师组成。只有它仍在实行沙县的机动防御和牵制敌人在归化地区的兵力。

6. 至于建立新的部队和利用教导团和军校干部学员，革命军事委员会决定，首先要充实现有部队。

7. 你们提到的游击军团，在形式上是与我们成立的军事部相适应的，这些军事部领导所有地方游击战役和游击组织，领导相应地区独立部队的训练和作战行动。因此没有必要改变它们的名称或对它们进行改编。

8. 革命军事委员会1月30日的决定^①已经执行。在没有特别必要的情况下，我们现在不应作出新的部署，否则这会导致丧失时间、破坏已作出的决定和损害对决定的信任。

（全宗514，目录1，卷宗818，第71页。德文打字稿，原件。）

---

① 文件没有找到。

施特恩给中央苏区的电报草稿 ①

（一九三四年二月十五日 ② 于上海）

1. 如果要做一些自我批评的话，那我们应该承认，尽管有（尤溪、沙县）③一些战绩，我们还是不善于从福建1933年12月至1934年1月的形势中获取最大的好处。我们的行动迟钝、不坚定，也不及时。其主要原因是缺乏有远见的打算和（福建古田）计划作了改变，我们的主力部队随之向后和向前进行了不必要的调动。另一方面，敌人行动迅速，也很成功，达到了自己的最终目的。迅速消灭了福建的起义④，这对南京来说是个大的胜利，是在政治上要比军事上更重要的胜利。这意味着，如今南京可以在以后几个月派遣二十个新的师团来对付我们，同时还可以准备和推迟同广州不可避免的冲突。在南京和西南之间的军阀战争还没有采取现实的方式之前，我们应该只依靠自己的力量，不要过于考虑我们地区周围各军阀集团之间的矛盾和它们的地区利益。可见，我们红军和游击力量的巧妙计划和迅速行动在今天比任何时候都是更迫切需要的。

2. 如果我们命令三军团在所需要的时间内到达永安地区，我们就可以牢牢钳制住第四十九师，并同由尤溪出发的七军团一起向十九路军正处在投降过程中的其他部队进逼，我们就可以把蒋介石的一半胜利变成他的重大失败。蒋介石的师团还是在专攻十九路军，并没有准备同我们接近的部队作战。我们的1军团晚些时候转移到福建，就可以承担沙县的任务。在机动的作战行动中开展

---

① 在文件上有批注：草稿是由弗雷德（M. 施特恩）起草的，未发出。在文件副本上有附注：对我们在1933年12月至1934年1月间的行动的批判性分析。由弗雷德发给［中共］中央（见全宗514，目录1，卷宗818，第81—83页）。

② 莫斯科收到文件的日期是1934年5月13日。

③ 红军部队在闽西占领的地点。

④ 指1933年11月至1934年1月间十九路军在福建的反蒋行动。

这种行动，根本不必管我们自己的后方交通线，正如我们在1月12日电报①中所建议的，我们可以把三、七、一军团调转东北去对付蒋介石为保卫其翼侧所留下的四、八、五十六师。由这里把我们在福建的调动发展成在建宁地区的会战，要比1月25日匆忙停止福建的战斗来得更自然。我们能否及时到达蒋介石发动攻势的危险地区呢？对于这个问题，回答可能是这样的：只要考虑到我们对四个师的迟钝作战行动（而这四个师在保卫侧翼时出色地进行了机动作战），进攻就可能早早开始。

3. 在每周都在迅速恶化的新形势下，我们决定同陈诚的师团进行会战，这是正确的。我们已经准备了约二十个团，最好对陈诚的翼侧发动决定性的反击，不等过几天才能向我们靠近来支援五、九军团的另六个团的到来。与运出战利品有关的等待②和失算，大大降低了最初寄托在决战上的胜利希望。在这里，我们唯的优势是时间因素，这就是尽可能在蒋介石开始从东面调来其他师团之前的最短时间内进行战斗。

4. 在我最近的一份电报③中，考虑到业已形成的局势和你们已经作出的决定，我提出了几点建议。其中没有建议采取补充行动和再次集中力量。你们的计划应该是加快执行的④。你们最近的电报⑤没有给人留下这样的印象：认为我的建议是有益的。我应当重复一遍，鉴于缺乏远见的打算，我的建议被作出了严重错误的解释，如果事情继续这样发展下去，那我最好是不加以干预，以免负责同志生气。

我不奢望得到什么权利来对你们的决定作出评价，我不能不履行自己的职责，对［中共］中央和革命军事委员会作出实事求是的批评和提出建议，这是莫斯科确定的，并在不久前再次重申了这一点⑥。我希望，瓦格纳⑦同志的参加有助于很好地解释来自上海的建议，他应该知道自己的职责。

5. 我请求你们注意到，军事问题不同于只有一种答案的数学例题。许多可

---

① 见第221号文件。
② 这里的意思是：导致丧失时间的等待。
③ 见第299号文件。
④ 文件没有找到。
⑤ 见第234号文件。
⑥ 见第216号文件。
⑦ O.布劳恩。

以使用的解答方法之中哪一种最好，在作出尝试之前，谁都不能说出来。远离战场的人应当提出总的建议。每个直接在当地的人，了解特殊情况和可能性，始终应该把总的建议加以具体化。但是，即使是最好的分析也决不能奢望得到（神的）启示。考虑到这一点，我应该说明，建宁方向是在我建议把预备队集中在广昌的时候规定的。从这个意义上说，总的指出"延平以西"地区，在当地可以解释为沙县、将乐或泰宁。

在1月初，我提到泰宁、邵武方向，这也可以解释为金康（音）。在作出恰当解释的情况下，很少能产生像你们在2月6日电报中进行的那种争论和反驳的理由。

6. 在提到迅速和所期望地将四个军团合并为第一军，而七军团同暂时可以接触得到的部队联合时，围绕樟村并没有提出任何令人担心的行动。实际上只是以此来强调它们在会战时的任务的明显不同，鉴于敌人东部战线在加强（这只是几周的事），我们应该利用两个战略军团来补充我军在南部业已加强的左翼。当然，这边两个军团的组成应该是有变化的，这要看受樟村、建宁地区战争结局所左右的事态以后如何发展。

7. 我还不明白，为什么与十九路军残余部队有关的行动会妨碍上杭、永定地区的防御？或者用新的部队加强九军团左翼的建议（新的部队可以迅速由教导团组成）怎么是与对局势的正确估计背道而驰的呢？如果九军团的一些团留在七军团地区，那自然它们可以暂时在七军团的领导下进行战斗。

在现代战争中很重要的是，营和团应该善于在为专门目的组建的军团中作战，战争结束后它们可以回到自己的根据地部队。

我还要反驳对我关于军校的建议的某种不理解。如果我们把军校看作是战略储备，那么是不是说这样做将会影响它们学习的继续呢？完全不会。

8. 如果同来自东北方向的三十四师和游击力量的行动相配合，把突击力量派到敌人在黎川以南的兵力集结处的东侧，那么谁会怀疑我们的会战将具有更多的胜利机会呢？但是在会战中只靠正面反击是绝对不能取得大的胜利的。顶多敌人回到自己的防御工事里，我们不能取得可靠的战绩，而我们的力量仍然受到牵制，那个时候新的出乎预料的进攻就会从沙溪、龙岗或沙县、延平地区开始。即使敌人能够在我们出现在他们的翼侧之前到达建宁，那我们最好还是出现在他们的翼侧，而不是进行正面反击。

2月10日前留下来保卫沙县的3军团的失算，从决战要求的角度来看是很严重的。

9. 我们希望，尽管有这种失算，我们还会在最近取得胜利。我们应该取得胜利，否则我们就不能对抗来自沙县和永丰的新的威胁。

我建议以游击军团的形式来保证对活动在各个边境地区的独立部队的统一领导，这个建议具有的意义要比你们电报中赋予的意义更大。这些力量要与军事部相一致，这是对的。我们也不建议成立什么。建立提议中的游击军团的意思，是组织对游击队的更集中的领导，以便更充分地利用它们的能力，使之成为在我们地区周围的稳固支柱。在它们之间，我们的正规部队能够带有自动掩蔽的翼侧进行活动。我们应该看得比目前局势更远一些。

10. 我倾向于怀疑，［中共］中央和革命军事委员会是否真的认为，来自上海的建议会导致"破坏计划和损害对计划的信任"。我将继续做工作，尽我所能，我只请求正确解释我的建议。在我能准备新的建议之前，发这样一份长电是必要的。

我希望不再有争论。应该不惜任何代价来避免发生这种情况。

（全宗514，目录1，卷宗810，第76—78页。英文打字稿，原件。）

埃韦特给施特恩的信①

（一九三四年二月十六日②于上海）

作为对弗雷德建议给中央苏区发的电报③的答复，我应该声明，我不能同意发这样的电报（或任何其他这类电报），主要原因是：

1. 军事代表的任务应该是根据对现实情况的分析尽可能提出最好的建议。部分或全部地采纳关于军事问题的这种建议只能是［中共］中央和革命军事委员会的事情。没有也不可能有任何办法靠命令、纪律或指责来"强迫"人接受来自上海的军事计划或指示。只有一种解释、说服的办法，即指出建议本身的重要性；问题是要设法说服［中共］领导，使之相信实行这种计划的优越性和采取某些其他行动的弱点或危险性。存在必须极力坚持实施来自上海的建议的时机和形势。过去在我完全同意和支持情况下不止一次地这样做过。但是就是在这种情况下，我们也应该考虑到严重的困难和看到［中共］领导作出的巨大努力，我们应该承认，［中共］领导试图尽其所能完成伟大的事业，我们应该尽可能提高［中共］领导的威信。对作战行动或错误的任何批评，都应当以最积极的方式进行：要吸取教训，指出另一些更有利的选择；指出如何能争取到更有利和最有利的局面和力量部署，提出超前一定时间的思想和计划，同时要充分意识到，在许多情况下，我们没有实施以前考虑好的计划的行动自由。（但即便在这种情况下，按照计划采取行动的重要性不减）。

2. 在您的批评中，这些想法被完全抛弃了。提供的电报实际上不含有改善目前状况的建议。它只含有消极的批评和对领导的最令人沮丧的指责。电报中赞扬敌人的战略战术，讥笑我们的努力。其中认为，蒋介石的"巨大不幸"由于我们的错误而得以防止。关于领导的行动没有一句善意的话，而指责的话却

---

① 文件上有批注：代表（A.埃韦特）对弗雷德（M.施特思）草稿的书面答复。
② 共产国际执行委员会收到文件的日期是1934年5月13日。
③ 见第239号文件。

很多，如"迟钝的、不坚定的、缺乏远见的（行动），等待，失算"等等。

3. 这种批评的结果会是最致命的：

（1）就是像江西这样的很强的领导，在一种最危急的局势下，一时也会处于不知所措的状态。它要考虑到，并且是很认真地考虑到在出现的一些问题上发生分歧的可能性，并应该采取措施防止发生这种情况。

（2）不知所措会直接影响到前线的多数行动，因为对我们主力部队的领导是精确集中的领导；不知所措会给党造成最严重的后果。

（3）军事代表同［中共］中央和革命军事委员会合作的基础实际上会被破坏，至少会受到严重损害。政治代表如果不尽一切努力制止发出这样的电报，那他就不能再继续工作了。

我说到这一点是为了表明，绝对不能允许对很严肃的问题和对布尔什维克党的领导抱这样的态度。我从这份电报提出的意见中和在这种形势下所使用的批评方法中看到了很大的危险性。虽然电报不会发出，但存在的问题是，为什么老是起草这样的电报稿呢？我应该把这样的电报看作是对党的领导的某种攻击的开始，而这种攻击是没有根据的，因此也是不能容忍的。

必须克服可能产生这种处理问题的方法和这种批评的思想和观点。

我在这里不分析作战行动中的某些错误。过去的教训可以吸取，也应该吸取，但要谨慎，要考虑到行动很困难的情况，始终要以积极的方式，要抱着加强我们领导的目的。

（全宗514，目录1，卷宗810，第79页。英文打字稿，原件。）

中共上海中央局^①给中共中央的电报

（一九三四年二月二十二日^②于上海）

致中央苏区

关于南京和广州之间的对抗^③

虽然我们同意你们的意见，认为目前在广州和我们之间没有谈判的基础^④，但是我们应该考虑到以下因素：

南京在福建的胜利^⑤加深了南京和广州之间的矛盾，一时加强了南京反对西南的政策，给南京在将来的斗争中带来了一定的优势和主动性。与其营垒中倾向于在取得福建的胜利后立即进攻广东的意见相反，蒋介石选择的政策是，先在以后几个月期间试图歼灭或削弱我们，缩小苏维埃的地盘，巩固福建，将其作为同我们和广东作斗争的新基地，同时开展对广东的政治攻势，并将同战备结合起来，在广东和广西之间加进一个楔子。

蒋介石的政治攻势表现在：试图迫使广东当局将其右手杨永泰任命为广东省政府主席，南京取消〔国民党〕西南政治会议，收买广东师团指挥官和迫使粤军从闽南撤出，在广西助长搞掉白崇禧的企图。广东对此作出了软弱的反应，暂时可归结为：请求保留目前的政府主席^⑥，声明说实际困难使它必须在目前推迟解决解散西南会议问题。与此同时，广东和广西之间的关系由于广西培植亲南京势力而尖锐化了。

---

① 发报者是根据文件上的附注确定的。
② 共产国际执行委员会收到文件的日期是1934年5月14日。
③ 文件上有附注：代表（A.埃韦特）的草稿，（已发出）并由〔中共〕上海中央局通过无线电发出。
④ 见第234号文件。
⑤ 指南京政府军队镇压十九路军起义。
⑥ 林云陔。

广东的地位还因为以下情况而更削弱了：现在英国在对南京实行很谨慎的政策。英国感兴趣的是延缓，而可能的话，则避免现在在南京和广东之间发生公开冲突，因为现在这种冲突的结局会对广东不利，也就是对英国不利。陈济棠的政策也是旨在延缓不可避免的斗争，希望南京出现新的困难，希望英国在日英美在华南的矛盾日益加深的基础上给予（广东）更积极的支持。这样的政策给蒋介石提供了一些优越条件。我们应该考虑到，尽管有帝国主义者的种种花招和有利于妥协的种种因素，公开的冲突和斗争是不可避免的。我们最关心的是，以对我们最有利的形式利用目前日益加强的对抗和即将到来的斗争。

因此，党在目前的政策应该是：

1. 在广东的群众和士兵中开展广泛的鼓动工作，指出南京在日本的支持下在准备反对广东人的战争；反对陈济棠这个广东人的敌人的政策；号召士兵停止反对红军和苏维埃的斗争，因为红军和苏维埃准备在三项条件①基础上共同同敌人——南京和日本作斗争。

2. 利用一切迂回的途径接近粤军士兵和指挥官，告诉他们，如果他们将同南京作斗争，我们就打算不进攻粤军。要散布消息说，南京的进攻将在近期开始，南京决定解除粤军的武装并用南京军队和北方军队取代它们，等等。出于这种考虑，我们应该广为宣传共同斗争的建议和我们的三项条件，并要求把粤军撤出赣南，以便同南京作斗争。

无论有什么立竿见影的效果，这样的鼓动工作都会促进士兵和一些军官团的分化瓦解，加强南京和陈济棠的反对派，为我们利用即将到来的斗争从政治上准备有利的条件。

我们应该立即着手做这项工作，并在以后还要给予加强。这项工作决不会影响我们现在和将来对广东采取的军事步骤。我们的直接目的应该是，同广东那些真正反对南京和对陈济棠不满的部队建立一些联系，并为我们创造更加有利的局面。

（全宗514，目录1，卷宗818，第96页。英文打字稿，原件。）

---

① 见第100号文件。

李竹声给共产国际执行委员会
政治书记处政治委员会的电报

（一九三四年二月二十七日 [①] 于上海　绝密）

致政治委员会，抄送王明 [②] 和老板 [③]。

按照来自四川同志 [④] 的通报，1933年底地区 [⑤] 形势的基本特点是：

我们地区的面积约有16万平方公里。我们有正规红军7万人和地方武装10万人。为了加强军政工作，［中共］中央和上海认为，有必要向那里派最强的同志。我们建议派王明和弗雷德 [⑥]。

请电告你们的意见。斯拉文 [⑦]。2月27日。

［全宗495，目录184，卷宗61（1934年收文），第233页。法文打字稿，原件。］

---

① 共产国际执行委员会收到文件的日期是1934年3月3日。

② 王明，中共驻共产国际代表，共产国际负责人之一。1931年中共六届四中全会，进入中共中央常委。

③ 何人不详。

④ 康生，中共驻共产国际代表团副团长，中共中央政治局委员。

⑤ 指四川苏区。

⑥ M. 施特恩。

⑦ 李竹声。

埃韦特给李竹声的信 [①]

（一九三四年三月六日 [②] 于上海 秘密 亲启）

敬爱的斯拉文，鉴于总的形势，我们也在我们之间的近期联系中采取了一定的预防措施。因此您在这个时期将收到的每个文件不都是集体准备的。据我所知，您已经收到了给四川苏区的9页信件，因为我未能在信稿到达您那儿之前对其作出什么改动，所以现在我以秘密的方式告诉您我对这个问题的个人意见：

1. 当然，您将决定，在目前什么是最需要寄给同志们的（以及从技术上能寄多少）。我认为，最重要的是告诉同志们以后6个月总的战略方针，其目标是把我们的政权扩大到四川的决定性地区和歼灭敌人。这些方针应该是信的中心点。还需要加上简短的前言，说明四川的成绩和能力，明确要防止发生轻视防御和在对敌斗争中不努力坚守就放弃我们的部分土地的现象，防止出现对我们苏区目前的扩大产生"满足"情绪的危险，说明在发展我们正规军的同时在白区准备进行游击战和一般政治工作的必要性，等等。

2. 叙述这样的总方针和总战略计划，可以很容易限定在4页内，这样就能不费劲地用密写墨水抄写。此外，我们还可以用几句话向同志们提出关于政治工作的明确建议，如加强党、共青团、工会和其他群众组织，在实践中组建有群众基础的苏维埃，依靠我们的基本阶级力量，从苏区来组织在国统区的联络和工作，主要在四川、陕西等省实行我们的革命政策和采取镇压反革命的措施。

---

① 文件上有批注：关于弗雷德（M. 施特恩）给四川的信的草稿，代表（A. 埃韦特）给斯拉文（李竹声）的信。上述1934年3月6日给四川苏区党的执行局的信的草稿没有发表，草稿上有批注：弗雷德的草稿，没有照此发出（见全宗514，目录1，卷宗810，第81—89页）。

② 共产国际执行委员会收到文件的日期是1934年5月13日。

3. 如果您从技术上能够让这个同志①带来信②中提到的"组织纲领"，那您应该这样做。如果不行，可以将此事推到下一邮班。

4. 我认为，"前言"和"分析"③可以由军事计划的简短前言代替。但是，如果您决定采用另一种方式，那我请求您彻底去掉几个表述法。我只谈及一些：我不认为，我们有根据说，我们"迅速回到了④最初在巴中、通江、南江的根据地"和"我们还很快丧失了最初的土地成果"（第1页）⑤，或者红军"甚至后撤数百里，可以认为，没有任何理由"（第2页），或者说"敌人已经取得了很大成绩"（第3页），或者"湖北、湖南苏区的可悲历史"（第4页）等。这种表述法提出了没有事实根据的观点，必定会对四川的同志产生很不利的影响。批评意见应该提出，但要以我们所知道的事实为依据。

由于我们不可能在近期见面，而迅速传寄文件是必要的，所以我想，最好对草稿作出您认为有必要的改动，并把它寄回。军事计划和建议您很快就会收到⑥。此致

敬礼

（全宗514，目录1，卷宗810，第80页。英文打字稿，原件。）

---

① 指信使，何人不详。
② 指 M. 施特恩信草稿的一个部分。
③ 指 M. 施特恩信草稿的两个部分。
④ 原文如此。应为：后撤到。
⑤ 这里和下面均引自 M. 施特恩信的草稿。
⑥ 文件没有找到。

共产国际执行委员会政治书记处政治
委员会会议第364（Б）号记录
（摘录）

（一九三四年三月二十一日于莫斯科 绝密）

听取：14.（5843）——阿基莫夫同志关于中国苏区状况的报告①。

决定：14.——责成米夫（负责人）、王明和阿基莫夫同志根据交换的意见为政治委员会下次会议起草给［中共］中央的全面政治战略计划②。

还责成这些同志起草给［中共］中央的关于开展敌后游击运动和关于瓦解敌人工作的简短指示③。

共产国际执行委员会书记：克诺林

（全宗495，目录4，卷宗282，第4页。打字稿，原件，亲笔签字。）

---

① 文件没有找到。

② 后来根据共产国际执行委员会政治书记处政治委员会1934年4月3日决定，起草文件的程序和期限有变化（见第247号文件）。

③ 对这一点有批注：（1934年13月31日完成。Л.米夫。见第245号文件。

共产国际执行委员会政治书记处政治委员会
给埃韦特和中共中央的电报

（一九三四年三月二十五日^① 于莫斯科　绝密）

致代表^②，转［中共］中央。我们觉得，中央和全党未意识到中央苏区形势的严重性，未采取必要的措施来进行防御和粉碎［敌人的］第六次"围剿"^③。必须动员和集中党的一切力量来解决这个任务。要击溃敌人一个进攻的集团军，以便有可能进行以后的积极作战行动，使敌人失去主动性。我们觉得，在黎川地区打击陈诚集团军是最有利的，不过你们应该从具体情况出发决定这个问题。必须把六、八、十六和十军团的行动同反六次"围剿"的总计划协调好。为了吸引敌人的力量，最好六和十六军团向南昌以南运动，八军团向北运动并沿赣江西岸推进，而十军团军向南运动。六、十六和八军团的下一步任务是在赣江以西建立新的巩固的苏维埃根据地。请你们把我们关于军事问题的所有指示看作是建议。我们特别强调在敌后尽最大努力开展游击行动的必要性。地方党组织应该挑选干部去建立新的游击中心。敌人的交通线，特别是九江至南昌的铁路和福建的闽江，应该处在我们游击队的长期影响之下。破坏工作和瓦解敌军的工作应给予最大的注意力。敌后游击行动和破坏工作是反对敌人新策略的最重要手段。为此不仅应由苏区派出力量，而主要应由国统区党的组织选派力量。现在军事行动要求定期和有计划地补充红军的队伍。请讨论经几个阶段逐步使其转到动员体制上来的可能性。例如，能否从党员、工会会员、共青团员和贫民团团员开始，对一定的年龄实行动员，使之参加少年先锋队和赤卫队，以便进行普及训练，然后靠他们来补充军队。要千方百计加强红军中党的无产阶级阶层和党的政治工作，并从纪律方面和社会方面同开小差行为作斗争。必

---

① 电报译出的日期。

② A. 埃韦特。

③ 指国民党军队对苏区的第五次"围剿"。

须坚守从敌人那里夺得的城镇，在它们周围设立防区并吸收劳动人民参加对这些城镇的保卫工作。

［全宗495，目录184，卷宗47（1934年发文），第49—51页。法文打字稿，原件。］

李竹声给皮亚特尼茨基的电报

（一九三四年三月二十七日 [1] 于上海　绝密）

致米哈伊尔 [2]，抄送王明。

［中共］中央报告说，毛泽东已长时间患病，请求派他去莫斯科。他已停止工作。您是否认为可以派他去作为出席代表大会 [3] 的代表？您的代表 [4] 和［中共］上海中央局认为，他的旅行安全难以保证。此外，应该考虑政治后果。斯拉文 [5]。1934年3月27日。

［全宗495，目录184，卷宗61（1934年收文），第200页。法文打字稿，原件。］

---

① 共产国际执行委员会收到文件的日期是1934年3月31日。
② И.A. 皮亚特尼茨基。
③ 指共产国际第七次代表大会。
④ A. 埃韦特。
⑤ 李竹声。

共产国际执行委员会政治书记处政治
委员会会议第367（Б）号记录
（摘录）

（一九三四年四月三日于莫斯科　绝密）

听取：2.（5885）——中国问题。报告人：阿基莫夫同志。

对论参加者：别尔津、王明、皮亚特尼茨基、曼努伊尔斯基、康生、米夫、洛佐夫斯基、萨发罗夫、黑克尔特、库西宁、克诺林同志[1]。

决定：2.——责成米夫（负责人）、王明、康生、别尔津和阿基莫夫同志在5天内根据交换的意见起草军事政治指示[2]草稿，并将其提交政治委员会批准。

听取：3.（5886）——关于《中国论坛》。

决定：3.——为出版《中国论坛》，派艾格妮丝·史沫特莱同志去中国工作。责成米夫和王明同志起草关于杂志的拨款和性质的建议，并将其提交政治委员会批准[3]。

听取：4.（5887）——中共中央关于毛泽东因病是否适宜去苏联的电报[4]。

决定：4.——认为他不宜来莫斯科。必须尽一切努力在中国苏区将他治好。只有在中国苏区绝对不能医治时，他才可以来苏联[5]。

共产国际执行委员会书记：皮亚特尼茨基

（全宗495，目录4，卷宗283，第37—39页。德文打字稿，原件，亲笔签字。）

---

[1]报告和讨论材料没有找到。
[2]见第256号文件。
[3]见第253号文件。
[4]见第246号文件。
[5]见第248号文件。

共产国际执行委员会政治书记处
政治委员会给埃韦特的电报 ①

（一九三四年四月九日 ② 于莫斯科　绝密）

致代表 ③。[我们] 反对毛泽东出行 ④，因为我们不认为能够使他在旅途中免遭危险。即使需要大笔开支，也绝对需要在苏区组织对他的治疗。只有在完全不可能在当地医治和有病死危险的情况下，我们才同意他来莫斯科。政治委员会。

[全宗495，目录184，卷宗47(1934年发文)，第58页。法文打字稿，原件。]

---

① 见第247号文件。
② 日期是根据文件上的批注确定的。
③ A. 埃韦特。
④ 见第246号文件。

埃韦特给皮亚特尼茨基的第2号报告

（一九三四年四月十日 [①] 于上海）

致米哈伊尔 [②]。（第2号报告）。发自驻华代表 [③]。

我只是在邮件发出前几个小时才得知可以发邮件。因此不能给您寄去详细的报告。只有在（信使）动身时间改变，我才有可能向您报告重要的日益高涨的罢工运动。

所以我只能采用发电报的方式：

1. 北方形势：南京政府因发生福建起义遇到了困难，因此日本帝国主义暂时推迟全面执行塘沽协定，特别是关于实际承认满洲分离的条款。

实际上目前日本提出的最后通牒 [④]，不仅可以弥补以前的"时间损失"，而且在很大程度上是全线再次推进的前奏，目的是争取在北方实行比以前更全面的统治，建立包括山西在内的广泛的反外蒙古战线，以便以广泛战线的形式发动对苏联的战争。

日本的行为同时也促使英国行动更加积极，不久前西藏军队进犯四川 [⑤] 就是证明。

我们将更加积极地应对这种事态发展，加快本着王明和老板 [⑥] 的信的精神开展宣传运动。

---

① 共产国际执行委员会收到文件的日期是1934年5月13日。

② И.А. 皮亚特尼茨基。

③ А. 埃韦特。

④ 这里可能指1934年3月1日溥仪登基之后，日本加强了对南京政府施加的压力，目的是争取中国尽快承认满洲国和中国接受日本当局关于停止国民党党部在华北一些地区的活动的要求。

⑤ 指1934年2月底3月初西藏军队进犯西康，目的是为了收复以前被四川省当局军队占领的一块土地，因为在这块土地上有几个寺庙。

⑥ 康生。见第182号文件。

2. 我们前线的形势：南京政府对福建、江西的压力在不断加强。它占领一些城市以及泰宁、将乐、归化部分地区（我们已经电告）①。越来越难于有效地包抄敌人的翼侧；最近我们不会有大的战绩。正在进行的许多战斗也给我方造成了很大损失。但我们希望，夏季不失去太多的土地。这不会消除形势的严峻，因为现在蒋介石的攻势在有步骤地开展，没有长时间的间歇。

在四川，尽管敌人在这里也向一些地区进行了渗透，但形势仍然是比较有利的。我们的反攻应该显示出一些战绩。那里没有理由恐慌不安。不过我请您参阅信使12月份带去的报告②，我仅提纲挈领地将其向您作个叙述。

3.（3月底4月初的）罢工行动：新的更有组织的罢工浪潮开始了；在北方：（唐山）开滦矿工③和水泥厂工人举行了罢工。不言而喻，日本人企图浑水摸鱼。斗争的原因在于工人向企业主提出的要求和对黄色工会领导的愤怒。英国领事④以"开滦矿业公司"名义要求中国当局无情地采用武力，中国当局照办了。

我们派去了组织人员，给予了一切可能的支持。

上海：10家丝织厂罢工⑤。有4000名工人参加；此外，在各工业部门以及码头发生了大量小规模的罢工。丝织厂工人包围公安局一天，解救了一名被逮捕的领导人。

---

① 文件没有找到。

② 见第235号文件。在共产国际执行委员会1934年5月14日收到的这份电报的另一份上，可能是在有埃韦特真正报告的一个邮件里，有亲笔用德文补写的文字："代表关于四川的意见：依然存在派遣军事行动顾问问题。此外，再派一名政治工作人员。（中央执行局建议派王明和位外国同志）。到这个地区来很难，但到夏天形势可能有变化。存在很大的危险性：我们的人将会过于长期满足于已取得的成绩和目前的地盘，而不是根据我们的力量，在敌人还没有建完道路和工事和还没有协调好对我们的行动时，争取尽可能扩大我们的地盘"（见全宗514，目录1，卷宗810，第40页）。

③ 关于开滦煤矿罢工，见M.帕什科娃：《1934年上半年的中国工人运动》，载《民族殖民地问题资料》第2期，第12页。

④ 何人不详。

⑤ 可能指1934年3月2日（另一些材料说3日）至4月22日"美亚"公司工厂举行的罢工（见M.帕什科娃：《1934年上半年的中国工人运动》。载《民族殖民地问题资料》第2期，第6—7页；《关于"美亚"股份公司工人斗争的文件》，载《民族殖民地问题资料》，莫斯科1934年第8期，第58—90页；刘明逵、唐玉良主编：《中国工人运动史》第4卷：《土地革命战争时期的工人运动（1927年8月—1937年7月）》，1988年版，第227—229页。

人力车工人制定了斗争纲领，提出了具体要求，矛头是反对企业主、调解人和租界当局（为了帝国主义运输企业的利益）提出的"改革"建议。暂时我们的影响不大。

4月9日发生了（上海城郊）虹桥500名农民的武装行动，反对以扩大机场名义没收他们的土地。在美国轰炸机飞行员霍克把"兀鹰"号飞机降落在这里后，机场上发生了农民袭击军队的事件。军人动用了机枪，迫使农民后撤（迄今有3人被击毙）。尽管实行了戒严，运动还在发展。

浙江：有10万工人的丝厂地区，至少有1万名工人参加的反对降低工资的罢工，已发展成为在各个地方的大罢工。在湖州，工人摧毁了政府大楼，举行了大罢工[1]。

我们派去了组织人员，给予了一切可能的支持。在从湖北到浙江的所有这些行动中，都发生了公开的冲突，解救了被捕的工人，包围了公安局和公司的行政大楼。蒋介石下达了禁止罢工和消极抵制的新指令，还下达了解散所有参加罢工或支持罢工的（国民党）工会的命令。

您晚些时候将收到更详细的评价。

4.取代《中国论坛》出版新的反帝报纸。我们一得到答应给的女编辑[2]，我们就尝试开始出版。我认为，这将是可能的。艾萨克斯编辑肯定晚些时候试图公开出版托派刊物。在《新共和》周报[3]上（纽约，1934年3月14日），我们发现了比森签署的呼吁书，号召筹集款项保存《中国论坛》。我们不想就此发表议论，暂时印刷设备形式上还不在我们手里。这种事只有在女编辑出现在这里时才会发生。当然，不排除在最后时刻艾萨克斯不守移交印刷设备的诺言。但是我们无法在依法移交之前制造设备。关于所有其他问题的报告，下一邮班寄去。

代表

（全宗514，目录1，卷宗810，第90—91页。德文打字稿，原件。）

---

①1934年3月底4月初，在湖州五新（音）厂向罢工工人开枪射击引发了所有企业工人和商人的大罢工。见M.帕什科娃：《1934年上半年的中国工人运动》，第12页。
②艾格妮丝·史沫特莱。
③《新共和》是美国的一家周报，从1914年起在纽约出版。

埃韦特给皮亚特尼茨基的信 [①]

（一九三四年四月十日 [②] 于上海）

致米哈伊尔 [③]，（发自驻华代表 [④]）。

弗雷德 [⑤] 的突然离去使我不得不再指出最近发生的几件事。我这样做不只是为了驳斥弗雷德个人的报告，而且也是为了向您提出一个绝对必要的和刻不容缓的请求：一旦弗雷德返回中国，要把他（的工作）限定在军事问题上，解决政治问题时，他应该服从于代表。最近几个月的事态发展不该再重复了。

除了以前我已经报告的 [⑥] 之外，还有以下情况：

1. 3月中旬，弗雷德第一次不给我看军事电报汇报和他对这些汇报的答复。真正的原因是试图孤立我；（他）提出的原因是："不合法"，"这太危险……"等等。因为这之后不久弗雷德就离开了，所以（我们之间的）冲突才得以避免。

2. 3月，弗雷德转为不给我看，就给中共上海中央局寄（电报）草稿（涉及的绝不是纯军事问题）。理由是"时间（来不及）和不合法"。真正目的可能只有一个：向中共上海中央局通报冲突问题。

3. 随着他的欲望的日益膨胀，弗雷德开始尝试对［中共］中央和革命军事委员会进行总体上谴责性的批评。虽然这之前几周，我曾尝试对他施加影响，使他根据形势对作战方面的错误作出认真的批评，并把这种批评同积极的建议结合起来，但弗雷德还是把1934年2月15日的（电报）草稿寄给了中共中央 [⑦]，

---

① 在文件上有批注：皮亚特尼茨基同志已阅。
② 共产国际执行委员会收到文件的日期是1934年5月13日。
③ И.А. 皮亚特尼茨基。
④ A. 埃韦特。
⑤ M. 施特恩。
⑥ 见第238号文件。
⑦ 见第239号文件。

而最后经弗雷德本人同意，这个草稿未再散发。

为避免可能出现这类曲解，说什么我"反对批评"，或者我声称"没有犯过任何错误"，我把弗雷德（电报）草稿的副本和我否定的书面答复①寄去。

至此我结束抱怨，并给您附上关于这个问题的以下文件：(1)弗雷德的草稿，即1934年2月15日给中央苏区的电报；(2)代表于1934年2月16日对此作出的答复；(3)代表就弗雷德1934年3月6日给四川的信的草稿②写给斯拉文③的信；(4)弗雷德关于四川苏区军事任务的草案④。

最后，我认为非常需要给上海派一位懂军事的同志，他将做工作，提建议，进行观察，提出警告和给以推动，同时在不断复杂化的形势中保持镇静。我不贬低弗雷德的军事能力，我认为，您从另一个角度处理问题，能够挑选出更合适的朋友。我个人认为，弗雷德不需要去苏区，因为时至今日他已找到了足够的理由推迟他的江西之行。弗雷德提出去四川，我实在不能理解。

代表

（全宗514，目录1，卷宗810，第75页。德文打字稿，原件。）

---

①见第240号文件。
②见第243号文件。
③李竹声。
④1934年3月6日给四川苏区党的执行局的信的草稿没有发表，草稿上有附注：弗雷德的草稿，没有以这种形式发出（见全宗514，目录1，卷宗810，第81—89页）。

王明给埃韦特和李竹声的电报 ①

（一九三四年四月二十三日于莫斯科　绝密）

致代表②，转斯拉文③。注意到日本人④的声明，有必要发表由［中华苏维埃共和国］中央执行委员会签署的声明，反对日本厚颜无耻的勒索，同时强调指出，蒋介石和国民党的背叛行径导致日本提出了这种对于中国人民来说耻辱的要求。声明中应该强调指出，国民党从华北撤军并把军队调到华中，这就便于日本人占领华北和进而占领整个中国。在这个声明中，要再次呼吁国民党军队共同与日本帝国主义作斗争⑤，还要重提六项条件⑥，表明可以开展神圣的对日国民革命战争。请保证中国红军同奴役中国人民的行为作斗争⑦。同时要加强反帝组织活动并准备在5月9日⑧国耻周年日开展广泛的宣传运动，把以前的二十一条同日本今天的声明联系起来。有可能的话，要组织短时间的工人罢工、学生

---

① 共产国际执行委员会政治书记处政治委员会1934年4月23日非常会议审议了文件草稿，会议责成 И.A. 皮亚特尼茨基和王明最后审定电报（见全宗495，目录4，卷宗286，第2页）。

② A.埃韦特。

③ 李竹声。

④ 指日本外务省调查局长官天羽英二1934年4月17日发表的声明，声明中实际上向中国政府提出了严厉限制它在各个方面，特别是在军事经济和技术领域同所有其他国家建立联系的要求。声明全文见《太平洋》杂志，莫斯科1934年第1期，第212—213页。

⑤ 见第100号文件。

⑥ 指1934年4月20日由中国民族武装自卫委员会筹备会提出的《中国人民对日作战的基本纲领》的条款，见《中共中央文件选集》第10卷，第681—686页。

⑦ 1934年5月5日发表了《党、团中央为声讨国民党南京政府告全国劳动群众书》，见《中共中央文件选集》第10卷，第272—280页。

⑧ 指1915年5月9日，这一天日本政府向中国政府提出了"二十一条要求"，接受这些要求意味着中国变成日本的殖民地，见《中国近代史》，莫斯科1972年版，第541—543页。

罢课和为表示抗议在厂门口和学校里组织示威活动。

王明

［全宗495，目录184，卷宗47（1934年发文），第72页和72页背面。法文打字稿，原件。］

皮亚特尼茨基给埃韦特的电报

（一九三四年四月二十六日于莫斯科　绝密）

致代表[①]。我问过，是否花钱(5万)[②]购买武器和药品。您没有作出明确答复而又问起资金的事[③]。弗雷德[④]告诉我们说，由于无法转给苏区，斯拉文[⑤]那里存了很多钱。在上海，钱转来转去保存。请告知，这是怎么回事。

米哈伊尔[⑥]

[全宗495，目录184，卷宗47(1934年发文)，第81页。法文打字稿，原件。]

---

①A. 埃韦特。
②原文如此。未指明货币名称。
③文件没有找到。
④M. 施特恩。
⑤李竹声。
⑥И.А. 皮亚特尼茨基。

共产国际执行委员会政治书记处政治委员会
给埃韦特和中共中央的电报①

（一九三四年四月二十九日于莫斯科　绝密）

致代表②，转［中共］中央。在敌人进行第六次"围剿"③的这个阶段，发去我们的想法和建议。［中共］中央应加以研究，并采纳他们认为合适的部分。

1. 同时从北面和东面发起攻势的敌强大集团军，在逐步"蚕食"苏区，对整个苏区的威胁增大了，特别是来自东北边区方面敌军的威胁。

敌军缓慢的步步为营的推进，使我们对敌设防阵地的反攻变得非常困难，收效甚微。只有在敌集团军之间的间隙，我们还能在进攻的敌人的翼侧和后方采取积极的行动。在有利的力量对比情况下，这种积极的行动，也只有在我们前线兵力的工事防御同我们机动拳头对敌人翼侧的积极打击和游击力量深入敌后的行动结合起来，才能带来明显的效果。如果在敌后纵深和交通线上有游击小组活动的话，它们的任务将是：勇敢地袭击敌人出动的部队，特别是它的后方，摧毁敌人在修筑的堡垒和道路，为敌人的物资运输设置障碍。

2. 为了缓和中央苏区的处境，国统区党组织的迫切任务是，有计划地开展游击运动，特别是在农民采取行动的地方，首先是在以下地区：湖南的郴州；沿平汉铁路线；浙江西南部；（第十军也要作出努力），福建东北的福鼎和寿宁地区，以及厦门方向；广东的东江地区。要同至今仍无领导的广西游击队取得联系，让它们向湘粤边境地区运动。

3. 由六军团和在赣江东岸重新组建的部队以及地方游击力量共同努力，突破敌人在吉安和赣州之间地段的封锁，为赣西苏区同中央苏区的合并创造前提

---

① 文件在共产国际执行委员会政治书记处政治委员会1934年4月27日会议上获批准（见全宗495，目录4，卷宗287，第6页）。
② A. 埃韦特。
③ 指国民党军队对苏区的第五次"围剿"。

条件，决不能让敌人把这些地区分开。我们认为，这次战役具有很大意义，因为实施这次战役将使蒋介石难以包围中央苏区。

4.（1）如果关于贺龙在东面采取行动的消息确凿，那就可以批准和加快他将在1934年夏季在东南方向发动的攻势。

（2）也要为我们在长江南岸湖泊地区的力量确定向南面湖南省推进的任务。

（3）第三独立师和江西西北角游击队的任务，仍然是定期袭击九江至南昌的铁路线。

5.有计划地采用各种办法瓦解敌人部队的工作刻不容缓。要尽可能投入更多的力量和资金来向敌人部队和警备队进行政治渗透，广泛开展在敌人薄弱地方的破坏活动（如机场、军用列车、运送军队和弹药的船只、交通线等）。

6.在国民党地区要宣传保卫和积极支援中国苏区的口号，广泛宣传苏区的成就那里实行的经济和政治措施，同时要把它同抗日民族革命战争的口号联系起来。

要把华北的工人运动，特别是天津的工人运动引导到这些口号上来，还要引导到反对国民党军队向南调动，便于日本人占领华北的行动上来。在那里，要利用工人运动的发展来开展反帝斗争，建立工人纠察队和游击队。

7.单独的任务是：像以前指出的那样①，扩大四川苏区。还必须着手扩大陕西苏区，为此，我们认为，需要为组织孙殿英军队起义做准备工作，之后利用起义部队来争取扩大陕西中部（红二、六军活动地区）的苏区。

8.最后：支援中央苏区红军反击六次"围剿"第二阶段②的斗争的所有措施都应该是"突击"实施的。这无疑将有助于红军的斗争和不损失很多有生力量就粉碎敌军对我地区的进攻。

请经常把最重要的军事行动通报给我们。

请确认译出密电。

［全宗495，目录184，卷宗47（1934年发文），第86—90页。法文打字稿，原件。］

---

① 不清楚指的是什么文件。
② 指蒋介石军队在镇压福建起义之后对中央苏区的进攻。

共产国际执行委员会政治书记处
政治委员会给李竹声的电报

（一九三四年五月二十六日于莫斯科　绝密）

政治委员会致斯拉文①。通过您收到了来自江西［中共］中央关于购买药品、食盐和用于生产子弹的原料的电报②。您给他们转寄了我们寄去的用于采购的所有款项吗？如果没有，请马上告知还有多少钱，每月您能无特别风险地给［中共］中央转寄出多少。为了利用采购和向江西提供物资的机会，需要在南方，可能的话在澳门设点，并从那里经福建港口建立特殊的联系路线。请弄清楚这种可能性。如果可以这样做，那我们就可以为此派去一名外国同志帮助做这项工作。应该成立一个公司，从事贩卖四川鸦片生意和从四川向江西倒卖白银。这样我们就可以为购买江西红军所必需的东西提供极重要的资金援助。候复。

［全宗495，目录184，卷宗47（1934年发文），第130页。法文打字稿，原件。］

---

① 李竹声。
② 文件没有找到。

埃韦特给皮亚特尼茨基的报告

（一九三四年六月二日^①于上海）

致米哈伊尔^②。驻华代表^③的报告^④。

Ⅰ.在我转入说明中央苏区的形势之前，我谈谈日本在4月17日以新的更尖锐的形式宣布的政策^⑤及其后果。帝国主义报刊和国民党报刊的共同方针过去和现在都是，把日本外务省对最初声明作出的一些不大的文本改动，说成是实质上放弃了最初的文本^⑥。这期间，日本精心地利用了最初的成功。现在，当日本威胁要在北方使用武力时，已经解决了铁路、邮电、海关等问题，这是向中国承认满洲国迈出的一步，使用一切手段和方法奴役中国的方针将会得到更快得多的发展。日军还会更加渴望占领一系列省份和战略据点，实行制造挑衅的政策，暂时在这方面还没有遇到军事抵抗。同时日本政府将坚持要求南京政府接受更多的要求，并且日本将通过南京首脑同中国所有有关地方政府和省政府"进行谈判"。

在其他帝国主义列强采取众所周知的立场和英国越来越公开地表现出愿意尽快利用日本的侵略性来对苏宣战和重新瓜分中国的情况下，日本最近在实施对中国的阴谋勾当时没有遇到任何大的困难。现在这些措施具体能实施到多远

---

① 共产国际执行委员会收到文件的日期是1934年6月26日。

② И.А. 皮亚特尼茨基。

③ A. 埃韦特。

④ 文件上有批注：机密中国文件。Π. 米夫。

⑤ 指日本外务省情报部部长天羽英二的声明。

⑥ 中国政府1934年4月19日的答复声明（见《太平洋》杂志莫斯科1934年第1期，第213页）列强报刊和外交代表对日本要求的反应，促使日本外务省在4月下旬作出解释表面上稍许缓和了4月17日声明中提出的要求。这些问题也成了美国、英国法国和意大利政府或外交部同日本政府或外务省交换照会的题目（见《太平洋》杂志，莫斯科1934年第1期，第213—216页），这些照会的内容在报刊上有报道。

的地方，只能猜测。不过现在已经很清楚，北方的措施能实行到比湖北远得多的地方。据报刊（《密勒氏评论》①）报道，日本把整个北方分成四个地区：（1）绥远和内蒙古；（2）甘肃、宁夏、青海、陕西省；（3）新疆省；（4）河北和山西省。第一个地区已可采取军事行动，第二个地区处于全面占领的过程中，新疆在实行建立"东土耳其斯坦王国"的方针②。在河北，所有重要的东西都已经在日本手中，还可以随时采取例行的步骤。这个省和满洲是日本武装干涉苏联的巨大中国桥头堡（但这决不意味着，武装干涉苏联实际上只有在日本在中国实行其北方计划时才会开始，而是相反）。

在这个问题上，宋子文以信任的口气所谈到的他的西北（陕西、甘肃）之行的印象具有一定的意义。"这些地区的所有将领都有反日情绪；如果苏联支持他们，他们准备进行斗争"等等。

这些动向在中国不是新闻。虽然现在没有多大意义，但是随着事态的进一步发展，它们能够创造一定的机会。

我还要告诉您，宋子文以诚恳的方式表达了要同党的代表谈谈的愿望。我个人对此没有任何期待，就是因为这里谈的是他。但我要把此事告诉党，党有可能授权它的"特科"的可靠成员同他谈谈。宋子文的反日立场不要估计过低，而他的怯懦不能估计过高。

此外，日本在努力向南方渗透。成绩不小。在驱逐了蔡廷锴的"人民政府"之后，日本在福建有了省长这个代理人③。福摩萨（即台湾——译者）居民被用轮船大批运出，如运到厦门等地。在福建没有任何其他力量可以说有什么特别的。在广州，已经有几个月时间，特别是从日本最近这次声明时起，是一片沉寂。没有一句反日言论，几乎没有一句反南京政府亲日政策的言论（虽然南京、广东之间的矛盾依然存在）。理由很简单：（1）害怕；（2）日本实现了很大规模的经济渗透和"人员上的"政治渗透。有组织地从福摩萨向广东走私日货和原料的活动采取了很大的规模。据说，胡汉民已经在亲日阵营里面（至少日本驻华大使④早就赞扬他是"中国最聪明的国务活动家"）。

---

① 《密勒氏评论》是美国的杂志，1923年至1950年在上海出版。
② 见 C. 孟：《日本的下一步动作》，载《密勒氏评论》，上海1934年第68卷第13期，第501页。
③ 陈仪。
④ 有吉明。

再有，现在日本在向南京政府施加压力，以取得中国在它对苏宣战时表示支持的坚定许诺。总的方针当然已经讨论和调整好了，虽然还没有达到具体协商的阶段。

所有这些事件的后果，从我们的利益角度来看，还不太清楚。对反对派的压力和恐怖比任何时候都大，在很大程度上迫使这些人保持沉默。

党还在4月17日前夕，鉴于北方形势紧张发表了呼吁书①。4月17日以后，我们发表了新的呼吁书②，并加快了以六条纲领③为基础组织抗日民族革命战争的行动。组织了收集签名运动，根据党的情报，已经收集到约1700个签名，其中700个是有中等影响的无党派人士的签名，多数是以前的志愿者领导人。我根据以前的经验，根据中央局和我们都无法核实的情况，对这些信息持怀疑态度。这些人士的代表已被派到其他省份去强化这种运动了。

现在已经出现了一些歪曲我们方针的行为，国家改良派企图破坏纲领，把它化为乌有。这种企图被制止了。一些党员也有这种倾向。

在党员当中，过去和现在都有这样的看法，其原因只能用日本或法西斯所搞的阴谋勾当的影响来作解释。例如，一个"同志"（上海的学生）声称："纲领是不能实现的；当全部力量都要用于对日斗争时，那我们怎么能同英国帝国主义作斗争呢？如果全都要去进行斗争，那谁将工作？如果钱都花到战争上，那从哪里拿到办教育用的钱呢？"另一个北方的同志声称："纲领不好，应该作这样修改，使之能用来做合法工作，并使政府也不能反对我们。"

再有，危险在于，至今运动基本上局限在收集签名上，而组织和政治任务被忽略了。

现在在采取措施反对所有这些歪曲，对这种看法既采取组织措施又进行尖锐的思想斗争。

不久，纲领将公布于世。但是需要我们合法报刊对它的支持。我们的报纸④由于没有史沫特莱还是不能出版。

---

① 可能指1934年4月10日《中共中央为日本帝国主义占领华北并吞中国告全国民众书》，见《中共中央文件选集》第10卷，第193—202页。
② 可能指1934年5月5日《党、团中央为声讨国民党南京政府告全国劳动群众书》，见《中共中央文件选集》第10卷，第272—280页。
③ 指《中国人民抗日战争基本纲领》。
④ 指《中国论坛》。

在其他点中谈党以后的措施。

Ⅱ.中央苏区的危险形势。军事形势和与此相联系的所有其他问题，在最近几个月大大尖锐化了，没有希望在最近争取到有利于我们的根本改变。此外，还存在这样的危险：秋天敌人会全力从四面猛攻我们已经大大缩小了的中央苏区，放弃以前的缓慢推进、挖通道和修碉堡的战术。换句话说，将开始进行集中而迅速的打击。

关于事态发展，您已经收到大量关于军事问题的电报，其中最重要和最近的电报，我再次附上①。我也附上［中共］中央的防御计划②，这个计划已通过另一个渠道电告了您。［中共］中央最近的电报③将在6月初寄给您，在这份电报的结尾，他们征询您的建议和决定。我不想在这里重复，而只对中央提出的两种可能性作一些评论。

1.从起草［中共］中央报告时起，形势又发生了对我们更加不利的变化，特别是由于广昌和建宁的失陷以及敌主要兵团的进一步推进。此外，由于不间断的战斗和不充足的战利品，我们的弹药储备大大减少了。我们的损失巨大。开小差现象在增加。

2.敌军的大量集中和不断地挖通道和防御工事（如果敌人在同我们的斗争中将继续取得成绩的话），使中央一号建议难以实施。中央一号建议是："留在中央苏区，转入游击战，将其作为我们斗争的最重要方法"。当然，把我们的基本力量分成小的游击小组，可以在许多据点、许多地方长时间给敌人制造麻烦，但仅仅这样做决不能保证有效地保卫中央苏区。

3.［中共］中央说："否则我们只有保卫中央苏区到最后，同时准备将我们的主力撤到另一个战场……"

4.我个人认为，不应把［中共］中央指出的两种可能性截然对立起来。4

---

① 可能指中央苏区1934年5月5、6、15—17、25和28日发给共产国际执行委员会远东局的电报，同本报告保存在一个卷宗中的还有关于作战进程、计划和双方兵力部署的报告。文件没有发表（见全宗514，目录1，卷宗810，第98—109页）。

② 可能指中共中央1934年5月15日给共产国际执行委员会远东局的电报其中叙述了把中央苏区分成5个战区（或地区）和一些分区的计划，革命军事委员会于1934年5月17日批准了这个计划，文件没有发表。（见全宗514：目录1，卷宗810，第102—106页；又见《土地革命战争记事（1927—1937）》，1989年，第390页）。

③ 文件没有找到。

军团①1932年在预先未作计划的情况下向四川采取的远征行动表明，除了游击兵团，我们主力的一部分，应该留在老的地区，以防止敌人在没有我方任何抵抗的情况下全面而神速地占领这些地区。这一部分军队不应人数很多，否则我们没有足够的力量在［中共］中央电报中规定的方向顺利地进行突破。在这个方向上，我们的基本力量，只有在实行保卫的各种可能性都用尽之后并且在保存着我们大部分有生力量的情况下才应使用。

虽然敌人从4军团1932年的远征时起学会了许多东西，虽然他们有比1932年更加强大的、我们必须克服的防线（赣江、赣湘边界和湖南湘江一线），虽然敌人在采取行动之初会拥有比1932年多得多的军队来组织追击，但对于我们的进一步推进来说反正都一样，恐怕我们也没有别的选择。如果我们成功地进行了突破，那长江还会长时间成为我们同4军团建立有效联系的很大障碍，而同正在转移的贺龙2军团取得联系，进而建立新的苏区，将是完全能够实现的。但游击小组和江西、福建地区的兵团，将进行类似于我们留在以前的鄂豫皖苏区的力量所进行的斗争。蒋介石把很大一部分力量留在这些地区，既是为了镇压群众，也是为了"调解"广东和广西的问题，为此他好像预先得到了日本"不干预"的保证。

关于川陕苏区的情况，我们几乎没有任何直接消息。我们曾尝试建立直接无线电联系，但未取得成功，因为由于我们的撤退，国民党地区和红军地区之间的运输联络点都被摧毁了，而建立新的联络点需要很长时间。从中国报刊的报道中可以看出，红军试图建立从通江往西到南江、广元，再到甘肃的交通线。同时报道说，红军还在绥定以北。所有报道在这样一点上是一致的，即红军保存了自己的力量。

鄂豫皖的部队和贺龙的部队都在开展积极的游击活动，但没有把其他敌军从江西吸引开。同它们的联系只是在借助于不常来的信使进行。

为加强支援中央苏区的斗争，党采取了一些措施。除了向一些组织和领导干部作出关于形势和必须提高积极性的更现实的通报外，还向最重要的地区（铁路线、码头、作战地区）派去了一些同志。现在第二技术员（7人）学校在

---

① 原文如此。这里和下面均指四方面军。

举办。还有游击学校在举办，目的是为了加强在国民党控制区的领导工作。由于地下条件艰苦，整个工作经常发生间断现象。

Ⅲ.上海"美亚"丝织厂工人举行罢工和开滦煤矿矿工采取行动之后（您已收到了关于这些事件的报告）[1]，经济斗争开始低落。除了一些小规模的罢工外，最终5月中旬在（英资）英美烟草公司的一家工厂发生了工人罢工[2]，反对打算关闭工厂的意图。我们立刻尝试让另两家工厂参与罢工，至今在其中一家工厂（有4000名工人）搞成了。总共有6500名工人参加罢工。一部分海员和码头工人决定从6月1日起停止为这家公司装运产品。尽管蒋介石早在5月份下令镇压罢工行动（命令是根据英国大使[3]的要求下达的，大使个人对这些烟草工厂表示关心），但罢工仍在继续。国民党工会一开始反对罢工，而后来在罢工爆发之后却站出来"率领"罢工。蒋介石下达命令后，它则积极准备对其实行镇压。

不能说，我们在领导这场斗争（例如，丝织厂工人的斗争），但我们的影响在起作用，尽管我们的组织很薄弱。

除工人采取了行动外，在迄今一直运输盐的江苏船夫当中，很明显也发生了很大骚动。为此最近开始使用轮船运盐。约有一两万帆船船夫和四到六千工人没有工作做。由40条船组成的代表团想到南京政府请愿，在到达南京之前被炮舰驱散。这次行动是自发的。

所有其余问题晚些时候再谈。

附言：现在我们在做菲律宾和马来亚的工作。两个党的代表在这里。菲律宾提出了详细的报告，表明取得了一定的成绩。如果您现在收不到这个文件，我们将随下一邮班寄去。有1.5万人参加了我们的五一游行；其中约有2000名改革派。在我们的影响和领导下掀起的大罢工浪潮过去了，取得了部分成绩。

在马来亚，4月底铁路工人举行了罢工，这个英国殖民地有几天铁路运输瘫痪了。工人的要求是经济方面的。进一步的消息在军事报告中。

---

① 文件没有找到。
② 罢工于1934年5月18日开始持续近一个半月，见 M. 帕什科娃：《中国1934年上半年的工人运动》，第8—10页。
③ A.M. Г 贾德干。

同印度支那没有任何个人联系。同爪哇也一样。

报告结束^①

附录：关于军事问题的12页报告，以及党的一些报告的译文^②。

（全宗514，目录1，卷宗810，第112—115页。德文打字稿，原件。）

---

①原文如此。
②文件没有找到。

赖安给哈迪的信

（一九三四年六月四日于上海）

亲爱的乔治[1]：

在我动身之前，你建议我有机会给你写信，同你交谈我对这里的情况和工作的印象。由于某些原因，我迟迟未能这样做。但是我想让你看看几个零散的札记，谈到这里情况的一些方面和涉及党[2]和局（远东局）工作的一些因素以及我在这里一直坚持的观点。

一

1. 根据江西、福建地区最近的事态发展，特别是注意到中央红军[3]蒙受的一系列惨重的军事挫折和损失，以及因此中央苏区根据地的缩小，可以推测，如果中国其他地区的军政形势以及国际因素不会导致发生"出人预料的"重大冲突，以后几个月在阶级力量对比和政治重新组合方面也不会导致发生重要变化的话，那么在最近的将来，可能是秋天，中央苏区红军的主要有生力量将不得不放弃江西、寻找出路和在湘川方向寻找发展苏维埃运动的新的地区，同时要顽强地保卫现有的中央苏区根据地，可能的话，还要使用红军轻装的和机动的部队进行机动灵活的防御战，并在中央苏区目前的和原有的土地上以及在相邻的地区大大发展和加强强大而活跃的游击队。

2. 在这方面，我想简要地，因而不是全面地谈谈这样一个问题：为什么反对帝国主义国民党第六次进攻[4]的革命战争，至今既没有取得对我们有利的结果，也未能使局势完全变得有利于我们。

---

① 乔治·哈迪。
② 指中国共产党。
③ 这里和下面指中央苏区红军部队。
④ 这里和下面指国民党军队对苏区的第五次"围剿"。

（1）某些同志，也就是弗雷德①认为，最近几个月，反革命军队在我们闽东②、赣北、赣东北和赣南战场上取得的局部和暂时的胜利，是"［中共］中央实行错误政治路线"的结果，而这种路线似乎体现在一系列的军事战略战术失误上和革命军事委员会"缺少"中心作战计划③上。我认为，这种立场是错误的，与事实，与列宁主义没有任何共同之处。我们可以肯定地说，在粉碎第六次进攻的斗争中，尽管在战役中有一些战术错误和某些政治失算，诸如在福建"人民政府"④时期所犯的错误，但是［中共］中央、革命军事委员会和苏维埃政府还是竭尽全力在这种具体条件下和在这种阶级力量对比情况下来粉碎帝国主义国民党的军事讨伐。当然，仅从"狭隘的"军事观点出发，在业已形成的情况下，即使犯了最近时期所犯的那些战术错误，也会从根本上改变江西的形势。正因为弗雷德不能理解这一点，正因为他面对日益增大的困难开始动摇，特别是在1933年12月以后，正因为他没有充分注意到红军比较有限的机动能力、客观因素和无法纳入计划的方面，弗雷德对中央苏区军事形势采取了不切实际的观点和态度，并得出结论，认为所有困难和问题都可以通过制定和采纳纸面上的计划来"解决"。这种观点的"成果"之一是去年11月提出的湖南计划⑤，看来，如果当时实行这个计划，那就会造成毁灭性的后果，等于自愿消灭中央苏区。11月的湖南计划的某些成分，可能现在可以运用，或在最近的月份里可以运用。但是时间、事态和条件的差异是如此之大，以至决不能也不应该把这种情况当作证明，证明在11月以及12月提出的这种公式化的取消主义的观点是正确的。至少我是这样认为的。

（2）另一些同志，包括吉姆（代表）⑥在内，基本上正确地同弗雷德的上述方针和一些其他政治方针进行了斗争（这决不意味着弗雷德的所有建议和计划

---

① M. 施特恩。

② 原文如此。应为：闽西。

③ 原文如此。可能指红军总行动计划。

④ 指1933年11月20日福建十九路军采取反蒋行动时成立的政府。

⑤ 指 M. 施特恩提出的中央苏区红军基本力量向湖南西部和西北部地区突破，以打击从北面进攻中央苏区的国民党部队的侧翼和后方的行动计划。这个计划遭到了中共中央和革命军事委员会的反对并遭共产国际执行委员会拒绝（见第218号文件）。

⑥ A. 埃韦特。

都是不对的，有些建议和计划，如福建的8月战役①，在许多方面是典范性的），然而约在6个月以前，他们改变了立场，并至今坚持这样一种看法："占有优势的、总数近50万的南京军队，在北面、东北面和东面战场与中央苏区对峙，它们得到了帝国主义的武装和积极支持"，与参与包围战役和进攻行动的粤军和湘军等一起，在目前的情况下，预先决定了中央红军主力"迟早"将不得不放弃中央苏区。换句话说，这些同志，特别是从去年12月起，一方面阐发了关于本阶段在中央苏区不可避免地要发生决战的失败主义"理论"，而另一方面与此相联系，仍在考虑红军能否"坚持"到春季或夏季，而现在是到秋季的问题。要清楚地意识到，中央苏区过去和现在不只是处在军阀地主资产阶级和帝国主义的一般包围之中，而且特别受到由得到帝国主义支持并在使用新的战术的大量敌军和数千堡防御工事等构成的牢固军事包围圈的扼制，但是必须明确声明，这样的机会主义观点（如上述"方针"）、这样的失败主义和投降主义的投机行为是不能允许的。国统区在开展保卫和积极支援红军和中央苏区及争取苏维埃革命在一省或几省取得发展和胜利的群众性革命运动，上述观点和行为只能导致并且实际上已经导致了对这种群众性革命运动的组织和领导工作的削弱。

（3）这把我们引导到了主要方面，因此我想赋予其特殊的意义，这就是我们应该意识到，造成中央苏区目前极其不能令人满意的军事形势和江西、福建地区暂时遭到重大挫折的主要原因之一，是党在非苏维埃地区，特别是在主要工业中心城市和工业领域、首先是由于群众工作做得很不够而没有能力在最近一个时期发动强大的群众性运动，来积极支持和保卫中央苏区，并给予国民党帝国主义的第六次讨伐行动以毁灭性的打击。

从顺利地组织和领导罢工运动、农民革命斗争或反帝运动并把群众在具体问题上的日常斗争同粉碎第六次讨伐行动结合起来的角度来说，我们是否认清了群众保卫和帮助红军和苏区的迫切重要性了呢？为了扩大苏区和建立新的苏区，必须从总体上强调指出，苏维埃革命与非苏维埃地区群众运动的巨大脱节，以及党落后于国统区的革命运动，包括党没有能力防止或阻止敌人调运军队、装备，以及兵力动员等，加之党内"流行的"固定看法（什么既然红军和苏维

---

① 指1933年7月至8月间根据 M. 施特恩的建议由专门组成的东方军向闽西采取的作战M行动。

埃群众粉碎了第五次国民党讨伐行动，他们肯定也会粉碎第六次讨伐行动)，构成了决定江西目前结果的主要因素之一。举一个例子，如关于在非苏维埃地区的怠工和破坏行动问题。除了奉［中共］中央之命或在其直接领导下沿边界或在中央苏区附近实施的袭击和各种游击行动外，还有一个事实是，在从第六次进攻开始时起（到1934年6月1日）的近一年期间，党、赤色工会和其他组织没有能力阻止发出哪怕一列火车、一艘舰船或一架飞机去反对中央苏区，由于轻视和工作做得不能令人满意，没有能力阻拦敌人从北方向江西、从上海向九江、从上海向福州、厦门地区、从杭州向南昌等地运送国民党军队和军人装备，哪怕是五分钟。我认为，很明显，党在非苏维埃地区，特别是在工会工作方面和领导罢工运动方面的群众工作水平比较低下，加之不善于把争取日常经济政治要求和需要的斗争，同日常有步骤地组织、动员和领导工人、农民和劳动群众保卫苏维埃运动、保卫红军和保卫苏区的工作结合起来，这不仅是整个党的主要弱点之一，而且也是促进江西目前军事形势不利发展的基本因素之一，为迅速和彻底克服这个因素，党应该竭尽全力，并且已在竭尽全力。

二

1. 必须就建立中国人民民族防御协会[①]和扩大在党的领导下的反帝民族革命战争问题说上几句。从收到由王明和老板[②]签署的含有关于这项工作的指示和建议的第二封信[③]时算起，到这个月（6月）已有半年时间了。在这重要的6个月期间，广大群众的反帝情绪特别是反日情绪，以及憎恨和革命义愤令人难以置信地高涨和激烈起来；在这6个月期间，顺便说一下，满洲、察哈尔和北方等地的革命游击战争扩大了。在这十分有利的客观形势下，取得了怎样的进步呢？上述这些专门的建议在怎样的程度上得到了贯彻执行和变成了群众的行动呢？从扩大和加强具有反帝情绪的工人、士兵、农民、学生和其他团体、委员会和组织的统一战线角度来看，或者从党组织和领导具体的反日行动和其他群众性民族革命行动的角度来看，今天的形势，除了满洲东南部和湖北北部的游击行动有发展外，实质上与6个月以前的形势一样：处在非常不能令人满意

---

①原文如此，指中华民族武装自卫委员会。

②康生。

③指王明和康生1933年10月27日给中共中央政治局的信（见第182号文件）。

的水平上。

例如，今天，即6月初，处于萌芽状态的中国人民民族防御协会至今还在形成过程中。在上海，王明信中提出的宣言稿①约收集到2000个签名。由15人组成的临时执行委员会②，是为了领导建立组织工作和开展群众工作成立的，但还没有开始运作。暂时有不多于5%的签名者组成了积极的反帝团体或委员会；连一个宣言也没有发表或者散发，没有实行任何群众性措施；特别重要的是，在建立中国人民民族防御协会过程中，目前首先特别重视的是非无产阶级、非农民和非士兵群众。

造成这种危机形势的主要原因是什么？为什么党没有切实迅速地利用日益增多的机会来建立中国人民民族防御协会和其他民族革命统一战线组织，和首先来扩大反帝民族革命运动并把它提到更高的政治水平上呢？这种反帝民族革命运动的扩大是不均匀的然而是自发的并且具有新的动力。我认为，这里有一些相互关联的原因，其中：（1）对下层统一战线策略的宗派主义运用，暂时在群众工作的多数阶段占据优势（向黄色工会和国民党工会成员、白军士兵、无党派反帝学生和其他人中的渗透和在他们当中坚持进行的反帝工作，进行得缓慢并且不坚定）。（2）反对日本帝国主义掠夺战争和反对帝国主义侵略和瓜分（中国）等的斗争，总的来说，不仅还没有完全打下基础，或者没有紧密地和令人信服地同争取工人、农民和劳动人民的直接的非常重要的阶级要求结合起来，而且也没有在此基础上得到充分的发展。（3）不善于利用没有解决事件、众人关注的问题，未在"紧张"时刻加强所有群众性统一战线行动，成立中国人民民族防御协会和动员群众进行具体的反对帝国主义和国民党的行动（例如，直接在伪满洲国皇帝溥仪登基典礼之前和进行的时候；同时紧随日本外务省发表四月"不许干涉中国！"声明之后；在不久前从北方撤出张学良的十个补充师③的时候等）。（4）王明信中提出的积极批评，涉及广泛运用民族革命统一战线政策问题，实际上在多数场合被歪曲了；至今不是利用而是④……，并依靠倡议和动员具有反帝情绪的自由派、知识分子和学生（实际的中国人民民族防御

---

① 指《中国人民对日作战的基本纲领》。
② 可能指中华民族武装自卫委员会筹委会。
③ 指张学良调部队到华中交由同红军作战的国民党军队总司令部调遣。
④ 下面几个手写字体不清楚。

协会组织，太多是从统计角度说的）收集多少和多么多"有影响的"签名，而不是从建立广泛的、积极的、有首创精神的反帝统一战线团体和委员会系统，以筹备和建立中国人民民族防御协会和开展在无产阶级领导下的有战斗性的群众运动的角度来对待这项活动，而群众运动的大胆开展，特别是通过发动各种群众性反帝统一战线行动，将能够为其进一步有组织的发展创造条件，并将成为不断发展在我们领导下的民族革命战争的一种手段）。（5）对国民党加强了的蛊惑宣传和谎言，即同它的"民族复兴和剿共"、"新生活运动"①等政策有关的论调的揭露是极其不能令人满意的，是抽象的和不系统的。与此同时，对整个群众工作的认识很有限，也很一般，整个群众工作和群众行动同争取建立苏维埃政权的基本问题联系不够。（6）除了向省里寄几份通告外，很迟缓也很不愿意在北方、在广东和在长江上的中心城市努力推动中国人民民族防御协会的建立，借口是等待"先"在上海建立现固的基地。

鉴于这些不足和倾向，我认为，不仅可以理解为什么最近党的群众工作和它对反帝民族革命运动的直接领导（而不是影响）总的来说还处在不能令人满意的水平，而且也可以确定，为了迅速实现必要的转折，应该做什么。

※　※　※

鉴于必须立即把这个札记寄给转寄它的同志②，时间不允许我更详细地阐述一些其他方面，特别是涉及工会一些问题的方面，以及涉及争取建立苏维埃政权、筹备总罢工及其口号等问题方面。关于这些问题存在着一定的意见分歧，因而对开展工作是有影响的。因此下面我从上述批评意见的角度对我们局（远东局）的工作和责任问题提出几点看法，以此来结束这个札记：

如果根据我在第一、第二两点中提出的意见作出结论，认为［中共］中央或它的上海局对所说的形势负有全部责任，那是不对的。远东局（我们局）应对上述弱点，特别是在群众工作方面和国统区党、赤色工会等组织状况方面的弱点负有很大部分的责任。总的来说，我们局无论过去还是现在都没有对省委和党组织的领导工作和工作任务给予真正系统的关注。例如，在过去的三个月里，我们局90%的时间和工作都只是研究江西、福建地区的特殊军政形势；在

---

① 旨在复兴和宣传中国传统道德价值观（礼、义、廉、耻）的文化思想运动。1934年2月由蒋介石发起，持续到中日战争爆发。
② 何人不详。

我们局"发现"上海党员人数从3000多降到500之前,九个月时间(从1933年1月到11月)过去了;在没有同中华全国总工会的同志研究怠工问题和1933年12月的反战反国民党计划的其他方面之前,我们局自己没有研究过这项工作问题;在一年间,我们局一次也没有详细讨论和采取措施来检查和帮助中国共青团的工作;一般来说,党的组织问题实际上被看作是"微不足道的"并常常是处于"我们的势力范围之外",为使我们自己对这些问题感兴趣,我们在尝试帮助、指导和监督党的建设和巩固工作,等等。

※　※　※

虽然可能我应该早谈这些问题,但现在我要使你相信,我在这里一直提出和坚持要解决这些问题。无论如何我相信,上面所谈的"印象"中的所有有价值的东西,能够被以什么形式用来加强这里的工作,包括我们局的工作,这是迫切需要的。当然,你认为怎么合适你就可以怎么利用这个札记的任一部分或者全文。

致最良好的祝愿和友好的问候!

米尔顿

附言:至于我嘛,如果你和同志们有机会(如果不是经常的话)能给我寄来有你们的观察和建议的札记,即使是非正式的和"非官方的",那我是非常感激的。这对工作肯定是有好处的。

(全宗514,目录1,卷宗810,第116—119页。英文打字稿,原件。)

共产国际执行委员会政治书记处政治委员会非常会议第381（Б）号记录

（摘录）

（一九三四年六月八日于莫斯科　绝密）

听取：4.（6165）——中国问题。中共关于经费支持的请求①。

决定：4.——从未付中共款项中和从1934年后备基金中寄去10万卢布。责成皮亚特尼茨基同志根据交换的意见起草给中共中央的电报稿②。

共产国际执行委员会书记：皮亚特尼茨基

（全宗495，目录4，卷宗294，第3页。德文打字稿，原件，亲笔签字。）

---

① 可能指中共中央1934年5月28日给共产国际执行委员会的电报，电报中请求提供100万墨西哥元的援助，用于购买药品和军服。

② 文件没有找到。

红色工会国际国际联络部^①给贝克的电报

（一九三四年六月十三日于莫斯科　绝密）

致贝克。通过我们通知您的那位朋友^②，您将收到1万元^③，其中2705元给您用到年底，6050元用于工会工作，还有1245元的后备金也用于工会工作。请确认收到款项。

［全宗495，目录184，卷宗47（1934年发文），第148页。法文打字稿，原件。］

---

①发报者是根据电报内容确定的。
②文件没有找到。何人不详。
③未说明货币名称。

共产国际执行委员会政治书记处政治
委员会给埃韦特和中共中央的电报 [①]

（一九三四年六月十六日 [②] 于莫斯科　绝密）

致代表 [③]，转［中共］中央。

1.我们完全赞成你们目前根据对形势的正确评价而实行的计划 [④]。争取保存中央苏区的前途，是与在外部地区、在交通线上和在靠近敌人设防地区的后方广泛开展游击战密切联系在一起的。不这样大规模地开展游击运动，在苏区内，机动能力非常有限的军队的处境，到今年秋季敌人发动新的攻势，作出最后努力来突破苏区的防线时，就会发生危机。但是在夏季，红军若竭尽全力，是能够采取主动把业已形成的不利形势改变为有利的。为此，必须完成两项任务：（1）为防备不得不离开，要规定加强在赣江西岸的基地，同这些地区建立固定的作战联系，成立运粮队和为红军建立粮食储备等；（2）现在就用自己的一部分部队经福建向东北方向发起战役，以期最后这些部队成为将来闽浙皖赣边区苏区的骨干力量，现在四省边境地区就有可观的游击行动和第十军的核心力量。这次战役，威胁蒋介石的主要基地和交通线，对保存中央苏区和便于其余部队向湖南方向撤离（如果我们不得不这样做的话），都具有很大的意义。因此，扩大从福鼎到鄱阳湖的游击区，是在中央苏区军队面前可能出现的任何选择中的最重要任务。

2.［即使］考虑到目前的战线防御有暂时被削弱的风险，我们还是建议随第七军之后再投入三个师，它们绕开敌人战线行进，如沿着经过尤溪的中心线

---

① 文件在共产国际执行委员会政治书记处政治委员会1934年6月15日会议上得到批准（见全宗495，目录4，卷宗295，第5页）。

② 密电译出的日期。

③ A.埃韦特。

④ 文件没有找到。中共中央计划的某些原则见第259号文件。

前进，然后向北，以便深入敌后以果断的行动切断现在从沙县建宁扇形地区进攻中央苏区的敌集团军的交通线。在7、8月间，这个军团独立作战时，不要去占领敌人的堡垒，可以同第十军和北面的游击队一起给敌人的整个战线造成这样的威胁，使敌人不先尝试消除这个新的威胁，就不能下决心投放力量进攻中央苏区。

3.归根到底，即使秋季战斗结局不利，我们在中国东南部还有三个主力作战集团军：(1)由七、三、十军团组成的、在目前的中央地区东北部活动的集团军；(2)留在中央苏区进行游击战的集团军；(3)在湘赣边境上的西部集团军，这个集团军将包括撤到那里的中央苏区部队，还有六军团等。

4.动员新的补充人员的过程证明，中央苏区的资源还没有枯竭。红军作战部队的抵抗能力、后方的情绪等，还没有引起人们的担心。如果说主力部队可能需要暂时撤离中央苏区，为其做准备是适宜的，那么这样做也只是为了撤出有生力量，使之免遭打击。

需要在对共产国际执行委员会十三次全会决议[①]中和中共五中全会决议[②]进行讨论的基础上做解释工作，说明斗争的前景和目前的困难。以及红军采取灵活策略的必要性，其目的首先是要保存有生力量和为其发展和加强创造新的条件，以便在有利的时机对日本和其他帝国主义军队和国民党军队展开广泛的进攻。

［全宗495，目录184，卷家47(1934年发文)，第150—154页。法文打字稿，原件。］

---

①《共产国际执行委员会第十三次全会(提纲和决议)》，莫斯科1934年。
②《中共中央文件选集》第10卷，第23—79页。

共产国际执行委员会政治书记处
政治委员会给中共中央的电报 [①]

（一九三四年六月十七日于莫斯科）

政治委员会致上海

1.在最近的电报中，我们建议发动福建战役，将其作为预防和吸引开敌人，进而便于保存苏区或从那里撤离（如果不可避免这样做的话）的措施 [②]。随着部分部队返回东部，我们也考虑到通过中国东南部和通过长江同红军保持联系的问题。一方面可以通过福鼎，也可以通过湖口、彭泽（鄱阳湖北面的港口）以隐蔽的方式从外面提供弹药和药品。

2.请从苏区和从上海经意大利公司和其他外国公司或者军阀代表处寻找联络途径，以便通过最经济和最可靠的途径购买和提供弹药。你们能否为此建立自己的隐蔽的中介公司？请尝试通过这些公司出售四川红军有的商品，为中央苏区换取武器。

3.请让你们的特科采取各种途径去努力瓦解敌人的部队，包括收买某些环节的指挥人员。这将是供应红军同时也是削弱敌人的最近途径。针对日本人在东南部的侵略行径，要把这项突击性工作同政治宣传运动结合起来。

4.在福鼎地区发展广泛的游击运动可能引起同日本海军陆战队的直接冲突，在我们巧妙利用这种冲突的情况下，可以促使白军士兵群众转到我们方

---

① 文件于1934年6月17日经共产国际执行委员会政治书记处政治委员会成员（И.А.皮亚特尼茨基、Д.З.曼努伊尔斯基、Б.布龙科夫斯基、王明、Б.Г.克诺林）飞行投票被通过并在政治委员会1934年6月21日非常会议上被批准（见全宗495，目录4，卷宗295，第153页）。

② 见第263号文件。1934年7月，根据这个建议，中共和红军领导向福建北部派遣7军团，名为"抗日先锋队"，任务是在进攻中央苏区的敌人的战线后面开展游击运动和在闽浙赣皖边区建立新的苏维埃根据地。

面来。

　　5.请经常通报形势和购买武器药品的情况。我们已开始根据中央的请求暂时给你们寄去一半费用。

　　[全宗495，目录184，卷宗47(1934年发文)，第165页。美打字稿，原件。]

格伯特给皮亚特尼茨基和阿布拉莫夫的电报

（一九三四年六月二十六日于上海）

艾尔文[①]致米哈伊尔[②]和阿布拉莫夫

很难找到必要的时间向你们说明必须暂时中止同斯拉文[③]联系的原因。

1.哈格尔[④]无论如何不应该是同党的联络人，因为他同来自菲律宾的日本同志有联系，而将来他将同其他党和同信使有联系。

2.他未充分做好准备就要讨论地下组织活动问题。鉴于无论是你们的代表[⑤]还是其他同志都没有研究这方面的问题，并注意到目前形势的极端严重性和党的一定的弱点，我感到自己作为党员有责任帮助我们的朋友，哪怕是一点点。

在你们的电报[⑥]中以及来自江西［中共］中央的电报[⑦]中，提出了购买和运输药品、子弹和飞机问题、破坏工作和瓦解白军工作，以及大笔开支问题。这需要做认真而很周密的准备，制定灵活的计划，这个计划可以根据前线的条件和封锁线的变化作改变。我怀疑，是否制定了详细的计划。在这些场合，党表现出许多弱点。福建事件表明，技术准备薄弱，对事件的政治意义估计不足。无论是购买和运输装备的机会，还是瓦解十九军和其为数不多的士兵转到红军方面来的机会都没有完全利用。

党的联络组织薄弱。由于联络系统太复杂，我们经常丢失我们的同志（来

---

①Н.Н.格伯特。

②И.А.皮亚特尼茨基。

③李竹声。

④何人不详。

⑤А.埃韦特。

⑥见第245、255、258、264号文件。

⑦文件没有找到。

上海的同志有一系列的例子[1]）。这个联络系统应作改变和加以简化。党内的联络问题，可以说也是一样。每次暴露都应该带来深入研究组织系统和作出相应修正的结果。如果说党的一个秘密接头住所暴露导致几乎所有其他住所都暴露[2]，这就表明联络系统不好。只有认真研究暴露的原因，才能有效地同奸细作斗争。

（全宗514，目录1，卷宗810，第121页。法文打字稿，原件。）

---

[1] 见第267号文件。

[2] 指1934年6月中共在上海的秘密联络点的一系列暴露，结果中共上海中央局的许多工作人员，其中包括当时的中央局书记李竹声被捕。

共产国际执行委员会国际联络部给格伯特的电报 [①]

（一九三四年七月一日于莫斯科）

中国共产党在1934年每月应该收到7418金元，重复一遍7418金元。

[全宗495，目录184，卷宗47（1934年发文），第185页。法文打字稿，原件。]

---

① 发报者和收报者是根据电报内容确定的。

格伯特给皮亚特尼茨基的电报

（一九三四年七月三日 [①] 于上海　绝密）

艾尔文 [②] 致米哈伊尔 [③]。

共有17位同志被捕，其中有4名妇女，名字不详，因为同许多部门的联系已中断，而且组织的副书记 [④] 以及许多负责联络的同志也被捕了。被查获的东西有：通过冈斯 [⑤] 妻子收到的你们（？） [⑥] 的邮件，其中有王明关于代表大会日期 [⑦] 的秘密信件等、政治报告和鄂豫皖军事计划、北方（北平）军政工作计划、中国国统区三个月工作计划、党在工会中和几乎在所有省份青年中的工作计划、党三年半来的指示和决定 [⑧]、护照和许多报刊（？）、代表名单 [⑨]。不太可信的是，其中也有您最近关于军政形势问题给［中共］中央的电报 [⑩]。

简单谈谈我们对暴露原因的看法：

第一，中央与江苏省委的直接（？）联系和江苏省委同中华全国总工会执委会等单位的直接联系遭破坏。

第二，可能对我们现在才知道的斯拉文 [⑪] 同米茨凯维奇 [⑫] 和宣传鼓动部部长 [⑬] 居住的房屋有监视。

---

① 共产国际执行委员会收到文件的日期是1934年7月5日至7日。
② H.H. 格伯特。
③ И.A 皮亚特尼茨基。
④ 可能是李竹声。
⑤ 何人不详。
⑥ 这里和下面，原文如此。
⑦ 文件没有找到。指共产国际七大召开的日期（见第61页注④）。
⑧ 看来，这里讲的是中共上海中央局的文件。文件没有找到。
⑨ 可能指中共出席共产国际七大的代表名单。
⑩ 可能指第263号文件。
⑪ 李竹声。
⑫ 盛忠亮。
⑬ 可能是黄文杰。

第三，可能有奸细，但这很难确定，可能太集中了，同特科的联系中断，该科工作薄弱。

第四，从斯拉文方面来说，没有任何警觉性，对另两个想进来的同志没有发出发生情况的任何警告信号。除了我，党不想同其他同志保持联系，虽然他们认为我也不能在这方面给他们以帮助。您的代表①将于［1934年］7月7日取道海参崴离开这里。对密码、全部指示、有损声誉的文件等采取了一切必要的预防措施。一旦我们发生问题，您的声誉也不会受到损害。需要竭尽全力挽救党。我们同一个人保持联系……暂时是宣传鼓动部②。一旦他被捕或米茨凯维奇被捕，我们将同斯拉文的妻子③保持联系。她很少为人所知，斯拉文没有同她在一起居住。她懂上海话，不知道（我们）名字，或者我们将同其他同志［保持联系］，以便不失去同苏区和中国党（？）电台的联系。斯拉文不会讲什么，他们将迅速同他断绝一切联系。我们近期的工作计划是：第一，恢复同特科的联系，逐步恢复同其他单位而首先是联络点的联系，特别是同满洲联络点的联系，以便有可能派出代表。

在六天内，应从苏区来六位同志。我们不知道哈尔滨的秘密接头处是否暴露，不过在任何情况下都需要对它们进行改组。

第二，在深入研究最近的暴露事件④和很难恢复的联系之后，要在我们所处的新的水平（？）上同江苏建立联系。由于处境艰难，我不能在一周间收到或发出两次以上的电报。在失去秘密接头住所的情况下，工作要求延缓作出答复。请为了您的平静（？）研究一下我们所处的这种特别危险的局势。请告知您的决定。（库尔特）⑤。7月3日。

［全宗495，目录184，卷宗61（1934年收文），第95页。法文打字稿，原件。］

---

① A. 埃韦特。
② 原文如此。意思是：同宣传鼓动部部长。
③ 何人不详。
④ 见第267号文件。
⑤ H.H. 格伯特。

共产国际执行委员会国际联络部给格伯特的电报 ①

（一九三四年七月二十日于莫斯科　绝密）

给国际革命战士教济会中国分会拨出17420荷兰盾，重复一遍17420荷兰盾。这相当于7200金元。拨给后请电告。

答复您第269号电 ②。请兑换马克。

[全宗495，目录184，卷宗47(1934年发文)，第210页。法文打字稿，原件。]

---

① 发报者和收报者是根据内容确定的。
② 文件没有找到。

中共上海中央局、盛忠亮和
格伯特给皮亚特尼茨基的电报

（一九三四年七月二十五日[1] 于上海　绝密）

中共上海中央局、米茨凯维奇[2]和艾尔文[3]致米哈伊尔[4]。

我们又给苏区寄去5万墨西哥元。到9月中旬还需要寄40万墨西哥元，重复一遍，40万墨西哥元，因为晚些时候，看来几乎没有机会了。我们还可以每两周寄去9万墨西哥元。兑换荷兰盾可能要有2.75%以上的损失，但不是马上兑换。请把钱寄来。7月25日。

〔全宗495，目录184，卷宗61（1934年收文），第58页。法文打字稿，原件。〕

---

①共产国际执行委员会收到文件的日期是1934年7月28日。
②盛忠亮。
③Н.Н. 格伯特。
④И.А. 皮亚特尼茨基。

共产国际执行委员会政治书记处
政治委员会会议第395（Б）号记录
（摘录）

（一九三四年八月十五日于莫斯科）

听取：21.（6327）——阿图尔^①同志关于中国形势的报告。

决定：（1）责成米夫、皮亚特尼茨基、王明、康生、弗雷德^②和阿图尔同志讨论所提出的建议，然后再次提交政治委员会批准^③。

（2）责成阿图尔同志以书面形式提交自己报告的主要内容^④。

（3）责成东方地区书记处在地区书记处内讨论一切有争议的问题。

（4）在参加第七次世界代表大会^⑤的中国代表团抵达后，与其详细讨论所有问题。

共产国际执行委员会书记　皮亚特尼茨基

［附录］

埃韦特同志1934年8月15日在［共产国际执行委员会政治书记处］政治委员会上所作的报告

注^⑥：这个报告不是速记记录，而是后来根据口授所作的记录，它既有［对口头报告］的缩减，也有某些补充。省、市名称及专有名称是用英文写的。

---

①A. 埃韦特。
②M. 施特恩。
③见第282号文件。
④见附录。
⑤指共产国际第七次代表大会。
⑥文件注。

日本帝国主义的侵略

在上海战争①和满洲被占领后，日本征服中国的方针仍在继续，没有遇到真正的抵制。1934年4月17日日本外务省的声明带有某种新意，该声明正式通知其他帝国主义列强，今后只有征得日本同意并在其监督下它们才能够采取某种行动。早在这个声明发表前的几个月，日本对南京政府施加的压力越来越大，目的是迫使它彻底投降。其他帝国主义列强完全了解日本向中国提出的条件的性质，它们的行为，特别是英国的行为，更像是赞同。

日本大使以最后通牒的形式向中国政府提出的许多要求（据说，有几百条），可以概括为以下几大类：

1. 中国的外交政策应该置于日本的监督之下。中国要保证不采取任何旨在反对日本的措施。在日本与苏联发生战争的情况下，中国必须支持和实施日本提出的措施。中国必须征得日本的同意才能向其他帝国主义列强提供租界地。获取贷款也是一样。

2. 日本要监督武器的进口和生产。要由日本人来替代其他帝国主义国家的政治、军事和经济顾问。

3. 对日本商品实行优惠的税率。要进一步对日本作出让步，特别是在内蒙古和外蒙古方向建设用于反对苏联的战略铁路方面。承认日本向袁世凯提供的贷款。

目前其他帝国主义列强并没有给日本帝国主义设置任何障碍。尽管日本和美国之间的矛盾现在比任何时候都更尖锐，但是美国在中国的表现却十分消极，目前只限于增加自己的武器装备。

日本和英国之间的矛盾，特别是在经济领域，在远东呈现出增长的趋势。但是不列颠帝国主义甘愿牺牲某些工业部门的利益，其中包括纺织部门的利益，指望把日本的侵略推向苏联，并在爆发斗争时既可以削弱日本，又特别可以削弱苏联，重新恢复自己在亚洲失去的阵地。英国准备在下一次瓜分中国时提出自己的兼并计划并实现它。（从西藏边界推进到四川，进入新疆，力求加强自己在长江流域的地位，建议组建国际宪兵并建议美国同英国一起来组建，

---

① 指国民党十九路军和居民在上海和吴淞对日本侵略者的武装抵抗。

但美国一直拒绝这样做，其中也包括拒绝利用在广东搞的阴谋和分割南方的隐蔽威胁。）

南京政府的政策

所谓的中国中央政府和国民党的政策是在下列情况下实施的：［第一］，在日本对华战争和其他帝国主义列强侵略的背景下，第二，在红军和众多游击队进行斗争的背景下，第三，在国民党内部及国民党军阀之间发生激烈矛盾的背景下，第四，在发生与旱灾和水灾这样重大自然灾害相联系的严重经济危机的条件下。这种政策可归结为：一直放弃对日本的任何抵抗，把越来越多的精力投入同革命运动的斗争上，而革命运动是唯一与帝国主义作斗争的力量。义勇军运动遭到暗中破坏，被取消，遭到迫害，抵制运动①和开展这种运动的团体也遭到了同样命运。日本为自己向中国出口的最主要商品争得了优惠税率。这种税率既是针对中国工业的，也是首先针对从美国进口的商品的。允许与满洲发展交通运输和在福建对日本人做出进一步让步，是指望以此来讨好日本。在日本的压力下撤换了原财政部长宋子文②。他与美国签订的关于进口棉花和小麦的贷款协议遭到抵制，无法实现。在福建任命了一个明显的日本代理人③当省长。不顾大家抗议，在北平政治会议主席的位置上保留了日本公开的走卒黄郛，他利用南京的支持，执行把华北变成第二个满洲国的政策。今天日本已经不满足于直达运输了，而是转向通过军队控制的山口免税运入日本的和满洲的商品。此外，南京拒绝与苏联签署互不侵犯条约。在所有这些问题上，在南京的营垒中过去和现在都存在矛盾和某种对抗，而蒋介石以对日本有利的方式克服了这些矛盾和对抗，现在汪精卫在更加公开地执行他的这个屈服于日本的方针。

通常的借口是：在中国，不消灭红军就不能抗日。

最近蒋介石的某些动摇已经很明显，其意义不应估计过高。这种动摇表现在蒋介石和黄郛之间矛盾的激化上。至于说到北方，黄郛想把华北都拱手送给

---

① 指抵制日货。
② 1933年10月宋子文辞去财政部长职务。
③ 陈仪。

日本，主张中国完全屈服于日本并站在日本方面参加对苏战争。蒋介石动摇的真正原因隐藏在日本不断加大对他和南京政府的压力中。日本越来越藐视南京政府并频繁通过南京的首脑与省及当地机关进行谈判。在日本营垒中越来越多地议论说，不应该相信蒋介石，他的方针，特别是在与其他列强发生战争的情况下，是不明确的，他可能伺机反对日本。根据蒋介石自己的言论和他的法西斯组织"蓝衣社"①的宣传，他的方针可以概括如下："日苏之间战争不可避免。这场战争将发生在1936年。在此之前我们应该在中国消灭红军，否则就有与中国苏维埃和与苏联打疲劳战的危险。"

从今年开始蒋介石的军事地位有所加强。他在过去，特别是在去年先后镇压了三次军事叛乱：1.冯玉祥在西北（张家口）的叛乱②，2.孙殿英指挥的第四十一军的叛乱，3.十九路军在福建的叛乱。尽管广州和南京之间的矛盾仍然像过去一样存在，尽管在其他省份仍然像以前一样存在着强大的反对派，但是当前形势的一个显著特点是，在蒋介石取得上述三次胜利后，他的所有敌人现在都想避免与他争斗。蒋介石相当巧妙地利用这种局势，企图通过加强自己的军事地位和做出某些政治让步，来进一步削弱南方阵线。直到现在他还没有完全达到这个目的，将来也不可能达到，但是目前他已经取得了主动权，迫使他的敌人转入防御。他的军事力量的这种加强直接影响到政治领域，因为他的所有政敌（例如，胡汉民）都直接依赖某些军阀的支持，但是，现在军阀们都过于谨慎，不轻易采取什么行动。这种情况还会长期继续下去，只有在下列情况下才会发生变化：日本［在中国］采取进一步的坚决的侵略步骤，爆发日本对苏联的战争，或者我们红军取得新的重大胜利。

日本对苏联的战争准备

虽然日本对中国的侵略有其自己的目的，但还是应该把它看作是对苏战争准备的一部分。不把中国的大部分，特别是它的北部变成日本的桥头堡，日本发动对苏战争的可能性就比较小。只有一个满洲对于实现这种目的是不够的。

---

① 蓝衣社成立于1932年3月，于1938年4月解散。
② 指由冯玉祥建立的察哈尔民众抗日同盟军在1933年5月至8月发动的反对蒋介石的行动。

另一方面，日本向华北的实际渗透已经如此之深，以至军事占领只是第二位的问题，推迟解决这个问题不是由于"抵抗"的结果，而是由于考虑其他帝国主义列强的利益。日本在实现这种帝国主义目的和战争准备的过程中遇到了一系列困难。日本国内的经济越来越不景气。除了财政困难，又开始爆发与示威游行相联系的农民骚动等等，尽管还处在开始阶段。在满洲，日本帝国主义尽管竭尽一切努力，但未能把义勇军运动镇压下去。相反，在今年义勇军运动相当活跃，在同日本人和伪满洲国军队的斗争中表现出高超的技能。除了受我们影响的革命军队中的2500人外，根据我们的估计，还有3万名义勇军不在我们领导下，但部分与我们合作（根据南京政府的估计，当然是过高的估计，满洲义勇军人数约达13万到14万人）。此外，日本帝国主义直到现在都未能取得其他帝国主义列强，其中包括英国，在与苏联开战情况下的支持。德国发生的事件和它在欧洲的孤立，减缓了获得盟友的过程。乘苏联歉收之际而搞的投机也没有得逞。由于所有这些原因，日本军国主义营垒内部在对苏联开战时间问题上存在着相当严重的分歧。在军方会议上和在报刊上相当公开地进行着这种争论。为了掩盖自己的战争准备，在加紧挑衅的同时，还在越来越大的范围内唱起了和平的高调。这就造成了一种印象：日本确定在冬季开战，指望顺利越过黑龙江等等。日本军队在日本北方寒冷的气候条件下举行的一系列演习就证明了这一点。

国统区党、工会及群众组织的组织状况和工作概述
（更详细的统计在最近几周内就得到）

在审核［下面］列举的所有数字时应该考虑到，在秘密工作、中国幅员辽阔和联络不畅的条件下，很多地区和省份没有寄送任何报告，［中共］中央与很多地方组织既没有直接联系，也没有间接联系，许多地方的统计材料，有的部分是不可靠的，在这种统计中，没有考虑到与苏区比邻的白军占领地区。在此基础上所列出的有关党组织、青年组织和其他组织的数字，可能增加约20%。

共产党	21966人
赤色工会	5651人
共产主义青年团	9285人

农民组织　　　　　　　39403人

反帝组织　　　　　　　4645人

只在白军控制的两个省份中有真正巩固的党组织：在江苏有6010名党员，其中在上海有700名，在湖北有将近9000名党员。在这两个省份中对白区工作的组织是最好的。最近在这两个省不仅在采矿、纺织和水泥工业的工人中间举行了一系列积极的罢工，而且还组织了抗日工作；在这两个省对白军士兵的工作也做得比其他省好。党在铁路员工中间牢固地站稳了脚跟。领导们正在与那里出现的相当严重的右倾进行严肃而具体的斗争。

至于江西省①的工作，上海组织工作水平的低下特别不能令人满意。如果考虑到一年半以前呈报的党员人数是2000到4000人，那么最低的水平确实已得到克服，尽管党员从500增加到700说明不了什么问题。这个数字，当然是过高的估计，但是组织工作状况，特别是积极性程度，除了组织一些罢工外，还有待于改进。

满洲的工作要比湖北差，这基本上可以用那里的政治领导和干部软弱来说明，尽管那里存在日本的恐怖，但是在满洲活动的自由还是要比在中国最重要的白区多一些。我们的人民革命军还在执行宗派主义的政策。在转入与其他义勇军团队联合行动之前，提出了过多的条件。我们曾采取有力措施，发展广泛抗日统一战线，并向我们在那里的力量提出了在较大游击队中开展活动，使之尽可能给予小股日本军事集团以毁灭性打击，并在边远地区建立巩固的根据地的任务。最近几个月来，这项任务部分地顺利完成了。

在热河省，尽管存在着客观的机会，但是党没有进行任何工作。

在山西省既不存在较大的党组织，也不存在较大的青年组织，尽管这个省是个十分重要的省份，有数十万矿工、铁路员工和在白军士兵中开展工作的有利土壤。在这个省，必须建立省委；直到现在该省的工作都是由北平来做的。

在山东省也存在着类似的情况。省委被敌人消灭了，至今还没有恢复。日本人在这个省的势力在增强。我们在矿工、铁路员工和农民中间开展工作有良好的基础。

位于我们四川苏区以北的陕西省的工作，与那里存在的条件根本不相适应。现在该省存在着三个领导机关：一个是领导陕南，还包括甘肃南部，另

---

① 原文如此。应为：江苏。

一个是领导北部，第三个是领导中部。在陕西中部我们拥有些武装游击队，有200到300人。借助于游击队，在白军部队中组织了一些哗变，然而，由于准备工作不慎、犯有机会主义错误和行动不够果断，一开始就被镇压下去了，因而对于加强我们的工作帮助不大。

在河南省，党组织的进步和团结都很明显。河南省是最近一个时期我们当地党组织的领导没有遭到敌人任何严重破坏的为数不多的几个省份之一。除了南部几个游击区外，我们在那里有将近2000名党员。在铁路员工和纺织工人中间的工作取得了一系列的成绩。在士兵中间的工作得到了加强，与所谓的灰色军事力量^①开始建立定的联系。我们的游击队大约有3000人，给它们提出了在通往北平的铁路线以东开展活动和逐步与皖北游击区建立联系的任务。

安徽省。只是在它的北部有一些值得一提的与河南保持某种联系的党组织。[中共]中央认为，在那里大约有1000名党员。在三个县有党小组活动。我们的目标是让这些小组同河南省的游击小组建立比较密切的联系。

湖北省。在大工业区汉口只有一个不大的青年组织和一个左派作家组织。没有党的组织。可能，在该省有几个小组，但是同它们没有任何联系。[中共]中央试图往那里派遣一些同志，但至今总是立即受到敌人的阻挠。在这个省缺少任何组织工作，这就造成了毁灭性的后果，因为那里不仅有重工业，而且还有几个大兵工厂以及大量的失业者和逃难者。那里在白军中的工作也很重要，那些白军经常被派去进攻江西，也有部分被派去进攻我们的游击区。

四川省。尽管最近一个时期四川白区的工作有所改进，特别是县委和支部的工作有很大改进，但［这里］仍像以前一样表现出很大的软弱性。和以前一样，我们在10万盐矿工人中间的影响还是很小的。在党的组织中仍然存在着过多地注意上层的传统，没有把做上层工作与做相当重要的群众工作联系起来。在该省的许多县都有游击队，一部分是处在我们的影响之下，一部分则是反对缴纳捐税等的独立农民武装。以前，省委在游击队斗争上犯了一些错误。他们不是去扩大和联合分散游击小组的行动，而是用各种方式依靠狭小的农村去"夺取政权"，其结果是失败。同苏区的联系很不够。已经采取了加强工作的措施，从上海派去了一位省级党组织（大约有1500人）的新书记^②。

---

①指没有纳入南京政府武装力量编制的地方部队。
②何人不详。

福建省。在十九路军起义时成立的省党委在3月被蒋介石摧毁了。由于叛徒出卖，多次进行逮捕。现在只有与厦门市有联系，从那里实施对该省南部的领导，那里的工作已经安排好。（在厦门大约有160名党员，300名工会会员，6月举行了有3000人参加的抗日示威游行）。在该省还有很多游击小组，以及一些完全孤立于中央苏区之外的小苏维埃根据地。党和青年团的社会成分还不好，学生起着过于大的作用。

广东省（广州）。在全省没有一个像样的组织。在广州存在一个左派组织（作家、学生等等），大约有100人。某些工作是由香港的党组织（大约有150名党员）来完成的。在该省北部存在着一个与湘南保持联系的不大的委员会。

湖南省。那里的情况也不好。已有三年时间没有恢复党委了。我们只与省会长沙的一个小组和南方的一个小组保持着联系。我们在江西和湖南边界活动的游击队〔和他们〕有较多的联系，但是这种联系并不经常。最近个时期，特别是在中央苏区，为了与这个省建立联系和在那里组建党组织作出了很大努力。作出这种努力是出于打通湖南的迫切需要，并考虑到保住江西已不可能了。该省的形势是有利的。农民受到了无情的掠夺，他们必须把自己收成的五分之四缴纳租税。甚至资产阶级都激烈地反对苛捐杂税和没收政策，其相当数量的代表因为反对缴〔税〕而经常蹲监狱。

浙江省。尽管党组织薄弱，但是今年该省还是发生了大量的严重冲突。除了一些农民起义，在有10万工人的地区还发生了大约有1万丝织工人参加的行动。像在最近的多数行动中一样，在这次行动中工人阶级也表现得很积极。（示威游行、宣布总罢工、关闭所有商店、释放囚犯等等）由于缺乏坚强的组织，党领导这种斗争很不得力。现在这个省发生了可怕的旱灾。秋收作物的90%毁掉了，有2000万农民在挨饿。在最边远的一些地区自发地组建了"土匪队伍"，我们对他们施加的影响很小。党在这个省已经加强了自己的工作。语言的障碍使从其他地区派到那里去的同志的工作复杂化了。在浙赣铁路上，现在正在开展专门的工作。

党在工会和经济斗争方面的工作早已是最薄弱的环节，也看不到有任何根本性的改进。有5650名会员的赤色工会太软弱，在斗争中发挥不了决定性作用。党在互助团体、兄弟会等一系列组织中以及国民党某些工会中也有影响。尽管在国民党工会中的工作由于几乎完全不能开会而难以进行，但是党在这个领域的工作无论如何是与客观条件不相适应的。尽管存在着这种软弱性和这样一个事实，即我们在一系列工业企业（如上海棉纺工业和烟草工业）中丧失了组织能力，然而在其他一些重要领域还是取得了一定的成绩。我们在开滦煤矿矿工的多次行动中发挥了积极的主导作用，把1260名矿工组织起来了并为建立矿工工会成立了筹备委员会。在平汉铁路和平张（家口）铁路的北方铁路员工中建立了一系列可靠的据点和铁路员工工会筹备委员会。在河南省以及在江苏省的三条铁路线上也已开始做工作。

上海码头工人（党已经开始向他们中间渗透）按其重要性来说属于第二类工人，在那里我们现在已经有300人的一些工会小组（顺便说一句，上海码头工人有14万，这个数字是很不够的）。在"美亚"公司13家丝织厂工人50天的罢工（有6000人参加）过程中党取得了很大的成绩。尽管罢工失败了，但是党由于自己积极进行领导而加强了自己的影响，并关注工人退出这一斗争时仍能保持其组织性。在这次罢工期间，发生了围困警察局和政府大楼事件，一些被捕的罢工领导人被释放，等等。在上海，最近一次罢工（90%的工人参加）遭到失败之后，电力公司决定不向国民党工会交纳任何费用。这个举动是在我们在这个企业中的几个不大的党小组的影响下作出的。

越来越多的工厂关门或者一周中工作日在减少，本来就很微薄的工资在不断降低，企业主们新的进攻现在已包含蒋介石企图解散国民党工会，考虑到这些情况，应该期待工人的斗争迅速而广泛地展开。最近一个时期罢工的性质发生了根本性的变化。罢工已经成为更大规模的、更长时期的和更富有战斗性的斗争，同一类工人常常在一年内举行几次罢工，参加罢工的行业数量比以前多了，工人们的团结在不断地增强，工人们的要求也在增加，并且常常与政治要求联系起来，在许多次罢工期间工人们成立了武装自卫队，并使用原始的武器。

党与我们的海员工会一起经常采取统一战线策略，反对蒋介石和国民党企图通过举行"考试"的方式用自己的法西斯年轻干部来替换（长江上的）河运船队和近海轮船的老轮机手、老大副和老船长。我们建立了有43艘拖船和4艘轮船（3艘中国轮船和1艘英国轮船）的船队行动委员会，该委员会支持我们反对新考试的纲领。我们海员工会的两个领导人也被选入了该委员会。同时党开始把船队上层人员的要求与大约4万名海员的要求结合起来。蒋介石看到，这个运动可能给他针对红军的军事计划带来明显的损失，于是他就把旨在取缔不理想分子的考试推迟到1935年。

我们作出了关于今后会报纸要比现在更按时出版的决定。应该出版作为中华全国总［工会］机关报的《中国工人》、上海总工会机关报的《上海工人》、海员工会机关报的《中国海员》，在北方出版《北方工人》。

所有这些成绩基本上表明了中国工人高涨的革命战斗精神，表明存在着巨大的潜力，同时也清楚地表明了党的弱点，不善于充分利用这种潜力。为不单独历数每一个弱点，必须特别强调指出，第一，在失业者中间没有做任何工作。甚至在存在过失业者委员会(委员达100人)的上海，在遭到连续逮捕之后，［它们］实际上也消失了。第二，在国民党工会中的工作也没有实质性改进。第三，我们的赤色工会不仅在数量上而且在组织方面都过于软弱。吸收非党工人和同情我们的工人多加我们的工会工作做得很不够。到目前为止我们工会的的领导干部和中层干部全部由党员组成。第四，党不善于搭建桥梁和同众多的工人互助组织建立联系，或者自己建立在我们的影响下用各种名称的互助组织。第五，还经常发生这样的情况，我们只是在罢工开始时才知道工人的行动，我们的鼓动宣传只是一般性的，而工人的要求，我们不了解，不能将其具体化和将其表述出来。第六，没有充分利用工人的这些行动，也没有把罢工行动同总的抗日斗争和对红军的支持联系起来。

除了普遍加强我们的组织和我们在这方面的影响外，作为最重要的任务，是将上海变成一个大的斗争中心和为全国培养干部的中心；将工作集中在重工业、运输业军事和民族工业①方面，加强日本企业中的工作；在考虑到革命运动传统的情况下把铁路工人组织起来；加强我们的组织，特别是要加强长江轮船航运和沿岸的组织；克服重要省份发展的不平衡性；加强对失业者、从事繁重劳动的工人和农业工人的工作。

总之，关于党的工作可以概括如下：尽管在各个方面表现出很大的弱点，但是可以认为有以下重大进步：对我们在中国的复杂革命策略的理解加深了；党在执行自己的革命路线的同时，已根据下层干部的水平表现出了巨大的机动能力；在很大程度上克服了托派和右派的［影响］并且更具体地开展反对对革命路线的取消主义和叛徒行为的斗争；虽然取得的成绩是很不够的，党还是渗透到一些新的地区和工业部门了（矿工、码头工人、铁路员工中间）。

党的反帝工作也存在着同工会工作同样的一些缺点。广大群众非常赞同党的反帝革命政策。当苏维埃政府和红军于1933年建议在一定的条件下与所有的

---

① 原文如此。

军队或军事集团共同进行反对日本帝国主义的斗争的时候①，这种赞同大大加强了。今天这个建议已经成为我们在各省总的工作的重要组成部分。我们与同情我们的反帝拥护者的组织联系根本不适应这种情况。处在我们影响下或领导下的反帝组织只有4650至5000名成员。现在党已根据神圣的抗日民族革命战争的纲领，在广泛的群众基础上开始征集反帝人士（签名）。几个月前已经征集到拥护这个纲领的签名大约有2000个，其中大多数是前义勇军指挥员、知识分子、商人等，其中还包括600到700名工人和各种组织的代表。征集这些签名是为了成立发起组，倡议组建一个庞大的群众性组织。但是，存在一种危险性，即党无法给所有这些人安排满有步骤组织好的工作，在这种情况下（加上南京政府的恐怖活动）一切都可能付诸东流。

特别重要的是恢复出版我们的公开反帝刊物（首先是《中国论坛》）。以前的编辑艾萨克斯站在托洛茨基主义的立场上同我们完全决裂了。他起草了一份反对共产国际和我们党的文件（两个月前还没有发表），在革命的所有基本问题（苏联、中国革命、德国形势）上公开地表达了托洛茨基主义的观点。他甚至没有履行自己的诺言，把我们建立的一个不大的印刷所交给我们指定的享有治外法权的一个人，他卖掉了印刷所，而钱，按照他的说法，交给了托洛茨基分子。因为半年前我们在上海就没有［这样］一个合适又合法的人了，所以继续不间断地出版杂志是不可能的了。现在已经采取了恢复出版杂志的措施（公开发表，半公开发行）。应该考虑到这样一种可能性：艾萨克斯过段时间就会开始积极从事有利于托洛茨基主义的行动，他将试图建立一些小组，也可能晚些时候出版一种小报。但是这种活动不可能给我们党的工作带来实质性的麻烦。

白区的农民运动在多数情况下都是自发发生的，由我们领导的比较少，只是有时受到我们的影响。造成这种情况极少是我们党组织实行错误路线的原因，而更主要的是缺少党的组织。在很多地区党正在进行反对苛捐杂税高额地租和赔款以及为争取收成分配的斗争。但是每年至少都发生10次或12次大规模的农民起义，这些起义都没有党的领导，关于这些起义党常常只是从报刊的报道中知道的，多数起义由于缺少领导很快被残酷镇压下去了。处在我们影响下的农民组织的人数，［中共］中央估计有4万人，但是这个数字是值得怀疑的，因为其中大部分是根据总的估计和报道得出的。

---

① 见第100号文件。

我们的苏区和最重要的游击区

我不想重复在以前的关于我们的严重形势和敌人对我们所采取的策略的报告中已经讲过的东西，只想说一说最近事态发展中的一些重要方面。

我们有两个巩固的苏区：江西—福建的中央苏区和四川的苏区。我们有两个大的、但无巩固的苏维埃根据地的游击区：豫皖游击区和鄂川黔边区游击区。

1. 在中央苏区（包括福建、江西—湖南边区和江西北部—浙江地区）最近几个月，特别是最近三个月来我们的情况恶化了。敌人得以完全包围了江西北部—浙江［地区］并且切断了我们那里的军队与其他军队的任何联系。我们在江西北部的第十军[①]已经长时间处境十分艰难。在我看来，未必有希望突出包围。至少，我们以前的这种企图都以失败而告终。只存在一种希望：借助于游击战在比较狭小的区域继续固守。这涉及江西东北部和第十军。位于江西南部——福建的中央苏区同样处境也很艰难，敌人大大地缩小了我们的地区，夺取了便于战略推进的据点，为自己的继续推进修筑了较好的道路网并建立了一个彼此相联系的小型碉堡（几千个）体系。敌人以优势的兵力强加给我们一个接一个的战役并且总是在自己的据点附近。我们尝试避开这种使我们再丧失领土的［打击］。但是，接受战斗从来也没有使我们取得完全胜利，而只是取得部分胜利，因为敌人总是能很快地调来增援部队。这种战斗与过去年代的那种典型的战斗有本质上的不同，那时我们经常得以粉碎和解除大批部队［达两个师］的武装，而没有很大的伤亡。而今天，在一次战斗中我们伤亡1500人到2000人的情况并不少见，即便敌人的损失多一些，那也是在数十倍优势兵力的情况下少有的情况。在整个中央苏区我们拥有大约4万支步枪和1400挺机枪。弹药的严重缺乏极大地影响了这些武器的使用效果。我们的兵工厂只能满足一小部分低质量弹药的需求。鉴于形势的严峻，［中共］中央在中央苏区进行了总动员。同时通过并开始实施保卫所剩下的苏区和在苏区外开展游击战的详细计划。到现在为止已经动员了大约6万名后备人员，他们的武器装备极差。现在敌人的前哨距离我们的首府瑞金只有60公里。事态的进一步不利发展会迫

---

① 这里指的是红军新编第十军团。

使我们在竭尽一切防御能力之后，在敌人的湖南一线寻找突破口。条件是这样的：只有在这个方向突破，才有胜利的机会，才会有助于建立新的苏区。但是敌人也知道我们的这个意图，因为这是唯一可行的，所以敌人为防止这种事态发展开始了积极的准备。

我认为，只有在没有任何其他出路的时候，［中共］中央才能采取撤离我们苏区的步骤。我们党的领导和革命军事委员会在最严重的形势下表现出了坚定性和果断性。还有一种尽管不能确保的可能性，即我们可以在我们缩小的地域内固守。但同时［中共］中央也已开始准备让我们的主力部队向湖南方向突围。这种突围将在极其困难的条件下进行，因为敌人对此已经做好了准备，并从我们第四军团[①]由湘鄂地区向四川进军的实例中学到了不少东西。无论我们的处境多么严峻，敌人都不可能消灭我们的有生力量，相反，我们却可能以我们的主力建立新的根据地，但同时我们将不得不把我们的部分力量留在老区及其附近地区。使其转入游击状态。

四川苏区。 在江西，我们的艰难处境是由敌人的优势造成的，与这种情况相反，在我们的四川苏区，（最近以来）大量领土的丧失在很大程度上是由错误的政治和军事策略造成的。1933年夏天，我们的军队从当时较小的苏维埃根据地展开了强大的进攻。向各个方向的进攻都是顺利的；进攻使我们获得了拥有800万人口、一些重要城市的整个一大片土地，获得了武器兵工厂和技术装备、资金等大量战利品。这是最近几年所取得的最大的胜利。但是这些胜利根本没有得到充分的利用，我们的政权并没有得到充分巩固，我们的军队不仅没有大踏步地向前推进，而且也没有利用所有条件组织对已占领地区的防御。为该地区苏维埃化做的工作也很少。群众组织也发展得不够。当敌人以10万兵力在几百公里的全线转入反攻时，我们远没有利用所有防御手段，没有在任何地方采取巧妙的战术打破敌人的战线。只局限于使用防御战术，经过几个月的战斗后开始全线撤退。冬天迫使敌人停顿下来，但是春天敌人又向我们发动了新的进攻，迫使我们的军队继续退却。我们的领导宣布这个夏季进行大反攻，但是，不知什么原因反攻并没有进行。毫无疑问，如果能加强四川的政治和军事领导的话，在那里过去有今天也还会有进行大规模进攻的一切条件。现在我们（除个别一些地方外）已经被挤压到川陕边界的山区。不过，甚至根据敌人的材

---

① 原文如此。应为：红军第四方面军。

料说，我们还是完整地保存了我们的有生力量。我们红军拥有3.5万到4万支步枪。弹药比江西多得多，食品也是如此。此外，我们还有众多的后备力量。因为在我军撤退时，有很大部分男性居民跟我们一起撤退了。整个这个地区的形势根本不能同江西的严峻形势相比。然而，无法理解的是，我们的领导却建议撤离这个省，爬山越岭去陕西。四川的政治形势，对我们来说可能比中国任何一个省都更有利。由于提前征收30岁到80岁人的捐税，所有农民都处在贫困之中，他们不仅表现出了极大的不满，而且在许多地方公开举行起义；该省的军阀们虽然在形式上联合起来反对我们，但是他们没有采取最有效的行动；碉堡体系还处在发展的初始阶段；该省难以接近，其他省的军队现在未必敢于进入；在那里没有任何铁路，可用来运送火炮等重兵器的道路很少；这个省在经济方面是独立自主的，有人口5500万或6000万；在建立广阔而巩固的根据地时，四川具有向各个方向，包括向其他一系列省扩展的可能性。贺龙在长江以南活动，在那里已经有些反对缴纳苛捐杂税的独立的农民军。从传播革命的角度和军事战略的角度看，这个地区展现出比我们的中央苏区具有的更多的发展前景。

但是为了达到这一目的，必须加强那里的政治和军事领导，克服我们军队中有害的游击习气。需要尽快做这件事，因为存在着事态按照贺龙及其武装力量的方案发展的危险。

贺龙的军队在四川、湖北、贵州三省交界地区活动。最近贺龙渗入贵州相当深，据资产阶级报刊报道，那里的基础对我们来说应该是很有利的。近几年来，贺龙的队伍大约从3000人增加到6000至8000人（据明显夸大的资产阶级报纸报道，已经达到1.6万人）。贺龙不顾来自党的领导方面的各种指示和警告，一味地进行游击战。他不建立任何永久性的根据地。他从来不认真保卫已经占领的城市或地区，而是从一地方转移到另一地方，避免与敌人交战。同时他和他周围的一群人执行一种非常危险的内部政策（他借助于枪毙来"消除"与党的领导同志存在的意见分歧）。蒋介石不止一次地向他派去自己的亲信，建议他转到蒋介石方面来，这就证明敌人并不是不知道他的情况。顺便说一句，贺龙命令把那些派来的人统统枪毙了，并将此事报告了［中共］中央。

我们的河南游击区。在［这里］我们有3000人到4000人参加集中领导的游击战并编成几个相当大的兵团，但是没有巩固的苏区。最近这些军队取得了明显的战绩。除其他方面，还导致白军六个师长被蒋介石下令撤职。鉴于从1932

年秋起这些军队得到了加强的这一事实，可以得出我们是有能力的结论，并且可以毫不夸大地说，尽管存在着困难，我们的有生力量在中国还是站稳了脚跟，并在有利时机到来的时候将会得到迅速的发展。

除了在这些地区的力量和我们在满洲的力量，我们在国内各地也还有一些比较小的游击兵团，他们加在一起也有几千人。

我们的整个武装力量

江西等地	40000 支枪，地方力量和后备力量	60000 人
四川	40000 支枪，地方力量和后备力量	约 50000 人
贺龙	8000 支枪，	——
河南	4000 支枪，	——
其他	3000 支枪，	——
	95000 支枪	110000 人

（这是最大的数字）

党员的大约人数

江西等地	80000 党员	工会	140000	会员
四川	15000 党员	工会	?	
游击区	3000 党员			
国统区约	27000 党员	工会	5650	会员
	125000 党员		145650	会员

共产主义青年团约有 5 万名团员。其中有近 1 万人在国统区。

谈谈十九路军在福建的起义

1933 年 11 月 20 日在福建宣布成立所谓的人民政府。这以前几个月就已清楚，十九路军反对蒋介石。1933 年夏天我们在与十九路军的战斗中所取得的军事胜利，加强了该军指挥人员与红军签订互不进攻条约的愿望。在不停止我们的军事行动的同时，我们与该军的代表在上海和我们的中央苏区进行了谈判，最后签订了著名的临时协议[①]，不过该协议从来没有得到所谓的人民政府的正式

---

① 见第 183 号文件。

批准，但是它的一系列条款的内容，至少部分地实现了（释放在福建的政治犯，部分地解除封锁，没有发生任何军事上的相互进攻）。

在利用这个协议及其内容方面我与［中共］中央发生了分歧。由于缺少快速的通信联系，我以答记者问的方式犯了一个形式上的错误，我是在人民政府宣布成立后向报界发表谈话，阐述了党的立场。在这次答记者问中谈到了关于互不进攻的"秘密协议"，同时指出了众所周知的红军多次重复的主张：红军准备与其他军队和军事集团共同与帝国主义作斗争，其中也包括共同与帝国主义的代理人——蒋介石等人作斗争。必须指出，我们与十九路军的谈判不是什么秘密，相当具体的情报已从十九路军代表那里泄露出去，被所有资产阶级报刊抓住，并用耸人听闻的口气加以评论。在答记者问中对秘密协议作出的谨慎表述，同时也是（除了对福建政府性质的界定外）对轰动一时的资产阶级报刊宣传运动的驳斥，按照这种宣传，共产党人已经同十九路军结成了同盟，甚至首先企图在福建动员群众去贯彻协议并对白军展开瓦解行动，以便加强他们对蒋介石进行的战争的抵制，哪怕使他们靠近我们一步也好。［中共］中央坚持认为，存在着秘密协议是不应该讲的，因为这样做会损害我们与十九路军建立的关系。由于实行这样的方针，党没能把福建人民政府的短期存在充分用于宣传鼓动的目的。只是在福建政府垮台前不久［中共］中央才改变了自己的观点，开始展开广泛的鼓动宣传运动。然而，福建政府的垮台如此之快，以至这种为时已晚的宣传运动未能取得大的成绩。

我认为，关于这类条约或协议是否可以利用的问题是根本不能解决的。毫无疑问，有很多场合必须无条件地保守秘密，如我们与十九路军、与冯玉祥谈判及在其他些场合我们都要保守秘密。但是在十九路军起义后，在士兵中间进行这种宣传运动对我们是有利的，这样，他们或者他们中的一部分在福建政府必然垮台的情况下就会转到我们方面来。这里之所以要提出这个问题，是因为在中国将来的事态发展中还会有很多这样的情况，即在敌人部队与我们之间将进行谈判，签订条约，等等。在每一个单独的场合需要具体地研究形势，但决不能从政治上束缚自己的手脚，甚至许诺一切都保密。

最后的建议。肢解中国、继续把中国变成帝国主义的殖民地和对苏联开战的桥头堡，这在我们党的面前越来越尖锐地提出了保存和扩大我们苏区和游击区的问题。虽然革命前景是极其有利的，但是还是应该承认，如果不发生特别重大的事件，那么事态的近期发展对我们来说将是困难的。不能指望，在最近

12个月内我们能使我们的根据地有实质性的扩展。甚至更可能，正如前面所指出的，我们不得不放弃我们中央苏区的大部分土地并以我们的有生力量在其他省建立新的苏区。很清楚，即便在最有利的条件下重新建立的苏区，也不可能像存在多年并且组织得很好的中央苏区那样。但是中国的形势就是这样，蒋介石"在1936年前消灭"我们的目标是不会实现的。因此，随着远东国际关系的发展将会展现出广阔的前景。保存和扩展苏区特别是相应地建立新的苏区，应该与建立民族革命政府，特别是在中国东北各省建立民族革命政府同时进行，这种政府是向苏维埃政权的一个过渡阶段。

（全宗495，目录4，卷宗304，第6、13—31页。德文打字稿，原件，亲笔签字。）

中共驻共产国际执行委员会代表团给共产国际
执行委员会政治书记处政治委员会的声明

（不晚于一九三四年八月二十二日 [①] 于莫斯科　绝密）

致政治委员会各位委员及马季亚尔
中共驻共产国际执行委员会代表团声明 [②]

由于在8月15日的政治委员会会议上没有时间继续讨论中国问题 [③]，本应报告中国党组织状况的康生同志没有来得及发言。但鉴于这个问题非常重要，代表团认为有必要作如下声明。

阿图尔 [④] 同志报告了党员人数，他报告的数字是与中共中央向共产国际执行委员会报告的数字完全矛盾的。我们认为，阿图尔同志在政治委员会会议上所宣布的数字根本不符合实际，也是不负责任的。根据阿图尔同志的计算，在国统区大约有2.8万党员。这个数字与十三次全会 [⑤] 之前中共中央所报告的数字大体一致。当时中央统计有近3万党员，经常与中央保持组织上的联系。

此外，我们还有3万党员由于恐怖和工作条件的艰难没能与中央组织保持经常的联系。然而，他们拥有自己的地方组织并在进行党的工作。我们不知道，阿图尔是从哪里得到许多省组织的数字的，根据中央的报告，这些省的组织早已失去了与中央的联系：关于这些组织的状况［他］不能提供明确的资料。此外，阿图尔同志否定一些组织的存在，例如，在内蒙古、山东、中国西北、中国西南等地区都有党的组织。事实上在那里存在具有一定党员数量的组织，

---

① 文件上标注的日期。
② 文件上有批注：送东方书记处米夫同志、马季亚尔同志。我已送还。Π. 米夫。［1934年］8月27日。
③ 见第280号文件。
④ A. 埃韦特。
⑤ 指共产国际执行委员会第十三次全会。

这些组织进行着相当积极的工作。我们还从当地获得了关于这些组织工作情况的报告。而阿图尔同志却不了解这些情况。阿图尔同志根本不知道某些数字，例如安徽、福建及其他一些省的数字。根据所有这些不完整和不准确的材料他作出了关于国统区党员人数的结论。

至于中国苏区的党员人数，他只谈到了两个苏区——中央苏区和四川苏区；根据他的统计，中央苏区有8万党员，而在四川苏区，照他的说法，有2万党员。仿佛再也没有其他苏区了。显然，阿图尔同志也不知道有多少苏区。例如，他不知道中央苏区的边界，竟把临近的一些地区列入了中央苏区，而实际上中央苏区——这只是①江西地区。

此外，我们还有下列苏区：

湘赣苏区	（第八军团）
湘赣鄂苏区	（第十六军团）
苏浙闽苏区	（第十军团）
湘西鄂苏区	（第二军）②
福建苏区	（第十二军团）
鄂豫皖苏区	（原第四军）③
川陕苏区	（原第四军）

区川西南苏区

陕甘苏区　　　　　（第二十六军团）

广东东江苏区及其他一些小游击区

根据〔中共〕中央的材料，所有苏区的党员人数为35.6万人，而绝不像阿图尔同志所认为的那样，是10万人。加上国统区，我们共有406860名党员，而根据阿图尔同志的计算，有12万名党员。阿图尔同志关于全国有12万名党员的计算④是完全不可思议的。我们的数字是完全准确的。康生同志在来这里⑤

---

① 原文如此。
② 原文如此。应为第二军团。
③ 原文如此。应为第四军团。
④ 原文如此。应为数字。
⑤ 康生于1933年7月抵达莫斯科。

之前召开了专门的组织会议，这次会议统计了各省的党员数量（见附录一）[1]。这个数字是经中共中央核准的。此外，在共产国际执行委员会第十三次全会前夕，我们在莫斯科集中了党的大量文件，甚至比中央本身有的还多，对党员人数专门作了补充性总结（见附录二）。如果政治委员会需要，我们可以提供所有文件。阿图尔同志提供的数字，只是根据自己的记忆。他没有确切的资料，所以他提供的数字是不准确的，也是不负责任的。

附录二

在国统区

省份	党员人数
上海	4000
江苏	8000
湖北	4000
陕西	2500–3000
山东	700
山西	500
安徽	1460
湖北—河南	2500
福建	1000
浙江	300
满洲	3000
四川	2000
内蒙古	700
	31160

[1] 附录一没有发表，它含有自1931年春至1933年初这一时期关于一些省份、中央苏区和其他苏区党员人数的不完整资料（见全宗514，目录1，卷宗822，第8—12页）。

在苏区

省份	党员数量
江西	100000
湘赣	30000
福建	40000
湘鄂赣	50000
赣东北	20000
湘西鄂	28700
鄂豫皖	25000
四川	50000
广东东江［地区］	2000
	345700
	+31160（在国统区）
	+30000（在国统区，与中央组织没有联系的）
	总计：406860

（全宗514，目录1，卷宗822，第5—7、13页。打字稿，原件。）

共产国际执行委员会政治书记处
政治委员会关于中国工作的决议

（不早于一九三四年八月二十九日^①于莫斯科　绝密）

关于中国的建议^②

1. 建议中共中央在华南的一个港口建立一个不大的，但有工作能力的采购和向苏区运送武器、弹药和药品的机构。应该物色一位合适的外国同志来协助这项工作。责成王明和弗雷德^③同志弄清楚为此目的使用瓦西里耶夫同志所推荐的几位人选中的一位^④的可能性。责成皮亚特尼茨基同志了解一下弗雷特同志推荐的那位人选^⑤。弄清楚使用所推荐的人选的可能性的期限为三天。

2. 建议中共中央从中央苏区抽调名有威信的政治工作人员和一名军事工作人员来加强第二（贺龙的）红军的领导，在目前条件下这支红军的斗争具有极其重大的意义。

3. 电告［中共］中央我们支持中央关于四川问题的意见^⑥。认为向第4军派遣一名军事专家是适宜的。

---

① 日期是根据文件上的批注确定的。

② 文件上有 И.А.皮亚特尼茨基的批示："征求政治委员会委员们的意见。文件是根据1934年8月15日共产国际执行委员会政治书记处政治委员会的决议拟定（见第280号文件）并以飞行表决的方式通过的（表决的日期没有指明）。"文件上还有飞行表决的参加者王明、康生、П.А.米夫、И.А.皮亚特尼茨基、В.Г.克诺林、Ф.黑克尔特、Д.З.曼努伊尔斯基、Б.布龙科夫斯基的亲笔签字和批注："同意这些建议。阿图尔同志［А.埃韦特］、П.米夫。"决议1至4项所阐述的原则已写入1934年9月4日共产国际执行委员会政治书记处政治委员会致中共中央的电报（见第285号文件）。

③ М.施特恩。

④ 何人不详。

⑤ 何人不详。

⑥ 文件没有找到。

4. 建议中共中央：

（1）在国统区加强宣传苏区所实行的经济和政治措施；

（2）起草和发表苏维埃政府和革命军事委员会的宣言，号召中国人民更积极地支持红军这支能够捍卫中国的独立和完整的唯一力量的斗争。责成库恩·贝拉同志起草这个宣言的草稿[①]。

（3）开展反对蒋介石的"法西斯"组织"蓝衣社"的斗争，在这场斗争中要利用一切反对派和反对蒋介石的力量。

（4）加强［中共］上海中央局并对那里的党的机关进行必要的改组。通知［中共］中央，我们不清楚，他们是否采纳了我们关于［中共］［上海］中央局机关与省委和上海市委分离的建议[②]。

5. 责成中共驻共国际执行委员会代表团通过自己的特别全权代表斯塔卡诺夫同志[③]加强帮助满洲党组织的工作。

6. 责成东方书记处从东方劳动者共产主义大学中国部学生中抽调5名同志，经过短期培训后派往满洲游击队工作。

7. 责成东方书记处抽调一批中国同志派往新疆工作，目的是（经过甘肃和青海）与红四军建立联系。

8. 责成皮亚特尼茨基同志与有关机构商谈关于协助斯塔卡诺大同志弄清楚利用与马仲英[④]中部队起破拘留的中国共产党员的可能性问题。

9. 责成［共产国际执行委员会］国际联络部和雷利斯基同志本人采取一切措施，确保出席［共产国际］第七次代表大会的中国代表团和国际列宁学校及其他院校的学生及时到达。

10. 责成皮亚特尼茨基同志提出共产国际驻中共中央新的代表人选，此人应该在第七次代表大会之后被派往中国。

11. 委托王明和米夫同志对本决议的执行情况进行总的监督。

（全宗495，目录4，卷宗304，第11—12页。打印稿，原件。）

① 对决议第2项的批注："已阅。17/IX，库恩·贝拉。期限：2周。"
② 文件没有找到。
③ 陈道南（音译）。
④ 与中国新疆当局进行争的马仲英将军部队于1934年6、7月间被扣留在苏联境内。详见：B.巴尔《1931—1934年苏中关系史中的新疆》——《远东问题》，莫斯科，第6期，第92—93、99—103页。

共产国际执行委员会东方书记处
关于中国形势和中共策略的决议初稿

（一九三四年九月一日于莫斯科　秘密）

关于中国形势和共产党策略的提纲初稿[①]

一

国际形势和中国革命

现在世界已经临近革命和战争的第二个回合[②]。太平洋地区是集中阶级矛盾和国际对抗的世界性策源地之一。而中国是世界帝国主义的半殖民地、太平洋地区矛盾的轴心和殖民地革命的中心。国际帝国主义为最后瓜分中国和镇压中国革命所进行的斗争，不仅是争夺巨大的销售和投资市场的斗争，而且也是争夺原料和廉价劳动力的无限来源的斗争，由于多年持续的经济危机，原料和廉价劳动是帝国主义现在特别需要的。进行这种斗争也是为了最实质性地[③]准备太平洋战争和世界帝国主义战争，以及[④]为了建立从远东进攻苏联的桥头堡。同时它又是帝国主义者为了对殖民地革命和国际工人运动实施毁灭性的打击。

因此，当代中国革命的世界历史意义[⑤]和地位已上升到头等重要的原则高

---

① 该文件在1934年9月4日共产国际执行委员会东方书记处工作人员会议上讨论并作为基础被通过。委托王明（报告人）考虑所交换的意见对草稿进行补充和修改（见全宗495，目录154，卷宗531，第80—81页）。在下面的注释中指出了1934年9月9日王明所作的修改和补充（见全宗514，目录1，卷宗808，第47—49页）。

② 在修改和补充稿上是：资本主义总危机已经达到发展的新阶段并且世界正在临近革命和战争的第二个回合。在事态的这种情况下，中国和中国革命的问题具有很大的实际历史意义。

③ 原文如此。

④ 在修改和补充稿上补充了以下一词：特别是。

⑤ 在修改和补充的稿上代替这句的是：因此。

度，因为当代中国革命，作为伟大的苏维埃反帝革命和土地革命，不仅是在为争取全人类近1/4人口的民族和社会解放而斗争，而①它占有为推翻世界帝国主义统治、反对太平洋和世界帝国主义战争以及武装保卫所有国家劳动人民的祖国——苏联而进行的国际革命斗争的总战线上的一个最前沿的阵地。

由此直接产生了当代中国革命的困难和优势。

中国革命的主要困难在于，它的主要敌人——国际帝国主义者②现在比以往任何时候都更加努力镇压中国革命。当代中国革命的优势在于，它除了在自己国内③拥有取之不尽的最丰富的力量外，理所当然地不仅得到各国革命无产者和劳动人民④的热烈支持和同情，而且还得到全世界一切进步力量的热情支持和同情，这种进步力量正在真诚地反对⑤流血的罪恶的必然使全人类遭受苦难的世界帝国主义战争。

因此，在不久的将来中国会出现两种前途：或者是中国苏维埃革命的决定性胜利将防止太平洋帝国主义战争和帝国主义反苏战争的爆发⑥并且这次胜利发生在主要帝国主义国家〔或一个国家〕无产阶级革命之前；或者是帝国主义战争，首先是日本和其他帝国主义者反苏战争⑦和一个主要帝国主义国家〔或一些国家〕无产阶级革命的爆发⑧先于中国苏维埃革命的决定性胜利。

中国革命目前已成为继苏联之后的世界革命⑨的第二个决定性因素⑩。

完全可能，远东事态，也包括中国事态的进一步发展将完成革命和战争向

---

① 原文如此。应该是"而且"。
② 在修改和补充稿上增加了"即"。
③ 在修改和补充稿上以下增加了"以空前的广度和深度发动的公开的群众性革命斗争，正是现在由于空前的民族危机和在相当大地区苏维埃革命胜利不断增长的影响"。
④ 在修改和补充稿上增加了"在他们中间攻击资本主义的思想现在已经成熟了"。
⑤ 在修改和补充稿上增加了"法西斯主义和"。
⑥ 在修改和补充稿上以下内容被勾掉了："并且发生在主要帝国主义国家〔或一个国家〕无产阶级革命之前"。
⑦ 在修改和补充稿上以下内容被勾掉了："一个主要帝国主义国家〔或一些国家〕无产阶级革命的爆发"。
⑧ 在修改和补充稿上以下内容被标上了着重号："先于中国苏维埃革命的决定性胜利"。
⑨ 在修改和补充稿上增加了："堡垒"。
⑩ 在修改和补充稿上增加了以下内容："和世界政治的重大因素"。

第二个回合的过渡①。

二

两条路线之间的斗争和中国的两种出路

虽然世界帝国主义者彼此之间的矛盾和对抗极其尖锐②，但他们对中国③却执行着一个共同的政治路线：彻底④瓜分中国⑤和对中国人民实行彻底的殖民主义⑥奴役。为达到这一目的［竭尽］全力镇压中国人民的⑦一切民族解放运动，⑧特别是它的最高形式——苏维埃革命。同时，帝国主义者既亲手又通过代理人——中国⑨国民党和非国民党的军阀和政客之手⑩推行这条路线。日本帝国主义武装占领满洲、热河和察哈尔的大部分，实际上对整个华北进行军事控制并加紧准备侵占全中国，英国帝国主义武装占领西藏和川边（音）并把手伸向四川及中国东南各省，法国帝国主义强行占领南中国海的9个岛屿并把手伸向云南和广西，美帝国主义为了保持和扩大自己的势力范围在华中不停地制造阴谋，德国和意大利法西斯侵略者在中国也空前活跃，所有这一切构成了国际帝国主义亲手⑪公开地瓜分中国和不加掩饰地奴役中国人民的链条中的一个环节。20年来，各军阀集团之间持续不断的内战（有时在这些省，有时在另一些

---

① 在修改和补充稿上补充了以下内容："全世界历史性的事态发展现在让中共承担起最负责任的、最复杂的和最光荣的战斗任务"。

② 在修改和补充稿上为："虽然内部存在着不可调和的矛盾"。

③ 在修改和补充稿上增加以下内容："实际上"。

④ 在修改和补充稿上"彻底"一词被划掉了。

⑤ 在修改和补充稿上增加以下内容："自己的势力范围"。

⑥ 在修改和补充稿上勾掉了"彻底的殖民主义"。

⑦ 在修改和补充稿上为："解放运动"。

⑧ 在修改和补充稿上勾掉了"特别是它的最高形式——苏维埃革命"。

⑨ 在修改和补充稿上"中国"一词被划掉了，增加了以下词语："前满洲王朝、被推翻的北洋军阀、安福派军阀和现在的"。

⑩ 在修改和补充稿上增加了以下内容："有的以公开的形式，有的以伪装的形式。1931年9月18日的满洲事件（指日本军国主义占领满洲的开始），揭开了帝国主义进攻中国的新的时期——公开的武装的彻底瓜分中国及对中国人民进行彻底的殖民主义奴役的时期。尽管他们之间的矛盾和对抗极其尖锐化，但恰恰由于这种尖锐化，帝国主义强盗们才用更多的力量，明目张胆地坚决地推行自己对中国的基本路线"。

⑪ 在修改和补充稿上删去了"亲手"。

省，有时是大规模的，有时是小规模的），基本上是日英美帝国主义者为加强和扩大自己在中国某些地区的势力范围而进行的隐蔽或间接的战争形式。对人民群众各种革命运动的无情斗争，对华北抗日游击运动的血腥镇压，以蒋介石为首的中国军阀对中国红军和苏维埃的军事"围剿"，**实质上与日本强盗在满洲和热河对中国人民的血腥屠杀的区别，仅仅在于它们只不过是帝国主义武装干涉中国人民解放运动的一种伪装的和隐蔽的形式。军阀和政客们过去是，现在是，将来也还是帝国主义在华政策的执行者。**因此才有国民党"不抵抗日本侵略"、"中日亲善合作"、"欢迎在中国的国际合作"等政策。因此，很清楚，蒋介石"先安内后攘外"的政策，无非是帝国主义者以下口号的一种隐藏形式："为了能够毫无障碍地瓜分中国和奴役其人民，要尽快消灭中国革命。"由此可以看出蒋介石政策和他的新法西斯组织即所谓的"蓝衣社"的极端反民族性和极端反人民性。

但是，与蒋介石和其他军阀们的意愿相反，**中国人民的政治路线**明显与帝国主义者的这一政策相对抗，这条路线是由中国人民争取民族和社会解放斗争的唯一领袖——中国共产党明确提出的。它体现在以下三位一体的口号中：为捍卫中国的独立和完整，武装起来的人民进行反对日本及其他帝国主义的民族革命战争；推翻国民党的这个民族叛逆和民族耻辱政府——是顺利组织和实施民族革命战争的条件，而中国红军和苏维埃政府是武装起来的人民进行反对日本帝国主义及其他帝国主义的民族革命战争的唯一坚定的军事和政治领导者。

工农红军和苏维埃政权为反击蒋介石、刘湘及其他军阀不断的军事"围剿"而进行的英勇斗争和苏维埃革命所夺取的新胜利；中国苏维埃政府对日本占领者公开宣布的神圣的民族革命保卫战争，上海英勇的民族武装保卫战，中国军队在山海关、热河、察哈尔对日本进犯的武装抵抗；在满洲和华北日益发展的群众性抗日游击战争；在中国辽阔地域的各个角落，工人、农民、士兵、大学生及所有劳动人民群众不断举行的反对帝国主义和国民党的罢工、示威游行和武装行动，全世界的华侨对国民党卖国政策不断增强的愤怒和不满——所有这一切构成了中国人民为摆脱帝国主义和军阀的桎梏、争取自身解放[1]而进行的有组织的和自发的、高级的和低级的斗争形式的一条不间断的链条。甚至1933年底的所谓福建事件客观上也是中国广大民众反日反蒋情绪的一种反映。

---

[1] 原文如此。

由此看得出来，中国共产党和中国苏维埃政府的政策——反对帝国主义与反对军阀的斗争相结合，反帝革命斗争与土地革命斗争相结合，民族革命战争与国内革命战争相结合，反对日本侵略与推翻蒋介石的斗争相结合——是挽救中国的唯一正确的、正义的和现实的政策。由此看得出来，中国红军和苏维埃政权在目前苏区的斗争，就是全体中国人民争取自身解放的斗争。

这两条路线之间的斗争决定着当代中国的整个政治生活。这条或另一条路线的胜利或失败决定着中国的这种或另一种出路，**也就是说，或者是彻底受到殖民主义奴役的中国，或者是独立和自由的中国。**

三

只有苏维埃能够救中国

中国正经受着极其严重的民族危机。由于蒋介石推行史无前例的卖国政策，正如前面所指出的，国家已经变成了外部敌人经常实施军事行动的对象。中国现在是任人宰割。（甚至葡萄牙用一部分自己的[1]力量就侵占了［南］中国海的岛屿！）由于帝国主义和国民党的统治以及帝国主义者把资本主义世界经济危机的严重后果转嫁到殖民地和半殖民地劳动人民身上，中国的国民经济正经受着灾难。由于水灾、旱灾、虫灾、战争和失业，每年死于周期性饥荒的有数百万人，有时甚至达到数千万人[2]。由于帝国主义和国民党鼓励和强迫[3]广泛种植和公开销售鸦片，有数千万人在精神和肉体上受到了毒害（例如仅在满洲，根据官方统计，近两三年吸鸦片的人数就从900万增加到3000万，此外，其中绝大多数人的年龄在16至45［岁］之间）。所有这些外部和内部的情况直接威胁着中国人民今后的民族生存；中国和中国人民正处于极大的危险之中！

但是，与此同时，在全体中国人民的眼中和心目中已经存在自己的民族希望和民族骄傲，这就是在国内广大地区由几十万工农红军和苏维埃人民政权体现的苏维埃革命的胜利。

在苏区，帝国主义和国民党的统治已经被推翻：寄生虫地主和军阀的土地和财物已经被没收，归属于人民；中国农村的症结——高利盘剥现象已经被消

---

① 原文如此。

② 原文如此。

③ 原文如此。

灭；所有军阀官僚主义的捐税被取消，代之实行最合理的、最文明的税务制度——统一的累进所得税制；妇女摆脱了封建残余的桎梏，在中国历史上第一次获得了与男子同等的政治、经济和社会生活的权利。尽管处在长期紧张的战争环境和敌人严格的①经济封锁中，苏维埃政权还是实行八小时工作制和为工人开办社会保险，对农民实行国家和社会救助并把人民的教育和保健提高到中国前所未有的高度。苏维埃政权开始竭尽全力鼓励和帮助国民经济各部门——农业、工业、商业和交通运输业的发展。苏维埃开始组织群众为抗洪抗旱和抗虫灾并为争取好的收成而斗争。苏维埃自上而下都由人民群众选举和重新选举产生。苏维埃政权的每个工作人员，从中央执行委员会主席到一般机关的技术性事务秘书，都领取与工人中等工资相等的报酬。苏维埃政府是真正人民的政府、廉洁的政府。红军是真正的人民的军队，是英勇而光荣的军队。这样的政府和这样的军队，千百年来一直是中国人民大众所梦寐以求的。

中国共产党和中国苏维埃政府，除了为进一步改善苏区人民群众的政治、经济、社会生活状况而斗争，还公开地声明并坚决准备在不远的将来为在全中国实现中国人民的以下最低要求而斗争：

1. 同日本及其他帝国主义者进行民族的武装保卫战，争取收复被帝国主义占领的所有中国领土。

2. 没收所有汉奸和地主的土地、粮食及一切财产并无偿地分给人民。

3. 实行八小时工作制，增加工资并为工人［实行］社会保险。

4. 取消一切军阀官僚的捐税。

5. 为了防止洪灾对所有江河及提坝（黄河、海河、长江等等）进行大修，采取与旱灾和虫灾作斗争的国家措施。

6. 实行全民的免费教育。

7. 保证人民的民主权利：言论、结社、出版、居住、信仰、游行、罢工自由等权利。

中国共产党和中国苏维埃政府把推翻非苏区以蒋介石为首的国民党政权看作是实现这些最低要求的首要条件。

中国的苏维埃，作为［在］资本主义总危机时期在无产阶级领导下和在共产党垄断的政治领导下所实行的无产阶级和农民革命民主专政的一种特殊形

---

① 原文如此。

式，自然，不能仅为上述最低要求而斗争，［它们］还要在无产阶级专政和社会主义经济这种最高的和新的政治经济制度基础上为争取中国人民的完全彻底解放［而斗争］。这种专政要将资产阶级民主革命进行到底，并在这一过程中实行一系列带有社会主义性质的措施，在苏维埃政权扩展到工业中心城市情况下保证使这种革命很快转变为社会主义革命。中国人民根据具体的经验确信，中国只有走苏联的道路，才能从一个半殖民地的国家变成一个独立的国家，从一个经济落后的国家变成一个先进的工业国，从一个军事弱国变成一个具有防御能力的国家，从一个贫穷的国家变成一个富强的国家。

"只有苏维埃才能把中国从最后的崩溃和贫穷中解救出来"（斯大林）[1]。

中国的苏维埃向所有殖民地和半殖民地的劳动人民，甚至向君主制的日本帝国主义的劳动人民指明了解放的道路。中国的苏维埃教导欧洲的无产阶级，其中包括西班牙的工人们，应该进行资产阶级民主革命，消灭反革命阶级的经济基础和政权，否则就会像德国经验所表明的那样，他们随后将走向法西斯的伪装[2]。

四
中国革命发展现阶段的基本特点

苏维埃革命在中国的发展已经有几年了。尽管在总战线的个别地段遭受过局部的失败，但它在该国几个省相当大的地区已经取得了初步的胜利。然而，直到今天它都未能在决定性的阵地上[3]给予国民党和帝国主义以毁灭性的打击。中国苏维埃革命仅仅直接依靠该国不太大的地区的力量和资源，就能够打退联合起来的反革命、帝国主义和军阀们的不断军事"围剿"，这个事实，无疑具有重大的政治和历史意义。它［这个事实］一方面在实践中表明中国苏维埃革命拥有取之不尽的力量和资源，另一方面，鲜明地［反映了］当代帝国主义的严重腐朽、中国地主资产阶级政权的大动荡和［动摇］。然而，反革命力量虽然不能取得胜利，但是几年来还是在很大程度上阻碍和推迟了革命的决定性胜利。目前中国阶级斗争状况的一个很突出的现象就是，**革命和反革命之间的残**

---

① 《苏联共产党（布）第十六次代表大会速记记录》，莫斯科—列宁格勒1930年，第22页。
② 原文如此。
③ 原文如此。

酷斗争已经进行了好几年，但是在过去的时间里斗争双方的任何方都不能真正彻底地战胜自己的对手。因此，现阶段中国革命发展的基本特点就是，在通向自己决定性胜利的征途中占优势的是[①]非常持久的、多年持续不断的和顽强的斗争性质。

这个突出的现象和基本的特点首先是由中国的革命和反革命的力量和弱点决定的。

总之，苏维埃革命的力量主要在于，一方面有共产党的领导，有革命的红军，有人民的苏维埃政权，有根据地，有中国苏区和非苏区广大人民群众对苏维埃和红军的无限热爱和信任，以及对它们的斗争的忘我支持。另一方面，在反革命营垒里存在着无法解决的矛盾和纷争，中国地域辽阔，资源丰富。苏维埃革命在当前条件下的弱点，一方面是苏区和非苏区之间革命群众斗争发展的不平衡、苏区经济的落后和地域的分散、红军军事技术装备的薄弱，另一方面，它直接面对着实际上以军事力量统治和占据着中国大工商业中心城市和港口的、还没有被充分削弱的世界帝国主义的强大实力。

以蒋介石和其他军阀为代表的反革命力量主要在于，他们获得了国际帝国主义者以及中国地主资产阶级（其中包括浙江的金融高利贷资产阶级）的军事、军事技术、财政和精神上的支持，他们通过征收高额捐税和掠夺的方法疯狂地剥削工人和农民来弥补军费的开支，他们还能够利用被他们欺骗的和饿得骨瘦如柴的劳动人民作为雇佣的士兵，让他们去攻打他们的同胞兄弟——工人、农民和他们的红军。而中国军阀及其主子帝国主义者的弱点首先就在于，他们缺少共产党和红军所拥有的东西，即战无不胜的共产主义的力量和中国劳动群众的忘我支持。

世界斗争的历史不止一次地证明了这样一个真理，正在战斗的国家的命运最终不是由军事技术决定的，而是由人民群众的意志和力量决定的。

最近一年，蒋介石在黄郛和汪精卫的积极帮助下通过进一步公开地向日本帝国主义投降并把华北置于日军的直接控制之下，取得了并且正在取得日本帝国主义新的军事和财政援助。这种援助一方面使蒋介石能够迅速反击华北（吉鸿昌、方振武、冯玉祥和孙殿英的部队）和华南（福建的十九路军）抗日反蒋军事行动，而另一方面使他有可能将一切可以由他指挥和调动的部队调往江

---

① 原文如此，意思是："带有"。

西、湖南和福建去"围剿"红军和苏维埃。这种情况导致蒋介石在政治上的进一步破产和在军事上的暂时局部的加强。因此，出现了蒋介石对苏区第六次"围剿"①的特别巨大的规模和持续不断的性质，以及红军在反对第六次"围剿"的斗争中比较缓慢和逐步地向前胜利推进②。

在中国革命与反革命之间这种持久的长期的斗争状况还要继续多久？何时在他们之间进行最后的决战？这些问题的解决不仅取决于国内和国际事态客观上的进一步发展进程，［而且］还特别取决于这两个敌对营垒之间平时的斗争。国际和国内性质的许多征兆已经清晰可见，这些征兆表明决战的时刻在不久的将来就可能到来。

五

对决战的准备和中共的策略

目前中共的基本策略方针是**准备进行最后的决战和在中国夺取苏维埃革命的决定性胜利，以便拯救中国人民，使之免遭彻底的殖民主义奴役，进而制止太平洋帝国主义战争和日本及其他帝国主义反苏战争的爆发。**

1. 执行这一策略方针的首要条件，是动员苏区和非苏区一切可能的革命力量，来反对蒋介石和刘湘对苏区的第六次"围剿"以及将要面临的新的"围剿"。中共这一策略方针的正确初始想法应来源于以下基本方面：

（1）当前革命运动发展的主要特点及其与中国革命决定性胜利的各种近期前景的联系，这种前景产生于远东和世界范围内以及中国国内事态的进一步发展；（2）策略手段不同寻常的灵活性和机动能力，这种手段使党能够动员一切可能的力量和资源去进行反帝斗争和群众性的革命斗争，以及为革命最大限度地利用敌人营垒中的一切矛盾和冲突；（3）每一个相应时机主要打击对象的选择和对中国不同地区革命运动发展的不同条件、不同水平和不同规模的区别对待；（4）最大限度地利用革命的有利条件来克服它的弱点，并利用反革命的不利条件来抵消它的优势③。

根据这一总的基本策略方针，中共在国家的主要不同地区给自己提出了下

---

① 指的是国民党军队对苏区的第五次"围剿"。
② 原文如此。根据意思应为：使红军逐步走向胜利。
③ 原文如此。

列具体任务：

1. 苏区的主要任务：

（1）全力加强和发展红军的有生力量和最广泛地开展对敌人的机动灵活的游击战。

（2）通过加强苏维埃建设及同苏区和非苏区劳动人民群众的战斗友好接触来开展反对敌人经济封锁的斗争。

（3）进一步改进和精简苏维埃国家机关，并通过广泛吸收人民群众参加苏维埃的日常工作和加强苏维埃的基本依靠力量——群众组织（首先是工会、贫农团等等）的战斗力来提高其工作能力。

2. 国统区的主要任务：

（1）在"抗日救国"口号下，动员一切可能的力量建立广泛的统一战线以推翻以蒋介石为首的汉奸政权。

（2）通过组织农民和饥民争取大米、粮食和住处①及反对捐税的日常斗争，在蒋介石"围剿"苏区部队的大后方开展群众性的游击战，目的是对红军进行战斗支援和建立新的苏区。

（3）加强对工人斗争的领导，目的是在铁路、水路运输部门和大城市中的重要企业建立党和赤色工会的据点和巩固的阵地。

3. 日本占领区的主要任务：

（1）夺取群众性抗日游击运动的领导权和通过最大限度地吸收广大人民群众参加游击队，建立所有抗日力量最广泛的统一战线并在群众和游击队之间建立紧密而友好的相互联系，来进一步扩大这种运动。

（2）组织建筑工人和饥民的日常斗争，目的是在敌人最重要的军事战略地区和一些大城市建立党和工会的据点。

（3）在"反对共同敌人"的口号下，动员中国、蒙古、朝鲜和日本的人民群众参加反对日本君主帝国天皇及其溥仪玩物②政府的统治。

4. 在西北省份和其他民族边区的主要任务：

（1）在反对共同敌人——英国和日本帝国主义以及国民党和非国民党军阀的斗争中建立中国民众、维吾尔族穆斯林、蒙古族和东干族及其他少数民族的

---

① 原文如此。根据意思应为：住房。
② 原文如此。根据意思应为：傀儡。

反帝统一战线。

（2）组织农民群众的日常反对捐税、地租及高利贷和争取大米、粮食、住处①和燃料的斗争。

（3）开展农民群众反对军阀和帝国主义侵略者的游击斗争。

5. 海外华侨共产党人的任务：

（1）在"救国"的口号下，使华侨摆脱国民党的颓丧的②影响。

（2）组织广泛的运动，号召华侨给予红军和抗日游击队以物质和道义上的援助。

（3）积极参与并联合华侨所在国的劳动人民一起进行反对帝国主义的斗争，在海外的劳动人民中间大力宣传中国革命，[目的是]广泛组织援助中国革命的"中国人民之友协会"等团体。

同时，各地区党的组织都应该特别注意到，在战争、革命和武装干涉的[情况下]，党在瓦解敌军和争取[它们]转到革命方面来的工作具有头等重要的意义。为这项工作动员和培训我们拥有的最好力量，是全党最重要的任务，中国苏维埃革命今后发展的命运在很大程度上取决于这一任务的解决。由于不同寻常的③民族危机、国民党的分崩离析和雇佣军的实现④，以及中共和红军威信的提高，完成这一任务的客观条件无疑现在比以前任何时候都更为有利。一切都取决于我们是否愿意工作和善于工作。

此外，全党还应该更多地加强宣传苏区所实行的政治、经济和文化措施方面的工作，号召广大人民群众积极支持作为唯一能够拯救中国的力量——红军和苏维埃的斗争。与此同时，党应该更系统地和更具体地宣传苏联社会主义建设的巨大成就，号召"中国和苏联的工人和农民结成兄弟联盟"。苏联所取得的每一个成就对于中国和中国共产党来说，都比对其他别的国家具有更大的意义，因为对任何人来说都不怀疑，**苏联今天的生活就是苏维埃中国未来的前景**。最后，全党应该更加重视把小资产阶级争取到革命方面来的任务，近几年来这个阶级的很大一部分正在迅速地革命化，把它吸引到革命斗争中来具有重

---

① 原文如此。根据意思应为：住房。

② 原文如此。根据意思应为：已经动摇的，已经减弱的。

③ 原文如此。

④ 原文如此，从意思上看应为：佣军的存在。

大的意义。

六

为党的进一步布尔什维克化而斗争

为了顺利完成上面提出的策略任务，为党的进一步布尔什维克化而斗争具有头等重要的和决定性的意义。中国共产党是中国人民为争取摆脱奴役和贫穷状态而斗争的唯一领袖，中国苏维埃革命今后的发展速度和规模问题，首先恰恰取决于中国共产党的力量和弱点。1931年初召开的中共四中全会[①]，根据列宁主义中央的总路线，粉碎了半托洛茨基主义的"左"的李立三路线和右的罗章龙反革命集团，在为党的布尔什维克化而斗争方面具有重大的政治和历史意义。近几年来中国苏维埃革命之所以取得成就，首先是因为中共及其领导的进一步布尔什维克化、党在思想和组织方面的壮大、它的统一和团结、它的战斗力和机动灵活性的加强、它在群众中的影响和威信的扩大和加强。

然而，中共直到今天在自己的工作中仍然有很多严重的弱点和缺点。其中在中国非苏维埃地区的主要的和基本的弱点和缺点，应该指出以下一些：不善于建立最广泛的反帝抗日统一战线；不善于在企业中聚集工人的力量和不善于在黄色工会及国民党工会中工作；在瓦解和争取敌军，特别是其主要部队方面没有进行系统的工作；对敌人的蛊惑宣传和手腕反映迟缓并对其采取轻视的态度；对于在小资产阶级，特别是在学生群体中的工作重视不够；在党和群众组织的组织系统中及其工作方法上存在着公式化和保守主义，对于干部的教育、培养和提拔不够重视。苏区工作中的主要的和基本的缺点和弱点有下列几点：苏区（鄂豫皖苏区和第二、第四军团所在的地区等）的群众工作做得不够；对于与苏区毗邻的地区的劳动群众和居民的工作做得也不够，有时采取不正确的态度；在执行经济政策等方面存在着过火行为和失误。

正是由于我们工作中存在着许多严重的缺点和弱点，才出现从组织上巩固党日益增长的政治影响不够和主观因素相对落后于革命群众斗争的客观要求的局面。

为了克服自己工作中的缺点和弱点，保证顺利完成面临的巨大政治任务，中国共产党应该解决下列主要的组织方面的任务：培养和提拔数千名新的党务

---

① 1931年1月7日在上海举行的中共六届四中全会。

工作干部、军事干部、苏维埃干部和工会干部；建立和加强独立的、有首创精神和工作能力的、担负领导责任的地方党组织；加强同各种反革命集团（"蓝衣社"、"国民党改组派"、"社会民主派"①、"少年中国党"②，托洛茨基—陈独秀派等）的思想斗争，提高所有党员和共青团员的政治理论水平；以十倍的努力和注意力去改善和加强秘密工作和反奸斗争；根据阶级斗争的新条件改变旧的和寻找新的组织形式和工作方法。

在坚定地坚持把自我批评和在两条战线上的斗争作为党的领导和整个活动的基础的方针的同时，还必须同把它们歪曲成③空洞的词句、冷嘲热讽和毫无根据的严重的政治诬陷的倾向作斗争。**应该最大限度地使自我批评和党内斗争带有说服教育的性质。**当前，两条战线上的斗争矛头既应该指向公开的右的机会主义倾向（表现为不相信革命力量，对革命前途丧失信心和对革命斗争表现出悲观失望的情绪），也应该指向"左"的和宗派主义的倾向，这种倾向妨碍党在政治舞台上以一切反帝反蒋力量统一战线的领袖和组织者身份出现。

在中国苏维埃革命走向决定性的和彻底的胜利的征途上，党遇到了许多巨大的困难和国际国内方面的难题。但是最后的胜利永远属于像我们这样用正确的和不可战胜的马克思恩格斯列宁斯大林的学说武装起来的党，属于不怕任何困难和知道要达到什么目的的党。

（全宗514，目录1，卷宗808，第52—69页。打字稿，原件。）

---

① 指所谓的中国社会民主党，于19世纪20年代末30年代初在福建省活动。
② 中国青年党，1923年成立。
③ 原文如此。根据意思应为：变成。

赖安给共产国际
执行委员会东方书记处的信^①

（一九三四年九月三日^②于上海）

致东方书记处

亲爱的同志们：

　　草草地写了几点述评，谈的是随着国民党和帝国主义对中央苏区和红军进行第七次"讨伐"^③而出现的军政形势和近期前景的几个方面。

　　与第六次进攻"最后阶段"的局势相比，也就是与大约在1934年6月初敌人的大规模进攻战役基本上停止和暂时受到限制时的局势相比，现在的局势对中央苏区和红军是更为有利的。尽管南京政府为了取得决定性的胜利，特别是在定于11月份召开的国民党代表大会^④前夕取得这种胜利，可能会作出巨大的努力，但是顺利保卫中央苏区和坚决粉碎第七次进攻，以及夺回在第六次"围剿"中失去的部分苏维埃土地，打大苏区和建立新的苏维埃根据地的可能性还是非常大的，而且这种可能性还会增大。

　　从可以证明这种估计正确的因素和事件中，我简明扼要地指出以下几点：

一

　　1. 由于超额完成了革命军事委员会和［中共］中央制定的在6至8月间的动员计划^⑤和工作计划以及在夏天成功实施的一系列战役，红军有效地突破了

---

①文件上有批注：收入绝密中国公文。［1934年］10月20日 П. 米夫。米尔顿［赖安］关于反对国民党和帝国主义者第七次"围剿"中国苏维埃和红军的措施问题致东方书记处的报告稿。

②信是共产国际执行委员会于1934年9月13日收到的。

③这里及以下指的是国民党军队对苏区进行的第五次"围剿"最后阶段。

④指国民党第五次代表大会。

⑤指中央苏区通过改行义务兵役制和动员中央苏区新的适龄男性居民去红军服役的办法补充和扩大红军部队的计划。

敌人在中央苏区东南部和西部战线的包围，同时巩固和加强了自己的阵地，现在红军迫使敌人分散［自己的兵力］，并在一定程度上改变其在江西南部、湖南东南部、福建西部和北部的军事部署，在不久的将来，很可能甚至改变其在江西北部的军事部署。当前红七军在浙江南部和红六军在湖南东南部顺利实施的战役①，还要带来某种附加的战术上和阵地上的优势，这种优势在最近几个月内可能具有更大的意义，更不要说在浙江西南部，湖南东北部和中部可以建立新的苏区以及这个因素的意义了。上面提到的这些战役取得了一些可观的战绩，其中有：给敌军主力部队以一系列沉重的打击；延迟和部分地瓦解了第七次"围剿"的准备工作，特别是在福建战线；保证了相当多的弹药、药品、食盐、火药、物品等的供应（尽管步枪、机枪等的数量还不太多）；对政府军的一些师起到一定的精神瓦解作用，在许多参谋人员中也发生了这种情况；其次，红军第十军团在这个时期胜利地保卫了自己在江西东北部的主要根据地以及在安徽南部的新苏区。此外，总的说来，近几个月在江西、福建、湖南和安徽等省的各种游击队和游击小组的战斗力增强了，他们的行动更加协调，开展得更加广泛和有效。

2. 刘湘的主力、第五和第六野战军8月底在万源地区的惨败，不仅意味着敌人受到了惨重损失，而且意味着至少暂时消灭了他们在四川的进攻兵力的核心力量。红军当前反攻的开始和随后在方源—城口地区取得的一些重大胜利，已成为战争的转折点，使阶级力量对比继续更快地朝着有利于我们的方向变化。显然，这不仅对于完成收复在春天和夏初"围剿"过程中丧失的地区及扩大和巩固川陕边区的苏区的任务具有重大的意义，而且对于反击对中央苏区的第七次"围剿"也具有重大的意义。（在这里我想强调指出，迫切需要在［中共］中央和四川之间建立更密切的工作关系和加强对四川苏区和革命军事委员会的领导。）

3. 最近几个月表明，贵州东北—四川东南的苏区和游击区的状况有一定的加强，而贺龙的部队取得了一些新的胜利。报刊的一些可信的报道表明，贵州北部至少有六个地区处在苏维埃政权的控制之下，包括德江、余庆和石阡等重要地区。这里主要的问题是建立和巩固稳定的中央苏维埃根据地，扩大这个根

---

① 指第六军团在1934年8月开始的向湖南省的进军，于1934年10月以在广东省东部与第三军会师而告结束。

据地并保证贺龙部队和红军其他部队之间的协调作战和游击行动，特别是在湘西和川东南地区。

4. 湖北东部、安徽西部和河南南部的苏区、红军和游击队的状况在6至8月间也大有改善，这是因为在最近几个星期内取得一些重要胜利（例如，在麻城—商城地区，敌人的两个旅实际上被消灭，缴获了大量步枪和弹药），也是因为成立了几个新的游击中心。这对于扩大这个地区迅速发展的农民反饥饿的革命斗争和建立新的游击区及苏区都具有很大的意义。这也能够和应该起到重要作用，特别是在成功地开展游击行动和在平汉铁路地区的怠工行动方面，以及在抵制敌军从北方向江西的调动方面。

5. 至于满洲和北方，则可从其他一些事件中指出，夏季的几个月已经见证了义勇军和游击队的抗日斗争及群众运动的迅猛高涨，群众运动与广大群众革命斗争的发展比以前更加紧密地联系在一起了，虽然联系的还不够。显然，这又是一个有利的因素。开展［支持］抗日战争的群众运动（这种运动现在基本上是自发的、不协调的），孤立"左派"国民党及其他假"左派"首领，运用灵活的下层统一战线政策，在队伍中和斗争中①争夺无产阶级领导权和建立人民革命政府的牢固基础，以及将该运动与保卫和支持苏区、红军和苏联的斗争更紧密的结合起来，仍然是满洲党所面临的极其重要的问题。最近几个月在这个方面可能取得的进步，除了其他作用外，在加强反对第七次"围剿"、反对国民党和帝国主义的斗争方面也应起到不小的作用。

二

1. 农民的群众性战斗行动和游击行动不断高涨的浪潮，是最近几个月来国统区革命运动中的一个具有重大意义的因素和最重要的事件之一，这些行动基本上是自发的并开始在遭受旱灾和饥荒的地区，特别是在浙江、湖北、安徽、河南和江苏等省传播开来。这种运动在最近几个月随着饥荒和经济混乱的进步加剧将会得到迅猛发展。如果党来组织和领导它，它的巨大规模和比较高的革命水平就会成为粉碎第七次"围剿"和建设新苏区和新游击区的一个强大因素。其次，与此相联系，由反饥饿、争救济、夺［储备］粮食、降物价、抗捐税、夺土地等迫切任务而引发的这种运动，从种种迹象看，将很快导致主要工业中心城市的失业者运动和罢工运动的加强和扩大，还会得到来自工人发动方面的

---

① 原文如此。

新的鼓励和领导。

2. 关于反帝运动：当广大群众的革命愤怒情绪继续高涨，并随着国民党采取的每一步卖国行动和随着日本对这个国家发动的战争的继续以及向内蒙古、华北、东北、福建等地的经济渗透和军事侵略的扩大（更不用说英帝国主义在四川、新疆、滇西等地及法帝国主义在云南和广西的情况和行动）而加剧时，事实是：群众的这些不断高涨的反对国民党和反对帝国主义的情绪和仇恨，除了主要在满洲和华北掀起的民族革命运动和战争的进步浪潮外，还没有形成在当前条件下有可能形成的强大的群众行动。例如，当中华民族武装自卫委员会的纲领的提出和发表得到广泛响应并具有相当大影响的时候，党既未能为中华民族武装自卫委员会^①——中国共产党建立群众性的组织基础，也未根据该委员会的纲领开展反对帝国主义的革命行动和广泛的统一战线行动。造成这种情况的部分原因，不仅是由于最近的"围剿"和逮捕，党的机关的许多联系部分地和暂时地被破坏，而更是由于多数省份和地区的基层党组织没有被充分地动员起来去完成党在这方面的任务，甚至在很大程度上是由于存在着分散的问题及群众性的反帝工作与完成党所面临的其他任务缺乏紧密配合的问题。此外，现在不论是反日发动还是红军的斗争都没有广泛展开，而白区党的组织至今未能组织和领导强大的群众运动来积极支持由红军发动的抗日战争。现在根据［中共］中央7月26日的指示^②所采取的步骤表明，很快就要发生某些变化。从这个角度和现在的情况来看，最有可能的是，今后几个月我们将成为反帝运动和民族革命战争取得伟大成就和其日趋激烈的见证人。

3. 关于各政府部队和省部队内部状况的零星情报，特别是与革命的士兵运动有关的情报表明，革命的不满情绪在日益增长，士兵大批开小差，士兵哗变也在增多。例如，在四川、河南、贵州、湖北等省白军中发生了这种事件，更不必说在"满洲国"发生的起义和哗变了。在河南，例如，当命令第二十军向江西转移的时候，有三个团全部逃跑了；还有梁成伟（音）将军部队的三个团前不久在亚开州（音）附近起义了。在贵州，夏季的头几个月，省军的一个师全编制转到了红军方面。来自福建的"秘密"报告也指出，在政府军的一些师中，特别是在前十九路军的士兵中，存在着日益增长的不满情绪和革命的骚

---

① 原文如此。应为：中华全国民族武装自卫委员会。
② 文件没有找到。

动。所有这些机会和当前形势的需求都要求从根本上改进党在白军士兵警察和"绥靖"部队中的群众工作，这项工作可能会很快带来巨大的效果。

4.6月至8月间罢工运动的低水平是当前抑制这种运动发展的一个因素，但是迅速克服这个因素的一切必要条件还是存在的。这个时期的罢工，主要局限于轻工业部门，局限于出租车司机、电气工人、啤酒酿造工人、橡胶和火柴生产企业工人的小规模的分散行动，并且都是短期的。与1934年头四个月罢工斗争的蓬勃发展及很高的革命水平相比，现在在工人罢工运动中出现了暂时的沉寂，究其原因，一方面是由于白色恐怖部分地有所加强及党和工会在最近几次"围剿"过程中受到一系列沉重打击（这种"围剿"严重地损害了工作）、失业现象进一步增加等，以及黄色工会领导人最近的背叛和强化了的蛊惑性花招；另一方面是由于党和中华全国劳工联盟①存在弱点和不足之处，特别是在组织和领导罢工和失业者斗争方面做得很差；还由于在最重要的工厂、矿山等部门集中［力量］不够和业已发起的行动持续时间不够长；在运用下层统一战线策略上存在着宗派主义和轻视在国民党工会中的工作；工厂、港口、铁路及其他行业的支部和工会小组的状况以及从组织上给以加强的工作都不令人满意，多数党组织不善于利用最尖锐的和最迫切的局部经济和政治要求，不能有机地和具体地把争取这些要求的斗争同反对国民党和帝国主义的斗争及保卫苏区和红军的斗争等结合起来，甚至由于很多党委会和党的组织对工会工作认识的混乱和不清楚，这只会助长对群众工作的这个主要领域的估计不足和轻视。根据［中共］五中全会和共产国际执行委员会的决议，［中共］中央正竭尽全力结束这种局面，近几个月来党在这方面，即在海员、上海人力车夫、唐山矿工等中间取得了一些重要成绩。除了危机的空前加深和对工人及劳动人民进攻的加强等，党的工作的这种好转同群众的革命不满情绪的增强也表明，罢工斗争的暂时低落将很快让位于罢工运动的再次迅猛高涨。党在非苏区的这方面任务仍具有重大意义，而完成这些任务将显得更加迫切。

三

1.由于革命形势的日趋紧张和特别是经济危机的灾难性加深（这种危机现在已经达到新的最低点并且没有因为所有民族的和阶级的对抗在持续不断的激化而减弱，南京最近向日本人投降的举动和已经激化了的帝国主义之间的矛盾

---

①原文如此。应为：中华全国总工会。

更加加剧了民族和阶级的对抗），由于帝国主义列强对国民党集团和形形色色的"独立的"封建资产阶级集团（诸如蒋介石、黄郛—安福系①、西南委员会②、陈氏兄弟③、汪精卫、宋［子文］—孙科）及其他集团加大了压力和在不小的程度上［由于］前不久和现在进攻红军的战役没有取得决定性胜利，以及由于这个时期苏维埃革命和一些非苏维埃地区的革命群众运动取得了进一步胜利，尽管是大小不的胜利，近几个月来，除了其他情况，国民党营垒内部的矛盾大大加剧了，而南京的地位更加削弱了。

在可以证明这一点的重要事实中，有前不久航空局头头（蒋介石过去的右臂）的被处死和不久前尖锐的内部冲突、"蓝衣社"领导的撤换和改组（包括撤掉蒋［介石］的人——邓文仪），这一切都表明，不仅在国民党各主流派内部而且在占统治地位的蒋［介石］集团内部不新加剧的冲突进入了一个新的更加紧张的阶段。因此，围绕拟议撤换铁道部长的内部斗争④反映出在政府圈子里的分歧在不断加大。同时，南京和广东之间存在的分歧和疏远也大大地加大了。这表现在受英国教唆的广州反对新的对日本人有利的税率上，表现在在西南召开的一系列旨在反对参加即将召开的国民党第五次代表大会、支持保留西南政治和军事委员会和加强粤桂黔湘反国民党军事联盟的军政会议上，表现在广东对待中央苏区采取相对消极的和临时防御性的军事政策上，等等。何键自广州返回后在南昌被暂时逮捕，也反映出南京与湖南之间关系的尖锐化和这样一个事实，即在南京和西南之间不可避免的战争中，湖南的军阀们很有可能站在西南的边。

统治阶级营垒内部的这些业已成熟并加剧的分歧，当然还会发生迅速的变化和变动。然而，它们也清楚地反映了加速国民党互解的内外矛盾的加深。

2. 对日本人和南京当前政策的一些说明。这种政策的主要方面和目标已经清楚地确定下来，无需作说明。现在，日本人在企图加强自己在满洲及东北各省的地位并扩大自己的军事基地和战役行动，同时特别注意对福建、西北、山东和河南进行进一步的经济政治渗透和控制，更广泛和更积极地参与对红军的

———————————

① 中国北方的一个军事政治集团，因1918年在北京成立安福俱乐都而得名。

② 指国民党西南政治委员会。

③ 指CC，即中央俱乐部，由陈立夫和陈果夫于1929年成立的国民党派系。

④ 指国民党统治集团对于1934年7月11日中央政治委员会关于撤换顾孟余的决定的争论。

作战行动，并且为了让南京正式承认"满洲国"和获得在全国范围内的附加经济让步，在加强对南京施加的压力，在长江流域省份大大加强了自己的活动，甚至企图缔结更牢固更积极的反苏维埃联盟。南京在这方面的投降和最近一再做出的让步已经众所周知，例如，7月的税率，恢复铁路交通运输[①]，把江湾造船厂交给日本人，任命日本海军顾问到马美（音）海军基地，等等。在不久前[8月底]结束的朱古岭会议上通过了一项让黄郛集团在一切政务中放开手脚的决议——迄今为止黄河以北各省的军事控制权形式上仍然握在蒋[介石]的手里。毫无疑问，很快还会向日本人继续做出让步。

正如已经指出的，尽管在南京和日本之间存在着一系列矛盾（首先是在"互相"让步和南京希望限制日本在华北的统治权问题上的矛盾），"相互协调"政策现在已经并且以后还会在很大程度上加剧国际和国内的所有矛盾。

已经明显地形成了这样一种形势，这种形势对于快速发展民族革命战争和群众运动一天比一天更加有利，而特别是这种群众运动的矛头是指向日本帝国主义和国民党，目的是更积极地支持和保护苏区和红军。

致同志式的敬礼！

米尔顿

（全宗514，目录1，卷宗810，第137—140页。英文打字稿，副本。）

---

① 指日本和中国当局签订的关于从1984年7月1日起恢复在日本占领满洲后中断的北平和奉天之间的铁路交通。

共产国际执行委员会政治书记处政治委员会
给中共中央的电报[①]

（一九三四年九月四日[②] 于莫斯科　绝密）

政治委员会致中央苏区、[中共]中央

第一，我们建议[中共]中央在中国南方的一个港口建立一个为苏区采购和运输武器、弹药和药品的不大而有效的机构。最近几天我们将找到一位合适的外国同志并派他去帮助你们的同志做这项工作。请告在什么地方和如何组织这项工作最合适。第二，我们建议[中共]中央从中央苏区抽调一位有威信的政治工作人员和一位军事工作人员来加强对第二[贺龙]军的领导。但是这项工作应该做得谨慎并且应该派遣懂得策略的同志，以便不激怒贺龙反对[中共]中央。第三，我们同意你们关于四川问题的意见。我们认为四川省的苏区具有十分重要的意义。为了帮助第四军[③]指挥部，根据你们的请求[④]，我们向那里派遣一位军事专家[⑤]。第四，我们认为，中共中央应该做好下列工作：(1)在中国国统区加强对苏区实行的经济、政治和文化措施的宣传；迄今为止这项工作都没有认真地去做；(2)向中国人民发表苏维埃政府和革命军事委员会的宣言，号召积极援助红军这支能够捍卫中国的独立和完整的唯一力量（如果你们愿意的话，我们可以在这里起草这种宣言的草稿并寄给你们）；(3)开展反对蒋介石的法西斯组织——蓝衣社的斗争，在这种斗争中利用切在野的反对蒋介石的力量；(4)加强[中共]上海中央局并对那里党的机关进行必要的改组。在这方面，

---

① 文件是以政治委员会委员们的飞行表决方式于1934年9月2日通过并于9月3日经共产国际执行委员会政治书记处政治委员会会议批准。

② 解密的日期。

③ 原文如此。应为：第四军团。

④ 文件没有找到。

⑤ 何人不详。

从你们的电报① 中还看不清楚，你们是否同意我们把省委同［中共］上海中央局和同［中共］上海市委分开② 的建议。

［全宗495，目录1，卷宗48（1934年发文），第9—10页。英文打字稿，原件。］

---

① 文件没有找到。
② 见第73号文件。

秦邦宪给共产国际执行委员会的电报①

致共产国际执委会

　　广东的代表③仅作为建立联系的信使［已经来到］，带来了具体的建议。我们让他给陈济棠带去了一封信④，附有去年我们向第九⑤军提出的那些［协议］条件⑥。在我们的策略中⑦，广东提出的目标是，为了自己的私利，利用我们作为反对蒋介石的屏障。

波戈列洛夫⑧［1934年］9月14日。

　　［全宗495，目录184，卷宗33（1933年收文），第21页。英文打字稿，原件。］

---

①在文件上有批注：已送皮亚特尼茨基。
②电报是共产国际执行委员会于1934年9月19日收到的。
③据一些资料说，他姓李，见《朱德选集》，北京1983年，第17页，据另一些材料说，他姓徐，见《中国党史资料》第66期，北京1998年，第166页。
④看来，是指朱德1934年9月给陈济棠的信。
⑤原文如此。应为：第十九路军。
⑥关于互不进攻、取消封锁、建立自由贸易、实行民主自由、武装民众、组织反对蒋介石的运动和准备共同武装反击南京的建议。在朱德给陈济棠的信中重复了这些原则。见《朱德选集》，第17页。
⑦原文如此。根据意思应为：以这种策略。
⑧秦邦宪。

施特恩关于支持四川省苏区
和发展中国西北革命运动的建议

（一九三四年九月十六日于莫斯科　绝密）

关于四川—新疆问题的建议

一

毫无疑问，四川苏区就自己的有利位置、自己的实力和进一步发展的可能性而言，可以在中国苏维埃化的事业中发挥极大的作用。既然早已向中国共产党提出的在华北建立苏维埃根据地的任务至今尚未完成，那么从四川苏区方面来说，这项任务在一定条件下是可以进行①的，下面将谈谈这些条件。

由于江西中央苏区遇到了困难，四川［苏区］问题就提到了首要地位。我们从这里可以关注四川苏区并对其今后的发展给予切实的帮助。由于形势的原因中共中央不能完成这项任务。放下四川苏区不管，让它自行发展和放任自流，那将是一个极大的错误，以后不仅会影响中国革命的进程，而且在日本发动对苏战争情况下也会影响日本后方的战略地位。

四川苏区可以发挥其历史作用的条件，主要是主观方面的条件，也就是说，它们完全取决于我们准备开始执行的援助政策，不能将这种援助的开始束之高阁。

这里简要地总结一下在关于四川问题的口头报告和辩论②中已经说过的东西，以及我们在关于组织问题的建议中所涉及的东西③，我们得出以下结论：

---

① 原文如此。应为：解决。
② 文件没有找到。可能是指共产国际执行委员会东方书记处和为制定共产国际执行委员会政治书记处政治委员会1934年8月15日的具体建议而成立的委员会内对这一问题的讨论（见第282号文件）。
③ 看来是指第282号文件。

1. 四川的红军拥有较好的武器装备，在战士数量上具有相当强大的优势，并不亚于中央苏区红军，它所面临的敌人比江西的敌人软弱得多，四川的这支红军为自己的弊病所困扰，使其不能在中国西部的革命战争中充分发挥自己的威力。

2. 四川红军的弊病首先是：党团组织软弱，在主要根据地的苏维埃后方组织得较差，党在四川国统区、在敌军后方的工作较差，在敌军中的工作也较差。

所有这些现象的根源就在于四川红军及其根据地的政治和军事领导太软弱。问题仅仅归结为这里的干部问题，四川的红军不善于造就在数量上和在质量上所需要的干部。

二

消除四川红军上述弊病的过程，在没有外来帮助的情况下，需要太多的时间，而且不经过曲折和政治领导层的内部危机未必就能完成。如果从外部给予帮助，这个健康化的过程就可以大大地缩短，它可以被纳入有计划的发展轨道，这样领导危机的危险性就可以降到最低限度。

我们想这样来组织来自外部的帮助：

（1）首先向我们的中亚地区（阿拉木图）投入一个核心领导小组（一位政治领导者，一位军事领导者，一位党的组织者，几位携带通讯器材的［共产国际执行委员会］国际联络部的代表），他们作为中共［中央］西北局开始工作。

（2）西北局最初时期的任务是，研究一方面通过新疆——甘肃，另一方面通过蒙古西部、宁夏——陕西同四川建立通讯联络的可能性。

（3）借助于无线电台建立通讯联络，为此一开始通过上海，然后通过无线电报务员将西北局电台将与四川电台工作时所使用的密码和呼号告诉四川。

其次，通过由对方联络的方式从西北局经过新疆向四川和由四川经过甘肃向西北局发展秘密通讯联络网。

（4）随着通讯网的发展和直接无线电通讯的建立（为此要用六个月时间），西北局可以秘密地进入新疆，接近四川，或者也可以向中国西北各省逐渐派出先头筹备小组，主要是在省军部队里着手组建秘密党支部。

（5）由中共驻共产国际执行委员会代表团为这项工作选派一些中共党员作为西北局的干部。

［中共］驻共产国际执行委员会代表团代表中共中央直接领导西北局。

（6）根据共产国际执行委员会的委任，西北局要与联共［布］中亚党组织的一些负责同志进行联系，从他们那里获得联共［布］的相应干部援助。（很有可能，在中亚党组织的编制内就有来自中国西北各省的可靠的汉族同志或者了解中国西北当地情况的其他民族的同志。）

现在新疆总的军政形势是这样的：在那里可以找到一些可靠的人士，在他们的帮助下，联络途径和组织本身的发展将会得到强有力的推动。

（7）其次，从莫斯科经常派遣经过培训的新干部，这些干部出自中国组织的编制，应正常进行派遣。也可以从远东（通过突西铁路①）向新疆输送干部，这些干部来自那些在满洲北部战斗过程中被迫转入苏联境内的游击队，它们在那里被解除了武装。

所有这些在当地经过考验的干部将被派往中亚，由西北局支配。

（8）西北局的任务是通过与四川的联系来组织和领导中国西北各省的游击战。在那里应该利用西北各省的人民革命人士、脱离省军的部队、在上述各省活动的所谓土匪队伍（在甘肃由于闹饥荒出现了许多这样的政治上盲目的农民队伍，为使他们的斗争走上自觉的阶级斗争轨道，需要对他们进行政治领导），最后，还要利用为反对汉族和本民族封建军阀及其帝国主义靠山（英国人、日本人）而进行民族解放斗争的少数民族队伍。

只要与不同组织形式、斗争目标和不同来历的武装队伍建立联系，并向这些队伍派遣经过训练和阶级斗争考验的干部，我们就能够在中国西北部掀起农民战争的巨大浪潮，掀起游击活动②的浪潮，这种游击斗争最终将与四川红军的斗争融为一体。

（随着游击活动的发展需要经过中亚向当地运送一定数量的小型手提式无线电台和其他军用物资。）

（9）在游击活动的发展过程中，正如我们在前面一点中所想象的那样，可以从滞留在我们领土上的满洲游击队中输送经过培训的大批干部，这些游击队

---

① 突厥斯坦—西伯利亚铁路。
② 原文如此。这里和以下应为：游击斗争。

是在远东的斗争过程中被迫转入苏联境内的。

随着这些来自满洲游击队的新队伍（他们正在为自己返回祖国开辟道路）出现在西北地区，整个斗争将会受到强有力的推动。由于这种比较遥远的时刻可能与日本开始进攻苏联的时间相重合，所以限制我们现在就公开给予援助的一些考虑就失去了意义，我们的援助将会成为对西北发展起来的运动的一个强有力的支持，即干部、武器和弹药的支持。

（10）在预见这种时刻和为这种时刻做准备时，我们需要在中亚建立一所秘密的军政学校，通过它来培训那些从西北各省派出工作的干部，以及接收从四川红军通过新疆和四川之间目前已经打通的道路派到我们这里来学习的一定数量的干部。

应该毫不迟疑地开始为这所学校招收和培训教师①干部，因为在不久的将来我们就会需要这所学校，而一旦与日本发生冲突时，很快就会需要。

（11）可以预见到这样一种情况，只援助培训的干部是不够的。需要援助武器、弹药、飞机等，这种需要可能会较快地——还是由于远东的战争——提到日程上来。在预见到这种情况和为这一时刻的到来做准备时，需要开始往中亚调运武装西北各省游击队5万名战士所需要的一切。要建立秘密基地仓库，储备能装备50人、100人和1000人队伍的成套备用武器弹药。

在我们的仓库里要有足够的别的型号的武器（德国的、英国的和日本的），这种武器可以收集、修理，经检查后将其运往中亚仓库，保存这种武器的仓库距将来使用的地方不要太远。

（12）在不断增加的整个援助四川苏区的计划，可以预见到，应该在一至两年期限内实现。〔这项工作的〕开始不能再拖延了，应该马上着手做这项工作，否则我们就会落在事态发展的后面。

作为中国西北革命主力的四川红军，其今后的发展进程将取决于有计划地开展业已开始的这项援助计划。

至少，不应该舍不得为西北局，特别是为其军事任务抽调强有力的富有创

---

① 原文如此。应为：教学。

造性的干部。需要一个由军人同志组成的协调得很好的[①]支部，即一个能组织和领导西北游击战争和四川红军斗争的小司令部。

其余一切都取决于正确的开端。

弗雷德[②]

（全宗495，目录19，卷宗575，第11—16页。打印稿，原件，亲笔签字。）

---

①原文如此。根据意思应为：协调的团结的。
②M. 施特恩。

康生和王明给中共中央政治局的第4号信

（一九三四年九月十六日于莫斯科）

中央政治局诸同志：

八月三号我们写了一些信给你们，（第三号通讯）①不知收到否，现在想告诉诸同志以下的问题。

1. 准备七次大会问题——国际七次大会②延长了的主要原因，是为要加强各国党的准备工作，就是要学共产国际第二次大会③的经验，动员各国共产党员参加大会的准备工作，现在决定在十二月半公布大会政治提纲，和报告大纲，不仅各国党的领导机关要详细研究这些提纲和大纲，而且支部同志也能够积极参加研究大纲的工作，我们党在现在就应当开始准备大会的政治工作，从中央到支部都要开始研究六年来国际革命运动和中国革命运动的经验，尤其要研究目前国际形势与中国革命新的特点，在提纲没有公布以前党应当利用已经有的国际问题材料加以研究，特别是要动员全党研究中国革命问题，此地代表团与东方部已决农业定帮助供给材料给你们，决定写的材料（文章，小册子等）如下：（1）目前中国形势与党的策略，（2）民族革命战争问题，（3）职工运动，（4）党的建设，（5）满洲问题，（6）民族问题（此纲领已经早已送去④，恐你们已失掉，现决定再送给你们），（7）中国工农民主专政的特点，（8）农民问题，（9）马克思主义与中国革命，这些东西在十月底大概可以完全写起，十一月份可以开始送出，当你们在没有收到这些材料以前，你们可以利用已有的材料，进行工作。在进行工作中在白区应注意秘密工作所允许的范围以内，至于在苏维埃区，不但在全党的党员中进行讨论，而且非党的工农群众及红军中都应公开讨论。（在

---

① 文件没有找到。
② 共产国际第七次代表大会最初定于1934年10月召开。
③ 1920年7月19日至8月7日在莫斯科举行。
④ 见第125号文件。

报告时不应将大会真正的期限说出）在讨论中应搜集六年来的经验与教训，并且能够作出总结，送到这里，尽可能的将进行的工作随时告诉国际，参加大会代表的成分，必须要慎重的选择，在苏区应当经过选举，在白区应当慎重的指定，要使代表成分，能够一方面保证真正总结全党的工作经验，另方面要有真正在群众中有威信的与群众有密切关系的领袖，不要尽是地方党部在机关中作工作的同志。代表的数目，我们党有正式代表三十人，有发言权的代表由中央决定数目，征求国际同意。至于代表来莫的期限最好不要都在会期附近，一方面那时敌人注意力更大，另方面我们人数很多，很难保证会前按时到会，所以能够早来的，就先来更好。

2. 满洲问题——最近我们得到一些新的满洲各地的文件，及来人的通知，可以看出党在满洲的反日游击运动有相当的成绩，同时客观形势有极大发展的可能，可惜主观力量太薄弱，我们根据材料和报告，已经进一步研究满洲问题，现在正在准备给满洲党几个问题的文件，例如：游击战争与政权问题，职工运动问题等，我们相信这些文件像前次的信[1]一样，在满洲工作上能够起积极的作用。因此我们希望中央在没有得到我们这些新的文件以前，不要写给满洲省委关于游击运动等策略问题的文件，因为根据过去的经验许多主要策略问题，两方面的文件时常有不一致的意见，（如最近中央根据何某的报告决定罗某[2]写的信[3]，有许多策略问题不正确，不仅与过去给满洲的信——一九三二年底根本转变满洲的策略有不同之处，即将来新文件也不能同意罗某起草信中的某些意见，）因之使满洲同志发生许多难以解决的困难，满洲的组织，现在非常严重，省委只剩了两个人[4]，那里的另一同志，我们已经告诉了你们他来到了这里，实际上他已经不能在那里立足，另外两个也是同样的情形，一方面有叛徒杨明佛、杨波，据报告上海孙际明也在那里，另方面他们在那里不能活动，处在一种极危险的状态里，为了保持那方面的工作，为了保护这些干部，省委组织问题是非急切解决不可，但是我们这里无法解决这问题，我们能作〔做〕到的是

---

① 其中就有：共产国际执行委员会起草的1933年1月26日中共中央致满洲各级党部及全体党员的信。见《中共中央文件选集》第9卷，第21—45页。

② 李维汉。

③ 指1934年2月26日中共中央致满洲省党委会的指示信，见《中共中央文件选集》第10卷，第21—141页。

④ 何人不详。

一方面讨论了并改变了组织的结构，详细这里不便写，以后告诉你们①，另一方面是设法帮助建立独立工作的地方党部。至于省委的代替人选问题，请你迅速设法解决。

3. 西北问题——据我们知道陕北的游击运动很发展，那里许多的游击队没有强有力的政治军事领导，中央应将这地方的工作的注意力提高起来，党应立刻派许多政治军事上强有力的干部去，宁可将一些没有多大群众工作的地方党部省委的干部，拿去作这样的重要的工作，都是十分必要的。同时在陕南的游击运动也有很大的发展，如果在这两方面都加强了领导，最近的将来是可能使这两方面的游击运动联系起来，创造陕西广大的苏区，并且将陕西的运动与四川的运动联系起来，这样就可以造成一种新局势，就是一方面川陕苏区有了广大的根据地及巩固的后方，另一方面可以打通川陕苏区与新疆的联系，所以我们提议中央与四川陕西的党，共同努力完成这个与中国革命有伟大意义的工作，据说在北方有许多陕、甘、宁夏的同志，中央必须设法将他们派回去，进行游击队工作与士兵工作，同时利用一切北方同志到这些地方去完成这些工作，无论如何要求你们派一部分西北与北方的干部来学习军事政治，学生的条件不一定程度很高，只要积极忠实，勇敢便可。

4. 士兵工作与游击运动——在中国革命与战争的环境里，士兵工作与游击运动，应当占党的工作第一等的重要地位，但是我们没有能将这工作当作工作的中心。过去抗日同盟军②及孙殿英军队中的工作就是例子，事实证明如果我们在这两方面的军队中真正建立了强有力的党的工作，真正派去很得力的干部，甚至那时河北省委及北方局的同志都去参加和领导这方面的工作，那么这两军队不仅不会失败，而且可以将大部分夺取到我们方面来，变成我们领导下的军队，如果这些军队能够在西北存在，那不仅使西北形成另一局面，即全中国的革命运动亦可发展到一个新的形势，有许多地方党部还不了解在现在革命战争的环境下党的中心工作是什么，因此将兵士工作与游击运动看为是次要的，实际上兵士运动在目前的环境中决不亚于职工运动的重要性。另一方面，我们有些同志不了解在某一时期，集中力量去进行某一种一定的紧急工作，结果样样都想作，样样不成功。因此，我们提议中央将我们党的最好的力量，集

---

① 何人不详。
② 原文如此。指1933年5月由冯玉祥成立的察哈尔民众抗日同盟军。

中到下列三种部队去进行工作：A、蒋介石"围剿"苏区的基本部队，B、河南的东北军，十九路军，孙殿英军队，C、陕甘的杨虎城，胡宗南，马鸿逵，井岳秀等部队。派人去作这些工作时，不要像以前只限一部分作过士兵工作的，或者现没有多大工作的同志，而是要将工人，农民，学生支部当中，以及地方党部，省委中：积极、忠实、勇敢的干部及一些大城市不能立足的同志，给他们以具体的指示，告诉他们工作方法，大批的动员到军队中去工作。为了这问题有时牺牲一些地方党部的和支部一部分工作，都是完全值得的。游击运动在目前的状况下是自发的极大的发展，各党部应该十分抓紧这一中心工作，开展广大的游击运动，已经有游击队的地方，那里的党部最中心的工作就是领导游击队，党的领导机关就应该学朱毛一样的，直接到游击队中去进行工作。

5. 反蒋问题——前信已经告诉诸同志组织反蒋运动的重要意义，现在还要请同志们注意的是不要像过去只等人家来找我们，而要我们去成为反蒋运动的发起人和领导者，这不是说要名义上到处去抬出我们党的招牌，而是说我们在实际上进行一切工作，在这运动中我们要利用一切可能反蒋的力量，即是军阀国民党内部一切反蒋的力量，我们都必须尽量利用。因此我们希望不要将北方已经有的以吉鸿昌为首的反法西斯蒂大同盟运动[①]放松，这个运动在目前反蒋的运动中有很大的意义，因此我们提议中央要派有力的同志去加强和扩大这个运动，特别要注意已经与吉鸿昌等有联系的军队，土匪，义勇军等当中的工作。

6. 无论从中国革命来说，无论从党的工作上说，目前一个最重要的问题就是干部，我们想诸同志都懂得这问题，我们现在的提议就是中央要想尽一切办法，保证送学生来学习，名额多少没有关系，有时暂时的部分是因送干部来而使某地工作受一点困难，都是值得的。有时中央为招生派专门人出去都是必要的，照目前来人的经验，路上并不十分困难的，中央应趁机派人，多多益善，自然并不是说质量可以不注意。

最近有许多没有经过党的组织的人来到此地，使我们很难处置，我们一方面不能担保这些人不是敌人派来的侦探，另一方面我们如果将他们完全不理驱出境，又恐是我们的同志或同情我们的分子，因此请中央告诉各党部如果有同志或同情者，反日会员等要来，即使他们自己能来，也必经过党的介绍，或群众团体的介绍由党通知到此地，否则我们只有采取不理的办法，因为敌人或叛

---

① 可能指吉鸿昌领导的华北抗日组织，其主要核心是他的部队。

徒正是利用这些方法混到此地。七八月间来了好几个人，有的说是团员，有的说是反帝同盟的，我们在另外一个纸头上开发他们的履历，关系，及能够证明他的人，请你们务须帮助我们调查清楚，告诉我们。

7. 文件与材料问题——为了秘密工作，我们提议中央应将党内处理文件的工作系统完全改变，主要的是（1）尽量的少写文件，文件减少到最低限度。用活的领导方式去领导地方党部。（2）看完的文件负责毁掉，必须要的某些（如组织组的统计等）主要点用密码写下。（3）负责同志住的地方及机关中不能有任何的文件。（4）文件及报告中绝对不能写同志的姓名，及党的地址。（5）我们的来信看完速送到苏区（摘要的）。将不需要的部分，或特别秘密的部分毁掉。……① 希望中央不仅自己注意，而且要监督地方党部。

此外五中全会的决议及第二次苏大会的文件，我们收到的只是一个政治决议② 及毛泽东同志的报告③，其余五中全会及第二次苏大会的一切材料，没有收到，这些材料，我们要得到，以便研究与出版，毛泽东同志的报告，中文的已经出版④，绸制封面金字标题道林纸，非常美观，任何中国的书局，没有这样的美观的书，与这报告同时出版的是搜集了毛泽东同志三篇文章（我们这里只有他三篇文章）出了一个小小的文集，题名为经济建设与查田运动⑤，装潢与报告是一样的。这些书籍，对于宣传中国苏维埃运动，有极大的作用，因此希望中央务必将五中全会的决议及第二次苏大会的一切文件，报告，决议，记事，报纸，照片，小册子，书籍，杂志统统迅速送给我们，这里一切的同志，如得到这些文件，如获至宝，而摆在你们机关里，却危险之极，希望你们无论如何给我们。再者根据报纸上载以宋庆龄女士为首的三千余人共同发表了一个反日纲领，我们始终没有看到，我们特别要知道的是那些署名的人是谁们，不仅知道几个主要的，而且要全体知道。这材料我们急需要的。再苏维埃大会选举的名单，在此地各报及各国党报以及我们的报纸都要发表宣传，但是中央怎么不送来，我们又不敢根据敌人的报纸为根据，各国党天天向我们要，而我们无

① 删节号是原有的。
② 指1934年11月18日中共五中全会关于时局和党的任务的决议。
③ 指中华苏维埃共和国中央执行委员会与人民委员会主席毛泽东于1934年1月23日所作的总结报告。见《第二届中华苏维埃代表大会》，莫斯科1935年，第58—130页。
④《只有苏维埃运动能够救中国》，莫斯科—列宁格勒1934年，第13—100页。
⑤ 毛泽东:《经济建设与查田运动》，莫斯科—列宁格勒1934年。

法供给。请中央无论如何告诉我们，并以后希望中央对于中国苏维埃政府的国际宣传，特别加以注意！十月报①现在已改名为中国报，内容由党报的性质已改为群众报的性质，该报很受一切国家的华侨欢迎，甚至新加坡的学生都来信订阅。

接到这信，希望连上次我们要求的问题给我们以答复，至盼！

此致

布礼！

兹将这次送给你们的东西，开列如下：(1)我们的信（共三页）。(2)中国文艺晚会志盛。(3)世界文学家反对中国白色恐怖宣言（英文的）②，这个宣言因签名的名单不在这里，本文件的名字是不全的，以后再送给你们。此文件只作参考，暂时不发表！(4)李复生给全总的信③，该件只能作个人的意见，作参考。(5)民族问题纲领④。(6)共产国际杂志⑤五卷第六期七期各二本，中国报两张。(7)毛泽东报告二本⑥。(8)毛泽东文集二本。(9)防毒面具简单构造。

康生

王明

（全宗514，目录1，卷宗825，第14—16页。中文手写稿，原件，亲笔签字。）

---

① 1993年9月出版了唯一的一期。

② 文件没有找到。

③ 文件没有找到。

④ 见第125号文件。

⑤ 1930年至1937年在莫斯科出版。

⑥ 《只有苏维埃能够救中国》，莫斯科—列宁格勒1934年，第13—100页。

秦邦宪给共产国际执行委员会的电报 [①]

（一九三四年九月十七日 [②] 于瑞金　绝密）

致共产国际执行委员会

　　[中共] 中央和革命军事委员会根据我们的总计划决定从10月初集中主要力量在江西的西南部对广东的力量实施进攻战役。最终目的是向湖南南部和湘桂两省的边境地区撤退。全部准备工作将于10月1日前完成，我们的力量将在这之前转移并部署在计划实施战役的地方。我们期待……[③] 这里不晚于9月底 [④] 作出最后决定。波戈列洛夫 [⑤]。9月17日。

　　[全宗495，目录184，卷宗33(1934年收文)，第25页。英文打字稿，原件。]

---

①文件上有批注：已交皮亚特尼茨基同志；已送米夫同志、别尔津同志。
②电报是共产国际执行委员会于1934年9月22日收到的。
③删节号是原有的。从意思上看为：你们。
④原文如此。
⑤秦邦宪。

中共中央致共产国际执行委员会
政治书记处政治委员会的电报①

（一九三四年九月十九日②于中央苏区　绝密）

[中共]中央致政治委员会

1. 最合适的港口是香港或澳门，我们将派两位同志到那里建立机构。

2. 至今我们与贺龙没有联系。

3. 请你们把告中国人民书寄来③，直接寄到上海④。

4. 其他各项我们正在完成。

[1934年]9月19日

[全宗495，目录184，卷宗33(1934年收文)，第26页。英文打字稿，原件。]

---

① 该文件是对1934年9月4日共产国际执行委员会政治书记处政治委员会致中共中央电报的回复。

② 共产国际执行委员会于1934年9月23日收到的。

③ 原文如此。

④ 文件没有找到。

共产国际执行委员会政治书记处
政治委员会给中共中央的电报 ①

（一九三四年九月二十三于莫斯科　绝密）

政治委员会致中央苏区

中国共产党中央委员会

　　向广州人提出我们曾向十九路军提出的那些条件，这是不现实的，也是不正确的，会使我们丧失利用广州人和南京人之间矛盾的机会。作为主要条件，请提出援助红军军事装备，其中包括子弹。装备运到之后［我们可以］用现金［支付］。他们可以在交货地点或上海收取货款。第二个条件是取消经济封锁和帮助开展贸易。第三个条件是广州军队从江西南部撤往广东边界，尤其是，从赣州、信丰和龙南等县撤出。请说明，这样就会使红军获得机动作战和保卫中央苏区的可能性。但是，如果签订的协议能保证广州人接受前两个条件，那就不应坚持第三个条件。请务必向我们通报关于与广州人谈判的进展情况。

　　［全宗495，目录184，卷宗48(1934年发文)，第19页及其背面。英文打字稿，原件。］

---

① 该文件是对1934年9月14日秦邦宪电报的回复。

阿布拉莫夫给中共中央的电报

（一九三四年九月二十六日 [1] 于莫斯科　绝密）

阿布拉莫夫致 [中共] 中央

我们认为与你们的直接双向密码通讯已经建立起来了。乌拉！[共产国际执行委员会] 国际联络部祝贺我们的朋友们——无线电报务员和译电员，并祝愿他们今后取得更大的成绩。

英雄的苏维埃中国万岁！

[全宗495，目录184，卷宗48（1934年发文），第22页。英文打字稿，原件。]

---

① 电报加密的日期。

王明和康生给中共中央的电报 ①

（一九三四年九月二十八日 ② 于莫斯科　绝密）

王明和老板 ③ 致中央苏区、中共中央

现回复你们［1934年］9月17日N号电 ④。我们不明白，你们为什么准备以主力对广州部队实施打击。须知，从你们的前几次报告 ⑤ 来看，现在正在与广州人进行谈判，此外，即便我们现在不能利用，那么我们也应该为自己保留今后利用南京人和广州人之间矛盾的可能性，而现在向广州人进攻就会使我们失去这种可能性，并会使暂时还没有对我们实施积极作战的补充力量仇视我们，因此，请说明你们决定的理由。

［全宗495，目录184，卷宗48（1934年发文），第23页。打字稿，原件，最后的建议是米夫亲笔写的。］

---

① 在文件上有王明、康生、Д.З.曼努伊尔斯基、В.Г.克诺林和 П.А.米夫的签字。
② 电报加密的日期。
③ 康生。
④ 见第298号文件。
⑤ 见第286号文件。

共产国际执行委员会政治书记处
政治委员会^①给中共中央的电报^②

（一九三四年九月三十日^③于莫斯科）

致中央苏区［中共］中央

考虑到这样一个情况，即今后只在江西进行防御战是不可能取得对南京军队的决定性胜利的，我们同意你们将主力调往湖南的计划^④。对南京的决定性行动只能在前面的湖南机动作战结束后采取，这意味着，首先歼灭何键的军队，这样我们的力量才能进一步壮大和巩固。但是在湖南作战的时候，应该同时完成其他一些任务：第一，为了在尽可能长的时间内对驻扎在那里的南京军队实施强有力的骚扰性打击，留在江西的部队要展开持久的［军事］行动，目的是干扰他们在湖南的行动；第二，组建独立的东方军，由第7、第10军团和来自中央苏区的另一个军团组成，目的是在东部四省交界处建立和发展一个强大的根据地，给蒋介石的军队在湖南方向上的集中造成困难，还可以隐蔽我们在湖南的主要计划；第三，我们认为把目前在汀州——连城地区活动的部队留在福建而不调往湖南是比较适宜的。这个军团应该组成独立的南方军，其任务是在厦门方向或者在东北方向进行机动作战，也是为了在闽赣边界地区建立自己的根据地。请确认电报是否收到和解密。

［全宗495，目录184，卷宗48（1934年发文），第27页。英文打字稿，原件。］

---

① 发报者是根据内容确定的。
② 在使文电报稿上有 Д.З.曼努伊尔斯基、王明、В.Г.克诺林、Ф.黑格尔特、弗雷德［М.施特恩］和 П.А.米夫的签字。
③ 电报加密日期。
④ 见第289号文件。

盛忠亮致中共中央的电报

（一九三四年九月 [1] 于上海）

米茨凯维奇 [2] 同志就改组中国国统区工作致〔中共〕中央电 [3]

　　考虑到全国开展革命斗争的需要及其特点、法西斯恐怖的猖獗和党在中国国统区的工作在组织方面的一系列弱点，以及一年来从党组织所遭到的破坏中得出的经验，为了巩固党和对中国国统区劳动人民的斗争实行真正的领导、打败敌人的第五次"围剿"和建立新的苏区，我们建议在下列方面彻底改组我们党在中国国统区的整个领导体系和领导方式，把组织领导提高到政治领导的水平。

　　1.通过远东局从组织上加强〔中共〕中央与共产国际执行委员会的联系，使这种联系不受地方党组织偶然事件的影响，以此来保证共产国际执行委员会对我们党的经常的和实际的领导，保证及时转达中共中央的要求和共产国际执行委员会的指示。

　　2.加强中国国统区与中央苏区及其他苏区的联系。通过加强运输和通讯网络保证向苏区提供物质援助的能力，使苏区在争取革命战争胜利的斗争中取得最大的发展。

　　3.加强〔中共〕中央对中国国统区工作的领导，培训巡视员并建立中央与一些最重要省份的直接联系，以便在〔上海〕中央局遭到破坏的情况下〔中共〕中央能够很快恢复中国国统区的工作。要改进信使的工作。

　　4.重建党在中国国统区的领导机关——上海中央局，规定其职能，提拔新干部，中止该局与〔中共〕上海组织的直接联系，以此来保证该局的安全和工

---

① 日期是根据内容确定的。共产国际执行委员会是1934年10月11日收到电报的。

② 盛忠亮。

③ 文件上有批注：米夫和王明同志已阅，布龙科夫斯基、克诺林。皮亚特尼茨基那里有一份。

作不间断。

5. 为了减轻［中共］中央和上海局的工作，在中国国统区的最重要地区设置［中共］中央全权代表和改进主要省委的工作。

6. 加强省和地区的工作，改进对它们的领导，要教育省委和区委通过地方自治的方法独立地工作和在统一的领导下开展地方工作。

7. 把中层工会组织放在企业，加强上海和天津的领导机关对工会的领导，将其变成独立的具有由党领导的严整等级的群众性组织。

8. 制订干部政策，尽一切可能保留党的骨干，保持布尔什维克传统。

9. 严格实行秘密工作的规定，推广地下工作方法，经常检查所有环节。

10. 重建和改进特科的工作，特科不仅要消极地保卫党，而且还要积极地进攻敌人；不仅要进行特殊的秘密工作，而且还要在党的帮助下改进自己在群众中的工作。

具体措施

1. 在上海设立全权代表及其助手，其具体任务是：（1）会见共产国际执行委员会和国际联络部的代表；（2）监督无线电台和密码；（3）监督财务；（4）保持与信使的联系并从物质上援助苏区。

全权代表不参加［中共］上海中央局的日常工作，但他代表［中共］中央监督上海中央局的工作并传达［中共］中央和共产国际执行委员会的指示。他应该有可能与国际联络部的代表保持经常的联系。请任命可以在当地找到的人担任全权代表及其助手。

2. 我们同意屠同志①关于必须在……②建立两个商店的意见，以保证汇款和转运货物。你们也应从你们方面与这些城市建立联系。

3. ［中共］中央应该培训20名巡视员，将他们派往最重要的工业中心城市，去进行监督和在组织游击战的地方做工作，并把他们作为长期的工作人员固定下来。［中共］上海中央局应该能够迅速传达文件和传递从地方上得到的材料（每个月派出信使12次）。

河北、满洲、江西、河南等主要省委应该通过信使或信件保持彼此间的直接联系。今后［中共］中央可以通过转由上海局支配的备用无线电台领导中国

---

① 原文如此。何人不详。
② 原文空缺。

国统区的工作，但是不要把它与别的无线电台混在一起，那样做是危险的。你们应该与鄂豫皖苏区建立无线电通讯联系。我们已经搞到了无线电收发报机，但是因为缺少人手无法运到那里去。

4. 为了改组［中共］上海中央局的工作，必须：（1）把它的工作限定为领导中国国统区，撤销它对其他苏区工作的责任和与共产国际执行委员会代表进行联系的责任。（2）避免上海局机关臃肿并为领导地方组织的工作建立灵活的巡视员和信使网络，通过该局组织部领导［中共］上海组织，组织部指定一位专门的巡视员与江苏党组织书记进行联系。此外，建立该局与江苏的信使联系，以使该局能够通过书面形式及时地领导上海的工作。这就能保证该局的安全，消除该局与江苏交往过于密切和混乱的现象。(3)该局剩下的两位成员[①]都很有名，他们继续留下工作会很困难；一些科的同志曾被跟踪过，也不能继续留下工作。请［中共］中央派三位同志来组建新的局；他们的能力强弱并不重要，重要的是他们在政治上要可靠。如果做不到这一点，就不能保证现在这个局的存在，也不可能开展工作。这个问题应该马上解决。

5. 把最优秀的力量放在最重要的战线上：（1）调［中共］中央驻河北的全权代表[②]去做其他工作，因为他不能继续留下来工作，这样也不会削弱华北的工作。（2）在满洲建立［中共］中央局。

我们建议任命［中共］中央驻河北的全权代表为满洲局书记。此外，［中共］中央还应该为这个局任命两位同志。（3）由于距离遥远和信使条件[③]，四川的组织与上海局还没有密切的联系。考虑到要加强对省委的领导问题，必须派一位全权代表来四川就地实施独立的领导。（4）中央应该培训一些代表来领导那些正在开展游击战的次要省份和地区。（5）代表、全权代表和各省的［中共］中央局由上海局实行领导。

6. 鉴于省委的负担过重和干部软弱，我们建议加强各省和地区的工作：（1）为加强上海的工作建立上海市委，在镇江县建立与之平行的省委，而现在的临时委员会以后就变成省委。为加强江苏各县的工作，为准备游击战争和以后建立新的苏区（这是完全可能的），这样做是必要的。(2)将满洲省委分为在［中共］

---

① 盛忠亮和黄文杰。

② 孔原。

③ 原文如此。

满洲中央局直接领导下的三个省委或特委。（3）为了联合安徽省南方和北方的组织，成立安徽省委。（4）恢复和加强福建省委。（5）四川省委占据十分辽阔的地域，因此我们建议在省委下面成立三个特委（在该省的东方、北方和南方）。省委的干部不是特别有名就是很软弱，例如，满洲省委只有三个委员①，其中的邢斯汉（音）②无论如何也不能继续留在哈尔滨工作。在河北省委，尽管也有三个同志，但是省委书记③已经与反党分子勾结在一起，我们已经决定撤销他的工作。其他两个同志都很软弱④。

江苏省委由于最近一次遭破坏更弱了。组织部和宣传鼓动部软弱无力。最近几天这两个部因从厦门来了两个同志⑤而得到了加强，但是还是很弱。河南省委被认为是最好的，但是省委书记⑥很有名。主要省委处境都很艰难。我们在竭尽全力支持他们，但是［中共］中央应该帮助我们。请派干部来或者组织干部交流。为了革命的进一步发展，地方组织的干部问题和恢复他们的独立工作，需要尽快予以解决。

7. 关于工会的工作，待我们与工会代表一起研究后，再作专门报告。现在的情况是这样：上海的工会组织应该立即恢复，但是我们没有人手，你们应该帮助我们。满洲的工会组织在遭到破坏之后已经不能活动。我们建议满洲党的机关请求红色工会国际给予帮助，从海参崴派干部来补充并下达恢复工作的指示，但是暂时这个问题还没有解决。在工会执委会中只剩下一位同志——主席⑦，他的处境也很困难。一般说来，工会中的情况比党内的情况更糟糕。工会联合会请你们谈谈自己的意见。

8. 干部培训：（1）到今年9月底我们要竭尽一切努力派遣128名学生。在不久的将来我们要向中央苏区派遣80名学生。（2）一旦恢复工作安排就绪，我们就着手完成我们的干部培训计划。关于加强党组织和特科的措施，我们将另行报告。

---

① 可能指：林炯、赵毅敏和李士超。
② 原文如此。可能指：林炯。
③ 朱理治。
④ 何人不详。
⑤ 何人不详。
⑥ 吕文远。
⑦ 饶漱石。

我们请求尽快讨论提出的计划并作出具体的决定。尽管中国国统区的工作形势严峻，但是我们拥有一切可能性来改变这种工作局面并做好自己的工作，但是从你们方面也应该帮助我们。

（全宗514，目录1，卷宗825，第31—36页。打字稿，副本。）

中共中央给盛忠亮的电报^①

（一九三四年九月^② 于瑞金）

中央对米茨凯维奇^③电报的回复

致米茨凯维奇，抄送王明

我们基本上同意米茨凯维奇的建议。具体说来，我们还应该考虑到：

1. 内战的严峻形势迫使［中共］中央书记处把主要注意力放在军事工作方面。莫斯克文同志^④完全投入到革命军事委员会的工作中，伊思美洛夫^⑤负责政府工作，项英负责游击队运动，波戈列洛夫^⑥负责书记处的工作。此外，他要经常和瓦格纳^⑦去前线。陈云负责邻近苏区的工作和供给工作。因此，我们很难领导中国国统区的日常工作。还应该考虑到通讯联络不畅：已经有三个月时间我们连中国白区的报纸都没有收到。我们只能提出工作的总方针。

2. 随着［中共］中央转移到苏区从中国白区来到这里的只有三位同志：波戈列洛夫、伊思美洛夫、陈云、华吉（音）^⑧。大部分同志留在中国白区。还需要考虑到在内战条件下干部的消耗、红军的发展、大批苏维埃政权机关的建立。虽然有2000名学员的三所军事学校和有700名学员的一所炮兵学校，但是对苏区来说干部还是不够的。到这里来的同志中谁都不可能再回到中国白区去。其他干部对到中国白区工作都准备不够。至于地方干部，鉴于他们文化水平较低、方言特殊及缺少经验，他们还没有准备好担任中国白区的领导工作。我们

---

① 文件上有批注：米夫和王明同志已阅。皮亚特尼茨基那里有一份。
② 日期是根据内容确定的。电报是共产国际执行委员会于1934年10月11日收到的。
③ 盛忠亮。见第295号文件。
④ 周恩来。
⑤ 张闻天。
⑥ 秦邦宪。
⑦ 奥托·布劳恩（李德）。
⑧ 原文如此。后者可能是何克全。

不止一次地要求中共上海中央局派干部到这里来学习，但是派来的学员数量很少，而且多数是没有经验的党员，我们从红军中挑选了一定数量的干部进行轮训。但是他们都比较弱，只适合做地区性工作。因此，在向各地区调配党的领导力量时遇到了很大的困难。

根据米茨凯维奇的电报和上述情况，我们建议：

1. 为便于领导中国白区各省的工作，在比较安全和通讯联络方便的地方建立一个有工作能力的［中共］中央局。我们建议该局由康生、科尔萨科夫[①]和伊遂[②]（音）组成，该局不应该是一个臃肿的机关，只设一部无线电台、一个印刷所和一个保存文件的机构，在香港设一个信使联络点。

2. 在上海设立中共中央全权代表，其职能是米茨凯维奇所指出的。这个代表不应与地方组织有联系，我们临时暂任命米茨凯维奇为代表，希望你们能派克雷莫夫[③]来替代他。如果米茨凯维奇不能留在上海，那就不得不临时召回陈特真（音）[④]同志来代替他。

3. 在满洲及河北要设代表，我们委托王明和康生从在莫斯科的同志中物色人选。

4. 应该为各省委提拔新的干部和从莫斯科派学生回到中国来。

5. 我们已经采取措施为中国白区培训工作人员并派20到30名学生前往莫斯科学习。为此，国际联络部应该保证此项工作的进行。

6. 在莫斯科就这些问题作出最后的决定之前，我们现在采取下列过渡性措施：

（1）任命米茨凯维奇同志为代表，中断他与中共上海中央局的联系。

（2）批准临时上海中央局由乔（音）[⑤]、科尔萨科夫和鲍托（音）[⑥]组成。该局应该中断与江苏省委的直接联系。

（全宗514，目录1，卷宗825，第17—18页。打字稿，副本。）

---

① 黄文杰（音）。
② 何人不详。
③ 郭绍棠。
④ 孔原，时任中共中央驻北方代表。
⑤ 原文如此。可能是李得钊。
⑥ 原文如此。何人不详。

王明就党为迎接共产国际第七次代表大会做准备一事给中共中央的信草稿[①]

(一九三四年十月一日于莫斯科　秘密)

关于中共为迎接共产国际第七次世界代表大会
进行政治准备给中共中央的建议草稿

利用共产国际代表大会召开前的所有时间动员全党进行积极认真的政治准备。总结共产国际和中共自共国际六大[②]至七大期间斗争的共同的和主要的教训，检查共产国际六大和党的六大[③]以及共产国际执行委员会和中共中央全会的主要决议的执行情况，发扬成绩，揭示工作中的缺点、错误和薄弱环节、分析当前国际和国内的形势，拟定革命斗争的近期目标并确定这个时期的策略方针，如果你们能通过讨论的方式在全党面前突出地提出下述方面的迫切问题，我们觉得那将是有益的，也是合适的：

1. 关于红军和苏维埃的斗争——要特别注意关于保存、加强和发展红军有生力量的基本策略方针，特别注意敌人的新计划和我们［应有的］继续发展计划（考虑到从被包围和防御状态转入夺取军事行动主动权，开展广泛的、机动灵活的游击战，发展和协调我们的力量和为坚决歼灭主要敌人——蒋介石的力量进行实际的准备），注意将红军和苏维埃的斗争与全中国的革命斗争和今天的革命斗争及其近期前景结合起来，最后是注意非苏区劳动人民为实际援助红军和苏区应有的具体的和一切可能的措施。

2. 关于争取和瓦解敌人武装力方面的工作——应该着重强调：（1）此项工

---

① 打字稿副本已送 П.А.米夫、Г.И.萨法罗夫、Л.И.马季亚尔、Ф.С.科捷利尼科夫、К.Э.琼森、阿列克谢耶夫、В.Е.瑟索耶夫、李立三、郭绍棠［克雷莫夫］、廖焕星、王明和 Б.费尔迪。

② 1928年7月17日至9月1日在莫斯科举行。

③ 1928年6月18日至7月11日在莫斯科州纳罗福明斯科区五一村举行。

作在中国当前的条件下具有头等重要的和决定性的意义，以及党组织至今对它采取的不能允许的轻视态度①；（2）现在进行这项工作的总的条件使我们能够争取相当大部分的敌军转到我们方面来，甚至有他们的大部分中下层指挥人员；（3）每个党组织都应该把这项工作放在第一位，并抽调最优秀人员来做这项工作。

3. 关于反帝斗争和统一战线——应该坚决而具体地谴责在这个工作领域中的宗派主义。指出在这一斗争中利用一切可能的反帝的和诚实的"爱国"力量②、组织和人士的必要性。指出为建立广泛的抗日反蒋统一战线而利用敌人营垒中的一切矛盾和对抗的可能性和必要性。要使党意识到，我们的口号和争取组织和进行武装人民的神圣民族革命战争的斗争，只有在这样的情况下，才可能是现实的和有成效的，如果它们带有真正深刻的民族性和深刻的人民性，也就是说，在"武装保卫祖国"的总口号下，它们涵盖最广泛的，哪怕是暂时的、不稳定的和同路的一切可能的阶层和力量。

4. 关于工会运动——鉴于不同寻常的白色恐怖、中国工人十分低下的组织性和多年来我们在这个领域的工作成效不大，提出在我们的工会策略上实施根本转折的问题不合适吗？意思是要广泛利用合法的掩护和尽一切可能从组织上动员工人群众更有效地进行阶级斗争和扩大我们的影响，也就是说，不再到处组织封闭的赤色工会小组，因为这种小组，像以前发生过的那样，一遭到迫害很快就会瓦解。我们要在各种有形的工人组织——从黄色工会、互助会、体育运动组织和基徒教组织到兄弟会、同乡会、宗教团体（例如，五金工人的老君会、码头工人的乡友会等）和青红帮等组织——中转移我们的工作重心，以便利用其合法存在及活动的可能性和其旧的形式为我们内容新的工作服务，广泛组织工人阶级和他们的斗争。与此同时，在那些没有任何工人组织形式的地方和企业，我们必须在合法性的掩护下建立我们自己的组织。此外，还应该认真地提出关于善于在企业积聚我们力量的问题，以便有序地③指导工人的每次罢工和斗争取得成果：不仅要在政治上，而且要在组织上使我们的力量得到发展

---

① 原文如此。
② 原文如此。
③ 原文如此。

和加强，而不是为了削弱它们或者毫无目的地和轻率地触动它们①。

5. 关于农民运动——除了党在这个领域的有益教训（首先表现在，中共在实践中已经表明自己是农民革命斗争的唯一领袖和组织者，并且以苏维埃政权和红军等形式建立了在工人阶级领导下的无产阶级和农民的牢固战斗联盟），还必须详细地讨论关于党在夺取政治领导权和从组织上掌握基本上是自发的农民群众斗争（从最原始的形式和最基本的要求开始，到武装发动和起义）方面的具体措施问题。应该善于具体地和区别地对待不同地区的不同的水平和不同的规模，以便在那些客观和主观条件真正成熟的地方，发动农民武装起义和游击战争以夺取土地和政权，而在运动还处在开始阶段的地方，不要过早地去冒险，而善于组织群众的最基本的斗争，目的是准备把群众斗争提高到一个高级的发展阶段，与此同时，在非苏维埃地区，为了我们的工作还应该注意利用现有一切合法的组织形式（从合作社到各种宗教团体），以便积蓄我们的力量。

6. 关于满洲问题——事实表明，只有中共才是自始至终在满洲和在全中国为收复被占领的领土和驱逐日本帝国主义而斗争的唯一政党；要说明满洲的特殊形势和我们的广泛民族统一战线思想；为了在满洲进一步组织抗日游击斗争，并把这一斗争与中国人民争取解放的总的革命斗争及其前途结合起来，要讨论具体的政治、组织和策略方面的措施。

7. 关于几个党内问题——除了作出积极的评价，即最近几年来中共在争取民族和社会解放的斗争中已经成为中国人民公认的领袖，还应该认真地揭示党的工作落后于客观条件的原因，应该特别提出下列问题：把培训、轮训、提拔和正确合理地使用干部的问题提到一个更高的水平。说明两条战线斗争和自我批评的作用和意义，特别是它们的正确方法；寻找在新的条件下的新的组织形式和新的工作方法；不仅在领导机关而且在全党和在群众中进行坚决的和始终不渝的反奸和保守秘密的斗争；使青年工作发生根本性的转变，特别要加强对共青团的领导和帮助，克服对学生和小资产阶级群众的轻视态度。

（全宗514，目录1，卷宗808，第74—81页。手稿。）

---

① 原文如此。

共产国际执行委员会东方书记处
处务委员会会议第15号记录
（摘录）

（一九三四年十月四日于莫斯科）

听取：1.——继续讨论王明同志的报告①。

发言：朱立、刘②、米夫、萨发罗夫、李明③、李复生同志。

决定：责成王明同志在两周内写出致满洲组织的信草稿。

听取：2.——就［共产国际］第七代表大会的准备工作致中共中央的信草稿④。

决定：基本上通过。责成王明、康生、米夫、萨法罗夫同志对该信作最后修改。

主席　米夫

秘书

（全宗495，目录154，卷宗531，第90页。打字稿，原件，主席亲笔签字，无秘书签字。）

---

① 文件没有找到。

② 何人不详。

③ 李立三，时任中共驻共产国际代表团成员，兼任中华全国总工会驻赤色职工国际代表。

④ 对第2项的批注是：已经完成。见第297号文件。

共产国际执行委员会政治书记处
政治委员会给中共中央的电报 [①]

（一九三四年十月八日 [②] 于莫斯科　绝密）

政治委员会致中共中央和中央苏区

　　如果关于蒋介石在最近准备向广州人发起进攻的消息可靠，我们就应该力求与广州人签订军事协议。签订这个协议之后，我们不应该把它看作是一种策略手段，而应该真正积极参加同广州人联合反对蒋介石这个主要敌人的行动。不要重犯在福建事变期间所犯的错误，当时我们没有积极地支持第十九路军。

　　[全宗495，目录184，卷宗48（1934年发文），第28页背面。英文打字稿，原件。]

---

① 文件以政治委员会委员们的飞行表决方式于1934年10月8日通过并经共产国际执行
　委员会政治书记处政治委员会1934年10月9日非常会议批准（见全宗495，目录4，
　卷宗314，第3页）。
② 译成密码的日期。

格伯特给皮亚特尼茨基的信①

（一九三四年十月十一日②于上海）

艾尔文③致米哈伊尔④

从最近一次暴露⑤的教训中得出的简短结论

对中国革命斗争的评述

随着苏维埃政权和革命运动在全中国的发展，革命运动具有了战斗的性质，越来越多的工农群众（农民暴动）参加到这种战斗中来了。整个的生产部门举行了罢工（5次大规模罢工，罢工者有几万人。战斗的规模不仅巨大，而且在⑥……组织性的情况下，在斗争过程中表现出空前的组织性。革命化进程在大踏步地进行，并在席卷所有新的地区。在战斗过程中涌现出一批又批新生的革命力量。

作为苏维埃政权加强和革命运动发展的一种结果，法西斯恐怖浪潮也在日益高涨。

对法西斯进攻的分析

法西斯进攻的矛头是指向我们战线的最重要环节，指向省委和区委（特别是江苏），最后是指向我们党的首脑。近一年来，法西斯分子在"进攻工厂和学校"的口号下在四个方面展开攻势：第一方面是企业和学校，第二方面是区委，第三方面是州委⑦，第四方面我们的首脑。由于发动这种攻势，近一年来部

---

①在文件上有批注：Г.季米［特洛夫］和王明同志已阅。
②共产国际执行委员会收到的日期。
③Н.Н格伯特。
④И.А.皮亚特尼茨基。
⑤指1934年6月以李竹声为首的中共上海中央局领导人员及大量各级党的工作人员被逮捕。
⑥原文以下空缺。
⑦原文如此。应为：省委。

分支部已不复存在，部分支部损失了大量党员（从120到126人减少到20到23人）。上海的党员人数从4000人减少到600人。国际革命战士救济会暴露后还没有恢复，工会组织也受到威胁。

法西斯分子的方法

法西斯进攻的主要工具是奸细组织。国民党组织部设有在陈立夫直接领导下的一个处。这个处制订了，在党的各个环节的工作计划，组建了专门的奸细地下支部。

在各个企业以党的名义建立支部。改进监视技术（三级转递）。通过无线电广播、报刊（《社会新闻》杂志[①]，发行7万份），最后还通过类似"新生活"会这样的团体开展思想瓦解运动。

最近一次暴露的教训

对我们党首脑的最近一次打击，应该认为是近几年来最严重的一次，更何况这次打击是发生在党的领导干部由于遭到前几次逮捕而暂时被削弱的时候，从搜走材料的数量来看也是最严重的一次。日本领事馆在研究满洲的材料，美国人、英国人、法国人及其他帝国主义分子都在研究被搜去的与他们的租界有关的材料。

我们掌握的材料还不全，我们把这次暴露的原因分为四类：1. 组织上的错误；2. 技术薄弱；3. 不遵守秘密工作规定和一些领导同志思想麻痹；4. 挑拨离间活动和与之的斗争。

组织上的错误

这次打击是逐步而谨慎地准备的，没有进行零散的不必要的个别的逮捕。两个月前党得到一些情报说：江苏省委里有12个至今尚未被揭露的奸细。尽管如此，［中共］上海中央局和江苏省委之间的直接联系不但没有终止或改组，而相反更加密切了。大部分会面是在斯拉文、米茨凯维奇和科尔萨科夫[②]居住的并保存有各种材料的那座三层楼房里进行的。似乎由于江苏省委的软弱，在很大程度上工作都是由［中共］上海中央局进行的，因此出现了需要经常会面的混乱局面。对各部的职责规定得不够明确，其后果也与组织方面的弱点有关。

---

① 1932年至1935年在上海出版。
② 相应为：李竹声、盛忠亮和黄文杰。

技术方面的错误

在警察袭击斯拉文住所之前两个小时，[中共上海中央局]特科就已经知道了这个消息，但是由于通讯机构的延误，两位同志——组织部长① 和一个通信员② 只是在遭袭前10分钟才知道情况。他们俩分头跑去报告，但为时已晚，他们俩也被逮捕了。如果在斯拉文的房子里哪怕有两枚炸弹，也能轻而易举地消灭门口的5个装备很差的警察，得以逃脱。如果与特科的通讯联系正常（在房子里的人20分钟没放警察进去，有打电话的机会，等等），那么，10个负责保安并武装得很好的同志就可能把被捕的人救出来。如果与特科的通讯联系正常，那么，后来在逮捕人的房子里，在警察防范很差的情况下，那10个同志也可能把被扣留约4个小时的被捕者救出来。

保密工作和思想麻痹以及缺乏纪律的错误

尽管[中共江苏省委]书记③ 早已被预先告知，他已经被监视，但是他在自己的会见中没有采取必要的预防措施。上海局组织部长④ 中也属于这种情况，他已经有一个多月没有发现被监视了，而当他发现的时候，也没有采取必要的措施，结果也和他的前任⑤ 一样被捕了。虽然米茨凯维奇已经发现了几乎在租用的工会房子门旁有两个特务，甚至有一段时间还被其中的一个特务跟踪过，可是那所房子并没有立即停止租用，贝克同志只是因为看见了信号才得救的。尽管在斯拉文的房子里信号起了很好的作用并救了先前来到这里的他的妻子⑥ 和米茨凯维奇，可是斯拉文进去了，并被捕了。在特科得到关于袭击的情报时，负责通讯联系的同志没有在岗位上，而是出去散步了。

奸细和同他们的斗争

虽然不久前一名被揭露为日本人做事的叛徒被处决了，而另一名⑦ 受了重伤，但是同奸细的斗争还是进行得不够有力。

对党的干部审查不够，总之，在揭露叛徒的工作中特科表现得不够好。

---

① 杨天生（音）。
② 何人不详。
③ 赵立人。
④ 可能是黄文容。
⑤ 何人不详。
⑥ 何人不详。
⑦ 何人不详。

结论

从上述情况中得出，必须认真地重新研究所有的组织问题。如果说在开展革命斗争的过程中，极重要的问题之一是不能落后于群众和要善于有组织地利用新的革命力量的问题，[那么]，在反革命活动同时展开的过程中，也必须警觉地对待敌人的一切组织上和技术上的成就，努力作出预告，甚至抢在敌人前面采取组织和技术措施，因为在枪林弹雨中进行改革要付出太大的代价。

在保密问题上要执行最严格的纪律，对于丝毫违反纪律的现象都要在党内给予最严厉的处分。这后一条也适用于你们的代表。

（全宗514，目录1，卷宗810，第141—145页。打字稿，副本。）

王明和康生给中共中央的电报

（一九三四年十月十四日于莫斯科　绝密）

王明和康生致中共中央

　　鉴于游击战争的广泛开展和红军在敌人侧翼实施迂回机动战术，以及红军有可能夺取所必需的弹药和药品，请告诉我们，现在是否还需要在南方建立采购武器的机构？[①]请立即告知你们对这个问题的意见。

　　［全宗495，目录184，卷宗48（1934年发文），第30页。英文打字稿，原件。］

---

① 见第285、290号文件。

王明和康生给中共中央的电报

（一九三四年十月十五日于莫斯科　绝密）

王明和康生致〔中共〕中央

　　红军主力是否已经离开中央苏区？现在情况怎样？同广州人的谈判结果如何？[①]请立即告知。

　　〔全宗495，目录184，卷宗48(1934年发文)，第29页。英文打字稿，原件。〕

---

① 见第286、289、291、293号文件。

王明给中共中央的电报①

（一九三四年十月十六日于莫斯科　绝密）

致中共中央

　　一切表明，最近在蒋介石和广州人之间可能爆发战争。如果他们之间爆发战争，那么，不管广州人和红军之间是否存在军事协定，红军都应该在反蒋前线的相应地段大力加强作战行动。应该认真地考虑到，在中国目前条件下，蒋介石对其对手的每一次胜利，都意味着同时加强我们的主要敌人来对付红军②。福建事变的教训③清楚地证明了这一点。王明。

　　[全宗495，目录184，卷宗48（1934年发文），第32页。英文打字稿，原件。]

---

① 该文件于1934年10月16日以共产国际执行委员会政治委员会委员们的飞行表决方式
　通过并经共产国际执委会政治书记处政治委员会1934年10月21日会议批准（见全宗
　495，目录4，卷宗316，第3页）。
② 原文如此。
③ 指1934年1月南京军队在福建镇压第十九路军反蒋行动之后中央苏区的军事形势急
　剧恶化。

阿布拉莫夫给中共中央的电报 ①

（一九三四年十月十八日于莫斯科　绝密）

请立即停止与上海的无线电联系。你们的电台，包括备用电台和密码，已经被警察掌握 ②。请采取一切措施与我们建立定期的通讯联系。

阿布拉莫夫

[全宗495，目录184，卷宗48（1934年发文），第33页。英文打字稿，原件，亲笔签字。]

---

① 收报者是根据内容确定的。

② 王明在1934年10月21日致中共中央的电报中曾建议，如果国民党特务机关试图利用被截获的密码以上海党的机关的名义拍发情报．我们可利用以前的密码拍发假情报（见全宗495，目录184，卷宗48，〈发文—1934年〉，第34页）。

共产国际执行委员会东方书记处
处务委员会会议第16号记录
（摘录）

（一九三四年十月二十日于莫斯科　秘密）

3. 关于中国反帝斗争中的统一战线（王明同志）[1]。

责成王明同志在15天内起草出关于中国反帝运动的文件，并加快拟订告中国人民书草稿。

请青年共产国际拟订对青年工作，包括对中国学生工作的指示[2]。

主席　米夫

（全宗495，目录154，卷宗531，第91页。打字稿，原件，亲笔签字。）

---

① 对决定3有批注：经过长时间的讨论没有（以下两个词分辨不清）。
② 文件没有找到。

中国红军指挥人员一年制特别培训班教学大纲 [①]

（一九三四年十月二十七日于莫斯科　绝密）

目的、方针和方法

中国国内战争实习指挥员一年制轮训和进修班要遵循下列目的：

1. 帮助指挥员对照带兵理论和技术思考并检验自己的实践经验。从指挥员过去的工作和将来要起的作用出发，培训班应该讲授以下单位的组织指挥员和政治领导者所需要的知识和技能：起义队伍、游击队、中国红军现有组织编制内的战斗单位（团、师）、单独活动的大队伍和兵团。

在逐步深化教学内容和加大指挥员作业范围的同时，教程应该考虑到，当指挥员要同时指挥和带领各种形式的武装力量（从处在初始阶段的起义队伍到红军正规兵团的大部队）投入战斗时，他实际上所遇到的中国革命武装力量的组建、生活和战斗环境。

2. 军事培训教程应该以对中国总的政治形势的了解的具体前提为根据，以对一些省和地区的革命与反革命力量对比的了解为根据。

为使军事教程不流于可怕的机械教条和脱离实际，应该使军事策略和作战艺术的教学大纲与政治科学和半殖民地农业国革命策略学说的大纲紧密地结合起来。

该教程尽可能不要由分成军事和政治的单独学科组成。两个方面应该有机地结合在一起。

3. 除了要了解各种型号武器的技术性能和击发的技术方法，教程还应该通过演示、介绍和在野外作战的条件下进行操练的方法让学员实际掌握每一种武器。

在众多的武器和军事技术装备的型号中，必须从理论和实践上扎实地掌握那些敌人在使用的型号，也就是说，要掌握可能会成为红军财产的那种武器（各种制式的步枪和机枪、手榴弹和枪榴弹、斯托克斯迫击炮、轻型山炮和无

----

① 文件标题。

后坐力炮、装甲车、轻型坦克、化学武器、水雷和地雷、燃烧弹、破坏器材、防空器材、通讯技术器材，等等）。

这里还需要让指挥员实际了解用身边材料以手工方式生产武器和弹药的可能性，了解用当地原料中的其他代用品替代一些兵器的可能性。

4.为了更好地掌握战术，特别是作战艺术的问题，教程应该从历史的层面去研究和批判地分析红军在江西和四川的战役，以及参加培训的指挥员直接参加过的那些队伍的战役。

为了用实例说明问题，还需要讲述一些俄国内战中的事件，特别是西伯利亚和乌克兰游击战争以及起义时期的事例。

战术和作战艺术课程只能通过图上作业、野战作业、分析部队战术演习（到野外和在演习中）的方法来讲授。

侦察勤务、司令部和通讯勤务理论，战役的战斗保证措施、伪装措施，供给、食品和运输勤务，后勤工作和后勤保证因素，补充减员的组织因素，动员人力和物力，卫生勤务设置的因素，训练和教育指战员的方法，前线作战和后方工作的政治保证，后方及其主要基地的警卫，对敌军的政治影响，在敌军中和在敌后组建地下支部的方法，等等——所有这些问题都应该在解决战术任务的过程中顺便加以讲授并且选出一些题目供课堂讨论和研究。

还应该研究敌军部队和支队（南京的军队、广州的军队、四川的军队及其他省的军队、民团等）的组织编制问题。日本军队以及在中国的其他帝国主义远征军的组织编制和战术也应该纳入研究的范围。

5.为了全面学习军事地理和中国战区所特有的地形，培训班的全部作业都要在现阶段红军和游击队开展武装斗争的那些省份的地图上进行。

这个要求将使我们的整个战术课归结为掌握山地战和文化落后战区（在道路交通意义上）作战的特点和规则。

敌人的军事地理及人造工事的特点（设防区、设防城市、道路上的碉堡等）应该考虑到在野战筑城学课程中讲授，在这门课程中要特别突出城市设防方法及攻破城市防线的方法；属于这门课的还有野战工事构筑的战术和测算问题、地面伪装战术、渡过水域障碍的技术、爆破作业的技术和测算、破坏道路交通的技术和测算、敌人的作战工事和后方工事，等等。

这样，军事地理、地形学、工程艺术课程，作为一般战术和作战艺术主课的综合科目，也应纳入教学之中。

6. 政治科目中特别要详细地讲授下列问题：

（1）共产国际史和中国共产党史。

（2）帝国主义在东方的现代史。

（3）党的建设。

（4）苏维埃建设。

（5）中国苏维埃的经济政策。

7. 一学年共计300个学习日。每个学习日由在课堂上学习的6小时和在家里学习的4小时组成。总共1800个课堂学习小时，1200个家里学习小时。共计3000小时。

按照学科学习的时间大体分配如下：

各学科学习时间大致分配表

	小时			占整个教程课时的百分比
	课堂	家里	合计	
1. 一般战术和作战艺术	1200	510	1710	57%
2. 武器和作战技术装备	180	120	300	10%
3. 工程学和爆破学、弹药生产	80	130	210	7%
4. 军事地形学、中国军事地理	60	120	180	6%
5. 中国红军作战史	30	60	90	3%
6. 后方机构、勤务和警卫	20	40	60	2%
7. 战士和指挥员的培训和教育	20	40	60	2%
8. 俄国国内战争史	30	——	30	1%
9. 联共（布）党史、共产国际史和中共党史	30	60	90	3%
10. 列宁主义	30	60	90	3%
11. 中国苏维埃党的建设、苏维埃的经济政策	60	30	90	3%
12. 东方殖民地的帝国主义	30	30	60	2%
13. 中国时事（每旬概述）	30	——	30	1%
总计	1800	1200	3000	100%

（全宗514，目录1，卷宗808，第82—86页。打字稿，副本。）

共产国际执行委员会东方书记处
关于在华工作的建议

（一九三四年十月二十八日于莫斯科　绝密）

建议提纲

1. 调整与［中共］中央的直接通讯联系，而经过［中共］中央在最近几个月内实现与四川的直接通讯联系。建立通讯联系是为了领导当前的战役。要逐渐扩大无线电通讯网。

2. 研究各省的军事政治形势（顺序是：西北、东南、西南、西部、满洲和华北各省、华中和华东各省）并向［中共］中央和有关的［中共］中央局提出在一定的期限内要完成的一些具体的作战和组织方面的任务。这样就会为实施统一的有计划的指挥作战创造前提条件。制订局部计划，将其教授^①给地方。

3. 首先着手实施关于西北（新疆）的建议。（见已拟定的文件）^②

取决于我们的工作都应该于1935年1月1日前完成。

4. 批准成立下列局：

香港、澳门、汕头——广州局

北京、天津、张家口——华北局

开封、西安府、汉口——华中局

察哈尔——满洲局

重新恢复上海的沿海局。

5. 研究关于暴露的材料并制订出秘密工作的相应准则。

6. 向中共中央提出一份为上述各局培训相关干部的提纲。

7. 提出关于加强党的自我保护机关（特科）的建议。

---

① 原文如此。根据意思应为：转交给。
② 文件没有找到。

8. 制订破坏活动的计划。

9. 制订有关下列问题的准则：游击战、苏维埃建设、红军的政治教育、正规战斗的战术问题、作战艺术、在敌军中的工作、在农业地区举行武装起义的问题。

10. 建立观测情报点。

11. 提出有计划地为红军募捐的问题（美国药品、防毒器材等）。研究运送的渠道。

12. 向兄弟党经常广泛通报中国事态发展，以此来宣传武装斗争问题。

13. 向国外的中国纵队进行宣传并把他们列入抗日和反帝斗争的革命战线。

14. 让日本共产党了解满洲及中国其他地区的军事工作问题。

15. 出版著作：中国红军一些战役的专著，中共武装斗争史，游击战争理论，山区小规模战争理论，革命军队的作战艺术问题。

出版一些专著：关于与空中力量的斗争、关于与化学武器的斗争、关于与坦克及技术装备的斗争、关于训练和教育指战员的方法、关于侦察、关于通讯、关于后勤机构、关于弹药生产等的专著。

16. 将培训高素质干部的工作纳入有计划的轨道。

17. 提供源源不断的情报资料并将其加工整理到需要的水平。

（全宗514，目录1，卷宗1026，第3—4页。打字稿，副本。）

共产国际执行委员会东方书记处
关于建立东方作战中心的建议

（一九三四年十月二十八日于莫斯科　绝密）

关于建立东方作战中心问题的建议 ①

作战中心的职能是根据提纲中所涉及的作战问题的清单 ② 确定的。

1.作战中心将研究有关东方各国武装斗争的问题。把中国红军的经验作为基础。

2.作战中心是东方书记处的一个处。出于某种考虑，其办公处可以迁出这座建筑物之外的适当地点。

3.作战中心根据相应的推荐，采取增补的方法吸收一些同志参加其工作，并在他们之间分配有计划的工作。通过参加讨论作战问题、通过研究具体的材料、通过在作战中心的定期会议上交换意见等方法，随着时间的推移将会锻炼出一批专家，从中可以获得一些干练的工作人员和培训干部的工作人员。

4.作战中心将参加这项工作的同志划分为科和组（每组3人）。

5.作战中心要与军事学院东方系、侦察局和中央各局的一些党的指挥人员保持联系。

6.成立中国科和适当数量的组：

印度支那组

印度组

菲律宾组

马来亚组

中亚组

---

① 文件上有批注：收入机密中国案卷。Π.米夫。

② 见第307号文件。

近东组

阿拉伯组

北非组

7.作战中心抽调相应国家的党驻共产国际执行委员会的一些经过审查的代表，让他们参加专门军事工作问题的培训班。

8.作战中心将开办正规的培训班——半年制和一年制两种。有选择地送一些学员到相应的学校和学院深造。

9.东方作战中心的领导人是东方书记处的一名工作人员，参加这项工作的其余同志仍要履行自己在社会工作和党的工作方面的职责。

作战中心的领导人应该有办事机构，其编制将根据整个工作的开展而相应扩大。

（全宗514，目录1，卷宗1026，第1—2页。打字稿，副本。）

赖安关于改组中共机关的建议

（一九三四年十一月二十日于莫斯科　绝密）

关于改组上海党的机关的建议 [1]

1. 无论从迄今集中在上海的中央机关和（中共）中央局工作的非集中化角度看，还是为了直接加强中央和各省委之间的联系，在国统区成立上海、北京[2]或天津、吉林三个中央局都是合适的（其成员不超过两位领导同志）。上海局将领导江苏、湖北、安徽、河南南部、山东南部、浙江北部和中部的工作，直到四川国统区省委和四川苏区建立更密切的联系为止。[中共上海]中央局还要领导四川国统区的工作。华北中央局应该领导河北、山西、察哈尔、绥远、河南北部和山东北部的工作；吉林局领导满洲的工作。所有这些局，特别是上海局，应该保持绝对少的联系和严格限制的会议次数。所有这三个中央局应该与中央苏区保持直接的信使和无线电通讯联系。还必须在上海和华北局之间建立无线电通讯联系，一开始可以通过[共产国际执行委员会]国际联络部，而不通过中共机关。还要与满洲局及海参崴建立专门的无线电和信使通讯联系，如果还没有建立的话。

2. 在上海及其他地方现有的或原有的工会机关，基本上都应该取消。出于一些考虑，这样做是必要的。这种机关的取消将消除党组织工作的重复现象并将大大简化党的专门机关。此外，这将有助于克服现存的工会工作与党的一般工作的脱节现象，并且将从根本上大大改进工会和企业中基层党组织的工作，因此，将会使工会运动得到加强，并使工会机关的许多同志解脱出来，去从事地下的群众性工作。以后随着企业中真正群众性工会组织和各种统一战线机构的增多，还可以提出建立特别工会机关的同题，但是现在这种机关不需要，它

---

① 文件上有批注：收入机密中国案卷。Ⅱ. 米夫。[1934 年] 11 月 22 日。
② 原文如此，应为：北平。

会削弱秘密工作的建立，成为在革命工会运动中实现必要转折的障碍。

3.关于上海市委员会和省的各委员会。这些委员会的组成人员应减为3到5名同志，必须把上海和省的各委员会（组织部、宣传鼓动部等）的组成人员减少到这样的程度。从这些委员会的工作中解脱出来的同志应该调往地区委员会和国统委员会工作，例如，上海的闸北和吴淞港区，河北的唐山区、天津区等等。此外在企业、矿山和港口的一些比较重要的支部领导工作中也需要使用这些同志。根据可能，每一个地区和最重要的区委员会应该有自己的后备机构。一般组织员和工会指导员的体制应该进行大改组，特别是在上海，以便造就固定在一些企业中的组织指导员干部。应该严格限制各省委员会和地区委员会之间的联系。例如，在上海市委员会和上海九个区委员会之间的联系应该做这样调整：市委只能与区委进行间接的联系，也就是通过组织指导员进行联系。这些建议的主要一点，就是使上层领导分散化和把工作集中在建立巩固而积极的地区、区和支部的领导机关和组织上面，而这些领导机关和组织能够在党的政治路线框架内独立地工作。

4.在安排住房、接头地点和信使联络时，例如在上海，必须要有根本性的改变。许多领导同志的住房总的类型和地区以及生活方式等，警察都是知道的：他们在法租界和国际租界的中等楼房里寻找住房，一般是在"混杂的"地区，白天待在家里，只有夜晚才出去，等等。在某些情况下今后还不得不使用这种住房，但是必须更广泛地利用小型店铺（裁缝店、家具店和食品店）和工人住宅作为秘密接头的地点和住房，或许为一两位主要负责同志租用与机关没有联系的外国同志所住的楼房是适宜的。此外，中国同志以及外国工作人员的会面可以而且也应该，比如说，在吴淞、苏州、闸北、杭州等地的咖啡馆里进行。中国同志和外国同志参加的会议绝对应该在欧洲人租用的住宅里举行，最好，这种住宅的主人具有一定的"地位"。

5.对于及时准备交流调配干部（特别是领导干部）的工作，需要予以更多的注意。尽管存在种种困难，还是应该克服对一些同志调动的迟缓和不情愿情绪。前不久的经验，例如斯拉文①事件和数十起此类事件，充分地证明这样做是必要的。一般来说，在一个地区工作一年到一年半之后，主要负责的同志就应该调往其他地区或省份，哪怕几个月也好。还必须在各区之间，例如在上海，

①李竹声。

扩大干部的交流

6. 为中央苏区筹集的所有款项，基本上应该经过香港转送。为华北筹集的款项，可以通过国际联络部转送。不仅各省委，而且大多数区委都应该掌握最少三个月的储备金。

7. 最好是，省和地区领导干部的地址和最重要的秘密接头地点告诉国际联络部并以密码的形式存放在这里或在当地。这在很大程度上有助于恢复被破坏的通讯联系，否则在很长时间内都不能恢复。

8. 负责与南部诸海①各党联系的机关应该与中共完全分开，为这项工作需要在澳门建立一个独立的基地。

9. 必须立即从上海撤走10月前②待在那里的所有外国同志。

10. 急需审查中国租房同志的担保人。这样做不仅从揭露叛徒的角度看是必要的，而且也是为了确定在可以信赖的担保人中谁是警察所了解的。

11. 为了确保上海和中央苏区之间以及上海和莫斯科之间无线电通讯的不间断性，必须紧急组建使用外国人工作的常备电台。这些电台也可以作为中共的备用电台。

12. 最后，我坚决建议从这里给党内积极分子及党员群众发一封信，说明最近的暴露和逮捕的意义和教训问题，说明党在发动群众运动和反对奸细及恐怖的斗争方面所面临的任务，说明旨在改善秘密工作的必要性以及具体措施。这封信应该强调指出加强党的合法群众工作的必要性和方法，以及如何更有效地将群众工作的不合法形式同半合法及合法形式结合起来。这个文件并有助于自上而下地动员全党；便于进行反对可能出现的惊慌失措和投降主义倾向的斗争；其次，这个文件还将有助于克服存在的宗派主义，特别是由于奸细行为造成的困难所引发的宗派主义，并对动员广大群众反对奸细和白色恐怖的事业有较大的帮助，这是最重要的一项任务。

赖安

（全宗514，目录1，卷宗1027，第26—30页。英文打字稿，副本。）

---

①东南亚。
②即在到1934年10月4日盛忠亮及中共上海中央局其他工作人员被捕前。

贝克给共产国际执行委员会的信

（一九三五年一月三日于上海　绝密）

致东方书记处

　　当然，你们已经明白，现在我们局①的情况变得不妙了，特别是与江西的关系②。[我们]局关于江西事件和当前形势的声明③，经过长时间的拖延之后终于发表了，造成这种拖延的原因是缺少信息和文化力量。既然这个声明已通过这次邮班给你们寄去了，我就不再重复它的内容了，更何况语言方面的障碍不是总能确切地表达其内容。这个声明还没有翻译，因为两位翻译④正忙于更紧急的事情。我们工会的机关刊物《铁锤》⑤也拖延到局的声明发表时才出版，为的是能刊登一篇有关此问题的社论。敌人开展了"消灭苏维埃匪患"的大规模宣传运动，拖延发表我们的声明是非常不利的，但鉴于我们的危急处境，这也是可以理解的。据同志们说，在上海的白色恐怖历史中还没有过像两个月前所发生的这种对我们党实施系统而精心策划的迫害。同时还动员了所有外国力量，其结果是我们机关蒙受了损失，关于这方面的情况你们已经知道了。最近几个月连续出现了突发事件。除了上面所讲的，我们这里还有消息说，被捕的党内同志（斯拉文⑥、米茨凯维奇……⑦）中有几个人已经成了叛徒。从那时起，根据一些可靠的消息，我们得知，米茨凯维奇表现得很坚强，但是其他两个

---

①这里和下面所指的是中共上海中央局。

②指中央苏区的红军部队从江西向中国西北撤退。

③指1934年12月15日中共上海中央局关于当前形势和我们的任务的提纲，见《中共中央文件选集》第10册，第420—440页。

④何人不详。

⑤指《铁锤》杂志。1934—1936年在上海出版。

⑥李竹声。

⑦盛忠亮。删节号是原有的。

人^①似乎已完全转到了敌人方面，虽然我们还没有什么绝对的证据。必须肯定，任何地方也没有出现惊慌失措。相反，改组工作、保护我们组织的工作、从省里抽调一些新的领导同志^②来补充缺额干部的工作和信使工作仍然不间断地在进行。事实是，恰恰在这个最困难的时期，我们把几位宝贵的新同志调到工会的领导岗位上，还以中央局名义向所有党委寄发了一封有关工会的专门信件^③。

最近从江西收到的一些材料（间接地）表明，留在我们这里的部队正在赣南和福建作战。我们还没有收到全面的报告，因为一切都由交通员转送。为了恢复不久前被破坏的联系，已经派出了几个交通员^④。这期间我们收到了关于在闽东北建立新苏区的报告，这会为恢复党的省委打下良好的基础。我们在厦门地区的工作和组织仅稍微落后于河北。有关这些问题的详细情况，以及用中文写成的一些新材料和报告^⑤通过这次邮班给你们寄去。科尔萨科夫^⑥同志在写一个简短的报告^⑦，以及关于组织解救台尔曼同志的运动问题和党所面临的许多其他问题的声明^⑧。在这些问题当中有把中央局主要部分迁往南方的建议。我对这个措施是否合适不能明确地表态，不过应该说，若是不把这个建议看作是一种临时措施，那我对这个建议持怀疑态度。不与你们商量，我们是不会采取任何措施的。

我同意局的请求：请你们尽快派一位代表来，这位代表应该携带某些指示，应该将自己的注意力放在白区的问题上，因为那里的工作至今仍然落后。在他到来之前或者在收到你们的指示之前，我会乐意继续与局书记^⑨会面。

现附上12月7日《上海信使晚邮报》^⑩上刊登的胡汉民的声明^⑪。这个声明大

---

① 何人不详。

② 何人不详。

③ 指1934年11月26日中共中央局为加强党对工会的组织领导给各级党部的信，见《中共中央文件选集》第10册，第409—419页。

④ 何人不详。

⑤ 文件没有找到。

⑥ 黄文杰。

⑦ 文件没有找到。

⑧ 文件没有找到。

⑨ 黄文杰。

⑩ 1929年至1949年在上海出版。

⑪ 声明没有找到。

大地打破了报刊争取南方与南京统一的运动以及就"彻底"消灭红军而掀起的叫嚣。据我们的一些同志说，上海的中国报刊没有转载这个声明。这个声明谈到闽南连城的失守，而且他们损失了1万人；该声明承认，我们的主力撤离江西并不是军事失败的结果，还承认，我们的军队在向川东北大踏步地前进，还宣称，红军拥有10万多士兵。报纸再次预言会团结一致，已不再说消灭红军了。在这方面，驻各省的外国记者对此都持十分怀疑的态度。他们中的许多人是比较可靠的消息的唯一来源。根据他们的报道，在安徽有红军1万人，他们已经突破了敌人的阻挠，受到了拥有10万多人口的各城乡委员会的热烈接待。南京的军队直到现在都未能找到这支军队。在湘北地区，贺龙和肖克的联军正在向东和向南展开进攻。似乎由于我们军队的失败，我们倒更前进了。驻四川的一个记者看不到任何希望，尽管南京许诺派兵并每月给他们70万元的补贴。在蒋介石同上海银行家举行会议之后，他们也很少期待刘湘回来。驻贵州的记者报道说，所有关于战斗、红军失败和抗击我军主力的战报皆纯属谎言，红军的主要损失，是偶然落入敌手的一些掉队的小股红军战士。同时，这些记者还报道了红军给居民留下的美好印象，报道了肖克军队为了与贺龙军队会合而穿越贵州时所留下的良好印象。记者们报道了红军战士良好表现的事实，谈到他们不施暴、不抢劫，相反，对居民很友好，当然，他们没收了财主、反动官吏和地主的财产，并把他们处决了。记者们极力描绘红军在白军中所引起的恐惧心理，并且指出，白军军官一方面害怕我们的军队，而另一方面，又害怕打败仗或者自己的士兵逃跑，因为这些士兵在与我军作战情况下都领不到军饷。

由此可见，尽管缺少直接的消息报刊上不停地刊登谎言，但还是可以一点一点地再现我们军队在所有方向上有步骤地向前推进的情景，特别是在四川。至于江西，我们不知道，有哪些队伍留在了那里，他们现在在做什么，白军为占领我们撤出的主要城市已深入到什么程度。然而，根据过去的经验判断，局势不应引起惊慌。更可能出现的弱点是在白区，特别是在工业中心城市。根据报刊上的材料，现在除了唐山矿区外，没有大规模的罢工运动，我们从唐山矿区获取的关于宣布戒严、关于风潮和逮捕"共产党魁首"的消息十分有限。最近三个月来，上海没有发生大规模的罢工。小型的罢工和革命行动倒是经常发生，伴随着逮捕一些被怀疑是共产党的人。特别重要的是，在一些工业中心城市有许多工厂关门，大批工人被解雇，但却没有失业者的大规模行动。外国记者经常报道各省农民中发生的饥荒、风潮和暴动。在他们的报告中常常列举这样一些实例：占领江苏火车站的数千农民的饥饿征讨，农民与税务官的冲突，要求发放粮食的农民对当地政府机关的大规模进攻，地主房屋和苏州郊区税务官房屋的被烧毁，以及数十起这样的实例，都表明有必要援助农村。这些实例都来自外国报刊，但某些中国报纸也有报道。最近一个时期，由于机关内的状况，我没有收到党的报告，无法翻译材料。现将这些报告寄给你们，以使你们对党的工作有个印象并得到只有在党的报告[①]中才能得到的消息。

（杰克[②]）

（全宗514，目录1，卷宗1030，第1—5页。打字稿，副本。）

---

①文件没有找到。
②P. 贝克。

共产国际执行委员会政治书记处
政治委员会会议第434（A）号记录
（摘录）

（一九三五年二月三日于莫斯科　秘密）

听取：9（7052）——米夫同志的建议：任命弗雷德[①]同志为东方地区书记处军事工作的负责人，任命琼森同志为东方地区书记处中东部领导人并解除他在红色工会国际的工作。

决定：9——建议通过。琼森同志应该完全转到共产国际执行委员会东方地区书记处的工作中来，他可以参加红色工会国际执行局的会议。

共产国际执行委员会书记：皮亚特尼茨基

（全宗495，目录4，卷宗333，第1—3页。德文打字稿，原件，亲笔签字。）

---

①M. 施特恩。

胡秋原给王明和康生的信^①

（一九三五年三月十日^② 于莫斯科　秘密）

致王明、康生同志

　　我到达之后，中国人民革命委员会^③委托我向中国驻共产国际代表团转交这封信，我把它抄下来后，转给了你们。在这封信中谈到了关于该委员会现在的状况及其原则。我希望你们能够正式答复这封信。如果双方都完全同意，那我希望，一切具体问题最好在中国讨论，这样会更具体。我知道，双方之间有联系。如果对于这封信不提出什么问题，那么我希望你们可以提出开始直接谈判的具体建议。我想，毫无疑问，个人会谈是可能的，至于军事方面的问题，最好在香港进行讨论，因为蒋和陈（显然是蒋鼎文^④和陈铭枢——原译者）^⑤现在都在香港。

　　祝万事如意

小弟胡成原^⑥

---

① 文件副本已送 И.А. 皮亚特尼茨基、Я.К. 别尔津、П.А. 米夫、王明和共产国际执行委员会东方书记处来当宾馆。
② 日期是根据文件的俄文译本确定的。
③ 关于该委员会成立的材料没有找到。
④ 原文如此。应为：蒋光鼐。
⑤ 原文如此。
⑥ 原文如此。应为：胡秋原。

中国人民革命委员会
给中共驻共产国际执行委员会代表团的信

I

第一点。（1931年）9月18日事件①后，全体中国人民和十九路军都深刻认识到，不同日本进行有效的斗争，他们就不能生存下去。因此我们才有上海事件。

第二点。上海事件之后，一方面十九路军的政治觉悟提高了，另一方面，来自南京政府方面的不断压迫仍在继续。因此，十九路军面临着两条道路。一条是与日本斗争到底，另一条是向蒋介石投降和进行反共斗争。

第三点。在这种情况下，我们决定走反对日本和蒋介石的道路。起初我们决定与中国西南联合反对蒋介石②。但是由于这个集团不坚决，我们就决定与共产党和红军联合。在塘沽协定签订之后，我们发表了强烈的抗议书③，然而对方没有向我们作出任何答复。我们只剩下唯一的同盟者——红军。但遗憾的是，当我们已经开始与红军谈判的时候，红军却在连城和延平地区发起了决定性的攻势。因此，我们的军事进攻推迟了几个月。对此只能表示遗憾。

第四点。在协定签订后成立了人民政府④。处在四面包围的条件下，人民政府只有一个同盟者——红军。当蒋介石从西面进攻的时候，我们在军事方面遭到了失败。我们的军事计划没有实现，我们的整个活动失败了。

第五点。人民政府成立后，我们发表了人权宣言，作为我们政府的政治纲领⑤。尽管这个纲领中的许多条款还可以批评，但是那里包含着下列几点：

（1）承认反对帝国主义者和反对日本的人民革命是当前中国的唯一出路。

（2）承认中国革命必然会走社会主义道路，因为这是十分清楚的。在从民族革命走向社会主义革命的道路上，从一种革命过渡到另一种革命，是福建运

---

①指日本开始占领满洲。

②详见谢本书和牛鸿滨：《蒋介石和西南地方实力派》，郑州1990年。

③文件没有找到。

④指1933年11月20日十九路军司令部在福建成立的中华共和国人民政府。

⑤指1933年11月20日在福建人民临时代表大会上通过的人权宣言，见魏宏运主编：《中国现代史资料选编》第3卷，哈尔滨1981年第274—275页。

动的目的。

II

第六点。在失败后，部分老同志分散到各地去了，部分聚集在香港。现在最忠诚的一些同志彼此逐渐又联系上了。原福建政府和人民党已经解散，所以同志们现在就以中国人民革命委员会的名义进行活动。在我们遭受失败和在福建活动的时候，英国、日本和美国帝国主义者一起镇压了福建的运动。另一方面，我们对军阀不抱任何希望。结果，参加过福建革命运动的同志们得出了坚定的结论：

1. 中国革命有无产阶级基础。中国革命只有一个出路，即在无产阶级领导下实现农民、士兵和小资产阶级的统一斗争战线。

2. 马克思列宁主义是最高的革命理论。

3. 为了保证中国革命的前途，今后必须与国际无产阶级运动联合起来。

4. 中国共产党是我们唯一的真正的同盟军和今后我们与之联合的政党。我们认为：（1）苏维埃口号还不是现在的直接斗争口号。（2）当前正在进行民族斗争的时候，必须全力扩大我们的战线。（3）在直接反帝斗争之前，必须暂时利用"保护色"，因此，虽然我们处在共产党之外，但是我们深刻意识到，中国共产党在中国也同样有自己的特殊任务和责任。我们对共产主义在中国是否适用毫不怀疑。因此，现在我们进行工作是为了与共产党同样的目的，虽然我们还不属于共产党（坦白地说：我们在共产党里虽然身体不同，但心是一个①）。我们只是在策略问题上有区别。今后，一旦中国革命与国际无产阶级革命联合起来，它必将取得最后的胜利。

第七点。今后同志们在地方工作的原则，应该是以下几点：

1. 要争取中国的独立、统一和领土完整。中国境内的所有民族应该一律平等。

2. 没收地主的土地并将其分给农民。

3. 实行42小时工作周，提高工资，实行失业救济和社会保险。

4. 争取结社、集会、出版、言论的自由，在国土任何地方居留的自由和个人自由。

---

① 原译者注。

5. 同全世界的反帝力量联合起来。建立人民的武装力量和人民政权。

这不是坚定不移的党的纲领，因为我们现在还没有党组织。这只是我们的原则。这些原则具有两个方面。一方面，这是目前民族民主革命的要求；另一方面，这是未来社会革命的出发点。

第八点。我们当前的任务有下列几项：

1. 加强我们自己的力量，为此必须：（1）在所有地区建立我们的组织，这种组织暂时应该以中立组织或科研机关的名义进行工作。（2）一般地说，为了参加运动并在某些地区必须同军事力量联合起来。

2. 必须扩大抗日反蒋运动：（1）开展民族自卫组织的运动应该是当前工作的主要方法之一。必须在华南地区和印度尼西亚扩大自卫运动。（2）必须参加抗日反蒋运动。

III

第九点。蒋介石与日本勾结，现在是日本对中国积极进攻的时期。这种进攻由于英国的支持以及日本和德国之间存在秘密条约①而变得更具侵略性。美国和法国在某种程度上保持沉默，部分原因是出于对自己利益的考虑，部分原因是鉴于这种进攻对他们的反苏反共斗争有利。中国资产阶级也正是鉴于蒋介石反共而原谅了他以前的罪过。中国小资产阶级部分被收买并加入法西斯队伍。

第十点。蒋介石和日本的这个联盟是对世界革命和中国革命的最大威胁。一方面，这个联盟是英日合作的一部分，并在加强苏联敌人的阵营。同时这个联盟也是中国革命和一切民族民主运动道路上的最大障碍。这个联盟又是对德国反对西方革命运动的支持。

第十一点。因此，现在关于如何粉碎日本对中国的进攻，如何推翻日本的工具——蒋介石的统治，以及如何使蒋日联盟瓦解的问题，就成为世界革命最迫切的问题之一。

第十二点。为了达到这一目的，首先毫无疑问，需要整顿革命军队的主力，加强革命的力量。但同时也不能放弃利用一切机会在正确的领导下联合所有抗日反蒋力量。为了推翻蒋介石的统治，不能不利用削弱蒋日联盟的一切机会。

---

① 关于签订条约的材料没有找到。

第十三点。由于最近红军撤离了江西，蒋介石在中国的影响与过去相比加强了。这是不容置疑的事实。虽然同时帝国主义的矛盾在加剧，帝国主义者在转入进一步的进攻，蒋介石与中国西南的冲突在加剧，但是我们并不认为，蒋介石与广东之间的武装冲突很快就会开始。因此，与日本相勾结的蒋介石的统治随着时间的推移将具有越来越严重的性质。此外，在红军撤退的影响下，法西斯集团的活动肯定也会活跃起来。最近一个时期蒋介石与广东之间的冲突只是间接的。贵州是广西省的主要生命线，广西借口反共要攻占贵州[①]。但是蒋介石对贵州同样也很感兴趣，所以他停止了对广西的财政补助。在这个地区红军也有部分影响。

第十四点。蒋日协定同时也促进中国统治阶级阵营的分裂。这个协定已经超出了所有统治阶级要求的极限，即超出了反共的极限。在实行新税率之后，上海资产阶级很不满意，亲日派和所谓的欧美派之间的秘密斗争开始了。我们应该加剧统治阶级营垒中的这种分裂，以使资产阶级内部的反对派脱离日蒋阵营。

第十五点。最近几年来在中国除了共产党和国民党，实际上并没有任何其他政党。虽然国民党内有很多派别，但是他们都没有超越孙中山的三民主义。结果革命力量逐渐聚集在共产党的周围，而反革命力量则聚集在国民党周围。蒋介石的反共斗争在扩大，并在变成国民党的反共斗争。虽然蒋介石组建了"蓝衣社"，因为国民党已经老朽和腐化，但是表面上他还是打着国民党的招牌在活动，企图利用国民党来提高自己。实际上只有蒋介石才能支撑国民党。所以我们在进行广泛的民族斗争的过程中还应该开展反对国民党一党制的运动。

第十六点。现在苏联无产阶级的利益和中华民族的利益紧密地交织在一起。帝国主义者在反对苏联的同时，必然想安抚中国。反过来说，他们安抚中国就是为了进行反对苏联的斗争。所以，支持苏联和扩大中国民族民主运动就成了一个问题。

IV

如上所述，我们真诚地本着以前协议的精神在继续进行自己的工作，继续在反对日本和蒋介石的运动方面进行自己的工作。

---

① 原文如此。

第十七点。我们完全公开地承认，我们像对待同路人那样对待共产党，但是将来的密切合作和统一的斗争战线，要求我们相互尊重和理解。在福建事件期间，《真理报》和中国共产党在它们发表的评论文章中没有表现出足够的友情[①]。当然，中国共产党是共产国际的一个支部，应该站在自己的立场上，然而，对于与之合作的友军在批评中需要体现出友好的情谊。只有在我们背离革命的情况下，才应该对我们进行抨击。当然，我们也应该这样对待共产党，因为一个小的误会可能引起一些大的误会。

第十八点。在蒋介石直接统治的地区，共产党不能公开地工作。因此，扩大和整顿自卫组织[②]的工作就应该成为这些地区工作的主要形式之一。然而，民族自卫联盟是民间组织。现在，鉴于在一般人看来，共产党不能在全国范围内广泛地发展自己的组织，我们建议把民族自卫组织变成一切党派的革命联盟，以便使所有抗日反蒋力量加入到这个组织，尽管其社会成分会很复杂，但我们认为，这一点也不必害怕，因为只有这样，我们才能动员中国人民的最广大群众。这样，自卫组织才不会成为干瘪的组织。

第十九点。我们现在还没有党的组织，因为我们在思考，根据我们的政治纲领组建一个党对中国革命是否有利，是否会减少革命力量之间存在的这种误会。但是，为了使以前的力量能够重新组织起来，有时也需要党组织的形式。我们希望提出这个问题与中国革命的友军和国际的革命力量来讨论。

第二十点。我们以前的力量和同志们都分散在各个不同的地区。我们当然希望他们能与每个地区的共产党人联合起来，一起进行反对日本和蒋介石的斗争。我们欢迎组织各地联合战线的措施和方法。

第二十一点。我们希望与共产党起在上海组建一个大印刷所，你们可以从物质和干部方面帮助我们。以前我们在上海有过一个印刷所和一家书店"神州国光社"[③]。由于缺少人员和资金现在这两个组织都不能积极地工作。如果共产党能够增加我们的资本，我们就可以改组我们以前的出版社。

第二十二点。如果上述一切能得到充分理解，我们就想开始进行具体的谈

---

①见：《福建省的形势》，载《真理报》1933年11月27日：克雷莫夫（郭绍棠）：《一个中国革命者的历史回忆录》，莫斯科1990年，第331—345页；《中共中央文件选集》第9册，第449—453页。

②可能指中华民族武装自卫委员会筹备委员会所建立的组织。

③"神州国光社"，即上海的一家出版社。

判和采取相应的措施，以便在各地和所有工作领域共同进行斗争。

（全宗495，目录74，卷宗272，第60—69页。打字稿，副本。）

共产国际执行委员会东方书记处
关于中国军事形势的通报材料①

（一九三五年二月十一日、三月十八日②于莫斯科　绝密）

江西红军兵团的西行路线

中共中央关于红军撤出江西包围圈的决定于1934年11月完全实现了。这个决定和向西运动的主要方向的选择，是在蒋介石第六次"围剿"③结束前所形成的形势下唯一可以实现的。

在分别与广东湖南、广西和贵州各省军队发生几次遭遇战之后，江西红军兵团的主力，即收拢成一个机动拳头的四五万武装战土，到1935年1月底其先遣队已进入四川省，位于长江南岸重庆与泸州之间的地区。运动的目的——使自己的部队与四川红军兵团部队会合——几乎在没有来自敌人方面任何干扰的情况下，完全实现了。红军在运动中以及在与广州战线左翼部队的战斗中和在进入广西的战斗中（这是在1200至1400公里的整个行军途中仅有的两次重大冲突）遭到的损失没有超过2500人。为了完全实现给自己提出的战略目标，只剩下250公里的地带要由江西兵团和四川兵团一起努力去克服。四川兵团于1月下半月开始从自己的根据地经保宁向西南实行正面进攻。经过两个月平均每昼夜18到20公里速度的行军之后，剩下不太大的地带需要穿越，这是在江西巧妙实施突围之后整个作战计划中最艰难和最重要的部分。在最后的路段上江西兵团应该在宽广的战线上展开，并寻求与敌人的决定性遭遇战。在过去的阶

---

① 文件标题。材料是 M. 施特恩准备的（见全宗495，目录74，卷宗272，第28—29页〈补充部分为手稿〉）。

② 日期是根据文件的整个文本确定的。1935年2月11日的通报材料（见全宗495，目录74，卷宗272，第17—27页）和1935的3月18日发表的经过补充的文本都送给了共产国际执行委员会政治书记处政治委员会各委员。

③ 指国民党军队对苏区的第五次"围剿"。

段，机动灵活的艺术就在于在行进途中进行迂回或"清除堵塞"。在快速行进的情况下，许多城市只有几天是在红军路过梯队的手中，红军通过该地区之后又重新转入敌人手中，但不是在红军师团补充粮食储备、衣服和武器之前。在行军途中只要有可能，红军的梯队还进行宣传并在贵州和湖南一些被放弃的地区留下地下小组开展游击战。敌人的报纸不得不承认，在红军行进中并没有发生对居民的抢劫行为和破坏社会秩序的现象。这家报纸承认，甚至对那些有理由害怕红军临近的人所采取的措施都显示了严格的政治上和物质上的合理性。居民对红军不可能产生不好的印象或者害怕"红色恐怖"。

江西兵团的新根据地在形成过程中

乌江流经贵州省北部三分之一的地区，随着越过乌江和占领遵义城及其地区，江西兵团开始巩固这个地区，将其作为根据地和向北进一步扩展的前沿阵地。现在江西兵团位于黔北和川南新的尚未开辟的根据地，由四五万武装战士组成，他们都具有经过最艰苦环境考验的作战能力和政治上的坚定性。该兵团带有2—3万尚未武装起来的后备军，他们主要是由江西和福建苏维埃机关的工作人员组成，这些不能留在当地继续在失去的地区做地下工作。这些宝贵的政治干部补充了红军的战斗成员。中共中央也和他们在一起。在新地区建立和巩固苏维埃政权的任务，不会遇到因缺少干部和必要的领导而出现困难。只需要一定的时间来全面开发新的苏维埃根据地。看来，起码1935年春天以前这段时期，形势可以保证红军没有紧张的战斗考验。一般地说如果可能的话，1935年春天之前，蒋介石也未必能在湖南、贵州和四川建立起巩固的统一战线来对付红军。因此，一项刻不容缓的任务是使红军在敌人还没有来得及组成自己新的战线之前，从行军疲劳中恢复过来和熟悉新的环境，并借助于武器尽快地巩固和进一步扩大已经获得的根据地。

现在可以认为乌江河谷就是位于黔北和川南地区正在形成过程中的苏维埃根据地的南部边界。贺龙同志的第二军团和肖克同志的第六军团在湖南省西部和湖北省最西边的一角作战，掩护着江西兵团的右翼。协同行动的这两个军团是一个独立作战的兵团，约有2万名武装战士。1935年1月，这个兵团的部队曾经与常德地区的湖南军队作战，他们占领了桃源和慈利两座城市。贺龙和肖克同志向湖南方面的行动最有助于保证江西兵团有必要的时间在新根据地进行安顿。

在左翼，江西兵团可以指望得到来自马边和雷波地区方面的某种掩护，该地区位于岷江的西岸。1933年在这里成立了川西红军,该军当时由刘文辉将军那个军中的两个转到红色游击队方面的旅组成。1934年再没有收到有关该军的消息。不过,即便假设它再也没有发展并且遭到了失败,那么,由3000到4000人组成的主要核心未必会被敌人消灭。

如果想揭示江西兵团在新的地区的近期前景,我们可以通过把它与1933年初从湘鄂苏区进入四川的第4军团相比较的方法来做到这一点。当时第四军团有1万到2万名战士,其中党员和共青团员不超过15%—20%;江西兵团是一支有6万到8万人的军队,党员和共青团员达到60%。如果说在1933至1934年间已由第4军团的干部发展成为超过10万武装战士的军队,那么在最近的半年内也能由集中了优秀军政干部的江西兵团发展成为20万人的一支战斗军队,并且拥有由地方力量组成的相应的后备力量。如今这支干部军队和现在的川陕苏区红军已经拥有在党中央和革命军事委员会统一直接领导下的20万人的武装力量,可以不担心与任何一个敌军的单独集团进行决战。只要江西红军进入新的地区,党中央就能真正实现自己的口号:在最近的历史时期内拥有百万红军。只是需要尽快熟悉新的根据地,充分发挥土地革命的力量,建立苏维埃政权机关系统,用苏维埃方式改革财产关系、土地关系和社会关系。在四川实现这一计划的土壤是极其有利的,总的形势现在也对红军有利。

随着江西兵团的先遣队进入长江北岸的泸州和合江地区(对此路透社和新闻联合社在1月底作了报道),红军正在进入这个地区,在那里不仅可以依靠当地的农民,而且还可以依靠工人无产者来补充自己的组成人员。那里离泸州有360公里,有一个以自流井为中心的很大的盐业地区。在那里从事采盐的约有30万工人,并且还有可观的驮路(搬运工)和水路(装卸工和驳船驾驶员)运盐队伍。四川是中国的粮仓,其人口相当于德国的人口,拥有各种自然资源,借助这种资源,苏维埃根据地可以成为真正巩固的根据地,如果需要的话,它也能长时期经受住反革命联合力量的封锁。在这里,苏维埃根据地也拥有煤炭、石油和铁矿。该地区盛产经济作物:棉花和苎麻。

苏维埃政权在开发新的地区时可能会遇到的较大困难是(据许多观察者证明)大多数居民不仅是鸦片的生产者,而且也是鸦片的消费者。根除这一恶习,这首先是一个经济问题。

关于中国西部力量对比的主要材料，
作战方向，红军近期的作战任务

在红军向西南省份运动的时候，广西和贵州军阀的部队也在运动。向贵阳方面推进的桂军的三个师从南部与贵州省的三个师会合。有消息说，一些部队在从云南省向贵州边界运动来同红军作战。如果这些部队联合起来从南面和西面共同对付红军，那么，这些部队和作战方向对于新的苏维埃根据地也不会构成主要危险。这些部队在12月和1月遭到红军顺路的打击之后，不可能再追求积极的目的。他们最有可能只限于建立防御战线。大概就像广东军队在反对以前的江西根据地时所建立的战线那样。现在红军正行进在向西南诸省运输川盐的路线上，手里握有向这些省份的当今统治者施加压力的强大经济手段。考虑到这些省的军队具有抗日和反对南京的倾向，红军在实行相应的军事和商业政策时至少可以做到使南面和西面的敌军部队保持中立。四川三个军阀（刘文辉、邓锡侯、田颂尧）不久前发表声明：如果蒋介石借口对红军作战而派军队入川，他们就反对蒋介石。应该把这个声明看作是四川红军实行正确军事政策的结果，四川红军为了集中力量对付主要敌人，暂时正在与次要的敌军集团进行谈判。这种政策合乎逻辑的发展就会是逐渐将这种次要集团的武装中立变成友好中立，变成反对主要的共同敌人的联盟关系，而后建立一个以红军为骨干的广泛的反帝武装战线。

敌军的主要兵团还在东面，即何键的湘军，并入该军的约有蒋介石的5个师。湖南——贵州方向今后可能成为危险的方向之一，是对南京沿长江南岸行进军队的主要攻击方向的一个补充。在那里的宜昌至万县地区，也就是在长江岸边的巫山和云阳城中，形成被派来支援四川军阀刘湘的南京军队的拳头。由此可见贺龙和肖克同志的右翼兵团用来掩护直至长江的湖南方向的重要性。

红军联合部队，即江西四川兵团的近期行动对象应该是刘湘的军队，这支军队在不久前失败后（1934年9月被击溃并被解除武装达7万人），又在蒋介石派往四川的贺国光及总参谋部200名军官的领导下重新进行了整编。

这支军队又有15万到25万人，由三个兵团组成：1.反对四川红军战线上的兵团；2.重庆地区的兵团，该兵团打算迎击江西红军并在等待蒋介石的新部队沿长江南岸和从湖南的到来；3.掩护刘湘在四川省会成都的主要基地的兵团。同刘湘兵团在重庆地区的战斗应该在蒋介石军队到达并在四川集结之前结束，这就意味着，在1935年2月，最晚在3月上半月结束。为此就需要红军的江西兵团让自己的三个主力军团转移到长江北岸并从泸州集结地区出发向重庆展开迅猛攻势，分割刘湘的三个兵团，使它们离开在成都的主要基地。这次进攻行动是同由保宁地区出发向西南方向发起进攻的红军军团密切配合完成的，在这次行动中贺龙和肖克同志军团的作用仍然是从南面威胁重庆，阻止刘湘兵团与赶来的蒋介石诸师的会合。在重庆以北地区要等待第一次决定性的战役。帝国主义者将其战舰集中在重庆、万县和宜昌一带的长江上，以掩护南京军队和刘湘军队集结的地区。

如果红军的联合部队决定先攻击省会成都，那么该城在3月间就可能落入红军手中。然而，这次胜利，即便很有成效，还远不是决定性的。

虽然蒋介石现在还不能派来数十个师，而最多能派十五个师来支援刘湘（其原因下面我们再谈），但沿长江两岸的方向现在是，今后很长时间仍然是对红军联合部队构成主要威胁的最危险的方向。在对现在留在四川的敌人主要兵团未取得决定性胜利之前，这个方向会依然如故；红军人数增加一两倍并靠敌人相应地得到了武装，但还不能向东面的湖北和湖南方向实施大规模的进攻。只有占领紧靠长江两岸的万县和宜昌之间的山区，才有保证顺利地发展这个新的广阔地区。虽然这是红军的主要战斗任务之一，但在租前阶段暂时还不是第一位的任务。

对于四川红军北方兵团来说，现在重要的是要及时了解蒋介石准备从北面甘肃省实施的一次突然的危险的袭击。

问题在于，在秦州、西和一阶州和文县这个地区部署了蒋介石的第一师，该师已开始向南面的红色四川运动。这个师从1933年起就驻扎在甘肃，当时它与其他师一起尾追来自湖北的红四军团。从那时起一直留在甘肃南部的师长胡宗南，扩大了该师的编制，组建了十八个团，每个团三千士兵。该师现在共有五万装备精良的士兵，拥有自己的炮兵和航空大队。指挥人员全是从经过法西斯训练班①培训的法西斯分子中挑选出来的。蒋介石对于这个师（更确切地说是特殊的军队）是舍得花钱的。根据南京的计划，这个师（中国西北最忠于蒋介石的部队）应该把中国这个角落的那些不愿听命于南京的军阀队伍统统收编到自己的手下。这个师也曾准备像远征军那样去"征讨"新疆。英国人对于这支可靠的武装力量特别赏识，他们知道，该师并不准备征讨西藏。

---

① 原文如此。

现在这个师正在向南运动，去对付四川的红军。这大概也是蒋介石给予四川反革命的一次最有效的支援。来自这方面的危险性也会由于在四川舞台上出现突然性因素而加大。

中国白军总的部署及其对四川红军当前决战进程的影响

几周前，中国资产阶级为"彻底消灭红军"而大肆庆祝了一番。在南京和上海的宴会上，为蒋介石这位"胜利者"祝贺的狂热和喧嚣还没有来得及消失，红色危险就在贵州和四川又复活了。甚至在距南京只有120公里的安徽省，在那里独立作战的红十军团和红七军团的积极活动，十分有力地显示了自己的威力，以致使报纸在胜利的社论后边不得不刊登来自地方的令人不安的报道。

蒋介石善于将自己的几乎所有兵力集中成一个拳头同江西红军作战，尽管七年来不断遭到挫折，这也使他成了中国最强大的军阀，而现在他又面临着必须一切从头做起的现实。为此他又必须向各边远省份分批派出自己的军队，而要把他的军队从各省再集中起来并不那么容易。蒋介石知道，在四川的战斗不会比在江西的五年战斗轻松。红军从数量上和质量上正在迈向一个更高的台阶。红军主力已经汇合在一起了，并具有进步迅速和不可遏止地发展的巨大潜力。

蒋介石不能调动自己在四川的所有兵力或其中的大部分兵力有许多原因：1. 因为与广州及整个西南集团的战和问题根本没有解决，与广州是战还是和，都需要集中在江西和福建的兵力。2. 在江西和福建制伏红色居民需要有大量的兵力，而这些兵力正忙于对那些仍在巧妙作战的红色游击队。从那里撤出过多的兵力，就意味着让一个大的红色战线重新在这两个省复活。此外，安徽的形势要求向那里增调达十个师的压力，以便对付这个省里的游击军团。3. 调动自己的军队去同四川红军作战，就意味着长期远离长江下游的主要基地，而那里汇集着独裁者的收入。因为四川预示着失败，而不是胜利，如果蒋介石的朋友少帅张学良坐镇湖北和湖南，这种形势就太危险了。不久前曾建议少帅去四川与红军作战，但是少帅拒绝了，并指出，这个任务是大元帅蒋介石自己的事。

张学良在把约十五个"自己的"师联合起来，他不会派这些师去四川。在日本人向察哈尔和绥远发动新的进攻之前，蒋介石和日本人签订了十二月协定^①，迫使蒋介石将于学忠的第五十一军的三个师从北平—保定地区调往南方，在那里这些师将归少帅调遣。

日本人、广州集团、张学良、资产阶级社会人士等都按照自己的想法向蒋介石施加压力，让他向四川战区派出更多的兵力，但蒋介石未必会志愿去迎接自己的灭亡。

由此可以得出力量对比、红军当前的任务和1935年革命武装力量发展的前景。

补充

根据有关1935年2、3月间事态发展的材料，可以对2月11日简述中所讲的内容补充以下情况：

（1）红军主力试图从南部深入四川腹地，最初尝试在泸州地区渡江基本上没有成功。后来不得不在泸州—叙州以西的江段寻找渡江的可能性。从那里实施渡江到北岸，要求事先有来自云南方面的作战保证。需要先把云南的敌人赶出沿江地带，红军正是这样做的，它占领了位于云南省北部角落的镇雄和昭通地区。

主要作战中心向西部转移会多少改变总的形势，也就是：暂时必须放弃在重庆地区对敌军主要集团（刘湘＋蒋介石）的直接行动。四川省省会成都成为作战的直接目标。渡过长江后要从西面向成都方向进攻，这意味着随后要面对另一条河——岷江的障碍，岷江是叙州（今宜宾——译者）地区注入长江的。关于这条岷江，可以说，它不仅是一个相当大的水域障碍，而且还有刘湘在其渡口设防的驻军，这些军队不久前与被打败的对手刘文辉的残部作过战，从那时起就驻守在这里。红军在刘文辉管辖的地域运动（向岷江以西）可能不会有战斗，也就是说刘文辉会同意让红军向成都挺进。在这里很重要的一点是：红军在对两个方案（同刘湘交战还是与他缔结反对主要敌人的战斗同盟）作选择时，会选择后一个方案，因为没有必要延误时间，去完成歼灭软弱敌人的次要任务。

（2）在泸州地区，渡江的第一次尝试没有成功，因为设在刘湘大本营的蒋介石新司令部及时地把刘湘的第二十八军从保宁地区调往南部。该军从北面几

---

① 可能指1934年12月在北平签订的中国与满洲国海关协定，见《中国年鉴（1935）》，第130页。

乎与从南面渡江的红军先头部队同时抵达江边。红军的这次渡江没有成功，在渡口也没有发生战斗，而出现了这样一种情况：红军不想在靠近渡口的不利条件下作战，自己主动地调头向西去寻找更合适的渡江地点。

（3）胡宗南的第十八师团开始从甘肃进攻四川北部的老苏区之后，白军前线司令部才有可能从前线撤下刘湘的第二十八军并将它调往南部。这个地区的红军不得不让自己的一部分部队转向陕西方面，去迎接新的危险。从保宁地区的进一步攻势，因此就停了下来，这对终止江西兵团在泸州地区的渡江尝试起了不小的作用。

（4）不久前我们在报纸上看到这样的消息：川北红军攻占了陕西的宁强城，并且威胁着陕甘边界上的凤县城。这个报道证实了这样的消息：红军取得了对敌军"第十八师团"的重大胜利。我们以前说过的来自甘肃的危险，现在有一半已经消除了。这个重要情况使红军有可能继续向甘肃方面行动。该省的北面与新疆交界。上述情况和显现的新前景不能不引起日本人对于在中国西北角正在发生或者可能发生的事情的高度"警惕"。因此，才有不久前的日本外交官关于新疆的声明[①]。

（5）这时敌军的湖南兵团（何键＋蒋介石的五个师）已接近贵州的乌江，并且渡过了该江，夺取了三座城市：遵义、湄潭和绥阳，这三座城市曾被认为已牢牢控制在位于贵州新地区南部的红军手中。江西红军兵团主力不得不向东南方向派出一些部队，去加强贺龙—肖克同志的军团。现在由于上述两个军团的联合行动，敌人又被击退，逃过乌江，红军又重新占领了失去的城市。

（全宗514，目录1，卷宗837，第4—16页。打字稿，副本。）

[①] 可能指日本就苏联在新疆的政策向中国政府提出的声明，见《苏联外交政策文件》第19卷，莫斯科1974年，第545、655页。

米夫给斯大林的信

（一九三五年四月十九日于莫斯科 绝密）

亲启

尊敬的斯大林同志：

中国共产党驻共产国际执行委员会代表王明和康生同志（中共中央政治局委员，完全可以信赖的同志）很想和您谈谈并聆听您就与中国苏维埃运动和红军战斗有关的一些问题提出的建议。

请告，您是否有时间进行这次谈话。[①]

致共产主义敬礼！

米夫

（全宗495，目录154，卷宗550，第81页。手稿。）

---

① И.В. 斯大林的答复没有找到。